構造シリーズ 3

最新版

世界で一番強い 地盤・基礎を 設計する方法

建築知識＝編

X-Knowledge

最新版

世界で一番強い地盤・基礎を設計する方法

第1章 保険・紛争編

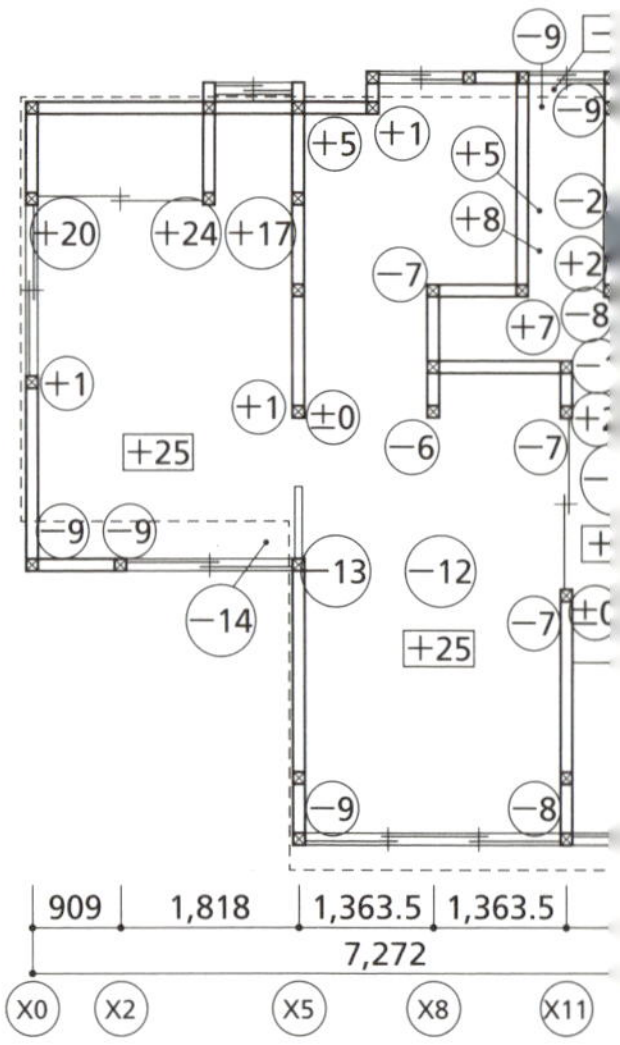

本書は、2011年4月に弊社が刊行しましたムック「世界で一番強い地盤・基礎を設計する方法」の新装改訂版です

CONTENTS

CONTENTS

Column

Topics

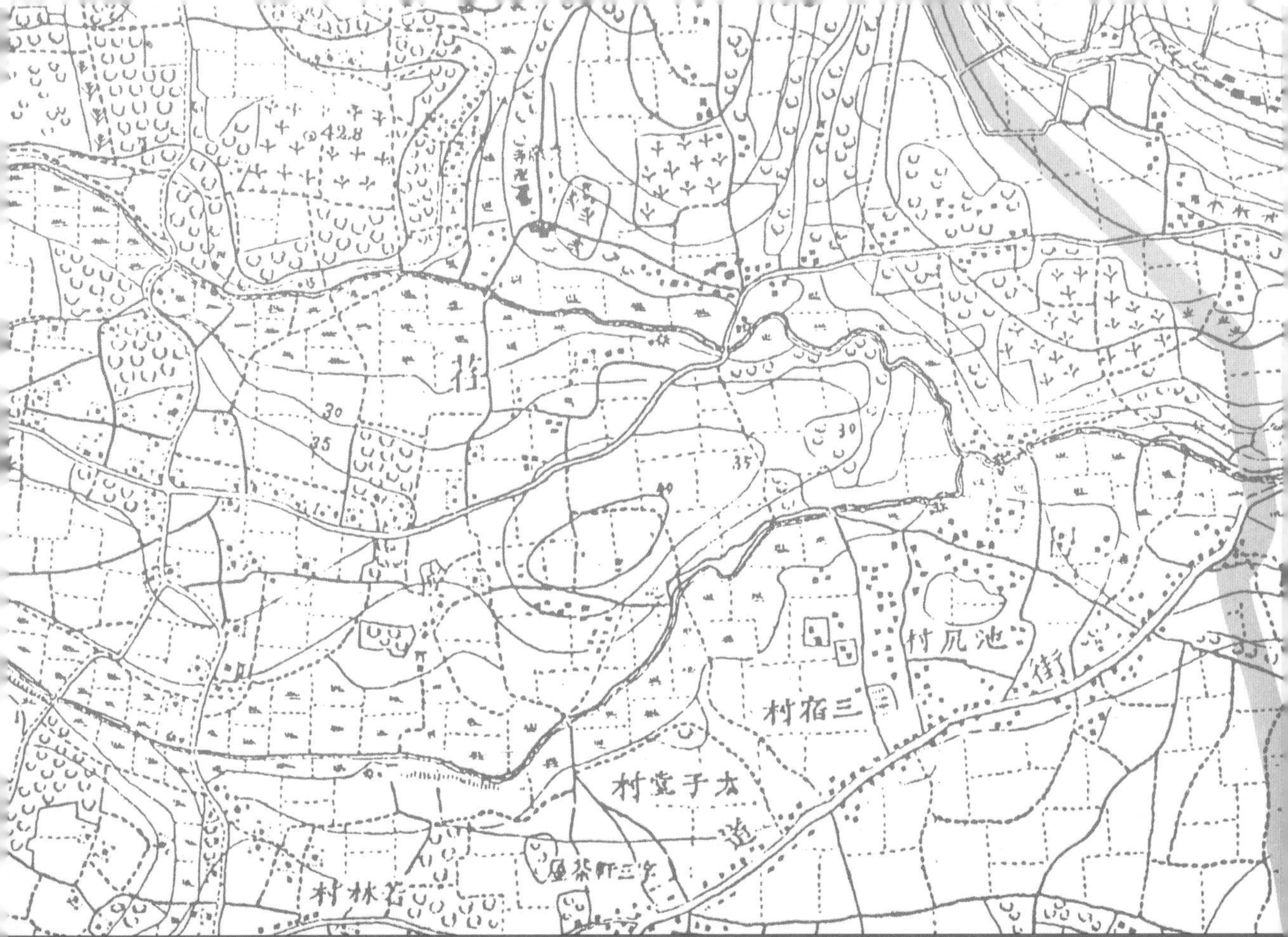

第 1 章　保険・紛争編

基礎設計のポイント（木造2階建て以下の場合）

Step 2 用意されているチェックシートを利用して基礎を選定できる

10頁

START

現地調査チェックシート（「設計施工基準」の4条関連）

項目				A		B	
周辺の概況				市街地・畑地・山・丘陵地		水田・沼地跡・谷池	
周辺状況（建設地を中心に半径50m程度以内の目視調査を行う）	周辺道路			異常なし		舗装に亀裂、陥没、波打	
	近隣建物			異常なし		基礎・外壁に亀裂、不同沈下等	
	近隣工作物			異常なし		擁壁・ブロック塀等に亀裂、段差、はらみ出し	
	川・池・水路等（小規模な排水溝を除く）			調査範囲になし		調査範囲にあり	
	建設地の既存建物			異常なし		不同沈下	
敷地状況	山・丘陵地傾斜地の造成地 □該当なし	一団の造成戸数		新規造成5戸未満		新規造成5戸以上	
		切土・盛土		切土部		切盛部・盛土部・不明	
		造成年数		造成後10年以上		造成後10年未満・不明	
		擁壁	擁壁高さ	擁壁高さ1m未満		擁壁高さ1m以上	
			建物との離れ	擁壁高さの1.5倍以上		擁壁高さの1.5倍未満	
	平坦地の整地 □該当なし	整地年数		5年以上		5年未満・不明	
		客土の厚さ		客土50cm未満		客土50cm以上	
		軟弱さ		右記B項目以外の場合（表層部は概ね良好な地盤）		鉄筋が容易に差し込める／スコップで容易に掘れる／車等による振動を体感する	
	ビル・工場等の大規模な既存建物の解体			なし		あり・不明	
判定				一項目でもBが選択された場合、地盤調査を行う			

10頁 16頁

現地調査チェックシートの項目の**いずれか1つでも該当**する場合

地盤調査が必要な地盤

11頁

地盤調査

地盤調査報告書

地盤調査会社が作成したもの

調査会社におまかせ

地盤調査結果から自分で基礎を選定する場合、下のシートを使う

12頁

基礎設計のためのチェックシート（「設計施工基準」の5条関連）

一次判定　1〜4に該当する項目をチェックする	
1　高さ1m以上の擁壁あり（擁壁と建物離れが擁壁高さの1.5倍未満）	□
2　傾斜地の造成で切盛造成・盛土造成・不明	□
3　経過年数10年未満の50cm以上の盛土（経過年数の時期が不明のものを含む）	□
4　解体残物等異物混入の敷地	□

1〜4のうち一項目でも該当する場合→地盤調査の考察に従ってください

全ての項目に該当しない場合→二次判定へ

二次判定　イ〜ハに該当する項目をチェックする		
地盤調査の計測結果		対応する基礎形式等
イ　計測点全てで自沈層が全くない	□	布基礎 べた基礎
ロ　計測点全てが「0.75kNゆっくり自沈」以上の場合で、各計測点のデータがほぼ同一	□	べた基礎
ハ　上記イ、ロに該当しない調査結果の場合	□	地盤調査の考察に従ってください

報告書の考察に従った基礎形式を選定

現地調査チェックシートの項目の**すべてがAに該当**する場合

地盤調査不要

9頁 13〜16頁

基礎形式の選定

布基礎

べた基礎

基礎設計に
ぬかりナシ！

住宅瑕疵担保責任保険の

Step 1 保険に入るには、「設計施工基準」を遵守する必要がある！

住宅瑕疵担保責任保険設計施工基準（地盤と基礎部分を抜粋）

平成21年7月1日　制定

第1章　総則

（趣旨）第1条

この基準は、特定住宅瑕疵担保責任の履行の確保等に関する法律（平成19年法律第66号）第19条第一号及び第二号に掲げる保険契約の申込みを行う住宅（以下、「申込住宅」という。）の設計施工に関する技術的な基準を定める。

（関係法令）第2条

申込住宅は、第2章、第3章、第4章及び第5章に定めるもののほか、住宅の品質確保の促進等に関する法律第94条第1項に規定する構造耐力上主要な部分及び雨水の浸入を防止する部分に係る建築基準法等の関係法令によるものとする。

（本基準により難い仕様）第3条

本基準により難い仕様であっても、当法人が本基準と同等の性能が確保されていると認めた場合は、本基準によらないことができる。

第2章　木造住宅

第1節　地盤調査及び基礎

（地盤調査等）第4条

基礎の設計に先立ち、敷地及び敷地の周辺状況等について適切な現地調査を行った上で地盤調査を行うこととする。ただし、一戸建における2階建て以下の木造住宅は、「現地調査チェックシート」に従って行った現地調査の結果、地盤調査が必要ないと認められる場合はこの限りでない。

2　地盤調査は、地盤の許容応力度及び軟弱地盤又は造成地盤等が判断できる調査を行うこととし、実施する地盤調査方法や敷地条件に応じた計測箇所で計測を行うこととする。なお、スウェーデン式サウンディング調査の場合は4隅付近を含め4点以上で行うことを原則とする。

3　地盤調査の結果は、適切に保管する。

（地盤補強及び地業）第5条

地盤調査の結果の考察又は基礎設計のためのチェックシートによる判定（以下「考察等」という）に基づき地盤補強の要否を判断し、地盤補強が必要である場合は、考察等に基づき地盤補強工法を選定し、建物に有害な沈下等が生じないように地盤補強を施すこととする。

2　小口径鋼管杭、深層混合処理工法（柱状改良）又は浅層混合処理工法（表層改良）を行う場合は、次の各号により、建物に有害な沈下等の生じる恐れがないことを確認する。

(1) 浅層混合処理工法（表層改良）を行う場合において、改良地盤直下の層が建物に有害な圧密沈下等の生じる恐れがない地盤であることを確認し、改良地盤の厚さは施工性を考慮して決定することとする。

(2) 深層混合処理工法（柱状改良）を行う場合において、改良体の径、長さ及び配置は、長期許容鉛直支持力及び原則として沈下量の計算により決定することとする。ただし、改良体直下の層が建物に有害な沈下等の生じる恐れがない地盤であることが確認できた場合は沈下量の計算を省略することができる。また、やむを得ず改良体の先端を軟弱層までとする場合の長期許容鉛直支持力の計算は、土質が把握できる調査又は試験等の結果に基づいて行うこととする。

(3) 小口径鋼管杭を使用する場合において、杭先端は建物に有害な沈下等への対策として有効な支持層に達するものとする。

3　砕石地業等必要な地業を行うこととする。

（基礎）第6条

基礎は、第4条（地盤調査等）及び第5条（地盤補強及び地業）の結果に基づき、建築物に有害な沈下等が生じないように設計する。

2　べた基礎は、構造計算、別に定める「べた基礎配筋表」又は設計者の工学的判断等により基礎設計を行うこととする。

3　基礎の立上り部分の高さは、地上部分で300mm以上とする。

「設計施工基準」の内容を「自己チェックシート」で確認！

条項・号			チェック欄
地盤	第4条	1項	□地盤調査を実施する □地盤調査を実施しないが、現地調査チェックシートで全項目「A」である（一戸建て2階建て以下）
			□地盤調査を実施する（※該当しない場合、以下チェック不要）
		2項	□地盤調査は許容応力度及び軟弱層の厚さ等が判断できる次のいずれかの方法で行う （□SWS試験　□標準貫入試験（ボーリング調査）　□物理探査（表面波探査）　□その他）
			□地盤調査は4箇所（建物の4隅）以上で行う □地盤調査は3箇所以下だが、均質な地盤と判断した根拠を示す書類がある（☆） ☆SWS試験の場合は根拠書類を添えて保険申込窓口へ3条確認を申出する
		3項	□地盤調査の結果（地盤調査報告書、地盤補強工事施工報告書等）を適切に保管する
	第5条	1項	□地盤補強の要否は、次のいずれかの根拠により判断する （□地盤調査の結果の考察（☆）　□基礎設計のためのチェックシート） ☆考察は、設計者等が作成したものでも構いませんが、「即時沈下」と「圧密沈下」の検討が必要
			□浅層混合処理工法を採用する（※同上）
		2項（1）	□改良体の下部に圧密沈下の可能性がある層がないことを確認する
			□改良体の厚さは、敷地の大きさや施工性を考慮して決定する（一般的に2mが限度）
			□深層混合処理工法を採用する（※同上）
		2項（2）	□長期許容鉛直支持力及び沈下量の計算（改良体先端を支持層まで到達させる場合は省略可）により、改良体の径、本数、配置を決定する
			□改良体先端を支持層まで到達させる□「土質が把握できる調査又は試験等」により安全を確認し、改良体先端を軟弱層で留める
			□ 小口径鋼管杭を採用する（※同上）
		2項（3）	□杭の先端を支持層まで到達させる
		3項	□砕石地業等必要な地業を施す
基礎	第6条	1項	□基礎は、地盤調査の結果や地盤補強の要否を考慮して適切な形状を選定する
			□べた基礎とする（※同上）
		2項	□べた基礎の配筋は、次のいずれかを根拠により決定する（□構造計算　□べた基礎配筋表　□工学的判断（べた基礎スラブ配筋スパン表等））
		3項	□基礎の立上り部分の高さは地上部分で30cm（特定住宅の場合40cm）以上とする

※　各保険法人で用意しているものを使用する

保険

瑕疵担保保険で基礎の設計が変わる！

瑕疵担保保険①

地盤と基礎のトラブルはどのくらいあるの？

基礎の事故の大半が不同沈下

住宅保証機構㈱の年度別保証事故処理件数［図1］は年々増加し、平成21年度には1075件の保証事故処理が行われた。件数が急増し始めたのは平成12年度以降からで、これは雨漏りの事故が増えていることもあるが、登録住宅戸数自体が増えたことが主な原因である。加えて、品確法の施行（平成12年）も影響していると推測される。

次に、平成21年度の保険金等支払件数の内訳［図2］をみると、「壁の防水」事故が72・9％。「雨漏り」というと、屋根からの雨漏れを想像しがちであるが、実は、外壁からの雨漏れが圧倒的に多い。「屋根の防水」事故が約13・3％、次いで「基礎」にかかわる事故が約9・9％と、「基礎」の事故の割合はそれほど大きくない。

一方、保険金等支払金額の内訳［図3］でみると、「壁の防水」は59・8％と減り、逆に「基礎」が31・0％と増える。「基礎」に関する保証事故は、支払件数割合は多くはないものの、1件当たりの支払金額が多いため、金額ベースでは大きな割合を占めている。「基礎」の事故といっても基礎自体に瑕疵があった事例は少なく、ほとんどが不同沈下によるものである。不同沈下の補修にかかる金額は1千万円を超えることもある。

［芝謙一］

図1 年度別保証事故処理件数

（平成22年3月31日現在）

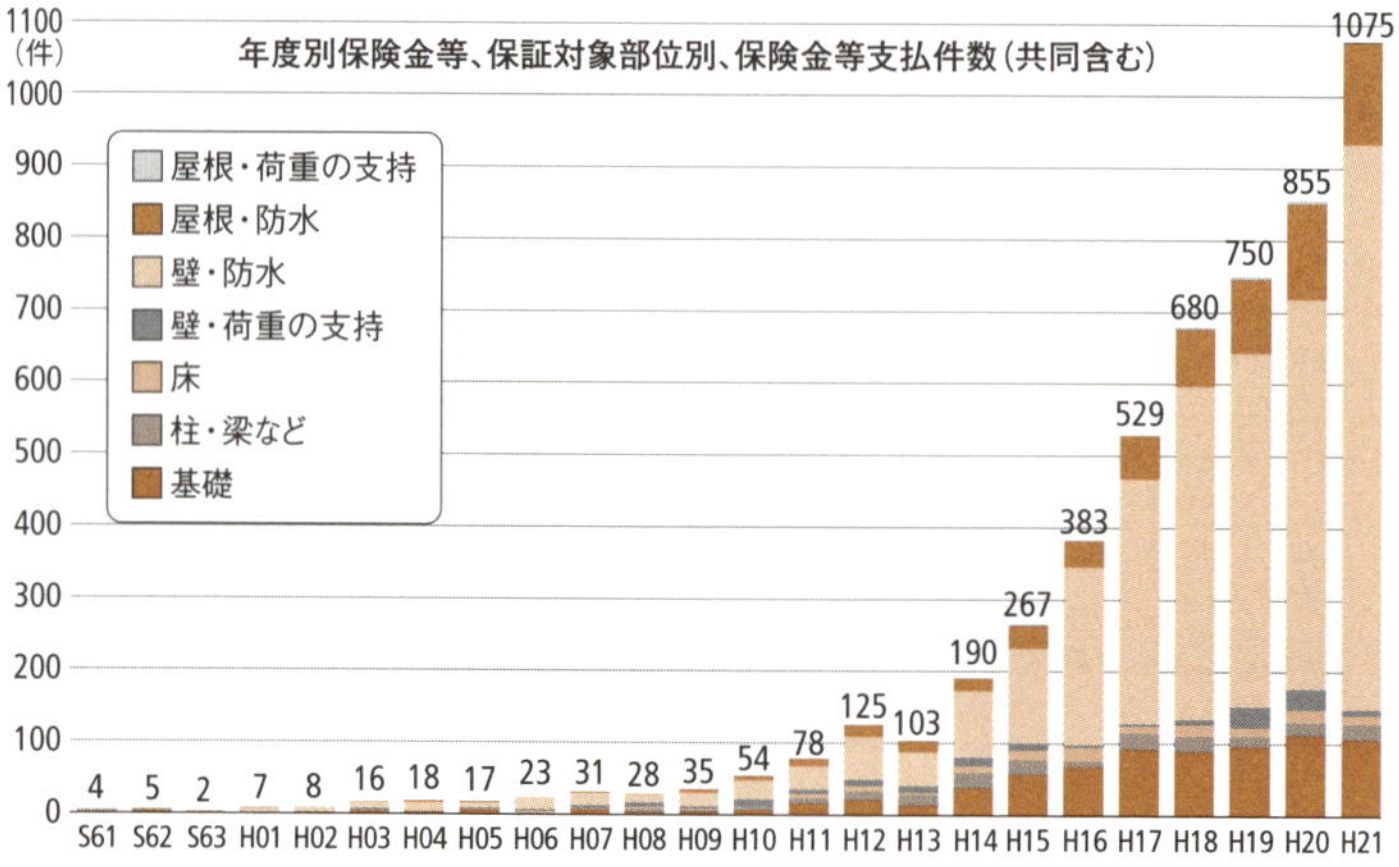

図2 平成21年度保険金等支払件数

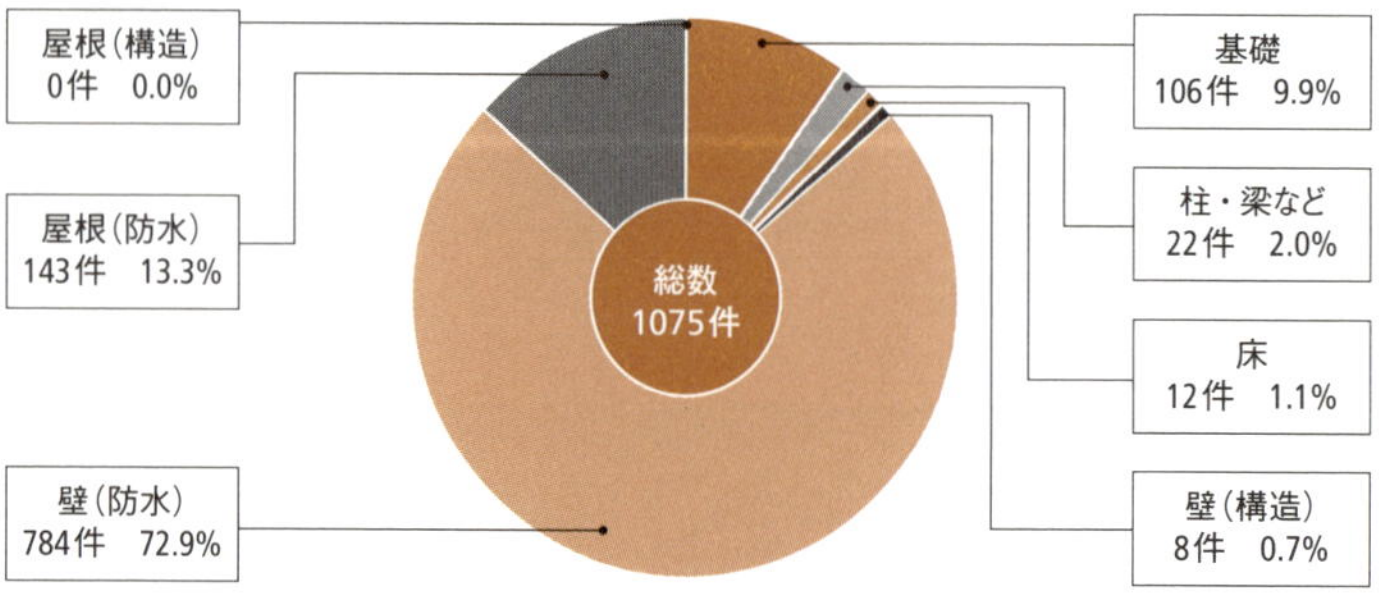

図3 平成21年度保険金等支払金額の内訳

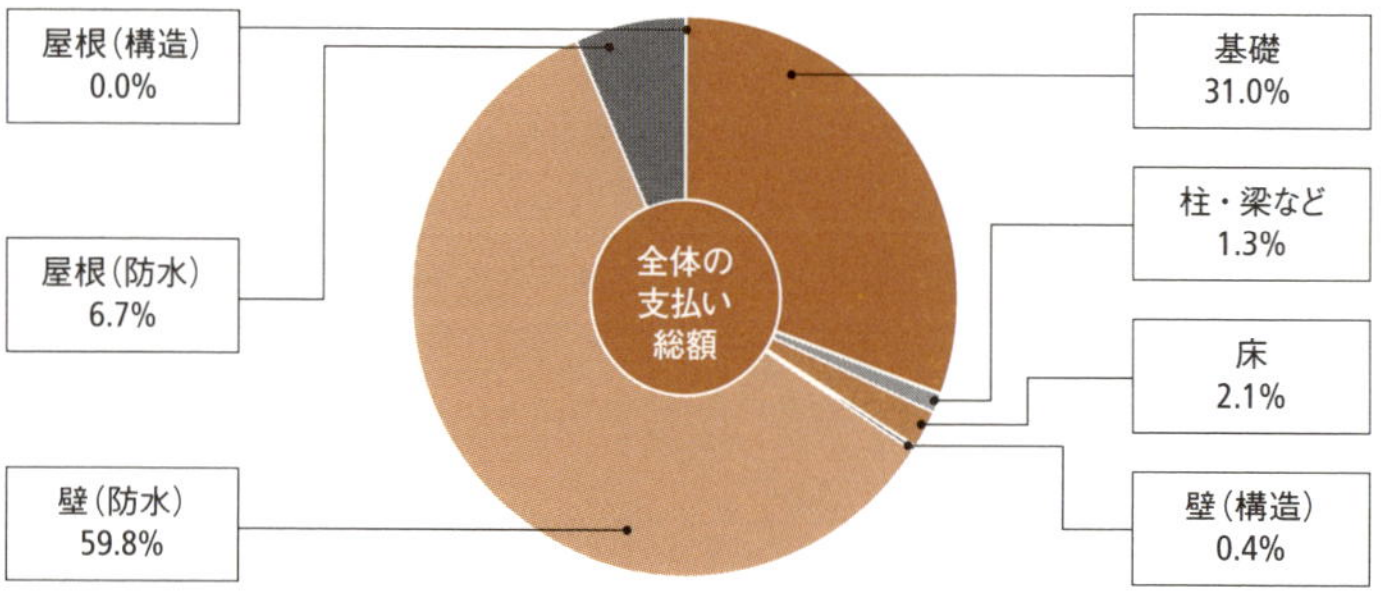

※1：混構造の場合は、それぞれ該当する部分。そのほか、「設計施工基準」に定められていない仕様などに関しては建築基準法などの関係法令による。「設計施工基準」に適合しない仕様であっても性能に問題ない場合は、設計施工基準のうち、その該当する条項（より難い条項）の適用を除外し、その仕様を変更することなく（その仕様のままで）保険の引き受けを行うことができる「（設計施工基準の）3条確認」という手続きがある［15頁参照］

瑕疵担保保険❷

瑕疵担保履行法で地盤と基礎の設計は変わる?

「設計施工基準」を理解しよう

瑕疵担保保険の保険契約を申し込むには、建物の工法・構造別［※1］に「設計施工基準」を遵守する必要がある［図］。そのポイントは、原則、地盤調査が必要となる点、べた基礎の配筋方法については構造計算または配筋表などにもとづくこととしている点などである。

木造2階建て戸建住宅の場合、基礎配筋工事完了時と屋根工事完了時の2回、現場検査を行う。しかし、保険申込み時には原則、図面審査を行わないため、現場検査時に「設計施工基準」との不適合が発覚するケースが少なくない。

とりわけ、地盤調査や地盤補強、基礎の形式や配筋にかかわる基準に適合していないことが現場検査時に発覚すると、取り返しがつかなくなるケースもある。そうしたリスクを避けるためにも、設計段階からの対応が必要なので、注意していただきたい。［芝謙一］

注目！

保険に加入するには「設計施工基準」を遵守する必要がある。地盤調査は原則として義務化、べた基礎の配筋方法の規定には要注意

図 「設計施工基準」（地盤・基礎）のココに注目!（自己チェックシート［※2］より抜粋）

条項・号			チェック欄
地盤	第4条	1項	□地盤調査を実施する □地盤調査を実施しないが、現地調査チェックシートで全項目「A」である（一戸建て2階建て以下）
地盤	第4条	□地盤調査を実施する（※該当しない場合、以下チェック不要）	
地盤	第4条	2項	□地盤調査は許容応力度及び軟弱層の厚さ等が判断できる次のいずれかの方法で行う （□SWS試験　□標準貫入試験（ボーリング調査）　□物理探査（表面波探査）　□その他）
地盤	第4条	2項	□地盤調査は4箇所（建物の4隅）以上で行う □地盤調査は3箇所以下だが、均質な地盤と判断した根拠を示す書類がある（☆） ☆SWS試験の場合は根拠書類を添えて保険申込窓口へ3条確認を申出する
地盤	第4条	3項	□地盤調査の結果（地盤調査報告書、地盤補強工事施工報告書等）を適切に保管する
地盤	第5条	1項	□地盤補強の要否は、次のいずれかの根拠により判断する （□地盤調査の結果の考察（☆）　□基礎設計のためのチェックシート） ☆考察は、設計者等が作成したものでも構いませんが、「即時沈下」と「圧密沈下」の検討が必要
地盤	第5条	□浅層混合処理工法を採用する（※同上）	
地盤	第5条	2項（1）	□改良体の下部に圧密沈下の可能性がある層がないことを確認する
地盤	第5条	2項（1）	□改良体の厚さは、敷地の大きさや施工性を考慮して決定する（一般的に2mが限度）
地盤	第5条	□深層混合処理工法を採用する（※同上）	
地盤	第5条	2項（2）	□長期許容鉛直支持力及び沈下量の計算（改良体先端を支持層まで到達させる場合は省略可）により、改良体の径、本数、配置を決定する
地盤	第5条	2項（2）	□改良体先端を支持層まで到達させる□「土質が把握できる調査又は試験等」により安全を確認し、改良体先端を軟弱層で留める
地盤	第5条	□ 小口径鋼管杭を採用する（※同上）	
地盤	第5条	2項（3）	□杭の先端を支持層まで到達させる
地盤	第5条	3項	□砕石地業等必要な地業を施す
基礎	第6条	1項	□基礎は、地盤調査の結果や地盤補強の要否を考慮して適切な形状を選定する
基礎	第6条	□べた基礎とする（※同上）	
基礎	第6条	2項	□べた基礎の配筋は、次のいずれかを根拠により決定する（□構造計算　□べた基礎配筋表　□工学的判断（べた基礎スラブ配筋スパン表等））
基礎	第6条	3項	□基礎の立上り部分の高さは地上部分で30cm（特定住宅の場合40cm）以上とする

「設計施工基準」のPoint

①保険制度のために用意された「現地調査チェックシート」［10頁］の結果により、地盤調査を要するかどうかを判断することができる。現実的にはほとんどの敷地で調査が必要と考えたほうがよい。地盤調査を行わない場合は現地調査チェ する必要がある。要するに、地盤調査が不要な地盤かどうかの確認である

②地盤調査方法は告示の内容とやや異なり、平板積載試験単独の調査は原則、認められない（平板載荷試験では軟弱層の厚さが判断できないという見解）

③地盤調査のポイントを4カ所以上とし、3カ所以下にできる場合の条件を設けている

④地盤調査の結果にもとづき、地盤補強の要否を判定していることの確認がある

⑤保険法人の基礎設計のためのチェックシート（12頁、木造2階建て以下のみ使用可）の結果により地盤補強の要否を判定する。それ以外に、地盤調査報告書の考察の提出が義務付けられている

⑥べた基礎の配筋は原則構造計算にもとづくか、各保険法人統一の「べた基礎配筋表」もしくは設計者の工学的判断などにもとづくものとしている。そのほか㈶日本住宅・木材技術センター『木造住宅のための構造の安定に関する基準に基づく横架材及び基礎のスパン表』、㈳日本建築学会『小規模建築物基礎設計指針』など、構造計算結果が示されている別の配筋表を用いてもよい（その際は、その旨を設計内容確認シートに記入）

※2：「設計施工基準」のうち、保険事故防止のために特に設計段階で注意すべき事項について確認するシート。各保険法人で用意している。設計者等がシートの項目に従い、設計図書などの内容を確認し、シート内に必要事項を記入する

瑕疵担保保険❸

保険に入るためには地盤調査は必ず必要?

現地調査チェックシートで判定

建物の不同沈下を防ぐには、地盤の性状を的確に把握し、建築物の本体工事開始前に有効な対策を施しておくことが重要である。建物の基礎設計に際しては、事前に敷地・敷地周辺の状況などの現地調査を行い、現地の状況を確認・把握するとともに、採用すべき地盤調査方法、また、計測個所数などを決定する必要がある。

ただし、保険制度において、木造で2階建て以下の場合は、「現地調査チェックシート」［図］を用意しており、それに従い調査を行った結果、不同沈下のおそれが少ないと考えられる敷地（地盤調査が不要と判断できる敷地）の場合には、地盤調査を省略することができる（図の項目がすべてAに該当する場合）。

なお、住宅保証機構㈱への保険申込み住宅において、同チェックシートが提出される（地盤調査を行わない）割合は1割程度である。

［芝謙一］

注目！

現地調査チェックシートの結果によっては、地盤調査の必要はない

図 現地調査チェックシート（木造住宅2階建て以下に使用することができる）

項目				A	B
周辺の概況				市街地・畑地・山	水田・沼地跡・谷池
周辺状況（建設地を中心に半径50m程度以内の目視調査を行う）		周辺道路		異常なし	舗装に亀裂、陥没、波打
		近隣建物		異常なし	基礎・外壁に亀裂、不同沈下等
		近隣工作物		異常なし	擁壁・ブロック塀等に亀裂、段差、はらみ出し
		川・池・水路（小規模な排水溝を除く）		調査範囲になし	調査範囲にあり
		建設地の既存建物		異常なし	不同沈下
敷地状況	山・丘陵地傾斜地の造成地 □該当なし	一団の造成戸数		新規造成5戸未満	新規造成5戸以上
		切土・盛土		切土部	切盛部・盛土部・不明
		造成年数		造成後10年以上	造成後10年未満・不明
		擁壁	擁壁高さ	擁壁高さ1m未満	擁壁高さ1m以上
			建物との離れ	擁壁高さの1.5倍以上	擁壁高さの1.5倍未満
	平坦地の整地 □該当なし	整地年数		5年以上	5年未満・不明
		客土の厚さ		客土50cm未満	客土50cm以上
		軟弱さ		右記B項目以外の場合（表層部は概ね良好な地盤）	鉄筋が容易に差し込める スコップで容易に掘れる 車等による振動を体感する
	ビル・工場等の大規模な既存建物の解体			なし	あり・不明
判定				一項目でもBが選択された場合、地盤調査を行う	

すべての項目でAを選択した敷地は地盤調査なしで保険に加入できる

1項目でもBが選択された場合は、地盤調査が必要（11頁参照）

瑕疵担保保険❹

地盤調査方法に制約はあるの?

平板載荷試験だけでは認められない

地盤調査では表層部分の許容応力度だけでなく、切土・盛土の状況や、圧密沈下［※1］の検討をするうえで軟弱地盤の有無や厚さ、地層の傾斜などの把握が必要になる。したがって、地盤の「許容応力度」および「軟弱地盤または造成地盤等」が判断できる調査方法とする必要がある。

調査方法は、スウェーデン式サウンディング試験（以下、SWS試験）、標準貫入試験（ボーリング調査）、ラムサウンディング試験または表面波探査法（物理探査法）など、軟弱地盤の有無や厚さなどが判別できる方法とする［69〜71頁参照］。

一方、平板載荷試験や簡易的な調査方法は表層部以深の判別が難しいため、これらの方法のみで軟弱地盤の有無や厚さを判断することはできない。平板載荷試験はSWS試験などの調査と組み合わせて実施し、総合的に判断する必要がある。

地盤調査の計測個所数は、設計施工基準でSWS試験の場合のみ規定があるが［※2］、それ以外の場合でも敷地内の許容応力度のばらつきや、軟弱地盤の厚さや傾斜などを確認するには、建物の4隅付近を含めた4点以上とすることが望ましい。

ただし、標準貫入試験（ボーリング調査）などの場合は4点行われていないのが現状である。したがって、保険制度においても、表の①〜④に掲げる事由が考えられる場合には、計測点数を4点未満（1点以上）とすることができる［図］。

［芝謙一］

表 調査個所数を4点未満とすることができる条件

①	近隣で行われた地盤調査データや地形図により、明らかに当該敷地の地層が平行層であると推定でき、総合的に判断することにより、計測点4点未満の結果から敷地全体の状況が推測できる場合［図］
②	基礎（場所打ち杭、ラップルコンクリート［※］含む）または地盤補強体（杭状地盤補強等）が支持層まで到達する設計であり、施工時に支持層確認（土質の目視確認）を行うなど、設計時に想定していた支持層がやや深かったり、ばらついたりした場合でも、施工時に調整が可能な場合
③	既成杭工法などを用いる場合で、プレボーリング時、杭打設時または杭打設後に、杭ごとに許容支持力または地盤の許容応力度を測定・確認（オーガーのトルク管理、杭打設時のリバウンド量の測定、杭頭での載荷試験など）を行い、設計時に想定していた支持層がやや深かったり、ばらついたりした場合でも、施工時に調整が可能な場合
④	大臣認定等（国交大臣認定にかかる「性能評価」、㈶日本建築センターによる「建設技術審査証明」、㈶日本建築総合試験所による「建築技術性能証明」など）を取得している杭・地盤補強工法を用い、それぞれの仕様どおりの施工を行った場合

※：基礎底から支持地盤まで打設する無筋コンクリートのこと

図 調査個所数を4点未満とすることができる例

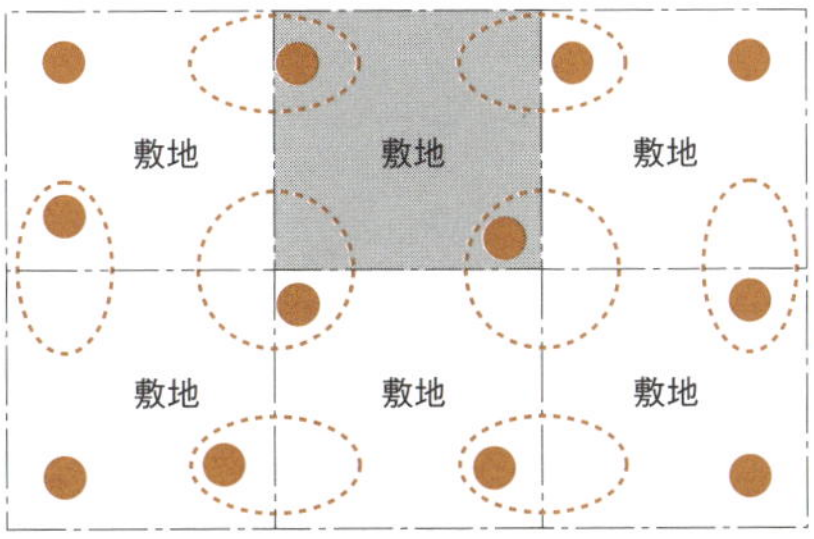

●：計測点

注：敷地間に大きな高低差がなく、均質な地盤であることが前提

〇の範囲内には少なくとも1カ所以上計測点があることが必要

隣地の調査個所を含めて4点とみなし、1つの敷地内の調査個所を4個所未満とすることができる

注目！

地盤調査方法は軟弱地盤の有無や厚さなどが判別できる方法に限られ、平板載荷試験だけでは認められない

※1：水分を多く含んだ土が脱水して体積が減り、その分、地盤が沈下する現象［35頁参照］

※2：SWS試験は設計施工基準で計測個所数を4点以上（建物の4隅付近を含む）と定めている

瑕疵担保保険⑤

地盤調査結果の判定に決まりがあるの？

調査結果に矛盾した基礎は選べない

地盤調査の結果は、地盤補強の要否を判断し、適切な基礎形式を選定していくうえで非常に重要なものである。地盤補強が必要となった場合は、その敷地（地盤）に合った地盤補強工法を的確に選択することが必要になる。

地盤補強の要否については、以下のような判断根拠を示す必要がある。

①地盤調査会社による「地盤調査結果報告書」記載の考察

②基礎設計のためのチェックシート［図］の判定（シートは2階建て以下の木造住宅のみに使用可）

③地盤保証制度（引渡し日から10年間以上の保証期間のあるもの）を利用する場合は、その保証者となる会社の判定・考察

④設計者、施工者、そのほかの地盤調査・補強工事会社などによる考察

地盤調査結果の考察は、一般的には当該地盤の地盤調査実施者が行うが、設計者や施工者、当該敷地の地盤調査を行っていない地盤調査会社などが行うこともできる。

ただし、「考察」は、地盤調査結果を工学的に検討することが必要であり、単に結果（「べた基礎でＯＫ」など）だけを述べたものは不可となる。また、考察では一般的に、その敷地の地盤における「即時沈下（荷重を掛けた途端に土中の水が移動する現象のこと）」と「圧密沈下」の可能性［※］などを検討した内容が必要となる［35頁参照］。

［芝謙一］

注目！

地盤補強の要否判定は、地盤調査結果の工学的な検討が必要となる

図「基礎設計のためのチェックシート」を用いた判定

地盤調査実施日	平成　年　月　日	チェックシート作成日	平成　年　月　日
住宅所有者		申込受付番号	
届出事業者名		事業者届出番号	
		担当者	
現場所在地			
地盤調査会社名	電話番号 担当者名（　　　）		

一次判定（1～4に該当する項目をチェックする）

1	高さ1m以上の擁壁がある（擁壁と建物離れが擁壁高さの1.5倍未満）	□
2	傾斜地の造成で切盛造成・盛土造成・不明	□
3	経過年数10年未満の50cm以上の盛土（経過年数の時期が不明のものを含む）	□
4	解体残物異物混入の敷地	□

1～4のうち一項目でも該当する場合→　地盤調査の考察に従ってください

全ての項目に該当しない場合　→　二次判定へ

二次判定（イ～ハに該当する項目をチェックする）

地盤調査の計測結果			対応する基礎形式等
イ	計測点全てで自沈層が全くない	□	布基礎 べた基礎
ロ	計測点全てが「0.75kNゆっくり自沈」以上の場合で、各計測点のデータがほぼ同一	□	べた基礎
ハ	上記イ、ロに該当しない調査結果の場合	□	地盤調査の考察に従ってください

※：スウェーデン式サウンディング試験実施用。木造2階建て以下のみ使用可

一次判定や二次判定の結果によっては、地盤調査の考察にもとづき、地盤補強の要否を判定する

※：考察例「一部に自沈層があるが、自沈層のすべてが『Wsw0.75kNゆっくり自沈』以上であり、各測点間のＮ値のバラツキも少ないことから圧密沈下が起きてもごくわずかな等沈下であると考えられる」など

瑕疵担保保険❻

「設計施工基準」は告示1347号より厳しい?

建築基準法施行令38条1項では「建築物の基礎は、建築物に作用する荷重および外力を安全に地盤に伝え、かつ、地盤の沈下または変形に対して構造耐力上安全なものとしなければならない」と定めている。つまり、基礎は屋根や壁の仕上げに応じた荷重にかかわる仕様、スラブ形状などに応じて構造上の安全を確認する必要がある。しかし建築基準法では、荷重や多雪区域の積雪量などにもとづき配筋方法を決める規定がない（平12建告1347号の仕様規定も同様）。そこで、「設計施工基準」では建築基準法レベルの性能を実現する仕様の一例として「べた基礎配筋表」を作成している。これは決して高い性能を求めているわけではない［表1・2、14頁図1・2］。［芝謙一］

表1 べた基礎配筋表

①一般地域

荷重	短辺方向スラブスパン(m)	スラブ厚(mm)	短辺および長辺方向スラブの配筋(mm)
重い住宅	3.0以下	150	D13@250(シングル)
	3.0を超え4.0以下	150	D13@150(シングル)
	4.0を超え5.0以下	200	D13@150(ダブル)
軽い住宅	3.0以下	150	D13@250(シングル)
	3.0を超え4.0以下	150	D13@200(シングル)
	4.0を超え5.0以下	200	D13@250(ダブル)

②多雪区域(積雪100cm)

荷重	短辺方向スラブスパン(m)	スラブ厚(mm)	短辺および長辺方向スラブの配筋(mm)
重い住宅	3.0以下	150	D13@200(シングル)
	3.0を超え4.0以下	200	D13@200(ダブル)
	4.0を超え5.0以下	構造計算による検討	構造計算による検討
軽い住宅	3.0以下	150	D13@250(シングル)
	3.0を超え4.0以下	200	D13@250(ダブル)
	4.0を超え5.0以下	200	D13@150(ダブル)

③多雪区域(積雪150cm)

荷重	短辺方向スラブスパン(m)	スラブ厚(mm)	短辺および長辺方向スラブの配筋(mm)
重い住宅	3.0以下	150	D13@150(シングル)
	3.0を超え4.0以下	200	D13@200(ダブル)
	4.0を超え5.0以下	構造計算による検討	構造計算による検討
軽い住宅	3.0以下	150	D13@200(シングル)
	3.0を超え4.0以下	200	D13@250(ダブル)
	4.0を超え5.0以下	構造計算による検討	構造計算による検討

スラブスパンとその配筋について

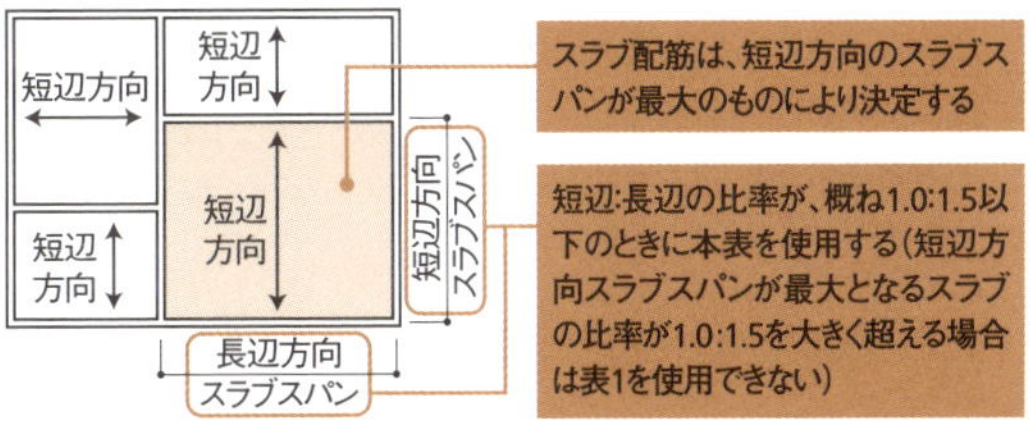

短辺方向
短辺方向
短辺方向
短辺方向
短辺方向スラブスパン
長辺方向スラブスパン
スラブ配筋は、短辺方向のスラブスパンが最大のものにより決定する
短辺:長辺の比率が、概ね1.0:1.5以下のときに本表を使用する(短辺方向スラブスパンが最大となるスラブの比率が1.0:1.5を大きく超える場合は表1を使用できない)

表2 べた基礎配筋表を用いるための設計条件範囲

①荷重条件：仕上げの目安

	屋根		外壁	
	仕上げ	床面積1㎡当たりの想定荷重	仕上げ	壁面積1㎡当たりの想定荷重
重い住宅	瓦屋根(葺き土なし)	900N／㎡(90kg／㎡)[※1]	モルタル	1,000N／㎡(100kg／㎡)[※2]
軽い住宅[※5]	アスファルトシングル、金属板葺き	450N／㎡(45kg／㎡)[※3]	サイディング軽量モルタル(16mm)	600N／㎡(60kg／㎡)[※4]

※1：荷重は日本瓦、野地板、垂木、母屋の荷重を含む
※2：荷重はモルタル仕上げ、下地、軸組、内装仕上げ、石膏ボード、胴縁、断熱材を含む
※3：荷重は葺材、野地板、垂木、母屋の荷重を含む
※4：荷重はサイディング、胴縁、下地合板、軸組、内装仕上げ、石膏ボード、胴縁、断熱材の荷重を含む
※5：平屋建ての住宅は「軽い住宅」のパターンを用いてもよい

②建物の荷重の目安（荷重には基礎のスラブの荷重を含む）

荷重＼区域	一般地域	多雪区域(積雪100cm)	多雪区域(積雪150cm)
重い住宅	13kN／㎡	15kN／㎡	16kN／㎡
軽い住宅	11kN／㎡	13kN／㎡	14kN／㎡

③多雪区域の積雪量

- 積雪単位重量：30N／cm／㎡
- 想定屋根勾配：4／10（屋根勾配による低減を考慮）
- 積雪荷重： 積雪100cmの場合2kN／㎡、積雪150cmの場合3kN／㎡

④コンクリートの仕様

- 呼び強度：21N／㎟（設計基準強度：18N／㎟）
- スランプ：18cm

⑤基礎スラブ配筋算出方法と条件

- 配筋は、スラブ周辺の境界条件を4辺固定と4辺ピンの2種類算出し、最大応力により配筋を決定している
- 基礎のスラブ厚は、4辺固定時の応力でひび割れを生じない厚みとしている

注：表1は、設計条件を表2①～⑤のとおりに設定したうえでつくられたもの

図1 べた基礎の配筋例

①ダブル配筋の場合

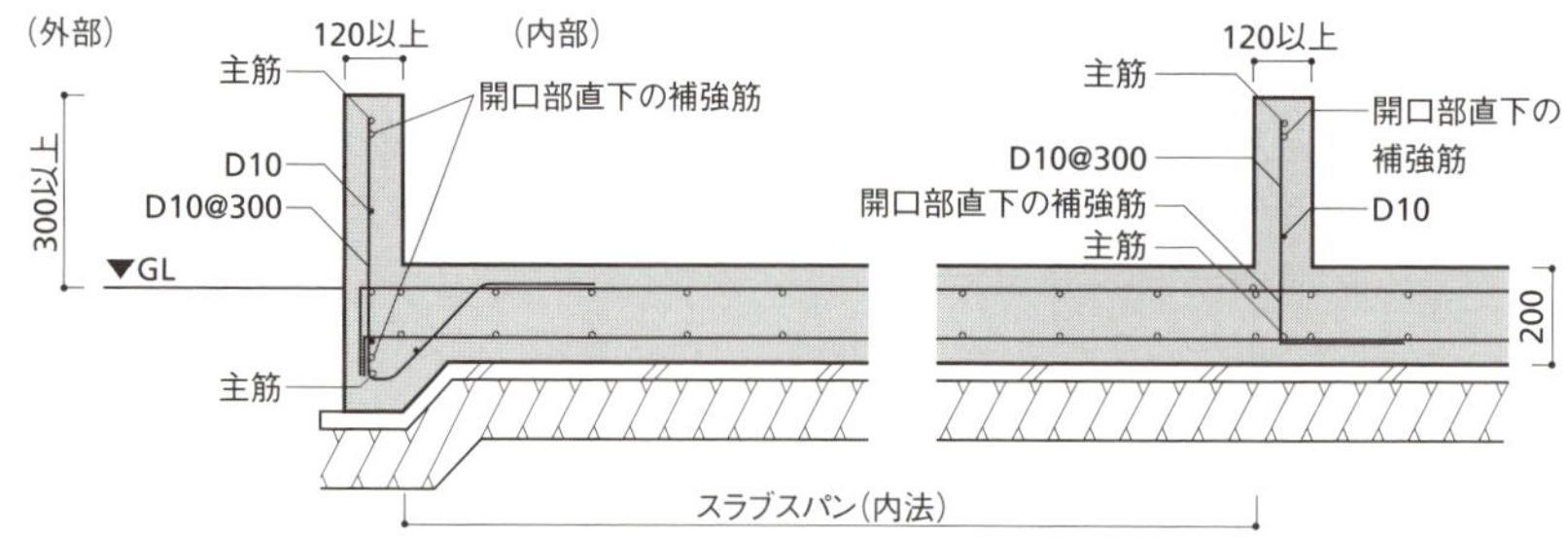

②シングル配筋の場合

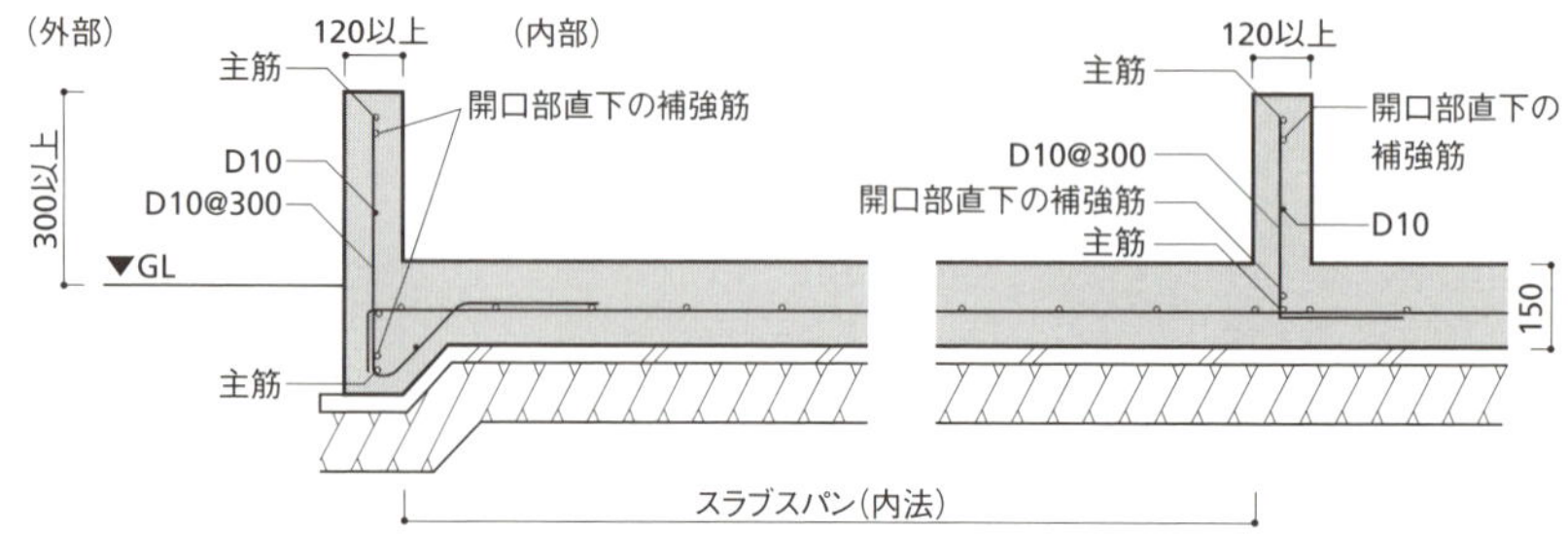

断面寸法と配筋など

(イ)基礎の立上り高さは300mm以上とする。

(ロ)べた基礎の基礎スラブの断面寸法、配筋および基礎の立上り壁の配筋は、原則として構造計算により決める。ただし、設計条件範囲が同等であれば、構造計算の結果が示されている「べた基礎配筋表」[13頁表1]によることができる

(ハ)立上り壁部分の換気口周辺部は鉄筋で補強する

根入れ深さ

根入れの深さは、12cm以上とし、かつ、凍結深度よりも深くするか、またはその他凍上を防止するための有効な措置を講ずる(平12建告1347号)。建物周辺部については、基礎施工後の給排水工事やガス工事などにより地業・地盤が損傷を受けて、建物内部に雨水が浸入することがないよう、適切な根入れ深さとする

注目!

べた基礎の配筋は構造計算か、べた基礎配筋表等にもとづかなければならない

図2 布基礎の配筋例

①布基礎配筋図

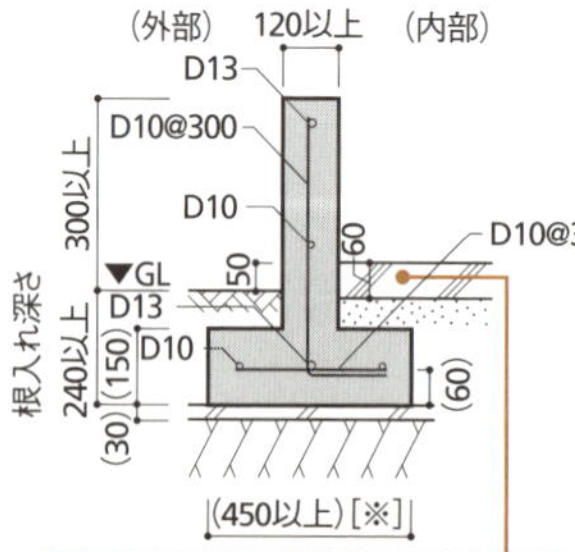

厚さ60mmの防湿コンクリートまたは地面上に防湿フィルムを施工のうえ、砂などで押さえる

②偏心布基礎間を防蟻対策用にコンクリートで打設した例

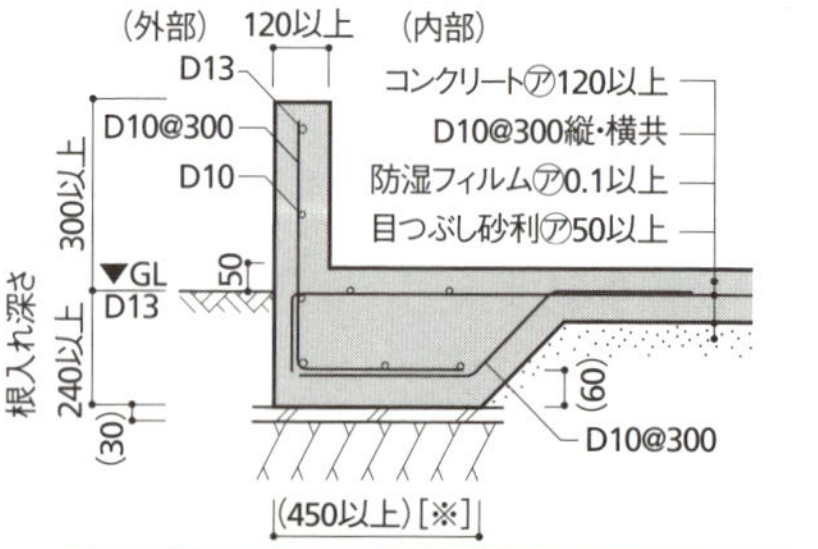

敷地との関係などで基礎を偏心させる場合で、建物内部地面の土間と一体とした布基礎の例。偏心計算を行い、直交する地中梁の間隔を決めることが必要

③布基礎間を防蟻対策用にコンクリートで打設した例

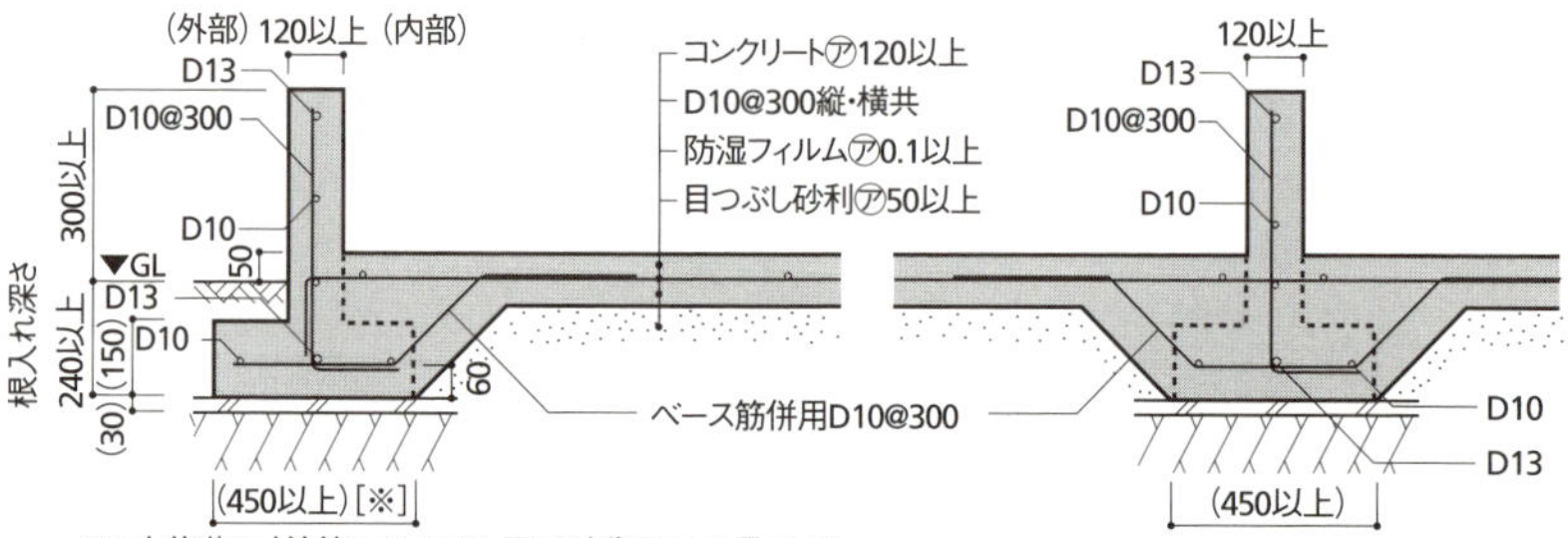

※:布基礎の寸法等については、平12建告示1347号による

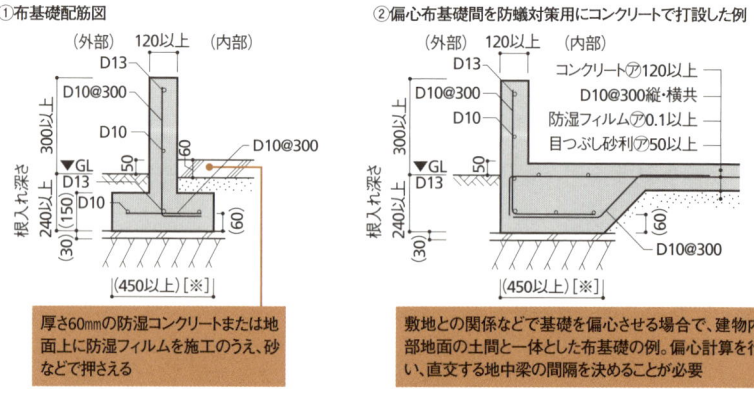

瑕疵担保保険❼

建築主が地盤調査不要なら調査しなくてよい？

建築主の指示でもだめ

「設計施工基準」において、地盤調査は原則として行わなければならない［※1］。したがって、必要とされているのに地盤調査を行わなかったり、地盤調査をした結果、地盤補強が必要なのに補強しなかった場合は、保険契約を申し込むことができない。これは、住宅取得者から、費用などの問題により「地盤調査は必要ない」または「地盤補強は必要ない」と言われている場合でも同様である。

住宅取得者からの指示による場合でも、品確法においては住宅供給者（請負者または売主）の瑕疵担保責任は免れない。つまり、住宅取得者から「地盤調査は必要ない」などの指示がある場合でも、引渡し後10年以内に建物が不同沈下を起こした場合（品確法上の瑕疵とみなされる場合）は、住宅供給者は無料で補修しなければならない。

では、住宅取得者から住宅供給者に対して「地盤調査（補強）は必要ない」、「不同沈下に関しては住宅取得者から請負者に補修を要求しない」といった趣旨を書面にして契約していた場合はどうか。この場合も同じである。品確法94・95条において、請負人（または売主）は、瑕疵担保責任範囲において注文者（または買主）の不利になるような特約を行っても「無効とする」と定められているからである。

［芝謙一］

注目！

品確法では建築主（買主）にとって不利な契約を結ぶことができない。したがって、地盤調査が必要な敷地では必ず地盤調査を行う！

瑕疵担保保険❽

「設計施工基準」に合わない場合はどうすればよい？

「3条確認」の手続きをとればよい

「設計施工基準」は、たとえば木造住宅の場合、これまでの保証事故の教訓をふまえ、事故抑制につながる仕様に限定して規定している。

同基準に合わない仕様の住宅の場合は、たとえば、同基準で規定する防水仕様と同等以上の防水性能を有することを保険申込み者側（請負者、設計者等）から相談いただき、保険法人が保険契約申込みを受けることができると判断した場合は、同基準のうち、その該当する条項（より難い条項）の適用を除外し、その仕様を変更することなく（その仕様のままで）保険を引き受けることができる。これらの手続きを「3条確認［※2］」と呼ぶ［図］。設計仕様がある程度決まった時点で保険契約申込み窓口に事前相談してほしい。

［芝謙一］

注目！

設計施工基準から逸脱する仕様でも、事故抑制につながる仕様と判断されれば保険に加入できる

図 3条確認の手続きの流れ

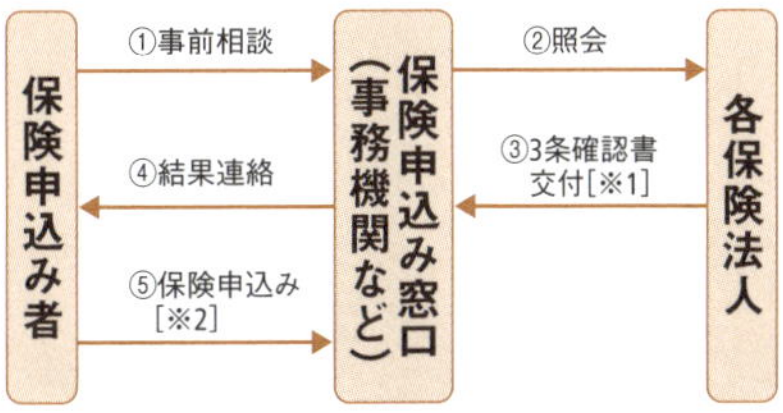

※1：必要に応じて実施された性能試験等にもとづき、設計施工基準によるものと同等以上の性能を有することを確認したうえで、その使用の可否を判断することになっている。また、その結果を国土交通省に報告することになっている

※2：保険契約申込みの際には3条確認書の写しを提出する必要がある

図は住宅保証機構㈱の資料より

※1：木造2階建て以下で「現地調査チェックシート」でのチェックの結果、地盤調査の必要がないと判断された場合を除く

※2：「設計施工基準」の3条に関する手続き

瑕疵担保保険9

瑕疵担保保険と地盤保証の内容はだぶらない?

基礎に起因する事故か地盤に起因する事故か

基礎設計や地盤調査、地盤補強の施工が適切でないと建物が傾く、いわゆる不同沈下が発生する。不同沈下に至った住宅自体の瑕疵は瑕疵担保保険の対象となる。そのため、保険制度では地盤調査結果や地盤補強および基礎の施工状況などに関する設計施工基準を設け、現場検査の対象としている。

地盤調査会社および地盤補強会社は住宅事業者の発注を受け、調査などを行うことが多いため、不同沈下が発生した場合、住宅事業者に一定の責任が生じることが一般的である。ただし、不同沈下の原因が明らかに地盤調査会社または地盤補強会社の責任に帰するものなどは、瑕疵担保保険の対象にならない場合もある。そのほか、瑕疵担保保険と地盤保証制度（住宅保証機構㈱の場合）には表のような違いがある。

それぞれの制度では被保険者が異なる。瑕疵担保保険制度の被保険者は建設業者または宅建業者だが、地盤保証制度の被保険者は地盤調査会社または地盤補強会社である。保険期間や保険金限度額なども異なっている。

これらは1つの住宅に両方の制度を利用する場合でも、建設業者や地盤調査会社がそれぞれの立場で、それぞれの工事に責任を持つための制度であり、一定の存在意義があるといえる。

［芝謙一］

注目！

瑕疵担保保険では、地盤に起因する事故は保険の適用外と考えるのが無難

表 住宅瑕疵担保保険と地盤保証制度の主な違い（住宅保証機構（株）の場合）

	住宅瑕疵担保保険（まもりすまい保険）	地盤保証制度
保険者	住宅保証機構（株）	住宅保証機構（株）
被保険者（制度への申込み者）	建設業者・宅建業者（届出事業者）	地盤調査・補強工事会社（登録地盤会社）
保険期間	引渡しから10年間	基礎工事着工時から始まり引渡しから10年目まで
保険金限度額（1事故当たり）	2,000万円	5,000万円
保険金が支払われる場合	保険付保住宅の基本構造部分の瑕疵に起因して、基本構造部分の基本的な耐力性能もしくは防水性能を満たさない場合の保険事故	①登録地盤会社による地盤調査または地盤補強工事（杭打ち工事を含む）が行われた地盤に起因する事故 ②地盤調査などを行った地盤が沈下し、品確法74条の規定にもとづき定められた住宅紛争処理の参考となるべき技術的基準の不具合事象に該当し、かつ、補修を要する不具合事象
支払われる主な保険金	①事故を補修するために必要な材料費、労務費、そのほかの直接費用（保険開始日における設計・仕様・材質などを上回ることにより増加した補修費用を除く） ②補修の範囲、方法、金額を確定するための調査費用（瑕疵の存在の有無を調査するための費用を除く） ③仮住居・移転費用	①登録地盤会社が事故により、他人の財物を滅失、毀損もしくは汚損した場合に、法律上の賠償責任を負担することによって被る損害 ②登録地盤会社が法律上の賠償責任を負担することによって被る損害のうち、建物居住者が仮居住のために要した費用 ③事故現場の保存・記録に要する費用 ④事故原因・状況の調査に要する費用

保険

地盤保証の選び方にポイントはあるの？

地盤保証

地盤保証の内容で知っておくべきことは?

会社ごとに違いがある保証内容の中身

　瑕疵担保保険を扱うのは6つの保険法人、その業務については所管する国土交通省の厳しい指導のもと、ほぼ横並びの内容となっている。それに対して地盤保証の引受け会社は10数社を上回り、保証の内容は各社まちまちである。保証のパンフレットやインターネットのサイトを見る限りでは、どこも似たようなサービスを提供しているようでいて、保証への取り組み方、裏付けとなる損害保険会社との契約のし方には大きな違いがある。なかには疑問を抱いてしまうような保証会社まであるので、どこを選択するかは慎重に検討しなければならない。

　より信頼できる地盤保証を選ぼうとするのであれば、地盤保証会社に説明を求めるか、「付保証明書」（または「保険契約証明書」）を取り寄せ、保証内容を検討することが重要である。「付保証明書」は損害保険会社が契約者や被保険者（地盤保証会社）宛てに交付するもので、保険契約の内容を記載した書類である。新築される1棟ごとの建物について自動的に発行されることはまれなので、こちらから請求することで作成される。このとき地盤保証会社が単独で発行する書面だけの「地盤保証書」ではなく、損害保険会社が地盤保証会社に対し、どのような保証を「付保」しているかを記載した書類であるかどうかを見極めることが大切である［**図1**］。

ぜひ確認しておきたい付保証明の項目

　以下にチェックすべき「付保証明」の記載項目を挙げる。

①どの損害保険会社と契約しているか

　いつ発生するかもしれない地盤事故に対して、地盤保証会社が単独で保証するだけの資力を持つことは不可能である。損害保険会社へ保険料を支払うことで、再保険のようなかたちで地盤保証を担保しているのが通例であるが、中には損害保険会社を介在させない地盤保証会社があるので要注意である。

②保険期間

　地盤保証のほとんどは「10年保証」をうたっているが、地盤保証会社と損害保険会社の保険契約が1年ごとに更新されるタイプの保険では、契約が10年間連続して更新されない限り、保証が途中で失効してしまうことがある［**18頁図2**］。損害保険会社にとっては、集まった保証登録料をはるかに上回る保険金額が支払われる事態になった場合、次回の契約を引き受けない扱いとなることがある。地盤保証会社は契約が切れてしまえば、登録物件の保証が無効になってしまうのだ。

　全登録物件の「10年保証」を履行す

図1 付保証明書の確認

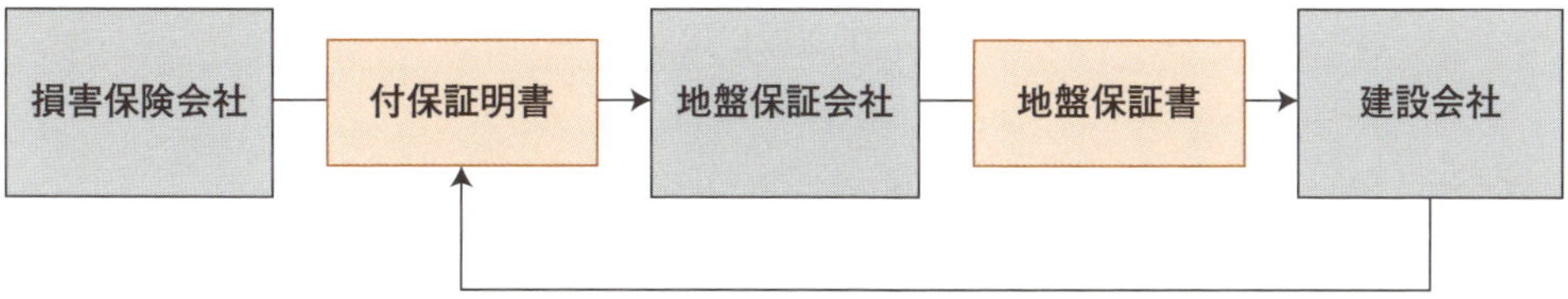

「付保証明書」を取り寄せ、契約内容をチェック!

①保険期間が1年間になっていないか?

②被保険者（補償の対象者）が地盤保証会社だけではなく、地盤業者、建設業者も含まれているか?

図2 10年間継続の場合と1年×10年間連続更新の場合

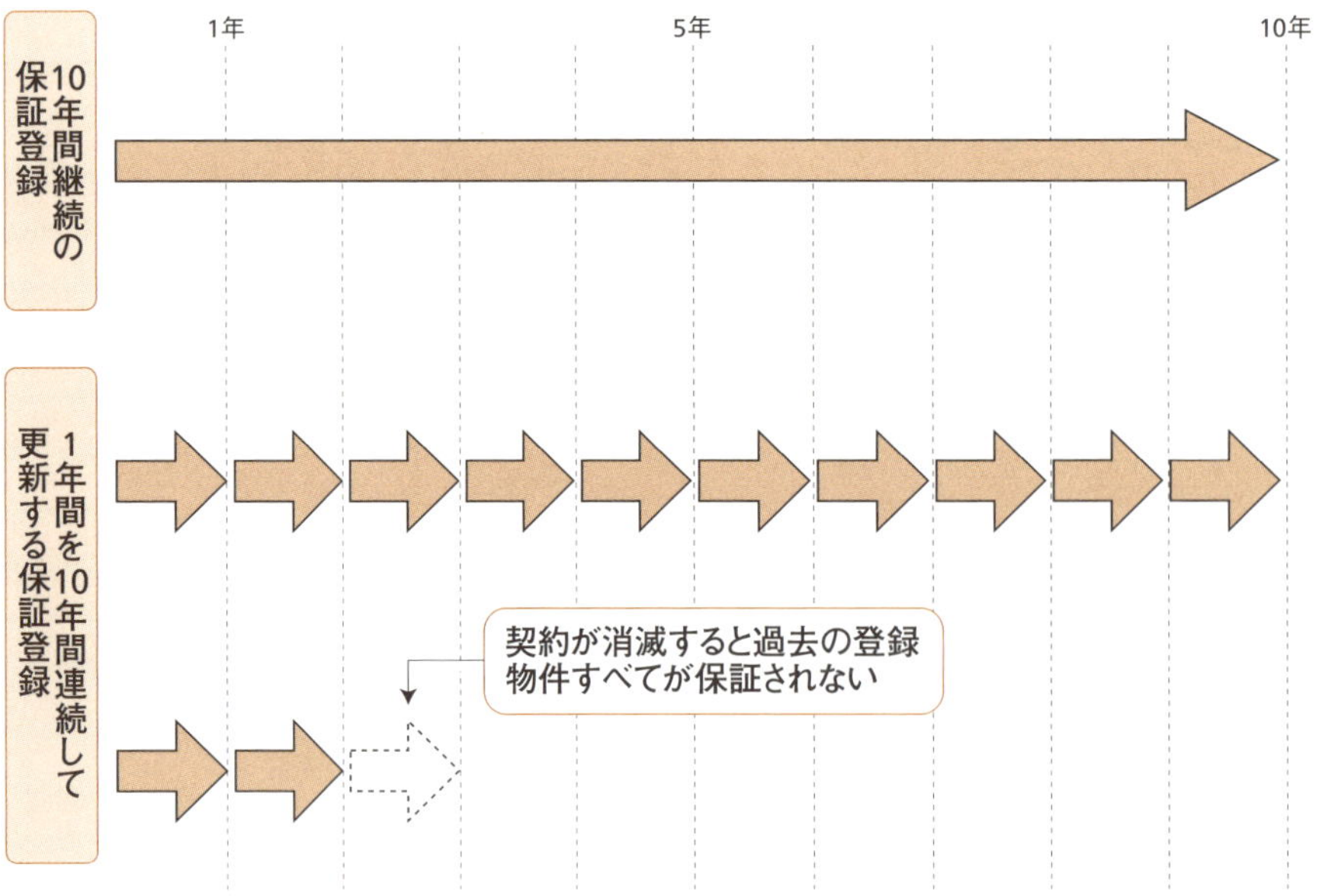

「保険責任期間」と「保証期間」が10年間で統一されていれば安心。10年保証をうたっている場合でも「保険期間」が1年ということがあるので注意

るために、一旦引き受けた物件の保証が継続されることまでを含めた契約を、損害保険会社との間に締結している地盤保証会社は多くない。経済情勢が目まぐるしく変化し、品確法や瑕疵担保責任履行法など消費者保護の法制度が新しく打ち出されるような時代において、空手形になりかねない地盤保証がこのまま存続できるとは限らない。

③保険期間中のてん補限度額

ある時期に地盤事故が頻繁に発生し、保険のてん補限度額を上回る保険の支払いが生じると、損害保険会社が次回の更新時に契約内容の見直しを図る可能性がある。保険料の改訂、契約条件の制約、引き受け拒否などの事態となる可能性である。不同沈下した建物の修復は500万円を超えることが多く、高額の保険金支払いが集中することを、損害保険会社では危惧しているのである。登録実績が多い割にはてん補限度額が少ないという場合、限度額を超えた翌年以降に発生した事故物件に地盤保証が履行されない場合があるので注意が必要だ。

④被保険者が誰になっているか

被保険者とは、保険の対象になる者、補償を受ける者のことで、地盤事故によって損害を受ける者である。

地盤事故によって損害を受けた建築主などの第三者から「損害賠償請求を受けて、賠償金を支払うこと」は経済的損失であり、この賠償請求を受ける可能性のある者が被保険者となる。被保険者とは、損害保険会社に対して保険支払いを請求できる者のことであり、損害保険会社と直接の契約関係にある地盤保証会社、地盤保証を仲介する地盤会社、対象業務の発注者（すなわち建設会社）の三者が被保険者として名前を連ねている仕組みであれば安心できる。

過去に、地盤会社の倒産によって、保険を請求できる者がいなくなってしまった事例がある。一方で、建設会社が倒産した場合に、住宅取得者（建築主）が保険請求を認められる手厚い保証もあるので、「付保証明書」に基づいて納得のいくまで説明を求めるのがよいだろう。

［高安正道］

注目！

保証期間は、1年ごと10年間連続して契約更新するより、10年間継続するほうが安心！

保険

設計ミスによる地盤事故をまかなう保険とは?

建賠保険❶

建賠保険で地盤事故はどのくらい補償されるの?

3つの保険制度

建賠保険とは、建築設計・監理業務のミスにより、建築物に滅失・破損事故が発生し、法律上の賠償請求を受けるような事態となることに備えて、建築士事務所が加入する保険である。

建築設計業界には、㈳日本建築士事務所協会連合会(日事連)、㈳日本建築家協会(JIA)、㈳日本建築士会連合会(士会連合会)の3つの団体が存在し、それぞれの会員を対象とした賠償責任保険制度が運営されている。保険の基本的な構造は、3つの保険に差異はないと考えてよい[表]。

筆者と日事連・建築士事務所賠償責任保険との付き合いも、4半世紀を過ぎた。思い起こすと、この保険の最初の事故と2番目の事故は、ともに地盤にかかわる事例であった[20頁コラム参照]。当然のことながら、すべての事故において、その損害は半端な額ではない。

ところで建賠保険では、こうした地盤の組織にまつわる事故の場合、「(賠償額−免責金額)×50%」となり、設計者の責任額に対し50%しか保険金の支払い対象とされない。ただしJIAの保険では、充実プランに加入すると、損害額の85%まで対応する特約が付帯されている。当然、保険料はその分高くなるが、それだけの費用を支払うに値する特約である。

それでは、ほかの2つの団体の保険では、なぜそのような特約がないのだろうか。そこには保険数理上の複雑な問題が潜んでいる。ほかの2団体の保険会社は、85%に引き上げることにより、保険制度が破綻することを恐れているのである。

[中川孝昭]

表 13団体賠償責任保険の比較

団体	JIA	日事連	士会連合会
保険名称	建築家賠償責任保険制度	建築士事務所賠償責任保険	建築士賠償責任補償制度
引受保険会社 カッコ内は共同保険分担割合	損保ジャパン	東京海上日動(幹事・60%) ゼネラリ保険(30%) 日本興亜(5%) 三井住友(5%) 以上4社による共同保険	ニッセイ同和(幹事・68%) 東京海上日動(31%) 三井住友(1%) 以上3社による共同保険
創設年	1971年	1983年	1998年
てん補限度額(地盤に関する事故)	1,000万円〜7億円の9タイプ 賠償額の70または85%	5,000万円〜5億円の5タイプ (賠償額−免責金額)×50%	5,000万円〜5億円の4タイプ (賠償額−免責金額)×50%
免責金額	縮小てん補方式により賠償金の5〜15%が自己負担となる	1事故につき10〜300万円の6タイプ	1事故につき10万円
保険料	基本プラン:124,200円 充実プラン:173,700円	32,060円	25,590円
	年間設計・監理料:3,000万円/年間てん補限度額1億円/免責金額10万円(JIA:90%縮小てん補)とした		
加入資格	専業事務所	建築士事務所登録	事務所(会社)単位
加入件数(2008年)	約1,500件	5,775件	5,410件
取扱代理店	㈱建築家会館	㈲日事連サービス	㈱エイアイシー

注目!

建賠保険では地盤事故も保険金の支払い対象となるが、JIAの保険以外は、設計者の責任額の50%しか支払われない

建賠保険❷

保険金支払い対象外の事故はあるの?

表 保険金の支払い対象外となる事故

①	被保険者の故意
②	地震、噴火、津波、洪水などの天災による事故
③	行き過ぎた経済設計を原因とするなど、予見性のある事故
④	国外に所在する建物
⑤	構造計算ミスに気がつき、補強のため追加費用が発生した場合
⑥	基礎工事中に水脈にぶつかり、余分な費用がかかる場合
⑦	化学物質が出たため除去費用が発生
⑧	改良・改善費用

予見し得た事故は対象外

地盤にまつわるトラブルは、不同沈下による床の傾斜、土間や外壁のクラックといった事故や、地下水脈などの影響による事故がある。これらは補償の対象にはなるが、建賠保険では、設計者の責任として認定された損害額の1／2の補償となる。

一方、支払い対象外となるのは表のとおりである。地震や異常気象など、天災による事故は通常「不可抗力」による事故となるため、法律上も免責となる。また、建築士が事故の発生を予見し得た事故の場合も免責となっている。「故意」とまではいえないが、回避しようと思えばできることを知りながら、その措置を取らなかったケースが、これに相当すると考えられる。「いざとなれば保険がある」などという乱暴な決断をすれば、間違いなく、この免責条項が適用されることになる。

［中川孝昭］

注目!

事故を予見し得た場合も免責となる。地盤調査が必要な敷地で地盤調査を行わなかった場合も保険金支払いの対象外に!

Column

見破られた損害額の偽り

以下は、筆者がかかわった建賠保険の適用事例である。

長方形の敷地に、4階部分の形状が直角三角形をした鉄筋コンクリートのビルに不同沈下が発生した。地盤改良によりそれ以上の圧密沈下を止めたうえで、建物内部床面の調整などにより対応するという結論に達した。

設計者は、場所によって地耐力に差があることを、完全に見落としていた。建物のうち沈下のなかった側は、古くからある道路に面し、沈下した側の地盤はつい最近まで田んぼだった。設計者は、この程度の規模の建物であれば、べた基礎で十分だと判断した。現場から200mほど離れた敷地に3階建てを設計した経験もあり、条件はそこよりよいと推断、ボーリングデータを取ることもなく、地耐力を8tとして設計が行われた。

地盤に関する事故は1／2

日事連・建築士事務所賠償責任保険では、地盤の組織にかかる事故に対しては、(損害額－免責金額)×1／2=保険金という算式を使う。この事故の地盤改良に要する費用は、当初から500万円を超えると推定された。困りはてた設計者は関係者と語らい、1／2にされてもよいように費用の改ざんを企て、立会い調査を求めた保険会社に対し、改修工事の実施日を偽り、祝祭日を選んで改良工事に着手した。ところが、保険会社は長年にわたる経験則から、動物的なカンを働かせ、これを察知した。工事当日の早朝新幹線で現地に現れた査定マンの姿を目にして、現場監督の顔はこわばったが、すべての手配は完了しており、改良工事を進めるほかない。査定マンは地盤改良に使用する材料のなかで、一番消費量の少ない材料の1斗缶に目をつけ、空缶の数を数えた。

地盤改良工事が終了し、1カ月余りで無事建物の完成引渡しが済み、保険会社に地盤改良関係の見積書が送付されてきた。驚いたことに、数量ばかりか単価にも手が加えられていた。こうなると刑事告訴も可能な立派な犯罪である。しかし、保険会社はあえて事を荒立てるのを避け、自分たちの集めたデータをもとに、数量と単価の修正を求めたうえで、設計者の負担分と認定した金額の50%を支払ったのだった。

［中川孝昭］

コラム原稿は『Argus-eye』(日本建築士事務所協会連合会発行) 2007年1月号の文章を再編集したもの

保険

保険で地盤トラブルをどこまでカバーできる？

保険のまとめ❶

どこからが設計瑕疵になるのか？

地盤調査は設計者の責任？

不同沈下による補修費用をカバーする保険・保証として、瑕疵担保保険、地盤保証、建賠保険などがある［図］。これらは、建設業者、地盤業者、設計者がそれぞれの立場で加入するものなので、加入が義務化されている瑕疵担保保険を除き、どれに入っていればよいと言えるものではない。しかし、それぞれの保険・保証によって適用対象が異なるため、保証内容を理解しておく必要がある（たとえば、不同沈下再発防止のための地盤の補修費用は保険によっては適用対象外）。大事なことは、地盤に関する事故は責任の所在を明確にしにくいことを認識したうえで保険・保証の加入を考慮することである。それと同時に、設計者は地盤事故で設計瑕疵と判断されるケースについて確認しておきたい。

建賠保険を取り扱う日事連サービスの中川氏は、設計瑕疵の範囲について「裁判では、地盤調査とは設計者の責任の下で実施されるべきものとの論旨から、設計者は重い責任を負わされているケースがある」と指摘する。地盤調査を行い、それにもとづいた基礎設計を行うのは設計者の職責だと裁判所は考えている。必要な地盤調査を怠ったり、調査データを読み違えるなどのミスがあれば、当然、設計瑕疵となる。

むろん、地盤調査費用には限界がある。調査では見抜けない「不可抗力」のケースもあるだろう。そこで中川氏は「地盤調査に関する責任の範囲を、事前に明確にしておくべき」と助言する。建築主が調査費用を出し惜しむ場合にも、その必要性をきちんと説明できることが肝心だ。［編集部］

図 不同沈下をカバーする保険の内容

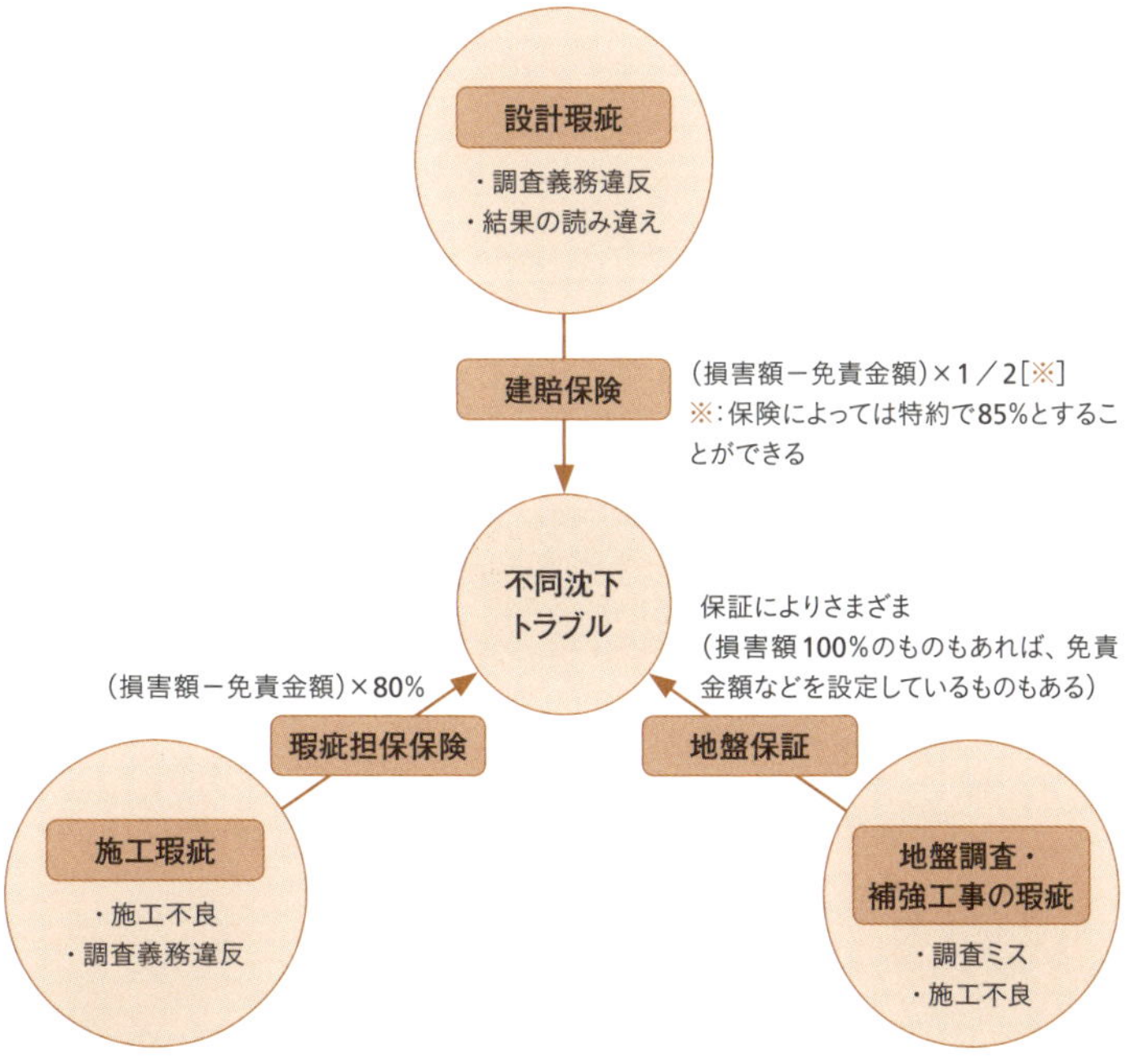

対象外	地震、噴火、津波などの天災による地盤沈下トラブルは、いずれも免責事項

注：保険の契約内容により異なるため、詳しくは各窓口に要問い合わせのこと

注目！

設計瑕疵とみなされないためにも、地盤調査を必要とする敷地では必ず地盤調査を実施する！

保険のまとめ②

住宅紛争処理の参考となるべき技術的基準について

瑕疵の可能性を把握するための目安になる

品確法において10年保証の対象となる「瑕疵」についての定義付けは「技術的基準」に示されている。主要構造材の不具合には軽微なものから重大なものまでさまざまな段階が考えられるが、基準では不具合を3段階に分類し、レベル3に達した不具合を「構造耐力上主要な部分に瑕疵が存する可能性が高い」と規定する［※1］。

地盤が軟弱なために建物が不同沈下すると、地盤に接している基礎に何らかの不具合が生じ、それに追随して床版が変形すると考えられることから、地盤自体は主要構造材ではないとしながらも、不同沈下というとらえどころのない現象を、基礎と床版の不具合に置き換えて可視化している［表1］。

不具合の事象ごとに基準がある

床版については、「傾斜」、基礎については「ひび割れ」の瑕疵に具体的な言及がなされている［※2］。

傾斜とは、本来水平でなければならない床版が、ある2点間において6／1000以上の勾配の傾斜となった場合をレベル3、すなわち「瑕疵が存する可能性が高い」としている［図］。2点間については「3m程度離れているものに限る」との注釈があり、木材の乾燥に伴う局部的な暴れなどが排除されていると見ることができる。3mの水平距離で6／1000に相当するのは18㎜であり、乾燥に伴う曲がりや許容できる施工誤差の度合いを大きく超えている。

基礎の「ひび割れ」については、仕上げ材の種別によって規定が細分化されているが、概略を述べれば、基礎のひび割れの幅が0.5㎜以上である場合、またはさび汁が出ている場合である［表2］。

鉄筋コンクリートにとって、ひび割れは鉄筋を腐蝕させる要因であり、さび汁は鉄筋が腐蝕した証拠である。水滴の大きさは0.1～3㎜であるので、ひび割れの幅がそれ以上になれば、水が浸透し、鉄筋の腐蝕、コンクリートの爆裂を引き起こす。寒冷地では浸透した水が凍結し膨張することでひび割れを助長することにもなる。0.3㎜のシャープペンシルの芯が楽に入るようなひび割れがあり、一旦はエポキシ樹脂などでコーキングを施しても、不同沈下が進行するにつれひび割れが再発し、0.5㎜まで拡大した時点でレベル3を覚悟しなければならない。［高安正道］

表1 地盤と品確法の関係

住宅の地盤は、基本構造部分には含まれないが、住宅の設計・施工を行う場合には、その前提として地盤の状況を適切に調査した上で、調査結果に対応した基礎の設計・施工を行うべき義務があるため、例えば地盤が軟弱であるにもかかわらず、地盤の状況を配慮しない基礎を設計、施工したために不同沈下が生じたような場合には、基礎の瑕疵として本法の対象と対象となる。

出典：『住宅の品質確保の促進等に関する法律』（ベターリビング発行）

図 レベル3の傾斜

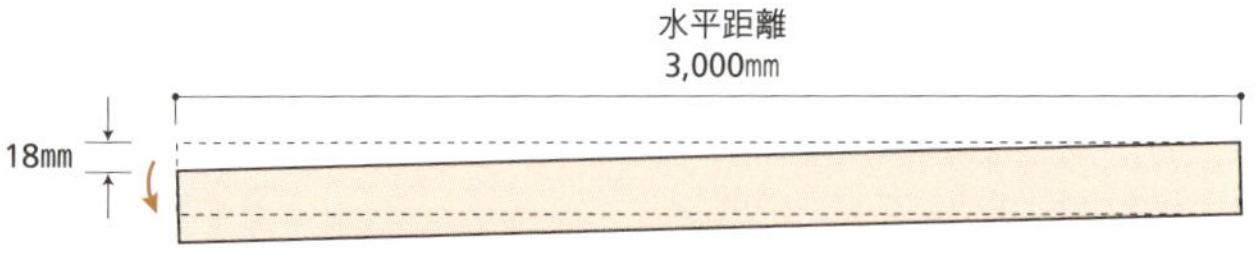

6/1000程度の勾配になると、基礎のひび割れ、建付け不良などの不具合がすでに発生している可能性がある

表2 各不具合事象ごとの基準（ひび割れ）

レベル	住宅の種類（木造住宅、鉄骨住宅、鉄筋コンクリート造住宅又は鉄骨鉄筋コンクリート造住宅）	構造耐力上主要な部分に瑕疵が存する可能性
1	レベル2及びレベル3に該当しないひび割れ	低い
2	①複数の仕上材にまたがった幅0.3㎜以上のひび割れ（レベル3に該当するものを除く） ②仕上材と構造材にまたがった幅0.3㎜以上0.5㎜未満のひび割れ（レベル3に該当するものを除く）	一定程度存する
3	①複数の仕上材（直下の部材が乾式であるものに限る）にまたがったひび割れ ②仕上材と乾式の下地材にまたがったひび割れ ③仕上材と構造材にまたがった幅0.5㎜以上のひび割れ ④さび汁を伴うひび割れ	高い

※1：解説書「住宅紛争処理技術関連資料集（平成21年度） CD - ROM」（住宅紛争処理支援センター）
※2：壁の垂直性についても同様の指摘があり、2m程度以上の長さの平滑な仕上げ面において6／1,000以上の傾斜を「瑕疵が存する可能性が高い」としている

紛争

判例から学ぶ地盤トラブルの責任問題

判例❶

盛土と切土にまたがった地盤での基礎選定ミス

裁判の概略

切土と盛土にまたがる地盤に住宅を建てた。地盤調査を切土部分でのみ行ったため基礎選定を誤り、不同沈下を発生させた。建築主は、設計事務所に建替え費用3千万円の賠償を要求した。

判決

被告（設計事務所）が補修費600万円を負担することで和解

調査不足で基礎選定を誤る

不同沈下には大きく分けて2種類のパターンがある。1つは傾斜角タイプと呼ばれ、もう1つは変形角タイプと呼ばれるものである［29頁参照］。傾斜角タイプは、一定の角度で建物が傾くので修復も容易であるが、変形角タイプは建物の一部分が傾斜するので、構造に大きなダメージを与える。

本事件は斜面地の一部を切り取り、低地側に盛土をした。これにより同じ敷地内に地盤強度の異なる部分ができてしまい、さらに基礎の選定は地盤の硬い部分の調査結果をもとにしてしまった。その結果、変形角タイプの不同沈下が発生し、基礎の破断や一部梁の接合部の離れ、居室の傾斜など、数多くの障害が発生した。

建築主である原告は、崖地の建物がさらに崖側に傾斜したため、身の危険を感じ、建替え費用3千万円を要求した。被告である設計事務所は補修が可能であると反論し、裁判では建替えか補修かが争点となった。

結果的に、補修することでで和解に至ったが、適切な地盤調査を行っていれば、防ぐことができた沈下事故である。

［藤井衛］

注目！

調査不足は設計事務所の責任となる。地盤調査とは、単に地耐力を調べるものではなく、地盤の不均質性を調べるもの

23〜26頁イラスト：アラタ・クールハンド

判例❷

不良造成地盤を見抜けずに補修責任

裁判の概略

住宅地の端の一角にある高さ2mの擁壁を有する造成地盤で、一部地下車庫を有する建物の基礎が地下車庫の境界部分で破断した。建築主である原告は、被告である建売り業者に基礎の設計・施工に瑕疵があると訴え、修復費用を要求した。

判決

建売り業者は地盤調査を実施していなかったため、注意義務の怠慢とみなされ、建売り業者が修復費用1千万円を負担することで和解

見抜けなければ責任に

この建物の地盤は、2面が道路に面した擁壁を有する造成地盤であり、一見して交通振動を受けやすい状況にある。住宅会社の反論の内容は、近くに大きなマンションが建設されており、大型車両が数カ月にわたり頻繁に通過した事実や、過去に擁壁近傍の地盤をガス管の埋設工事により掘削し、それによって地盤がゆるんだことによるといったことで、要は会社には責任がないと主張した。すなわち、原因の特定が争点となった。

鑑定調査の結果、建物の中央部がくの字的に変形していることが分かった。そこで、SWS試験を実施したところ、深さ約50㎝で貫入不能となった。数カ所にわたり人力で掘削したところ、煉瓦・瓦・鉄板の破片など、いくらでもガラが出てくるようであり、その穴を覗き込むと、ガラとガラの隙間があちこちに存在していた。

どうも、この地盤は、造成の最後の宅地であり、ゴミ捨て場と同じように扱われていたようである。擁壁の内部のすべてがガラで構成されていたため、振動の影響はもちろんのこと、ガラとガラとの隙間が時間とともに収縮していくため、変形角タイプの不同沈下が発生してしまった。

［藤井衛］

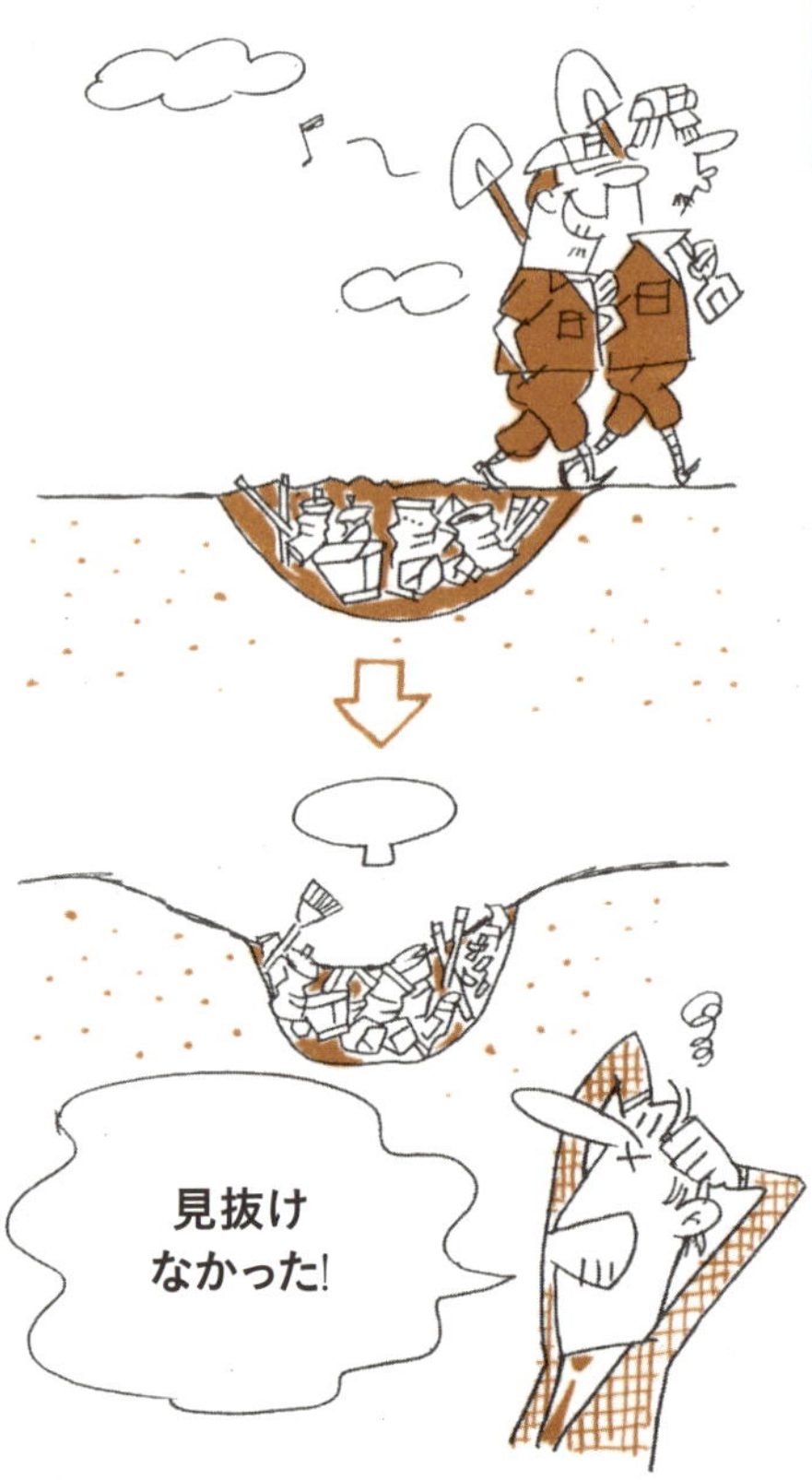

教訓！

造成が悪くても見抜けないと住宅事業者が責任をかぶることになってしまうケースが多い。造成地は特に注意が必要！

判例❸

不適切な地下工事で隣地が沈下

裁判の概略

地下1階、地上2階の建物を計画し、山留め工事を行ったところ、両側の建物の居住者から工事により建物が傾いたといって建築主が訴えられた。

判決

被告である建築主は、原告1（築40年の木造住宅）に400万円、原告2（3階建てのRC造）に600万円の補修費を支払うことで和解

山留めの設計ミス

争いの対象となった地域は、過去何度も洪水に見舞われている。問題の宅地一帯は河川近くの低地にあり、地盤は軟弱である。争点は、原因が両側の敷地の地耐力不足によるものかあるいは工事の影響によるものかであった。

通常、地下1階程度の山留めを行う場合、特に山留め計算を行うこともない。山留め自体もきわめて簡便な親杭横矢板工法を採用することが多く、地下水位が浅いと、板と板の隙間から水と一緒に土も流失してしまう。そして、山留め壁の裏側の地盤が沈下することによって、そこにあった建物に変形角タイプの不同沈下を発生させる。

また、想定以上の土圧が山留め壁に作用すると壁体が前（工事側）に膨らむが、その膨らみの大きさがほぼ地盤沈下量に等しいため、建物に不同沈下を発生させる。鑑定では、両側の建物の1階床面の不陸状況をコンター解析［※］したところ、きわめて明確に両建物が工事側に向かって傾斜している様子が現れた。一般に引きずり込まれる範囲は掘削底面から45度の範囲であるが、床面の変形状況は、まさにそのとおりの様子を示していた。

結局、被告である建築主はこれを認め、建物を補修することで和解となった。このようなケースでは、建築主が設計事務所を訴えてもおかしくない。

地下工事による不同沈下は最近多発しており、主に密集地での建替えの際に発生している。

［藤井衛］

教訓！

たとえ住宅規模の山留めでも、計算は必ず行い、地盤に見合った山留め工法を採用する

※：同じ相対沈下量を線で結ぶ。建物の等高線のようなもの

判例④

建替え時に地盤調査をせず、補修責任

裁判の概略

従前とほぼ同位置での建替えで不同沈下が生じた。建築主は、地盤調査をしなかった建売り業者に建替えを要求し、建売り業者は地方裁判所で3千万円の支払いを命じられたが、これを不服として高等裁判所に訴えた。

判決

被告（建売り業者）が補修600万円を負担することで和解が成立

教訓！

建替えでも建物の規模や配置が変わる可能性がある。建替え地盤ほど、慎重に地盤調査をすべき

建替え時の調査不足も責任に

鑑定で詳細に地盤の状況を調べたところ、宅地周囲に新たに4～5mの高さの擁壁が設けられていた。宅地は水田に囲まれた湿地帯であり、軟弱地盤であるが、擁壁の基礎に地盤改良・杭などの必要対策をしなかったため地耐力が不足し、擁壁が宅盤を抱きかかえたまま、軟弱層の厚い方向に傾いたことが判明した。この場合は、住宅会社よりも造成側の責任が大きいと判断されたが、建売り業者が地盤調査を実施していれば、防げた事故であろう。

これとは別に、やはり建替え時に裁判になったケースがある。それは、以前の建物より面積を大きくしてべた基礎を採用したところ、基礎を打設した時点で、べた基礎の外周部が下がり、やじろべえのような状態になり、基礎の立上り部にひび割れが発生してしまった。［藤井衛］

Column

訴えられないために

SWS試験の実施は、地盤定数を求めようとする標準貫入試験とは異なり、地盤の均質性を調査することも大きな目的の1つである。住宅の基礎の根入れ深さはせいぜい地表面から50㎝以内程度だが、表層部分が最も不安定であり、表層の地盤の不均質性が不同沈下を引き起こす可能性が高い。

また、悪質な不良地盤も存在し、見抜けないほうが悪いと居直る造成業者もいる。このような状況から身を守るには、下に挙げた①～⑤のポイントを押さえておきたい。［藤井衛］

①地盤調査は地表面から少なくとも10mまでの地盤の性質が理解できる調査方法を選ぶこと

②信頼できる地盤調査会社を選ぶこと。コストに左右されてはいけない

③信頼できる地盤補強会社を選ぶこと。コストに左右されてはいけない

④設計事務所は工事監理の記録、工務店は施工管理の記録を保管すること。これがないために裁判で負けた会社もある

⑤不良造成を見抜くためにも、造成地は特に注意して調査に臨むこと

地盤調査しなかったのはミスだ!!
同じ場所だから必要ナシ

第 2 章　地盤知識編

地盤①

勘違いしやすい不同沈下の原因

軟弱地盤より造成地に不同沈下事故が目立つ！

1 不同沈下が発生しやすい地盤

No.	不同沈下が発生した地盤	割合（%）	特徴
1	斜面を切り崩し、切土・盛土にまたがった地盤	28	不均質な造成地盤
2	沼、川、田の埋立て地	26	地耐力不足
3	古くから地盤の悪い土地柄	24	地耐力不足
4	盛土の変形・沈下	11	周辺擁壁に異常
5	ゴミそのほかの埋設物があった地盤	4	局部的地盤陥没
6	池・井戸などの埋立てがあった地盤	3	不均質地盤
7	地下室の施工不良	2	周辺に地盤変状
8	その他	2	—

注：藤井氏が過去に在来住宅会社133社を対象に不同沈下が発生した地盤の内容を集計したもの。▭ はすべて造成地盤

2 造成地盤における不同沈下の原因のパターン分類

パターン	原因	原因察知の手がかり
A	盛土荷重による外周建物の引きずり込み	雨が溜まる
B	切土・盛土地盤や盛土下部の旧来地盤の変形	盛土端部の建物の傾斜が大
C	盛土の材料や盛土自体の変形あるいは不適切な埋設材料による変形	交通振動に弱い
D	基礎工法の選定の誤りまたは設計ミス	地山の傾斜方向に傾く
E	欠陥擁壁あるいは擁壁背面土が不適切な材料、または転圧不足による変形	擁壁にひび割れやずれが発生

Aは住宅の外周の軟弱地盤上に盛土したケースで、そこが沈下して住宅が引きずり込まれる。Bは建物下部に軟質・硬質地盤が混在しているケース。軟弱層の上に盛土し、沈下したケースもある。Cは盛土内部にガラなどが埋められていたケース。Eは擁壁の傾斜・変形に伴う沈下

Bパターン1

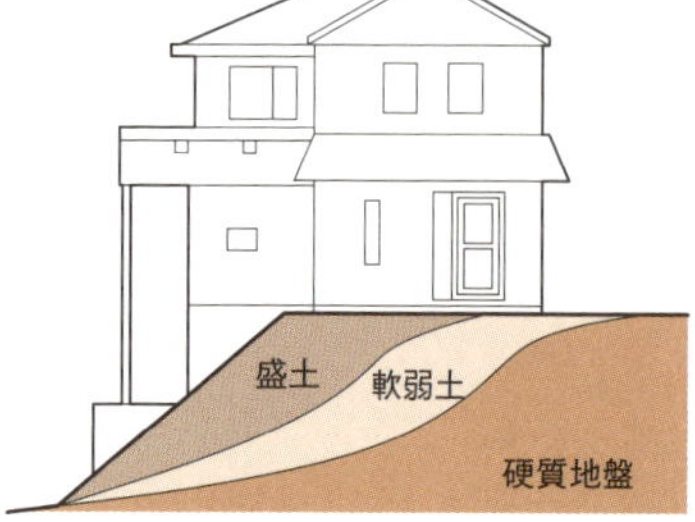

Bパターン2

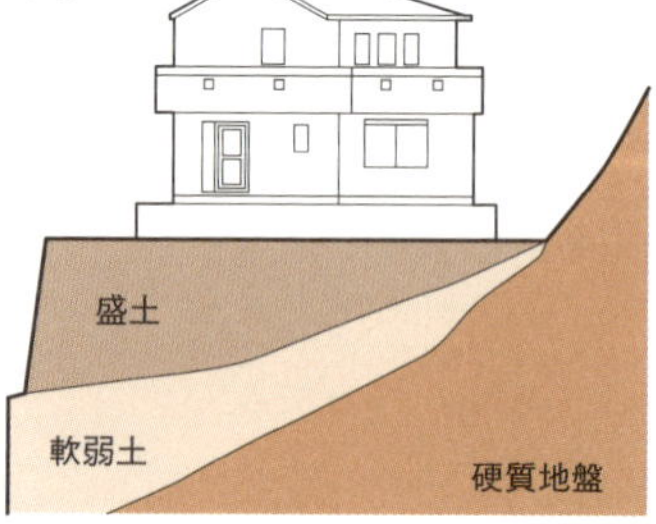

編集部（編）：先生、今どき誰もが地盤調査をしているのに、どうして不同沈下の事故はなくならないのでしょうか？

先生：それは、不同沈下の原因について勘違いされているからだと考えられます。

編：不同沈下といえば、地耐力不足が原因ですよね？

先生：確かにそれもあるのですが、実際に不同沈下事故が目立つのは、軟弱地盤よりも造成地なんですよ［①・②］。つまり、地耐力不足よりも、地盤の「不均質性」が問題なのです。造成地盤は一見すると平らにできていますが、軟質・硬質地盤が混在していたり、硬質地盤の厚さが異なっていたりすることが多いのです。

編：それは、たとえば切土や盛土のことですか？

先生：そうですね。地盤が均質かどうかというのは、住宅を建てる範囲の地盤の硬さや地質が一定かどうかということなんです。地盤が不均質だと、建物が局所的に沈み、基礎が変形して建物に重大な損傷が生じます［③～⑤］。

28～36頁　先生：藤井衛氏（東海大学工学部建築学科主任教授）。『小規模建築物基礎設計指針』（㈳日本建築学会）の執筆を手がけた地盤の達人。30年近く地盤事故による裁判の鑑定に携わる

執筆協力：齊藤年男（細田工務店）

不均質性な地盤が引き起こす重大な不同沈下事故

3 一方向に傾斜する沈下（傾斜角タイプ）

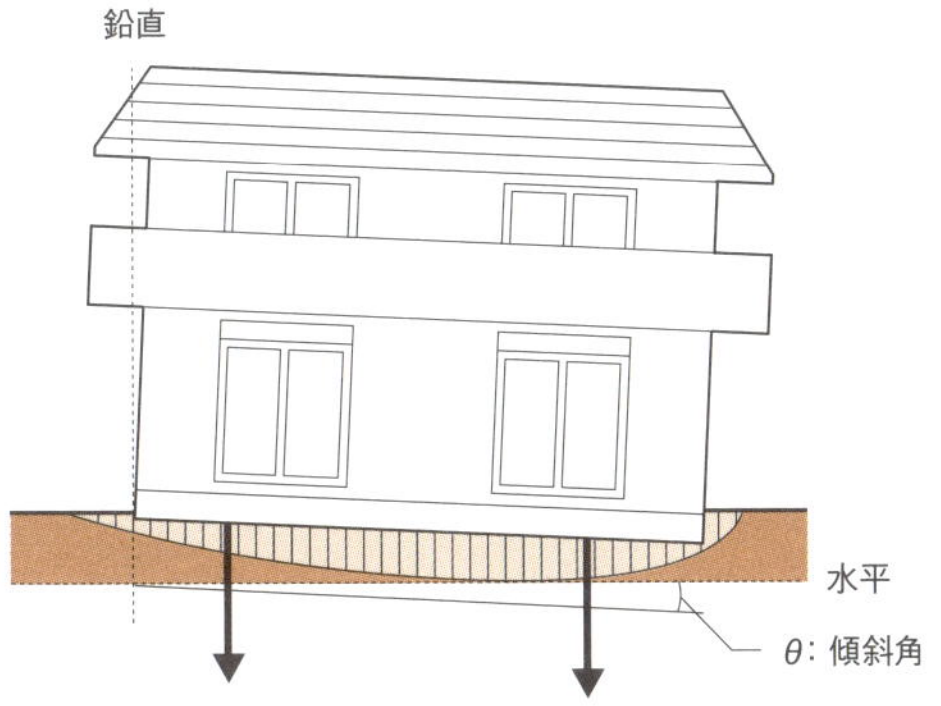

4 局所的な変形を伴う沈下（変形角タイプ）

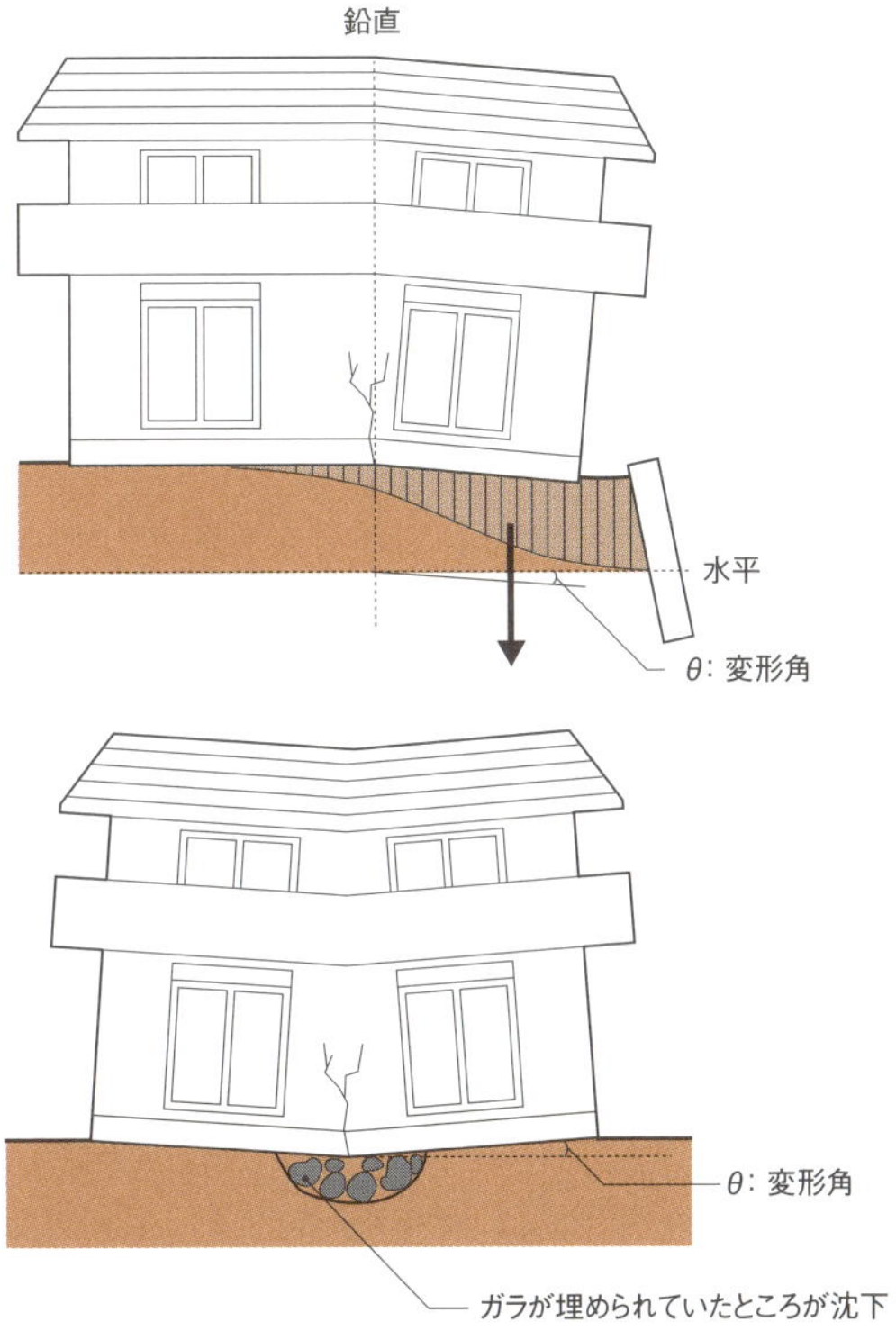

不同沈下のパターンは上図のように③「1方向に傾斜する沈下」（傾斜角タイプ）と④「局所的な変形を伴う沈下」（変形角タイプ）に分けられる。前者は地耐力不足などが原因となるが、このような沈下は建物の骨組みに力を負担させることは少ないので、あまり問題にならない。むしろ、居住性が問題となる。後者は、地盤の不均質性が引き起こした沈下で、上部構造にも大きな損害を与えやすい。裁判に発展するのも圧倒的にこのタイプが多い

5 不同沈下の傾斜度合いとその被害状況

レベル	木造住宅、鉄骨造住宅鉄筋コンクリート造または鉄骨鉄筋コンクリート造の勾配の傾斜	構造耐力上主要な部分に瑕疵が存在する可能性
1	3／1,000未満 凹凸の少ない床の平面における2点（3m程度離れたものに限る）の間を結ぶ直線の水平面に対する角度を言う	低い
2	3／1,000以上 6／1,000未満	一定程度存在する
3	6／1,000以上	高い

不同沈下の傾斜度合いとその被害状況については、品確法で技術基準が示されているが、局所的な変形が発生してしまうと、レベル3を大きく超えるケースが多い

注：床の傾斜に関する瑕疵が存在する可能性（品確法技術基準レベル）
品確法技術基準解説の入手先：『住宅紛争処理技術関連資料集』（財）住宅リフォーム・紛争処理支援センター）

住宅地盤の調査では、荷重うんぬんより、いかに地盤の不均質性を見抜くかということのほうが大事なのです。でも、このことが頭から抜けている人が多いんですよね。

編：地盤の不均質性はスウェーデン式サウンディング試験（ＳＷＳ試験）を実施すれば知ることが可能になりますか？

先生：計画地を4カ所以上きちんと測定し、すべての測定点の試験結果を水平に並べて見ると、地盤の層の傾きが分かります。そのほか、現地に足を運んで周辺の工作物や道路にクラックやゆがみなどの異常がないかどうか確かめることが効果的です。この現地調査があったうえでのＳＷＳ試験といっても過言ではありません。

肝心！

- **地盤の地耐力不足よりも、不均質性に注目**
- **造成地盤こそ注意深く地盤調査にのぞむ**

①～④出典：『基礎工』2007年8月号（総合土木研究所刊）

地盤 ②

住宅地盤の良否は何で決まるの？

地盤は多角的な調査をしないと評価できない

1 地盤を見極めるポイントとは？

調べる項目	なぜ調べなくてはいけないのか？	どうやって調べる？
地盤の強度	建物を安全に支えられるか、支持力、変形性能などを調べる	地盤調査（SWS試験、標準貫入試験）
地盤の土質	土質は、建物が沈んだり傾いたりしないためのカギとなる。土質によって、検討すべき現象（圧密沈下や液状化など）が変わってくる	・地盤調査（ハンドオーガー、標準貫入試験、土質試験） ・地質図や地盤図などの資料による調査
地盤の成り立ち	地形ごとに地盤の特徴がある。また、起こりうる災害などは地形によるところが大きい	・現地調査 ・地形図や地図などによる調査

以上に加えて…

地歴	過去にどのような地盤であったかを調べると、今は宅地でも昔は水田・川・池ということがよくある。そのような地盤は軟弱である	・過去の航空写真 ・古地図など［63頁参照］

上記4点を確認できない場合は、軟弱地盤と考えて設計する

2 地盤の強さとは？

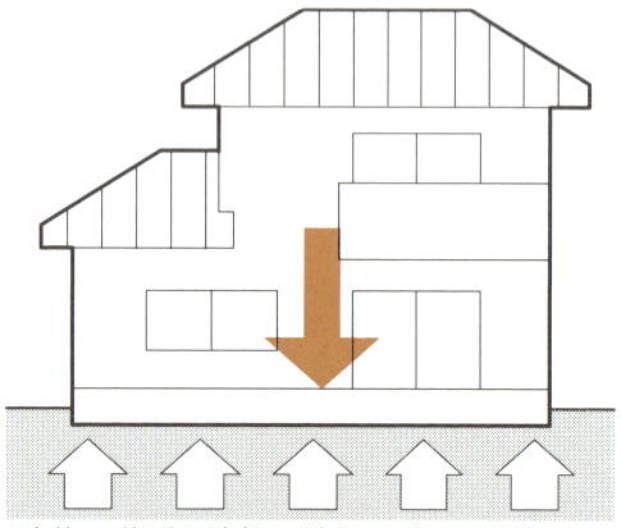

建物の荷重と地盤の強さのバランスがとれている

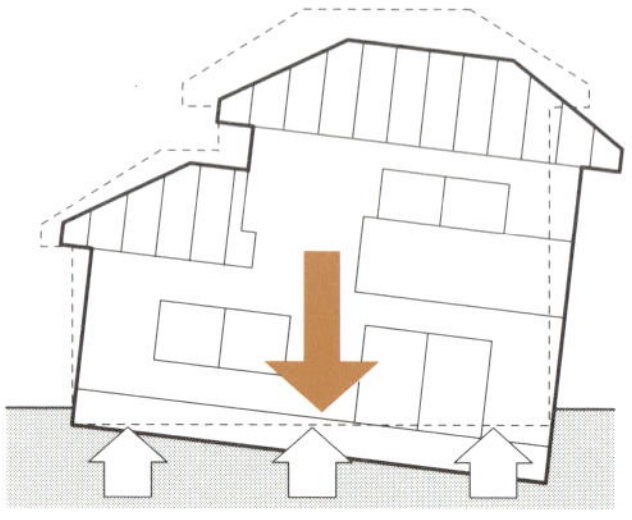

建物の荷重のほうが地盤の強さより大きいと建物は傾く

3 地盤の土質とは？

地盤の土質とは？

粒状土	礫（れき）	・粘り気がない ・水を通しやすい ・水を含みにくく、強さや硬さが含水比に影響されにくい
	砂	・拘束圧［※］に比例して強度や硬さが増加する（拘束圧がないと自立できない） ・空隙が小さく、変形しにくい
粘性土	シルト	・粘り気が強い ・水を通しにくい ・含水比が高く、強さや硬さが含水比によって大きく変化する
	粘土	・拘束圧に関係なく強度が一定 ・空隙が大きく、変形しやすい

※：水の場合と同じで深さとともに圧力（土圧）を四方八方から受ける。これを拘束圧という

地層区分ー沖積層か洪積層か

沖積層	1.8～2万年前以降に堆積して形成された地層で、低地に多く見られる。軟弱地盤であることが多い
洪積層	沖積層よりも古い年代に形成された地層で、安定した地盤。沖積層より標高の高い台地に見られる

編：前項で不同沈下の原因について教えていただきましたが、不同沈下が起こりにくい、よい地盤を見極めるポイントはあるのでしょうか？

先生：そうですね、立地条件にはいろいろあるでしょうが、地盤が建物を安全に支えれるかどうかということに限るとしたら、「地盤の硬軟だけが大事ではない」ということを覚えておいてほしいですね。地盤はそれだけでは評価できないのです［①・②］。

編：「強度」以外には何を調べたらよいでしょうか？

先生：たとえば「土質」。土質も地盤の善し悪しを判断する要素となります［③］。土の種類ごとに特性があり、建物の沈下の仕方などにも影響します。

編：そうすると、地盤調査結果報告書に書いてある土質もきちんと確認したほうがいいですね。

先生：特にSWS試験では土のサンプルを採るわけではなく、調査員が土質を推定するので、注意が必要です。地質図や地盤図などで、敷地がどんな地盤かをあらかじめ予測しておくことが大事です。

4 地盤の成り立ちとは?

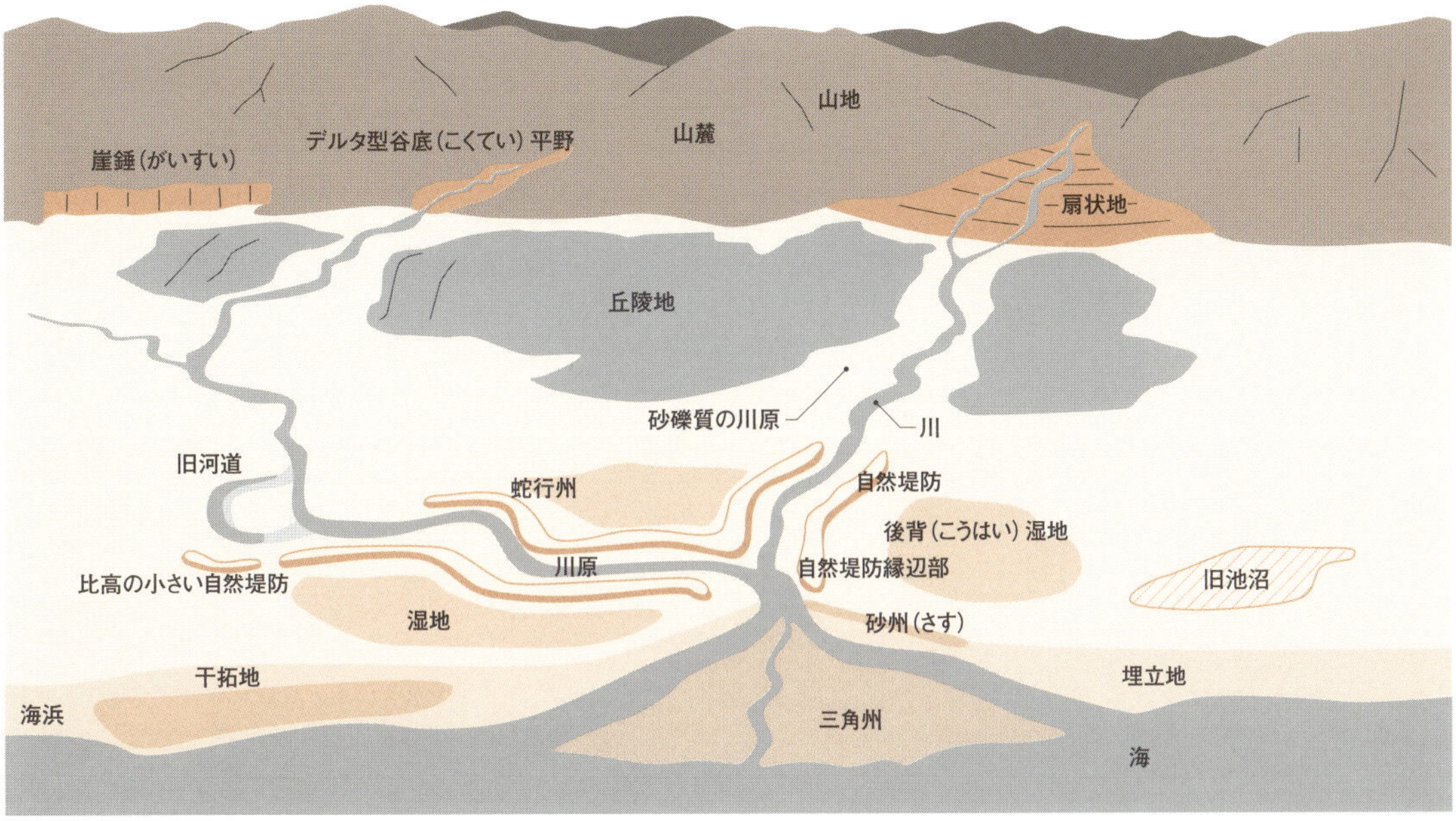

	地形的特徴・土地利用	地盤の特徴と注意したい災害
山地	標高500m以上の比較的険しい山間部。造成地	比較的安定した古い地層。地滑り、崖崩れに注意。造成地は切土・盛土の混在による不同沈下に注意
丘陵地	山より低くなだらかな地形。地表面が平坦な台地は宅地	ローム、硬粘土、礫（れき）地盤
崖錐（がいすい）	崖から崩れ落ちた岩塊や土砂が堆積してできた地形。造成地	軟弱層、浸食や地滑りに注意
谷底（こくてい）平野	山で囲まれた湿地帯。水田など	極めて軟弱
扇状地	山地から平野部に抜ける間の傾斜面を有する扇状の地形。畑、果樹園など	ローム、砂礫などからなる良質地盤
自然堤防	河川の流路沿いの微高地。昔からの集落や畑など	ローム、砂礫などからなる良質地盤
後背（こうはい）湿地	自然堤防や砂丘の後に広がる湿地	極めて軟弱
湿地	低地、排水不良地、湧水付近、旧河川、盛土をした宅地、荒地	極めて軟弱
河原	現河道の陸路沿い。荒地、畑、水田など	腐植土と礫質土
三角州	河川の河口部で起伏に乏しい。水田などに利用	極めて軟弱
砂州（さす）	海岸に沿った微高地	砂地盤。地下水位が高い。液状化に注意
埋立地	人工改変地	液状化に注意

編：自分で事前調査するわけですね。

先生：そのほかの見極めポイントである「地盤の成り立ち」も事前に調査できますよ［④］。地盤の形成は、地形によってつくられるものなので、地形ごとに大きな特徴があるのです。

編：地盤の強さ・土質・成り立ち、これで完璧でしょうか？

先生：いいえ、そこまでは基本で、盲点となりやすいポイントは「地歴」です。たとえば、敷地が過去に川だったところを造成した敷地だったとしたら、それは地盤補強の要否において大きな検討材料になります。地盤調査結果だけで判断すると「過剰安全設計か？」と感じるでしょうが、敷地がもとは水田や川だったと知れば、すぐに地盤補強を決断できますよね。

肝心！

- **地盤の善し悪しは硬軟だけでは判断できない**
- **地盤の見極めポイントに「地歴」も加える**

④資料提供：報国エンジニアリング

地盤③

地盤が建物を支える力とは何か？

木造住宅を支えるにはどのような検討が必要か

1 地盤の許容応力度から検討する（平12建告1347号）

地盤の許容応力度（kN／㎡）	基礎の構造
20未満	基礎杭を用いた構造
20以上30未満	基礎杭を用いた構造またはべた基礎
30以上	基礎杭を用いた構造、べた基礎または布基礎

注1：通常は20〜30kN／㎡未満でべた基礎、30kN／㎡以上で布基礎の採用が多い
注2：地盤の許容応力度が70kN／㎡以上であれば土台を設けず柱を基礎に緊結する形式、または平屋で土台を設けず、足固めを使用して柱の下部同士を一体化するようつなぎ、地盤に礎石などを敷き並べて柱を礎石上に立てる形式が可能

2 接地圧の大きさをもとに検討する

接地圧とは

接地圧とは、基礎底版と地盤の間に作用する力のこと。たとえば田んぼの上をハイヒールで歩くのと長靴で歩くのでは、当然、長靴のほうが歩きやすい。つまり、荷重を受ける面積を大きくすれば接地圧は小さくなり、家のように大きなものでも、人間の足裏接地圧と同じになる

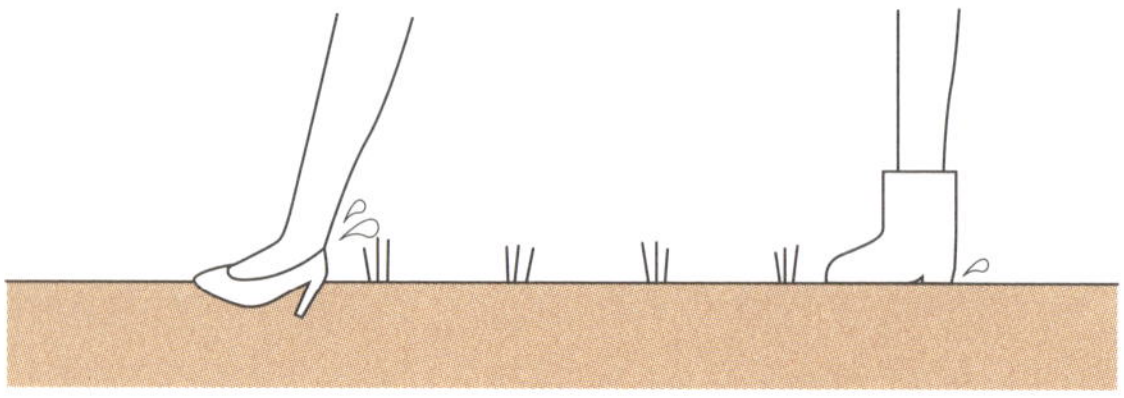

木造戸建住宅（2階）

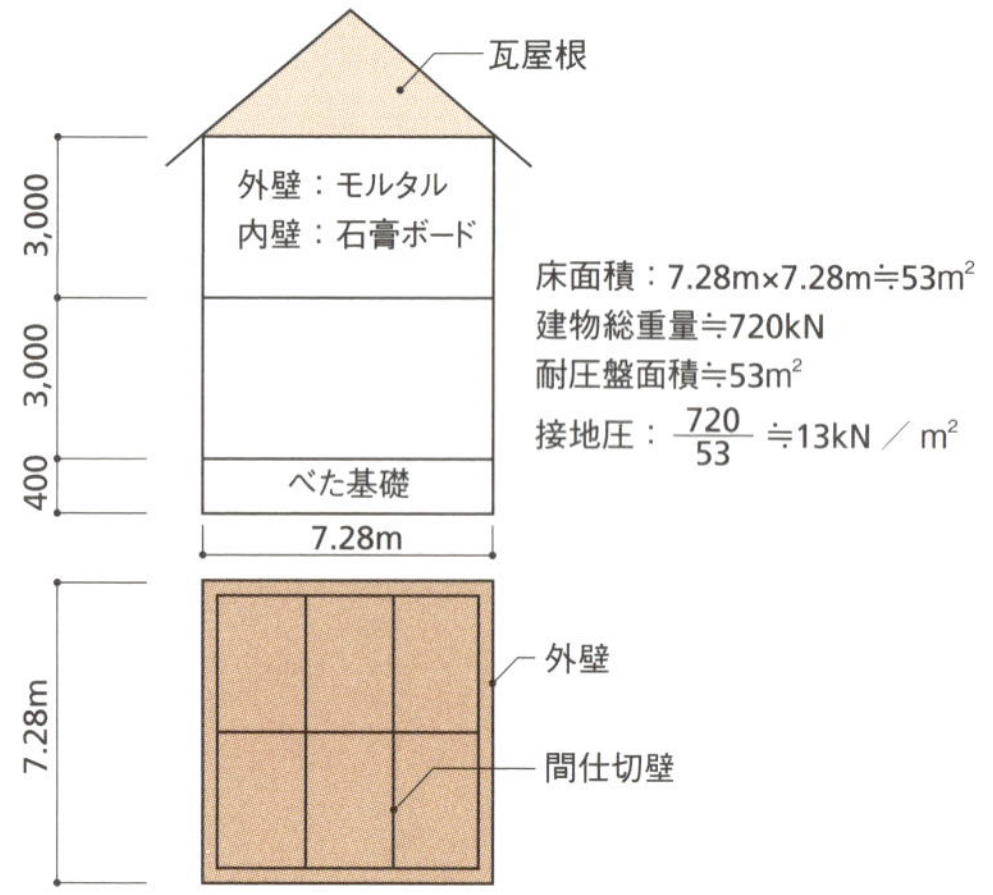

人間

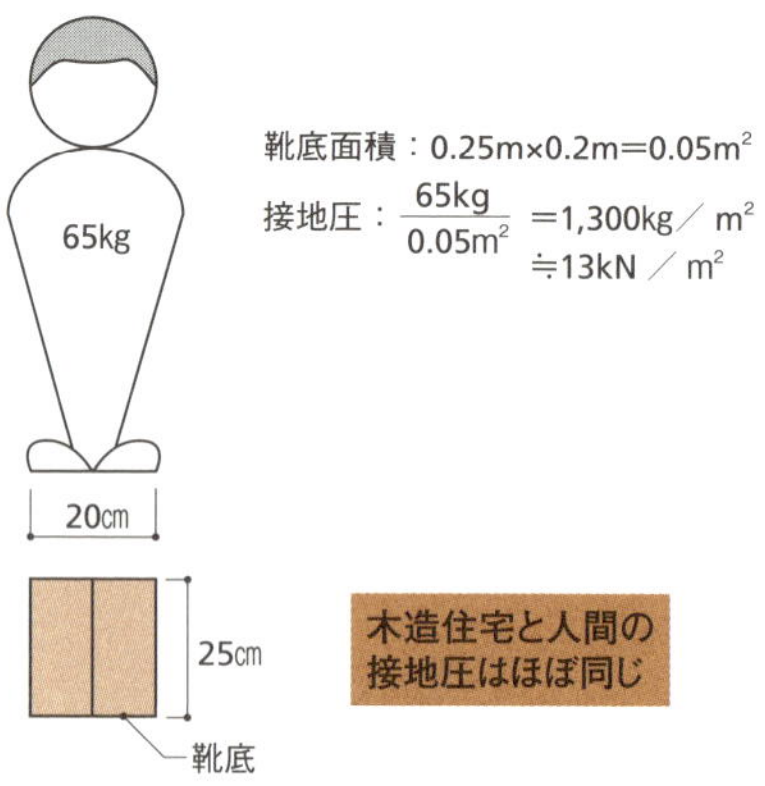

編：先生、基礎の設計は平12建告1347号のとおり、地盤の地耐力（許容応力度）をもとに行えばいいのですよね［①］。
先生：そうですね。基礎の接地圧（基礎底版と地盤の間に作用する力）の大きさをもとに設計するのが基本です［②］。木造住宅をべた基礎でつくる場合、人間の足裏接地圧とほぼ同じになります［②］。家ほど大きなものが、なぜ人間と同じ接地圧になるかというと、べた基礎にして接地面積を大きくし荷重を分散しているからなのです。
編：そう聞くと、べた基礎を選択していれば安心できるような気がします。
先生：あっ、その考えは非常に危ない！　地盤が建物を支える力には「支持力」と「変形性能」と2つ（併せて地耐力という）があります。支持力は建物の重量を「土」自体が支えられる力で［③］、変形性能は「沈下のしやすさ」のことを指すのですが、こちらも確認しないと建物が沈下する可能性がありますよ［④］。
編：沈下のしやすさ？　それは、SWS試験で分かるものなのですか？

地盤の強さは「支持力」と「変形性能」で決まる

3 地盤の支持力は「せん断抵抗力」を表す

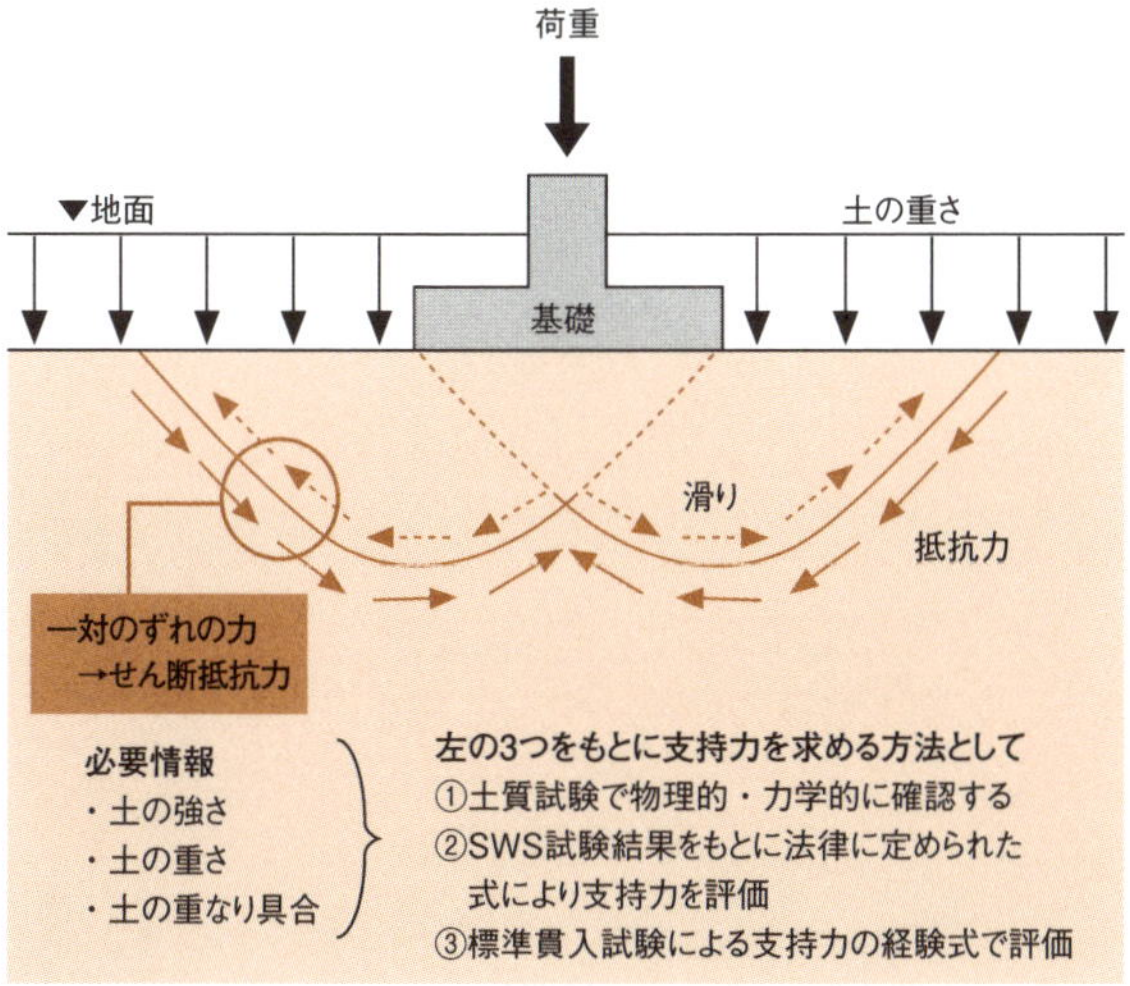

地盤の支持力は、満員電車にたとえられる

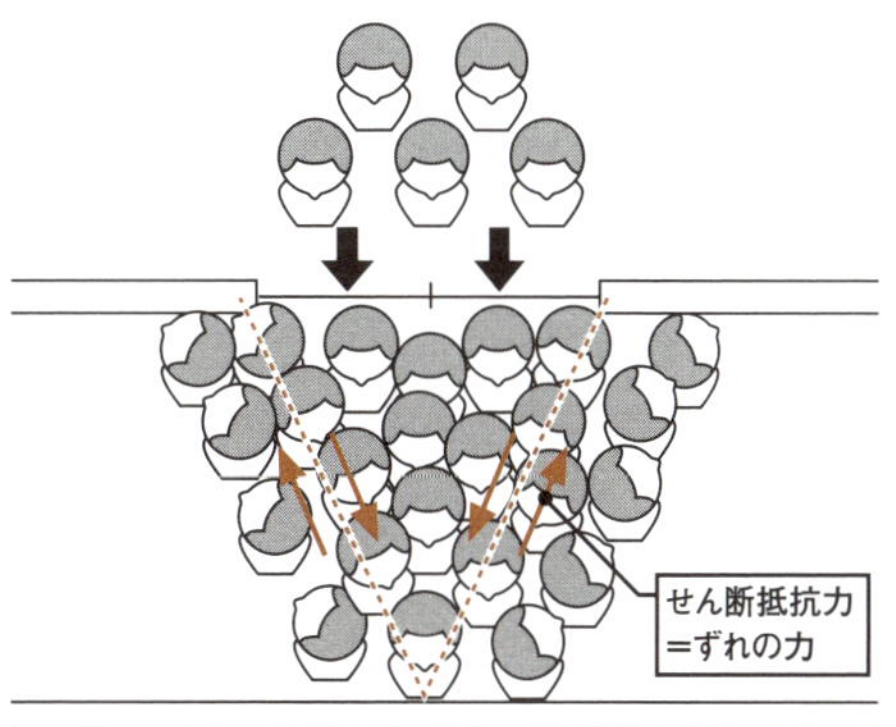

混雑している電車に人が乗り込んでくると、乗客は背中を押されて三角形の奥へと追いやられる。周囲の人はそれから逃れようとして逆方向に移動する

4 地盤の変形性能は「沈下のしやすさ」を表す

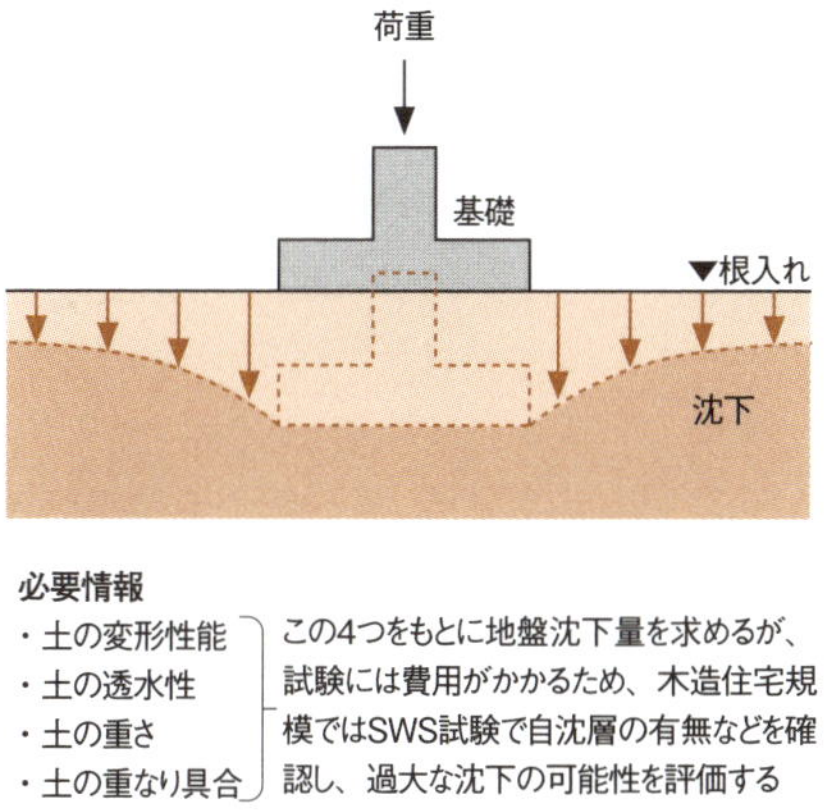

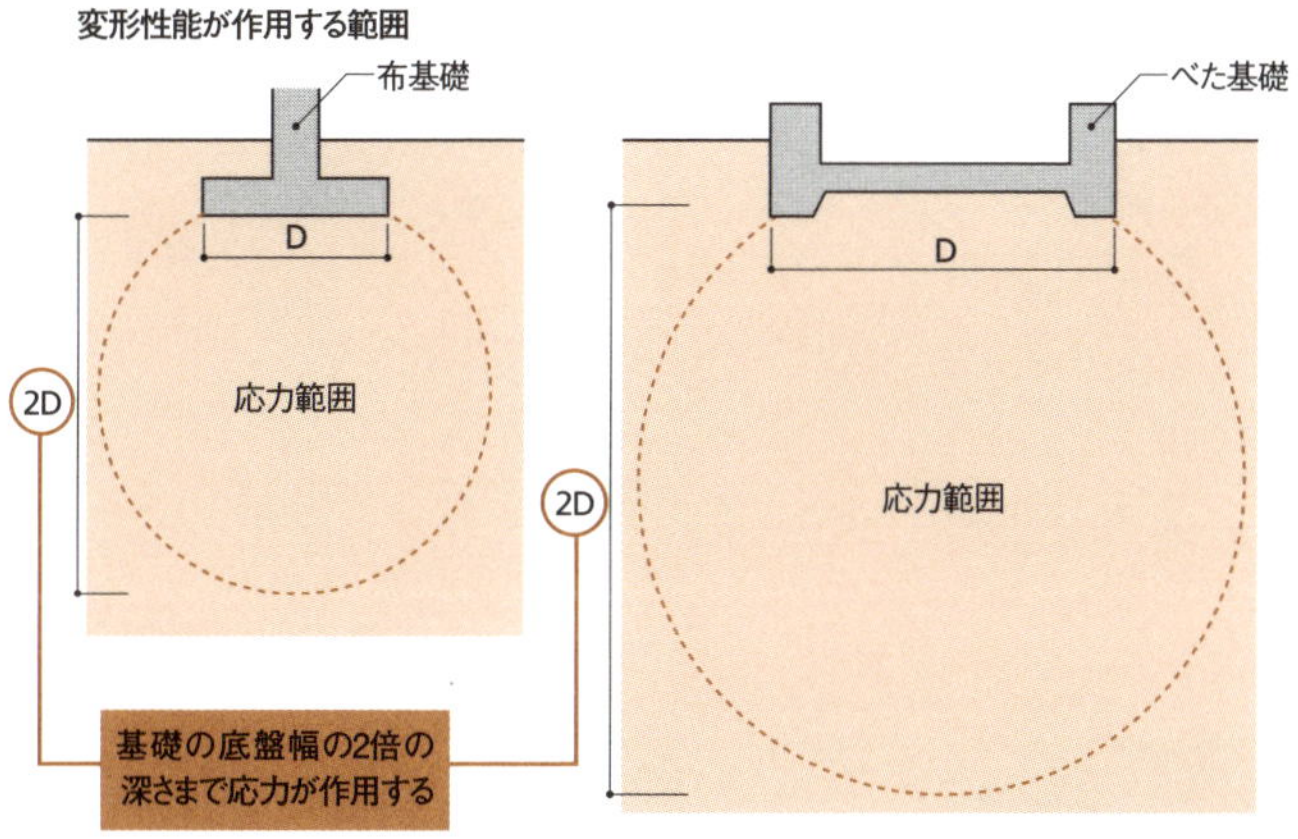

先生：実は、SWS試験では具体的には分からないのです。したがって、SWS試験ではある一定の厚さの自沈層（SWS試験で回転させずにおもりの重さだけで沈下する軟弱層）を確認した場合に、地盤補強などの検討をすることになっています［88頁参照］。

編：自沈層の有無はどのくらいの深さまで確認する必要がありますか？

先生：即時沈下的な変形性能は底版幅の2倍の距離の深さまで作用します。そこに弱い自沈層が目立って多いかどうか、また、複数の調査点でどのような結果が出ているかを確認することが大事ですね。そのほかの注意点としては、べた基礎にした場合、底版幅が大きくなりますから、力が作用する範囲も当然大きくなることに注意してください［※］。

肝心！

- **地盤が建物を支える力は「支持力」と「変形性能」の2つ、これを地耐力という**
- **べた基礎は接地圧が小さい分、応力範囲が大きい**

※：後述の圧密沈下の場合は地表面から5m程度の軟弱層に注意が必要。特に、深さ2mまでの支持力と即時沈下に対する抵抗力（変形性能）を兼ねた地盤の強さを地耐力と言っている。平12建告1347号の地盤の許容応力度は地耐力のことを指すと思われるが、一時的には支持力として扱っている

地盤④

地盤沈下と不同沈下に違いはあるの？

地盤沈下と不同沈下の違い

1 地盤沈下とは

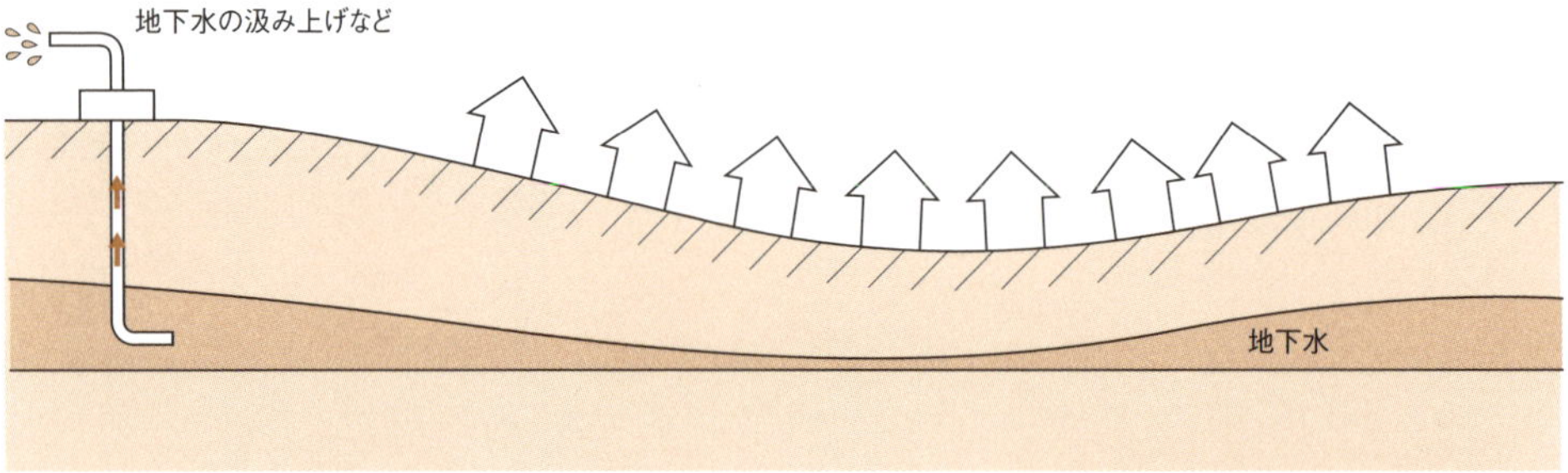

地盤沈下とは、その地盤面が何らかの要因で下がる現象をいうもので、比較的広範囲に地盤が沈むことを指す。個々の敷地や建物がバラバラに動くことではなく、周辺道路も含めて地域単位で沈み込む

災害や地下水のくみ上げなど外的要因による地盤沈下は保険ではカバーできない

2 不同沈下とは

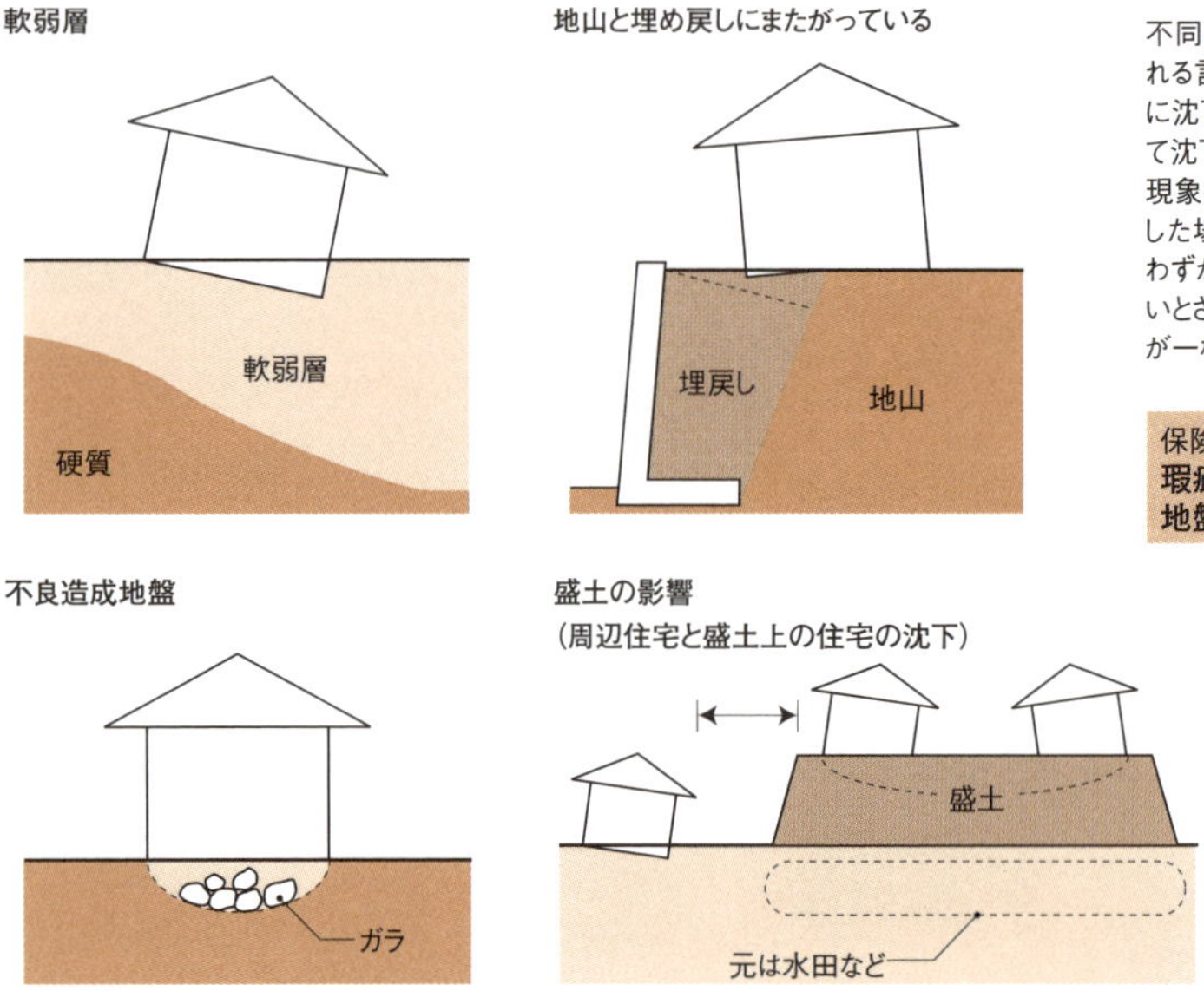

軟弱層

地山と埋め戻しにまたがっている

不良造成地盤

盛土の影響
(周辺住宅と盛土上の住宅の沈下)

不同沈下は個々の沈下に対して使われる言葉で、建物の一部分が局部的に沈下することや、建物の場所によって沈下量が異なるために、建物が傾く現象を指す。建物全体が一律に沈下した場合は等沈下といい、沈下量がわずかであれば大きな問題にはなりにくいとされているが、実際には建物全体が一様に沈下することはほとんどない

保険でカバーするなら…
瑕疵担保責任保険
地盤保証

編：先生、地盤沈下と不同沈下は言葉を使い分けたほうがいいのですか？

先生：上の①・②のとおりですが、一言でいえば、地盤沈下は残念ながら防ぎようがありません…。一方、不同沈下は個々の敷地の地盤の評価をしっかりできれば、避けることができるものといえます。地盤沈下地帯については、住宅用地取得の前に各地域の行政庁で確認するしかないと思います。

編：同じ沈下でも、地盤沈下が原因の場合、瑕疵担保保険の支払い対象外となると聞きましたが。

先生：不同沈下が原因で基礎に欠陥が生じた場合は対象になりますが、災害や外的要因により地盤が沈下した場合、支払い対象にはならないようです。

肝心！

- **不同沈下は地盤の評価と対策で回避できる**
- **それぞれ保険でカバーできるかどうかに注意**

圧密沈下はどこで起こるの？

水分を多く含んだ粘性土でしか起こらない現象

1 土の種類で沈下の仕方に違いがある

粘性土	圧密沈下	粘性土は水分を多く含み、また、水が抜けるのに時間がかかる。そのため、建物の荷重がかかると水分が排出され、排出された水の体積に応じ、地盤が沈下する。沈下終了までに時間がかかる	地盤の土の水分量の違いなどにより、一律に沈下しないため不同沈下になりやすい
砂質土	即時沈下	砂質土は透水性が高く、荷重を掛けた途端に土中の水が移動し、沈下はすぐに終了する	建物を建設している最中に発生し終了するので、特に大きな問題は起こらない

2 圧密沈下のイメージ

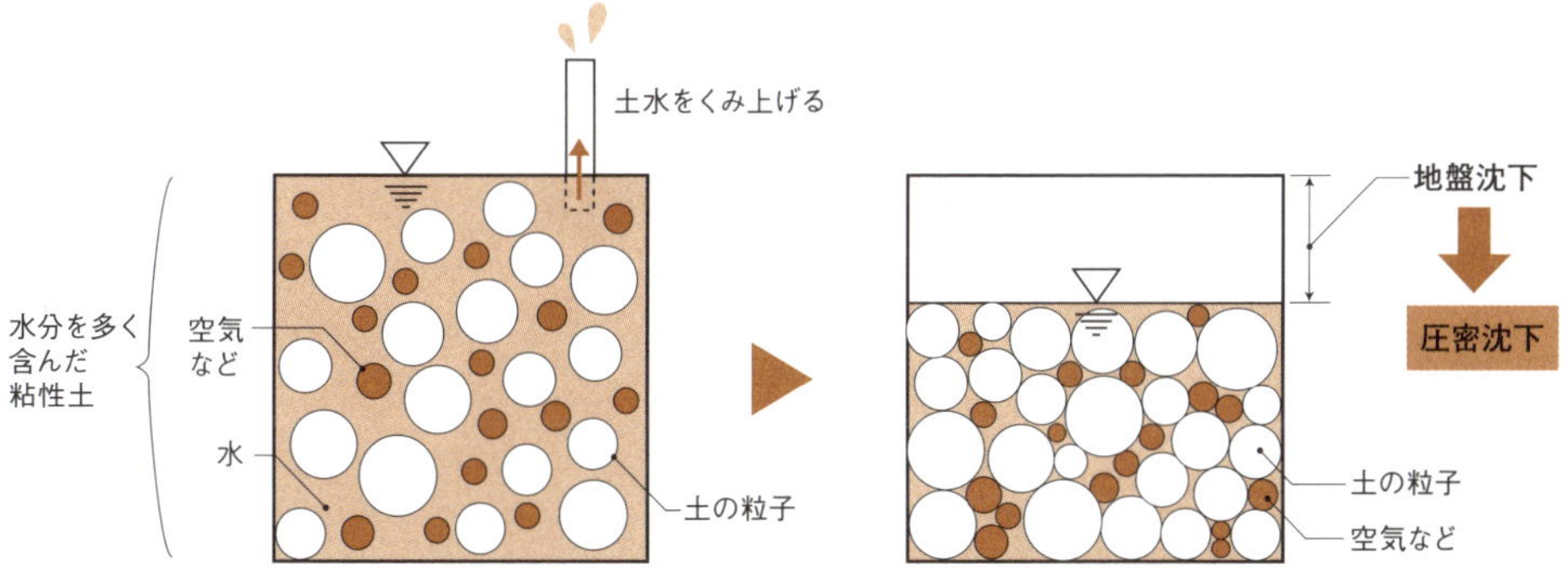

3 圧密試験はどうやるの？

圧密試験を行うために土のサンプルとして不攪乱試料を採取する。不攪乱試料とは、土を自然のままの状態で乱さないように試験室に持ち込むものをいう。これを、右図の試験装置にセットし、土に荷重を加えて、荷重と沈下の関係を求める

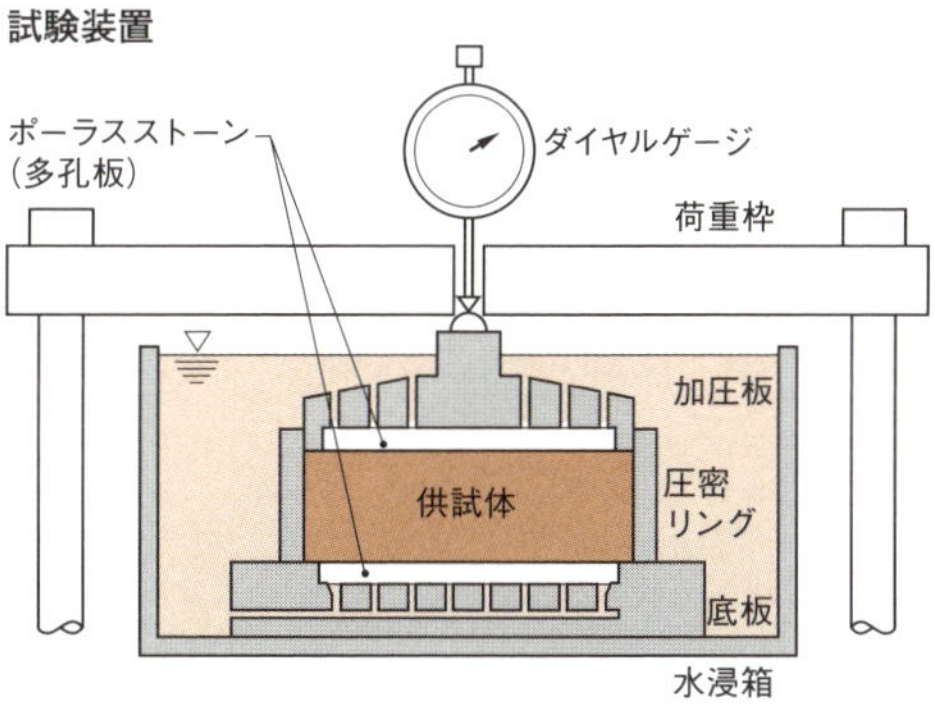

編：「圧密沈下」はどんな地盤で起こるのでしょうか？

先生：圧密沈下は水分を多く含んだ土が脱水して体積が減り、その分、地盤が沈下する現象です。つまり、台地や丘陵地の水はけのよい地盤では起こりません。沈下したら、なんでも圧密沈下という人はけっこう多いですけどね。

編：湿っぽい地盤だったら、確認すればいいのですね。といっても、何をどう確かめればよいのでしょうか？

先生：圧密沈下は、土質試験（圧密試験）で確かめます。木造住宅ならわざわざ土質試験をしなくても、含水比の計測だけでよいと思います。SWS試験で圧密沈下の可能性があるなら、土質試験をしなくてもその対策を考えれば十分ですよ。

肝心！

- **圧密は、木造レベルならSWS試験で自沈層をしっかりチェック**
- **沈下のすべてが圧密沈下ではない**

地盤 6

気をつけたいローム層の見極め

ローム層は一度乱されると強度が著しく低下する

1 ローム層の分布

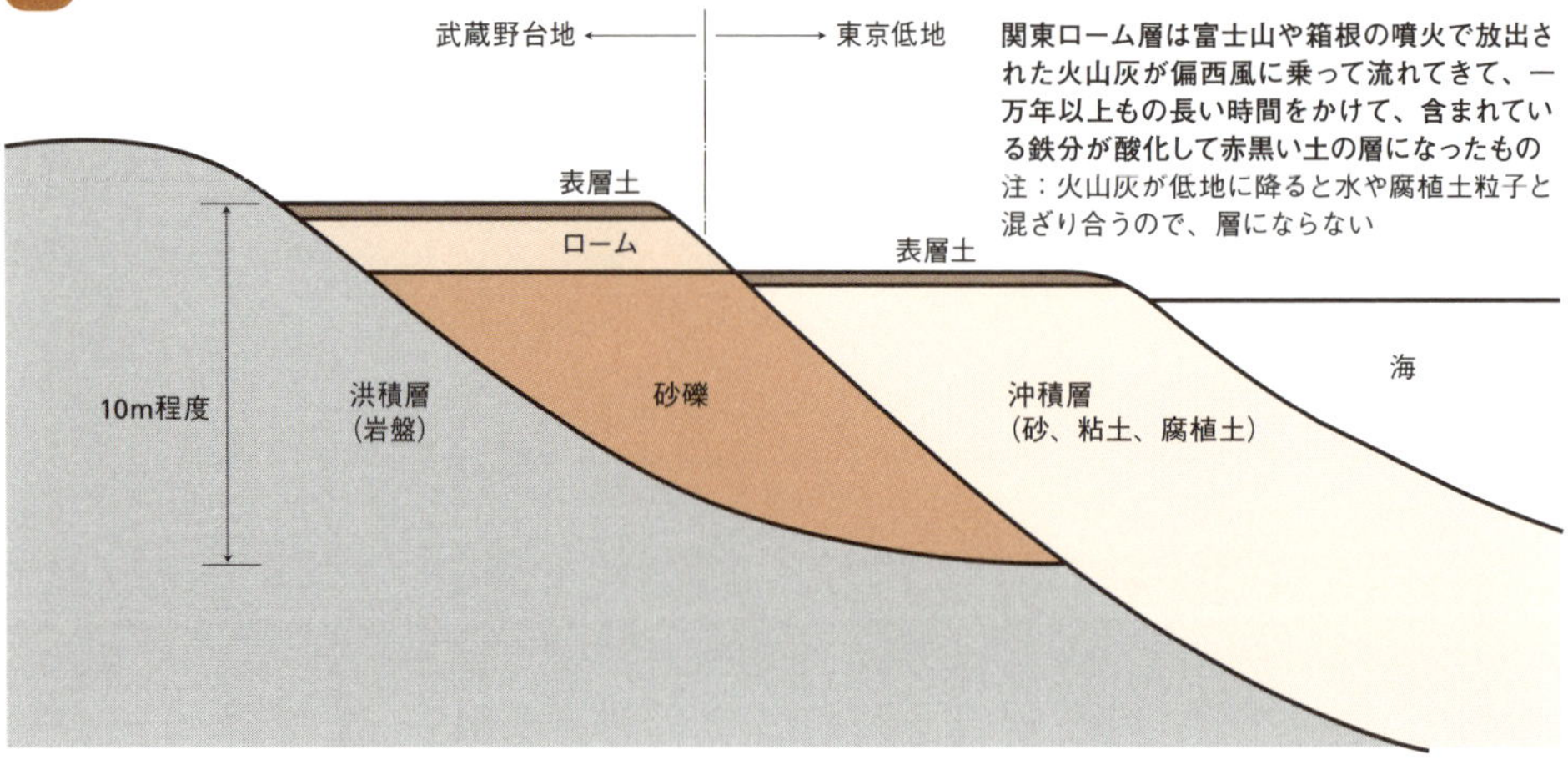

関東ローム層は富士山や箱根の噴火で放出された火山灰が偏西風に乗って流れてきて、一万年以上もの長い時間をかけて、含まれている鉄分が酸化して赤黒い土の層になったもの
注：火山灰が低地に降ると水や腐植土粒子と混ざり合うので、層にならない

2 ローム層の見極めポイント

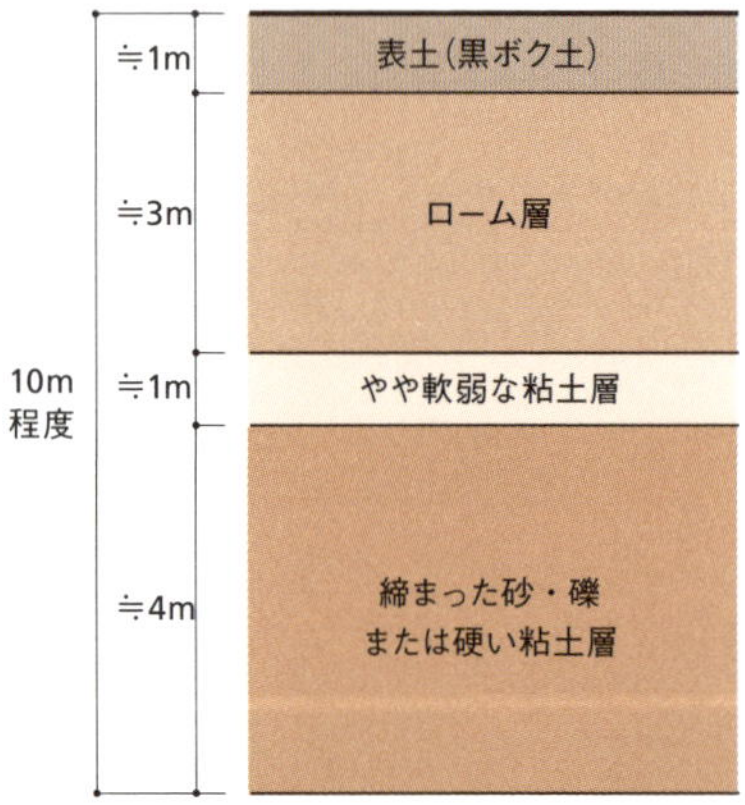

ロームは東京では3～5m程度の層厚。ローム層の表面にある黒く薄い地層は、黒ボク土と呼ばれ、植物などの有機質を含む土壌なので支持地盤としては適さないが、比較的薄いことと直下にローム層があるため、木造2階建て程度の小規模な建物では影響は少ないと考えられる

3 二次堆積ロームに要注意

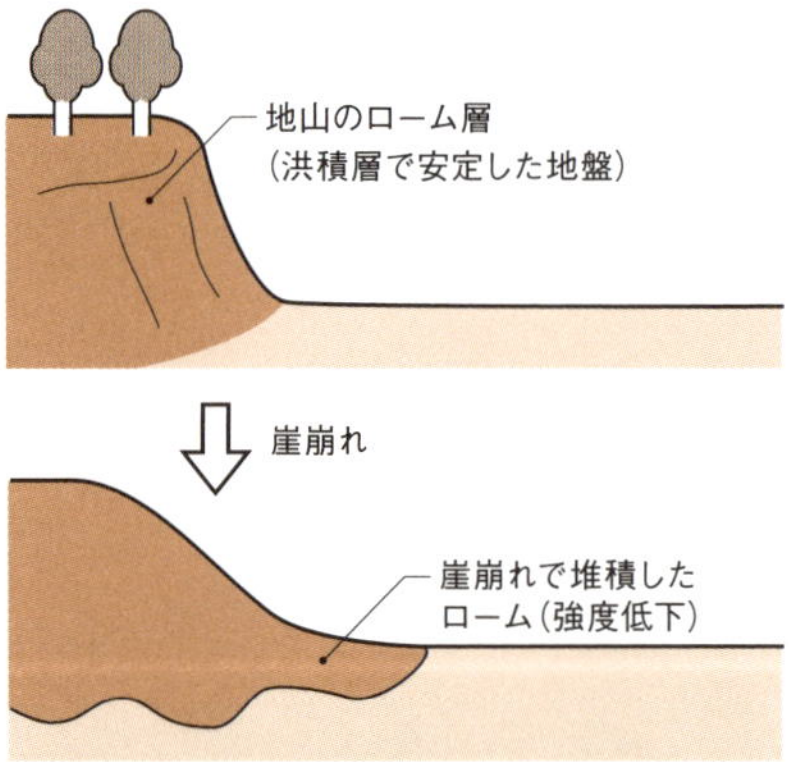

ロームは粒子間の結合力が高く、高い保水性と戸建住宅の地盤として十分な支持力を満たしている土だが、一度乱されると強度が著しく低下する(鋭敏比といって、もともっていた強度と乱された後の強度の差が大きい)

肝心!

- ローム層は結びつきが乱れると強度が低下する
- 二次堆積ロームかどうかの見分けはつきにくい

弱いローム層がある

編：ローム層が出たら、木造のような小規模建築物の支持地盤としては問題ないですよね。

先生：そうですね。ただし、見極めが肝心です。たとえば、神奈川のロームと千葉のロームは性質が異なります[※]。また、二次堆積ロームといって、崖地で崩れたロームが近傍に堆積してできた地盤があるのですが、これは、ロームがもともともつ強度よりかなり低くなっているのです。なぜなら、ロームは一度結びつきが乱されると、著しく強度が低下するのです。見た目は同じロームでも、なんでもかんでもよしとはいえません。

※：ロームは富士山などの火山灰が風で運ばれて堆積したものなので、重い粒子ほど先に落ちる(つまり、神奈川のロームのほうが粒子が大きい)

column

地盤工学から見た地震の予測

「予報」では直下型地震に対応できない

地震予測の必要性が叫ばれて久しいが、現状では、「予測」と呼べるような仕組みは確立されていない。現在「緊急地震速報」として公開されているのは、予測ではなく「予報」である。この予報では、地震が起こってから震動が伝わるまでの時間差を利用して、少し前に地震が発生したことを伝える方式を採用している。直下型地震ではこの時間差がないため、意味をなさない。

そこで注目されているのが、地震の原因となる活断層そのものの調査である。活断層がどれほどの間隔で活動し、最終活動時期がいつなのかが分かれば、危険な時期を察知できる。これが、「活断層調査による長期的確率予測」である。

しかし、この予測は数日間や数カ月間単位の短期的な予想ができない。この2つの中間に位置するのが、地球物理学的計測による事前予測である。地震計やひずみ計などを地下に埋設したり、地殻や地表の変位を測量し活断層を観測することで、地震を起こす活断層の地震前の活動を読み解いて短期的な予測を行う。この方法は地震の事前予測が実現する可能性が大きいとされ、今まで膨大な予算がついてきたが、残念ながらまだ成果は出ていない。

地すべりの予測に成功しても地震予測ができない理由

地盤工学の分野では、すでに地すべりの予測には成功している。そもそも、地すべりの原因となる地盤の破壊は、地盤に応力がかかり、ひずみが大きくなることで発生する。つまり、このひずみの大きさを正確に測ることで地すべりが予測できるのだ。筆者は、地盤工学のクリープ（変形）の理論（斎藤の方法）とひずみ速度変化を算出することで、地盤が崩壊するまでの時間を予測している。

地すべりの際、すべり面がすべり出す現象と活断層がすべり出して地震が起こるという現象は、力学的にはほとんど同じものである。それでは、なぜ地すべりの予測が可能となったにもかかわらず、地震の予測はできないままなのだろうか。

地すべりの場合は、破壊が起こるすべり面のひとつである滑落崖のひずみ量を伸縮計と呼ばれるもので直接計ることができる［図1］。

一方、地震の場合、破壊が起こるのは、地下深部の地殻である。どれほど科学技術が進歩しても、この部分のひずみ量を直接測ることはできない。さらに、どこが破壊の起こる場所で、どの活断層ですべりが発生するのかもわかっていないのが現状だ［図2］。これでは計測による地震予測が不可能なのは当然であろう。

また、計測が社会に与える影響も、ローカルな地すべり予測の比ではない。今の地球物理学的計測は、靴の上からかゆい足を掻いているようなものである。地震予測の実現への道のりは険しい。我々にできるのは、今のところ動物の異常な行動や地震雲などの宏観（こうかん）現象による、ささやかな予測と事前の地震減災害の準備であろう。

図1 地すべりが起こるときの滑落崖

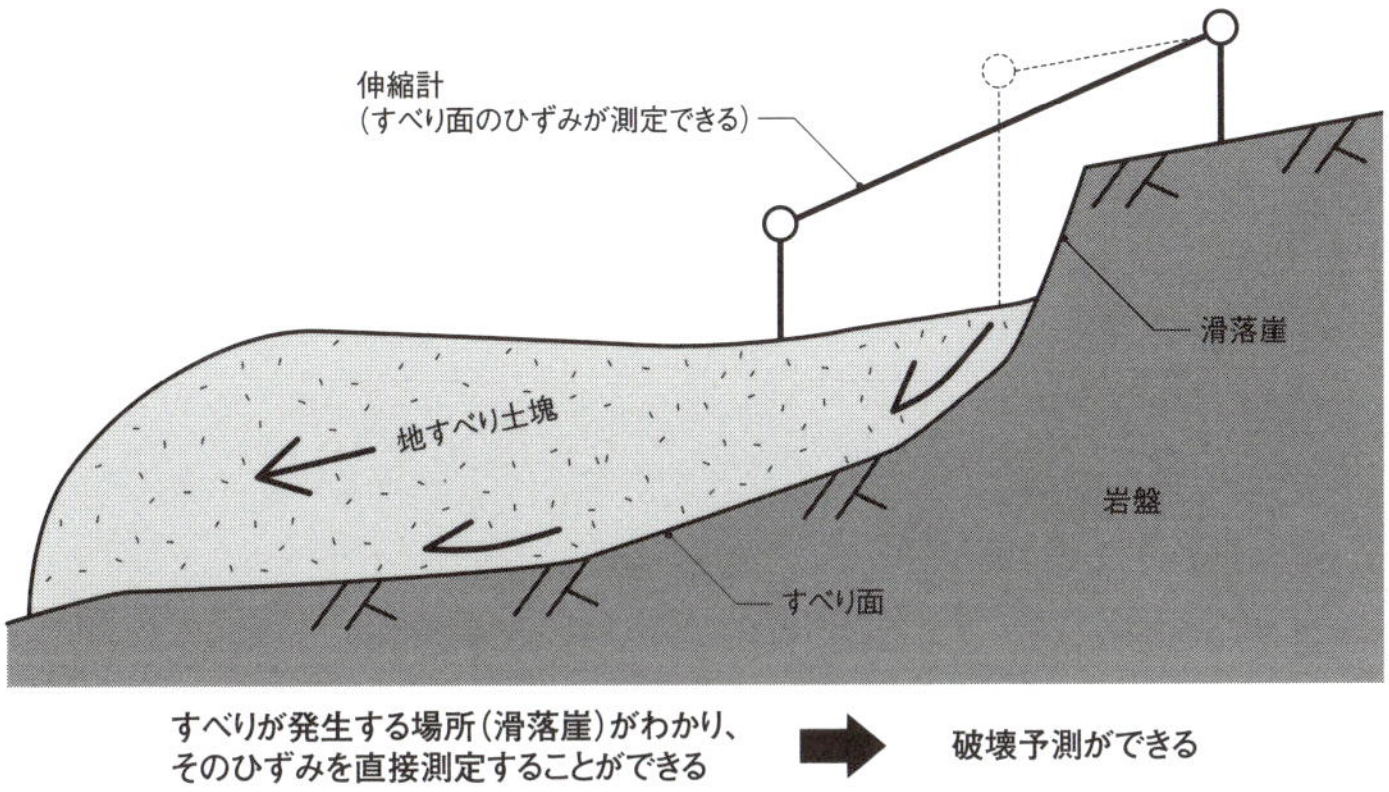
伸縮計
（すべり面のひずみが測定できる）
滑落崖
地すべり土塊
岩盤
すべり面
すべりが発生する場所（滑落崖）がわかり、
そのひずみを直接測定することができる
破壊予測ができる

地すべりのすべり面は直接測定可能

図2 地震が発生するときの地下深部

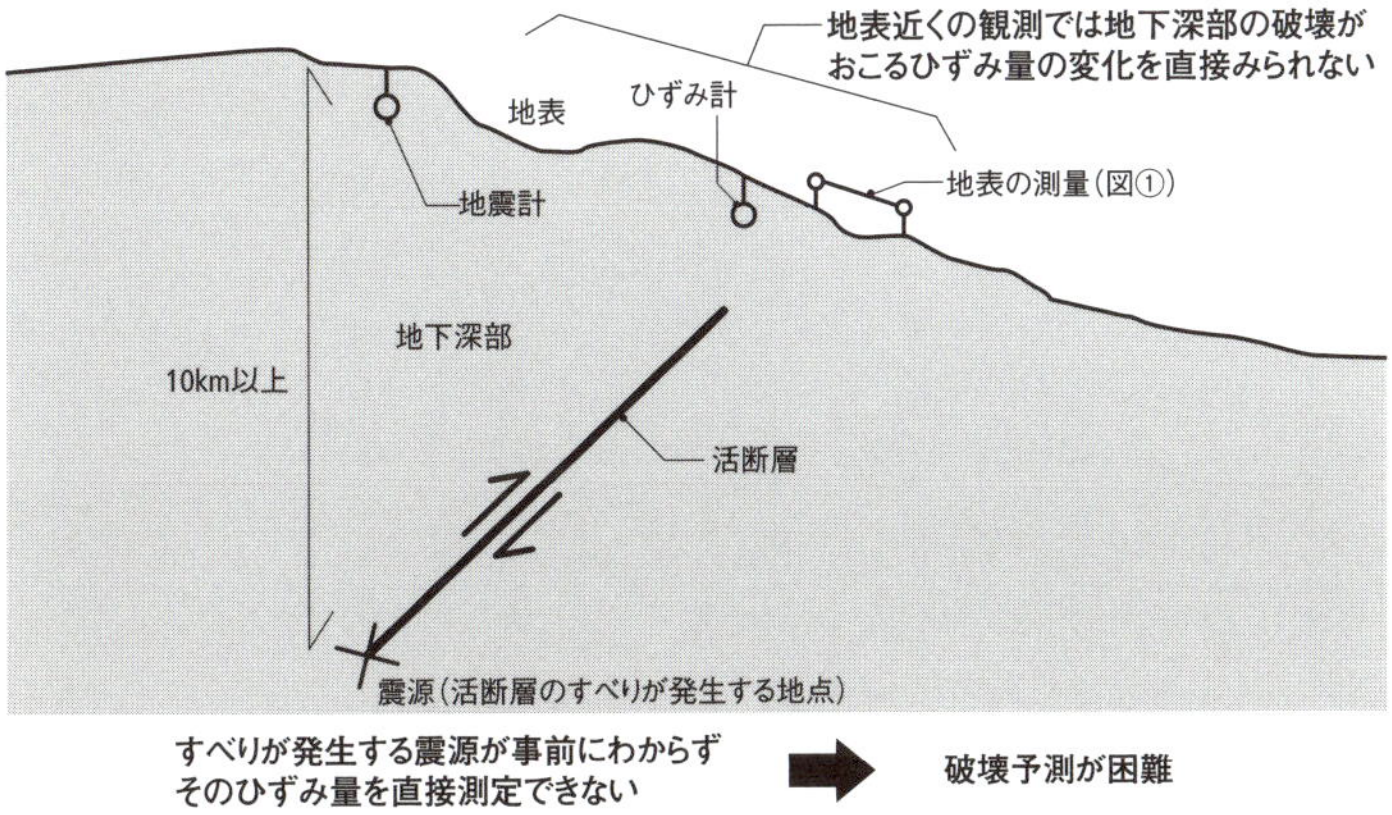
地表近くの観測では地下深部の破壊が
おこるひずみ量の変化を直接みられない
地表
ひずみ計
地表の測量（図①）
地震計
地下深部
10km以上
活断層
震源（活断層のすべりが発生する地点）
すべりが発生する震源が事前にわからず
そのひずみ量を直接測定できない
破壊予測が困難

活断層のすべりはどこで起こるかわからない

液状化のメカニズム

図1 液状化が起こる仕組み

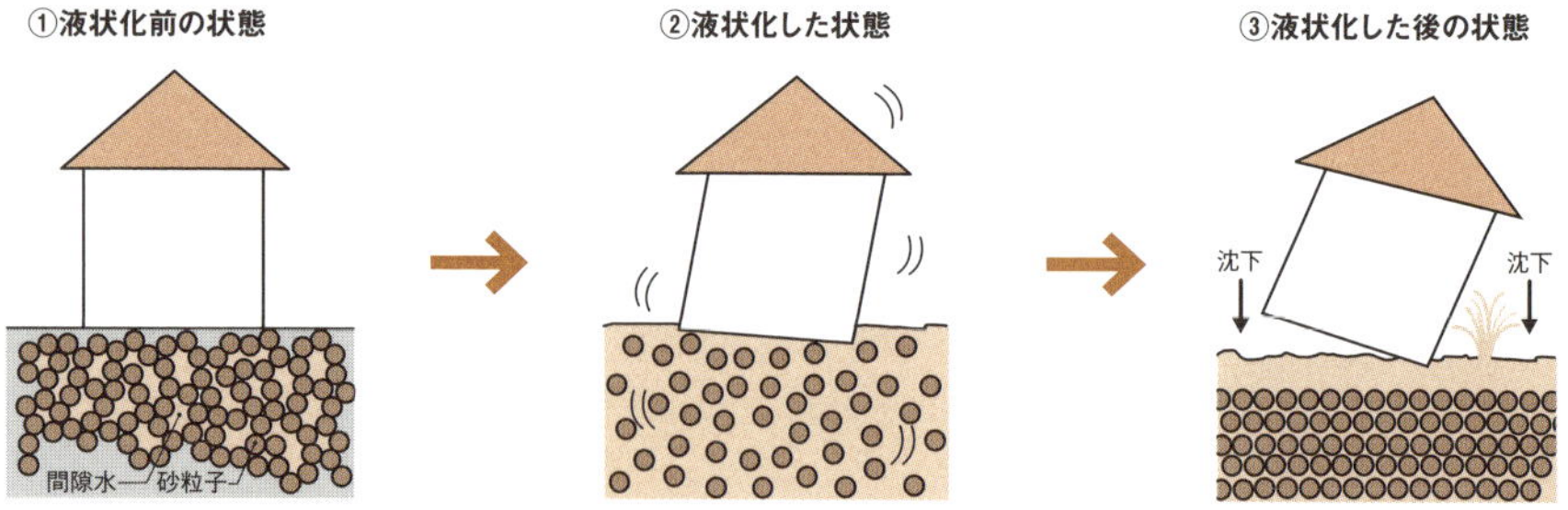

間隙水を含みながらも、地中の砂粒子どうしが接触し合っているため、上部の建物を支えることができる

振動によって、接触し合っていた砂粒子接点の摩擦力がなくなる。砂粒子は圧縮しようとするため間隙水に圧力がかかり、液状化する

噴砂によって地盤の体積が収縮し、地中に残った砂粒子も水圧が消散することで沈下する。このとき、上部の建物も沈下する

図2 せん断力の働き方と液状化のイメージ

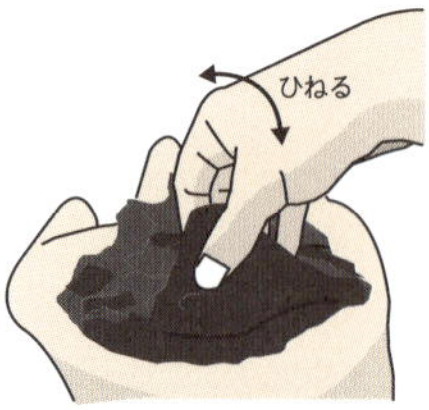

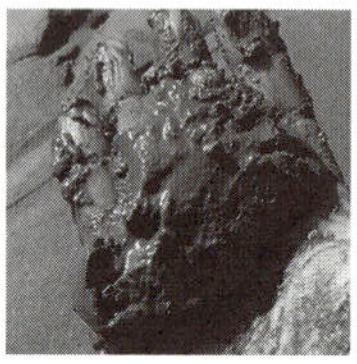

土の塊をひねる（大きなせん断力を加える）と、水が引いて土は自立し、ザラザラした触感になる

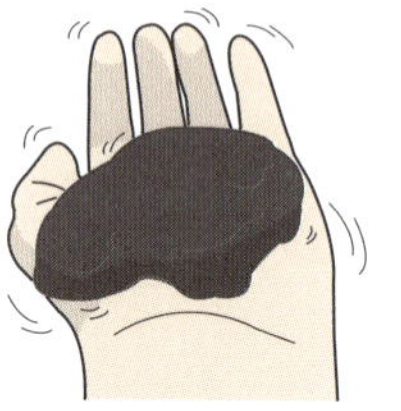

5〜10回細かく揺すると液状化する

液状化はこうして起こる

液状化は、一般的に地下水位が高く、N値が20程度以下の緩い砂質土で構成される地盤で生じる［次頁参考資料参照］。こうした地盤の地中には、砂粒子の隙間に含水（間隙水）が存在しているが、通常の状態ならそれぞれの砂粒子が接触し合っているため、一定の強度を保って建物などを支えることができる［図1①］。

ところが、地震動によって繰り返し応力が働くと、接触し合っていた砂粒子が崩れて水圧が上昇し、砂粒は浮遊状態となる。これが液状化である［図1②］。

さらに、水圧の上昇によって、地中の砂や泥が噴砂として地上に押し出されたり、その後水圧が消散することで地盤沈下が発生したりする。液状化現象は、砂よりも軟らかく、粒子の細かい粘土地盤では起きないとされている。地震前は粘土地盤のほうが軟弱地盤だが、地震後には砂地盤のほうが軟弱地盤になる可能性があるということになる。

一般的に、砂質土は単体の大きなせん断力には膨張し（水を吸い）強度を発揮するが、小く繰り返し起こるせん断力には圧縮し（水を出し）強度を失う。図2は、千葉県美浜区で採取した液状化した土である。この土の塊を手でひねる（大きなせん断力を加える）と、表面の水は土の中に吸い込まれ、土は強度を発揮する。

一方、小さな揺れを5〜10回加える（繰り返しせん断力を加える）と、水が表面に浮かび上がり、強度を失う［図2②］。

埋立地が液状化しやすい理由

一般的に埋立地は液状化しやすく、今回の地震でも東京湾沿岸および利根川流域で被害が見られた。埋立地で液状化が発生しやすい要因は2つ考えられる。

まず第一が、粒径が均一な浚渫土《しゅんせつど》［※1］などを用いて埋立地を造成することが多いという点だ。粒径が不均一な場合は、粒子と粒子の間にさらに小さな粒子が入り込んで隙間が埋まるが、粒径が均一な場合、粒子と粒子の間に間隙が生じる。そのため、粒径が均一な砂では土の密度が低くなり、液

※1：浚渫とは、河川や運河などの底面を浚（さら）って土砂などを取り去る作業のことを指す。浚渫土はこのときに生じる土砂のこと

図5 K-NET浦安での加速度応答スペクトル

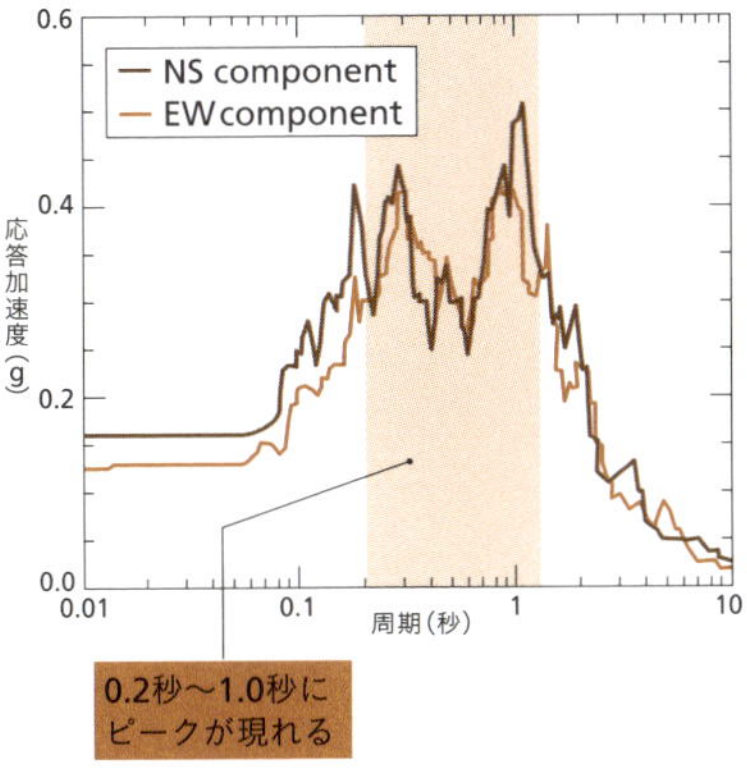

K-NET浦安の加速度応答スペクトルでは、0.2秒〜1.0秒あたりにピークがあり、比較的長周期の振動であったと言える。図中のNSは南北方向を、EWは東西方向を指す

図6 地震動周期と地盤内応力の模式図

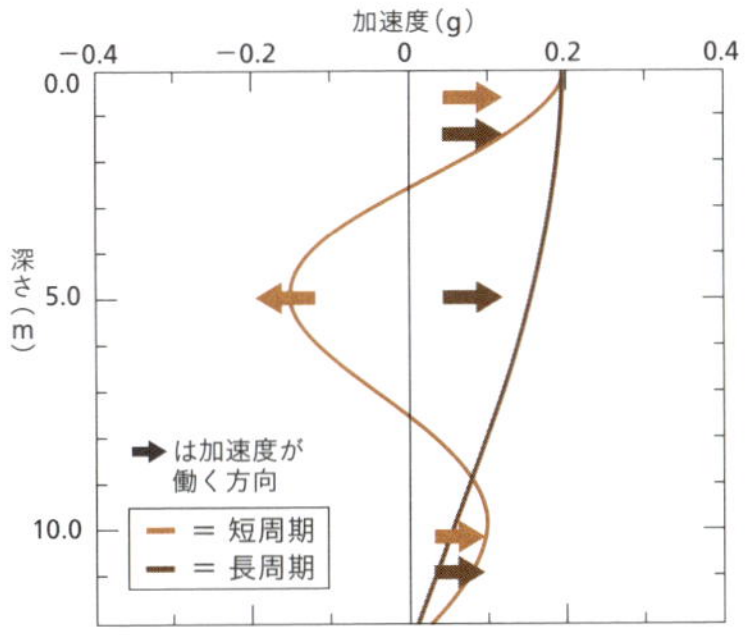

周期が長い場合、地中深くでも同じ方向に加速度が働くことから、「加速度×質量」の地表面からの積分も漸増していく。一方、周期が短い場合、地表面と地中深くでは加速度の方向が逆になることから、加速度×質量の積分が相殺し、地中深くでは応力が働かなくなる

図3 粒径の大きさと液状化被害

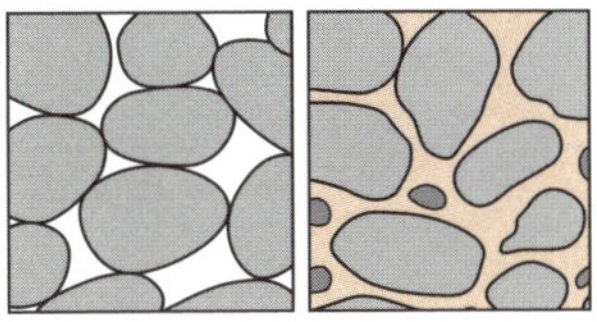

粒径が均一な場合、粒のすきまに空間ができ、緩い地盤となる（左）。粒径が不均一な場合、粒子の間に砂などが入り込んで隙間が埋まり、強度のある地盤となる（右）

図4 K-NET浦安でのNS加速度記録

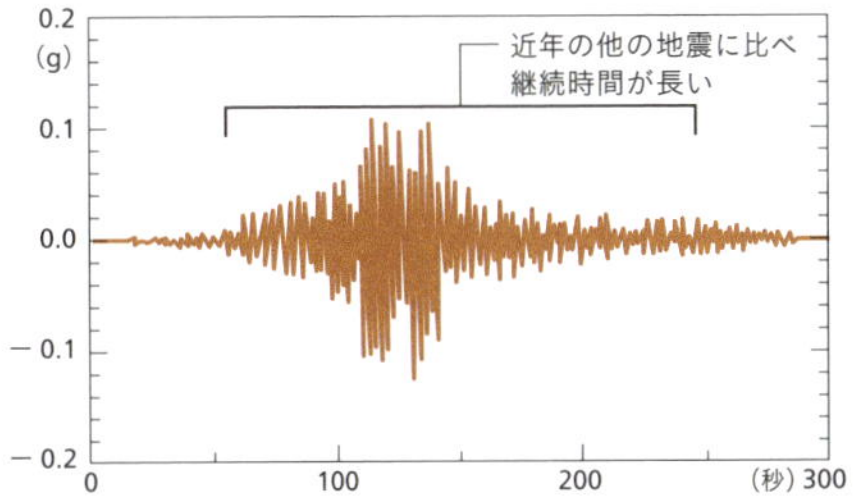

今回の被害は地震動の継続時間が関係している可能性が高い

参考資料 N値と地盤の状態

	N値	硬軟	備考
粘性土	0〜4	軟らかい	注意を要する軟弱地盤。精密な土質調査を行う必要あり
	5〜14	中位〜硬い	安定についてはおおむね問題ないが、沈下の可能性あり
	15以上	非常に硬い	安定および沈下の対象としなくてよいが、中小構造物の基礎地盤としては20以上が望ましい
砂質土	0〜10	ゆるい	沈下は短期間に終わるが考慮する必要有り。地震時に液状化のおそれがある
	10〜30	中位〜硬い	中小構造物の基礎地盤となりうる場合もあるが，一般に不十分
	30以上	密	大構造物の基礎としては、50以上（非常に密）が望ましい

標準貫入試験で得られるN値は、地盤の土層の硬軟や締まり具合などの相対的な強さの目安とされている。N値は標準貫入試験における打撃口数で、N値が小さいほど、軟弱地盤であることを示す

状化が起こりやすくなる［図3］。

第二の要因としては、土の強度が時間とともに増加する「年代効果」が挙げられる。逆にいうと、年代的に新しい埋立土の地盤は、古くて安定した地層で形成される自然堆積地盤に比べ、強度が劣るということになる。

年代効果は、時間とともに粒子がより安定した構造配列になることや、粒子間のシリカ結合［※2］により起こると考えられているが、こうした事象は今のところ説明要因にすぎず、設計の段階で考慮できるほど明らかなものではない。現時点で言えることは、過去の経験や実験結果から、埋立地で液状化が起こりやすいということに留まる。

揺れの長さが被害を拡大した

地盤の状態のほかに、地震動の特性からも今回の被害が大きかった理由を推測できる。

図4は、今回記録された千葉県浦安市の加速度記録である。浦安市の最大加速度は150ガルと比較的小さかったものの、エリアス強度［※3］にもとづく継続時間は100秒に及ぶことが分かった。1995年の兵庫県南部地震（計測値：鷹取）、2004年新潟県中越地震（同：小千谷）での継続時間が11秒程度であったことを考えると、今回の揺れが非常に長いものであったことが分かる。

この結果、地震動が繰り返す回数も多くなり、本来液状化しにくいとされていた地盤までもが液状化し、被害が広範囲に及んだ可能性がある。

図5は浦安市の水平成分加速度応答スペクトルである。ピークが0.2秒から1秒あたりに現れ、比較的長周期の揺れであったことが分かる。図6に示すように（青・長周期、赤・短周期）、地震動の周期が長いと地中では同じ方向に加速度が働くことから、地中内に働く応力（加速度と質量の積を地表面から深さ方向に積分したもの）は大きくなることが分かる。

したがって、浦安市では地中深部まで液状化被害が起こり、地盤沈下が大きかった可能性がある。ただし、地震動の周期はマグニチュードや震源距離、地盤特性と関連するため、これはすべての地域に共通するものではない。

液状化は再発する

液状化により地盤沈下が生じ、地震前に比べ土の密度が上がり、液状化は再発しないようにも思われるが、水圧が消散すれば、地表面付近では土の体積が膨張し、地盤が局所的に緩くなると考えられる。液状化は再び生じるので、利根川流域、サンフランシスコ湾近郊では繰り返し液状化が確認されている。

※2：土粒子間の間隙水に含まれるシリカが、長年にわたり土粒子間に沈殿して化学的に結合させること

※3：地震動の揺れの強さを表す指標。加速度の2乗の積分から求まり、最大加速度などと違い累積エネルギーを表現できる地震動強さ。地震動の継続時間を定義する際によく用いられる

液状化

Q01 液状化は住宅にどんな被害をもたらすのか?

建物が変形せずに沈下する

液状化による住宅の被害の代表格は不同沈下である［図1①］。液状化によって地盤が支持力を失うことで、建物は沈下してしまう。

建物の沈下といえば、一般には軟弱地盤で多くみられる現象だ。数年以上をかけてじわじわと沈下する過程で、建物の部位ごとに微妙な荷重のばらつきが反映される結果、沈下量に差が生じ、基礎が途中から折れるように変形する不同沈下となることが多い。

これに対して、液状化による不同沈下はほんの数分のあいだに発生し、建物が一体となって沈下するという特徴がある。柱や梁などの構造材の直交性は失われることなく、部材の変形がないまま一方向へと傾斜する。耐震壁や金物が適正に使われた剛性強度の大きい建物ほど、変形せずに沈下する傾向にある。

また、不同沈下による傾斜の方向は、建物単体の荷重の偏りを反映するのではなく、周囲の建物のなかでもっとも接近して建つ建物の方向となる。

住宅が密集する地域で液状化が発生すると、建物と建物の隙間に荷重（地中応力）が重なる場所ができ、沈下量が大きくなるのだ。隣接する建物が相互に寄り添うように不同沈下する。その際、2棟分の荷重が作用するため沈下量は大きくなる［図2］。

配管設備や健康への被害も

沈下量が大きくなれば、ドアやサッシの開閉不良など建物本体の損傷ばかりでなく、建物と外部をつなぐガス、上下水道の地下埋設管が切断される被害が生じる［図1②、写真1］。

傾斜による被害は、住宅設備類の不具合に留まらず、人体にも影響を及ぼす。三半規管が正常に働かず自律神経が失調することで、めまいや頭痛が生じるなど、住まい手の健康も阻害され

図1 液状化による戸建住宅への被害

①不同沈下

軽量な戸建住宅でも、液状化によって液体同様となった地盤の上では自立できず、沈下が起こる。大きく傾斜した住宅に住み続けることは、健康面からも困難である

②設備配管の破損

沈下によって生じた段差や地中に働く浮力で、水道管やガス管が切断・破損する。切断に至らない場合でも、下水管の損傷や歪曲によって本管への排水勾配が取れなくなり、トイレや風呂が使えなくなってしまうこともある

③側方流動による杭基礎の破損

阪神・淡路大震災では、側方流動によって新都市交通のポートライナーの橋脚が移動し、高架の桁が落ちた。住宅への被害では、地中の杭基礎へのダメージが懸念される

図2　液状化による不同沈下の傾斜

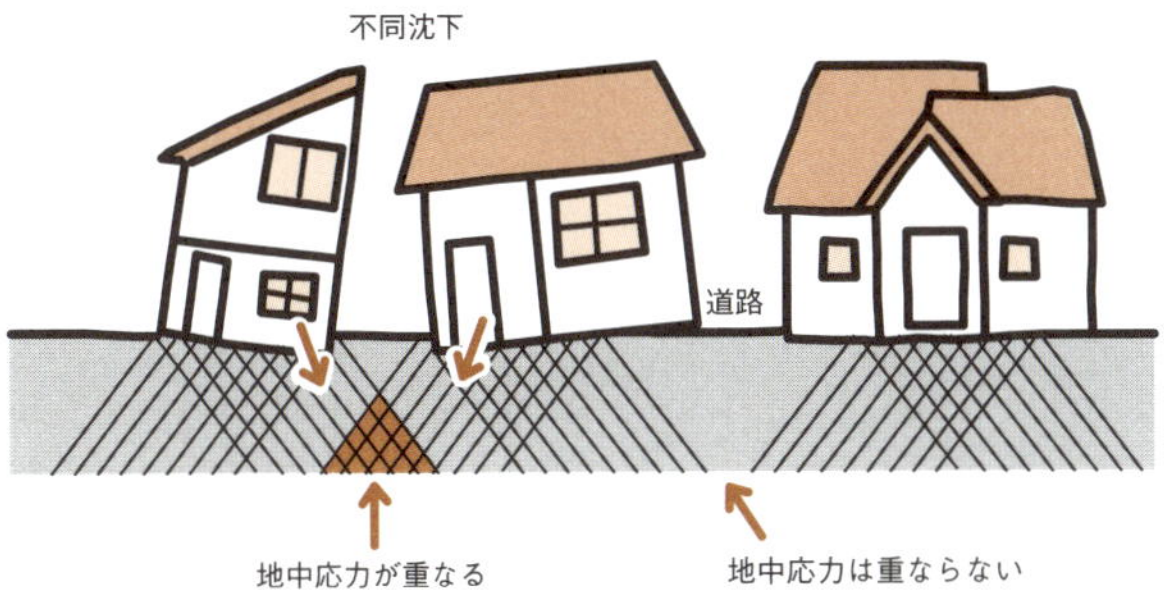

写真1　液状化により切断された配管

液状化で縦管が浮き上がって破断した住宅の設備配管

表　住宅の傾斜角度と健康被害

傾き	角度	人の感じ方
0.1／100	0.06°	違和感はない
0.3／100	0.17°	違和感を覚える
0.6／100	0.34°	傾いていることを認識する
1.0／100	0.57°	傾いていることに気づき、苦痛を感じる
1.5／100	0.86°	気分が悪くなるなど、健康に支障が生じる

出典：日本建築構造技術者協会（千葉）

写真2　門扉やヒートポンプユニットの倒壊

門扉や貯湯ユニットは、そもそも設置時に液状化を想定していないため、ほとんどの場合容易に倒れてしまう

るのだ。睡眠中に頭部がうっ血するおそれもある［表］。こうなると、外観は半壊にすら見えない建物であったとしても、居住することはきわめて困難になる。

液状化によって沈下するのは建物ばかりではない。ある程度の重量がある塀や門扉などの外構や電柱も、住宅と同じく沈下する。そのほか、意外に重いのがエコキュートなどの貯湯ユニットである。貯湯ユニットの中には水が充満しているので、単位面積当たりの荷重が大きい。配管に支えられているため沈下こそしないが、大きく傾いたり倒れたりといった被害が発生することもある［写真2］。

液状化は、不同沈下のほか、地下に埋設された構造物の浮き上がりといった被害も同時に引き起こす。マンホールや地下埋設管、浄化槽、地下タンクが地上に突き上げられる。それまで半固体であった地盤が液状化することで拘束力を失うとともに、水よりも比重が軽い空洞を抱えた構造物に突然浮力が発生する。管を逆流した砂がマンションの下層階に達し、部屋の家財を汚損したケースもある。

地上に向かって砂と水が噴き上げる噴砂による作用も大きい。噴砂の圧力は高いので、空洞があるとそこに周囲から噴砂が集中する。下水管や配管に断裂があると、噴砂はそこから管内へ瞬時に侵入し、管を詰まらせてしまう。

わずかでも地上への通路となる構造物の裂け目があれば、泥水化した砂が噴き上がるのが噴砂である。それまで地中にあった砂と水が地上に移動するので、地盤は急激に収縮し、周辺一帯の地盤が沈下する。また、噴砂は場所を選ばないので、建物ばかりでなく道路もいたるところで沈降や陥没を生じる。住宅の土間コンクリートや玄関ポーチについても同様で、噴砂によって持ち上げられる一方、地盤が沈降するため傾斜し、大きく波を打つように乱高下する。

側方流動による杭基礎への被害

海岸や河川の護岸など水域に近い場所では、液状化した表層に近い地層が流動化し、水平方向に地すべりを起こす。これが側方流動である［図1③］。護岸の先には水面しかなく、土砂の拘束がないために起こる。側方流動は堤防などに深刻な被害を与えるが、杭基礎への影響も懸念される。杭が横方向のせん断や曲げの抵抗を受け、座屈などの破壊に至ることもある。

［高安正道］

液状化

Q02 液状化対策にはどんなものがあるの？

構造や規模によって対策は異なる

一概に液状化対策といっても、港湾などの大規模土木工事、ビルなどの重量構造物、戸建住宅、ライフラインなどのインフラでは、それぞれ条件が異なる。

臨海の埋立地や河川の護岸で採用されている液状化対策としては、砂または砕石を突き固めて直径400㎜から2000㎜程度までの杭体を地中に造成する「サンドコンパクションパイル工法（SCP工法）」がある［図］。東京ディズニーランド（駐車場以外では被害は見られなかった）にも採用されているこの工法は、埋立地全体に狭い間隔で密集して杭を打設することで、地盤を面的に拘束し、地盤が液状化するのを防止するというものである。

液状化の原因が地中の間隙水圧の急上昇であることを前提として、地下水を地上に逃がす工夫を施した杭体はドレーン工法と呼ばれる。液状化する可能性がある砂地盤に対して、それよりも格段に透水性が高い砂利や砕石を使った柱を地中に埋め込んでおくことで、高圧の地下水が地上に噴き出すよう導く。噴砂とは異なり、水だけが排出される。

ビルや重量構造物の液状化対策のほとんどは、液状化しない堅固な支持層まで基礎杭を打設することである。杭と建物本体の基礎とを緊結することで、構造物が沈下も浮上もしないように固定する。

図 SCP工法の施工手順

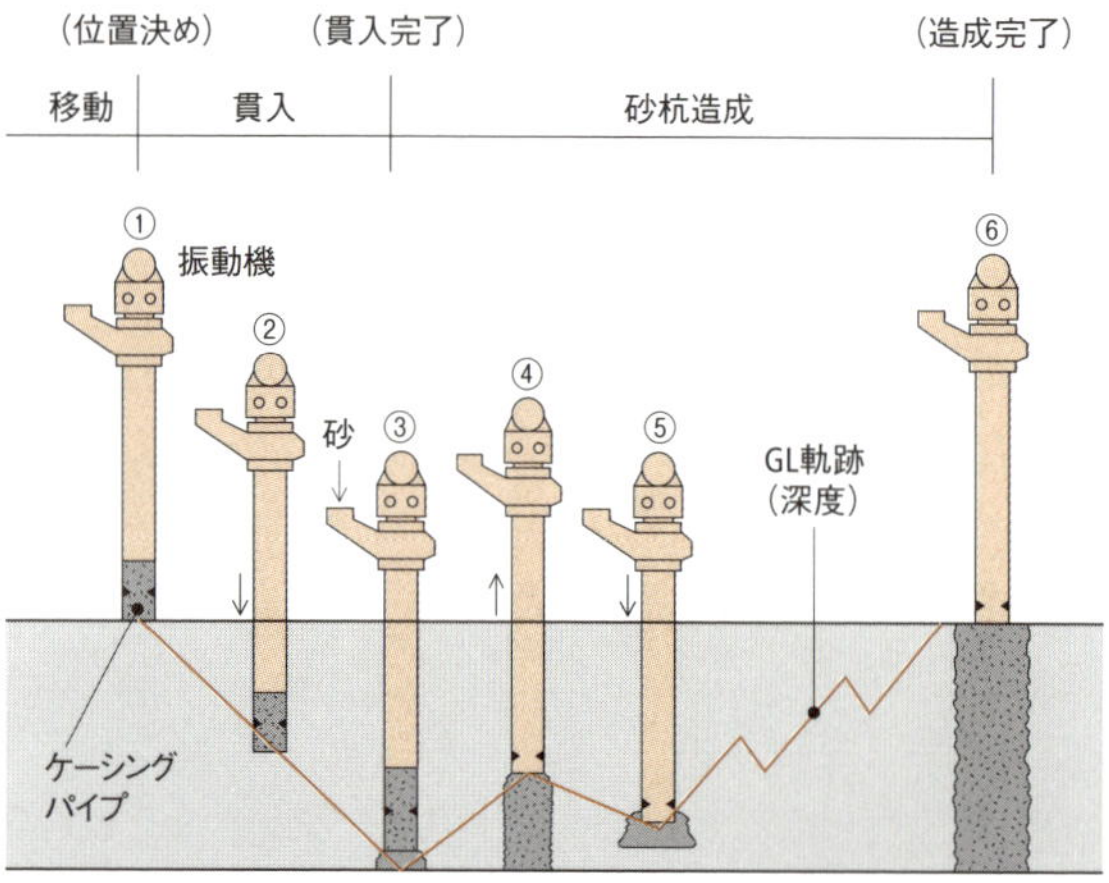

施工サイクル
①ケーシングパイプを所定位置に据える
②ケーシングパイプを地中に貫入する
③所定深度に達したら、ケーシングパイプ内に一定量の砂を投入
④ケーシングパイプを規定高さに引き上げつつ、パイプ内の圧縮空気で砂を排出
⑤ケーシングパイプを打ち戻し、排出した砂柱を締め固める
⑥④〜⑤を繰り返し、所定の深さまで砂杭を造成する

住宅にできる対策は？

戸建住宅でこうした液状化対策を講じるのは容易ではない。その理由として次のようなものが挙げられる。

①いつ発生するか予測できない地震に対して膨大な費用をかけることができない

②住宅密集地には大型の重機が搬入できず、振動と騒音を伴う施工は許容されない

③液状化は1つの宅地だけで起こるのではなく、地域全体にかかわる問題である

地盤を液状化させないための抜本的な対策が物理的にも経済的にも容易でないのであれば、次善策として、上部構造の損傷を極力抑え、たとえ液状化による沈下などの被害が生じた場合でも、復旧が可能となるような対策を講じるのが現実的であろう。

現在、戸建住宅で多用されているのは主に不同沈下対策である。具体的には、セメント系固化材による柱状地盤改良工法、小口径鋼管などを利用した杭工法は、住宅が傾斜することを少しでも抑止できる工法として有効である［表］。これらの不同沈下対策は、狭小

表 主な液状化対策工法

工法名	工法の内容	工期／工事費など
柱状地盤改良工法 【目的】不同沈下の防止 【特徴】液状化が発生した場合に建物の沈下を抑止する	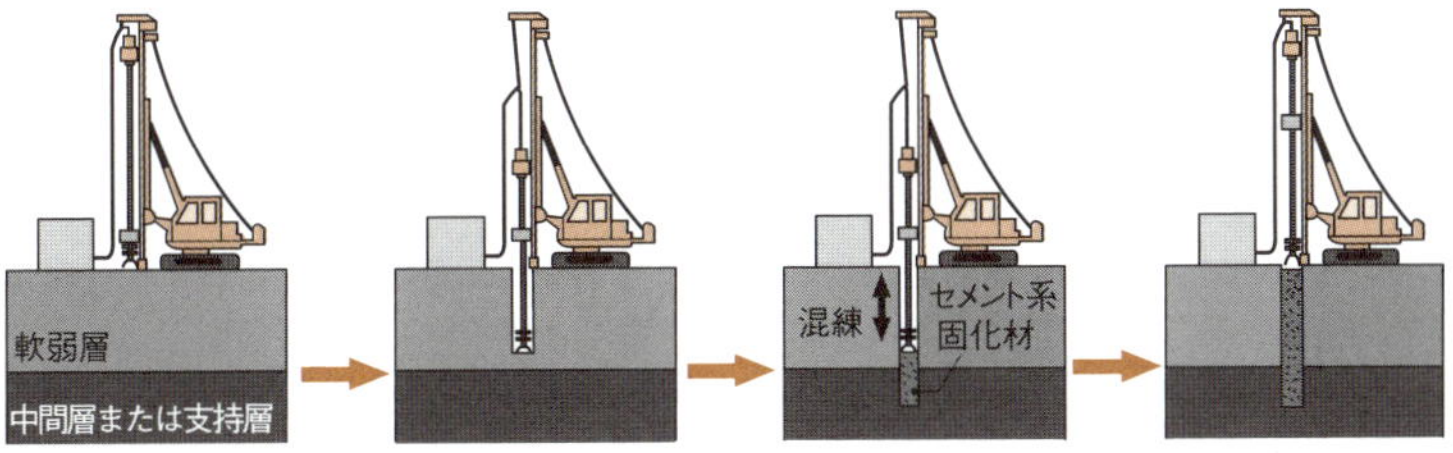 中空のロッドを地盤に押し込み、水で溶いたセメント系固化材をロッドの先端から吐出しながら地中で混練する。地盤が円筒形に固化し、杭のように建物を支持することができる。あくまでも沈下防止対策としての工法であり、液状化を防止するものではない	・**施工条件**：更地で、2t車と同等の施工機が搬入可能であること
杭工法 【目的】不同沈下の防止 【特徴】液状化が発生した場合に建物の沈下を抑止する	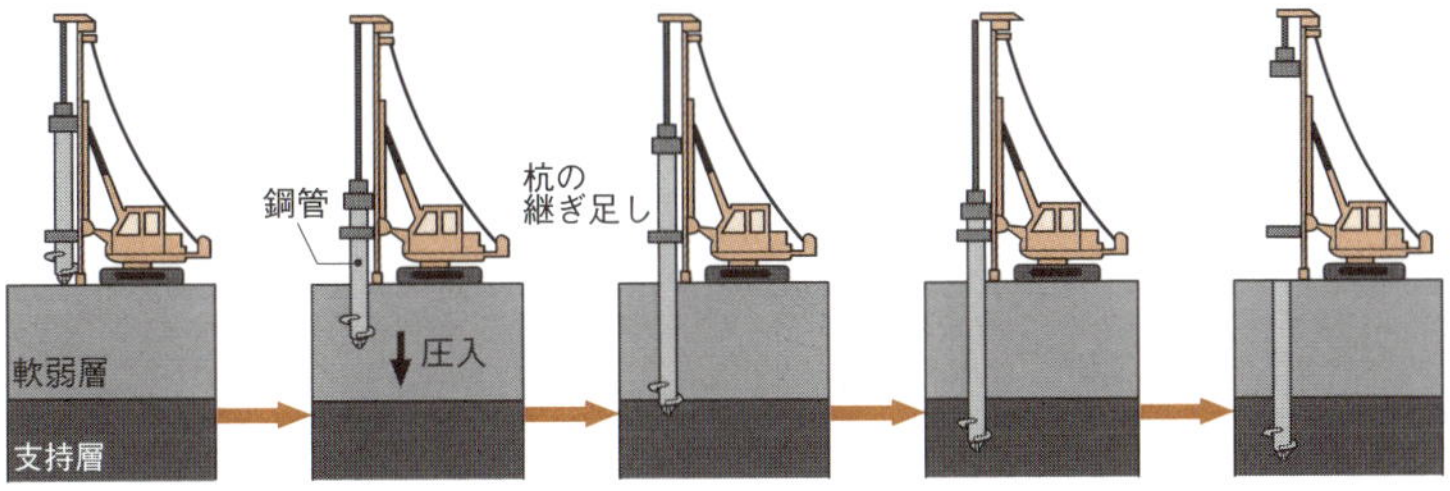 小口径鋼管やコンクリート杭を堅固な地層まで圧入し、建物を支持する。あくまでも沈下防止対策としての工法であり、液状化を防止するものではない	・**施工条件**：更地で、2t車と同等の施工機が搬入可能であること
表層地盤改良工法 【目的】不同沈下の防止 【特徴】液状化が発生した場合に建物の沈下を抑止する。液状化を起こりにくくする効果も期待できる	 セメント系固化材を粉体のまま地盤と混合攪拌し、建物直下を面的に地盤改良する。液状化防止には改良する地盤が厚いほど有効だが、2m程度が限界。住宅密集地では、シートパイルなどで養生をしたうえで掘削すればより深く改良できるものの、その分費用は数倍に膨らむ	・**施工条件**：更地で、2t車と同等の施工機が搬入可能であること

な宅地においても施工が可能であるような工夫がなされてきた経緯がある。建物本体の費用にも見合うからこそ普及しているといえる。

このほか、深さ2m以上の表層地盤改良工法は、施工費がやや割高にはなるが、沈下と地表面の変状を防止することができ、沈下した場合の不陸修正工事の際には費用と施工時間を縮小することが期待できる。

住宅に適用可能な液状化対策工法も

原理としてはドレーン工法を踏襲しながらも、宅地に適用するべく施工機をコンパクト化し、しかも沈下対策としても機能するよう開発された砕石パイル工法が、徐々にではあるが普及し始めている。

砕石などの骨材の代わりに細径の集水パイプを埋め込む工法は、地盤調査用のボーリング・マシーンを転用しているので小型であり、既存の家屋がある宅地で試験施工が行われている。これらの工法については今後、間隙水圧を消散する効果を高めるための設計手法が確立され、施工実績が増えることが必要ではあるが、戸建住宅でも液状化対策が実用化する可能性を示唆しているといえよう。

［高安正道］

沈下修正

Q03 沈下修正の工法はどう選べばいいの？

図1 沈下修正工法の選定は3ステップで考える！

STEP 1 資料調査と現地踏査

・地盤調査データや基礎構造図を確認して沈下の原因を探る
・不同沈下量を測定して修正計画に備える
・住民からのヒアリングで被災時の状況も確認

STEP 2 詳細調査で地盤を見極める

・液状化層の厚みや支持層までの深さをチェック
・事前のボーリングデータも利用可
・擁壁や建物の荷重も確認

STEP 3 工法の選定

・STEP1～2のデータをもとに工法を選定
・沈下修正と液状化対策を同時に実施するか否かの検討
・地盤の状態や沈下量、施工条件によって判断する

地盤と建物に合った工法を

液状化などにより不同沈下した住宅の修正工事費用の多くは基礎の沈下修正費であり、内壁や外壁、屋根などの補修費用に比べても高額である工事は一般に大がかりであり、費用は最低でも100万円以上、場合によっては1千万円を超えることもある。したがって、沈下修正の工法を選定する際にまず念頭に置くべきことはコストであるといえる。とはいえ、コストばかりに気をとられ、基礎地盤に適合しない工法を選定してしまうと、せっかく修正しても再沈下してしまうおそれが高まるので要注意だ。

図1は、液状化によって被災した住宅の沈下修正工法を選ぶための大まかな流れを、3つのステップにまとめたものである。沈下修正の選定では、まず建物の沈下の要因と結果（沈下量）を明確にする必要がある。住宅の沈下は、地盤が建物の重さに耐えられなかった結果であり、これには必ず原因がある。この原因を把握し、それに対応した修正工法を選ばなければ、工事後に再沈下する可能性が残ってしまう。建物の修正計画や見積りを作成するには、まず建物がどの方向に、どの程度沈下傾斜したかを知るところから始めなければならない。

STEP1 まずは資料調査と現地踏査

まずステップ1では、**表**に示すように被災家屋の資料調査・現地踏査を行い、家屋の被災状況を把握することから始める。建物が古いと、建設当時の地盤調査データや基礎伏図などが存在しないこともあるが、極力データ収集に努めたい。特に基礎構造（配筋の有無、深基礎など）に関する情報が必要で、場合によっては基礎の試掘や、鉄筋量調査などを実施して確認する。

不同沈下量は、基礎やフロアレベルの測量を行えば把握できる。また基礎のクラックなどを観察したり、建物内部を密に測量して等高線図などで整理

図2 フロアレベルの測定例

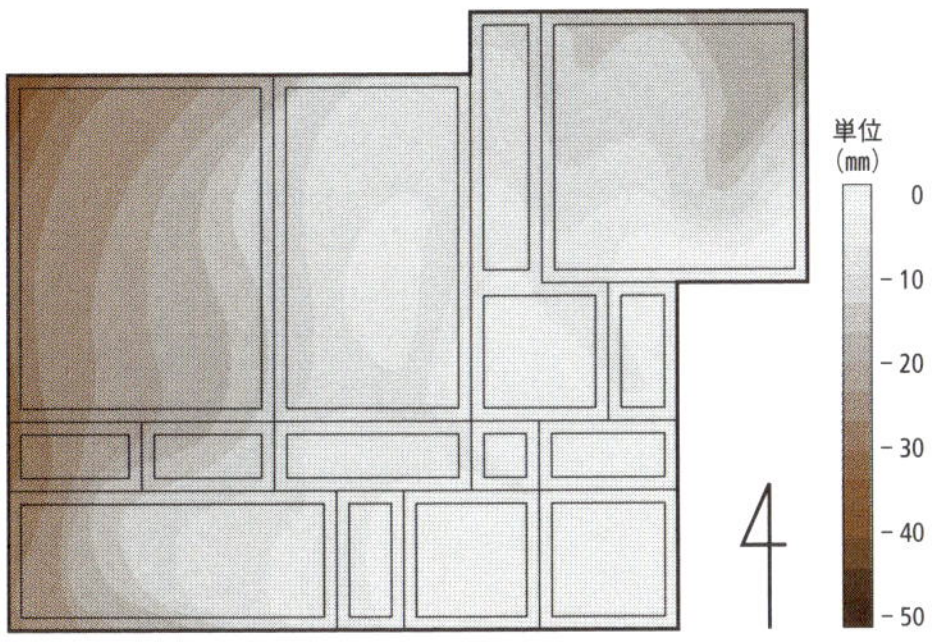

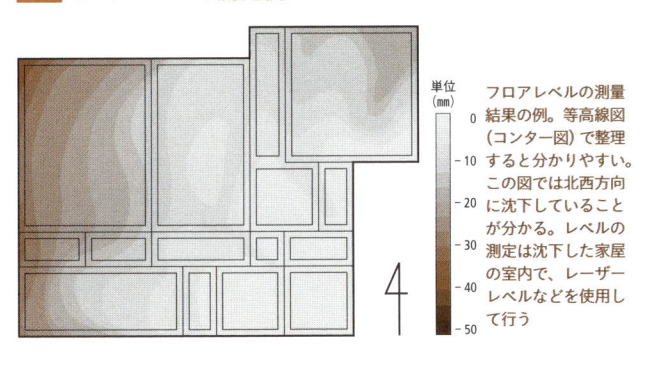

フロアレベルの測量結果の例。等高線図（コンター図）で整理すると分かりやすい。この図では北西方向に沈下していることが分かる。レベルの測定は沈下した家屋の室内で、レーザーレベルなどを使用して行う

表 資料調査と現地踏査の項目例

調査	項目	内容
資料調査	建設時の地盤調査データ	入手不能であれば、近隣のボーリングデータ、地形図、地盤図などを参考にするとよい
	建物配置図	隣地との間隔、擁壁の有無など
	基礎構造図	基礎伏図、杭配置図、建物断面図、基礎の配筋の有無など
現地踏査	建物レベル測量	柱の傾斜だけでなく、基礎やフロアレベルも測量するとよい
	基礎のひび割れ状況	—
	隣地や前面道路、擁壁の被災状況	—
	住民からのヒアリング	被災時の噴砂位置や、地震後の建物傾斜の経過状況など

図3 沈下修正工法の選定フロー（地盤の状態の把握）

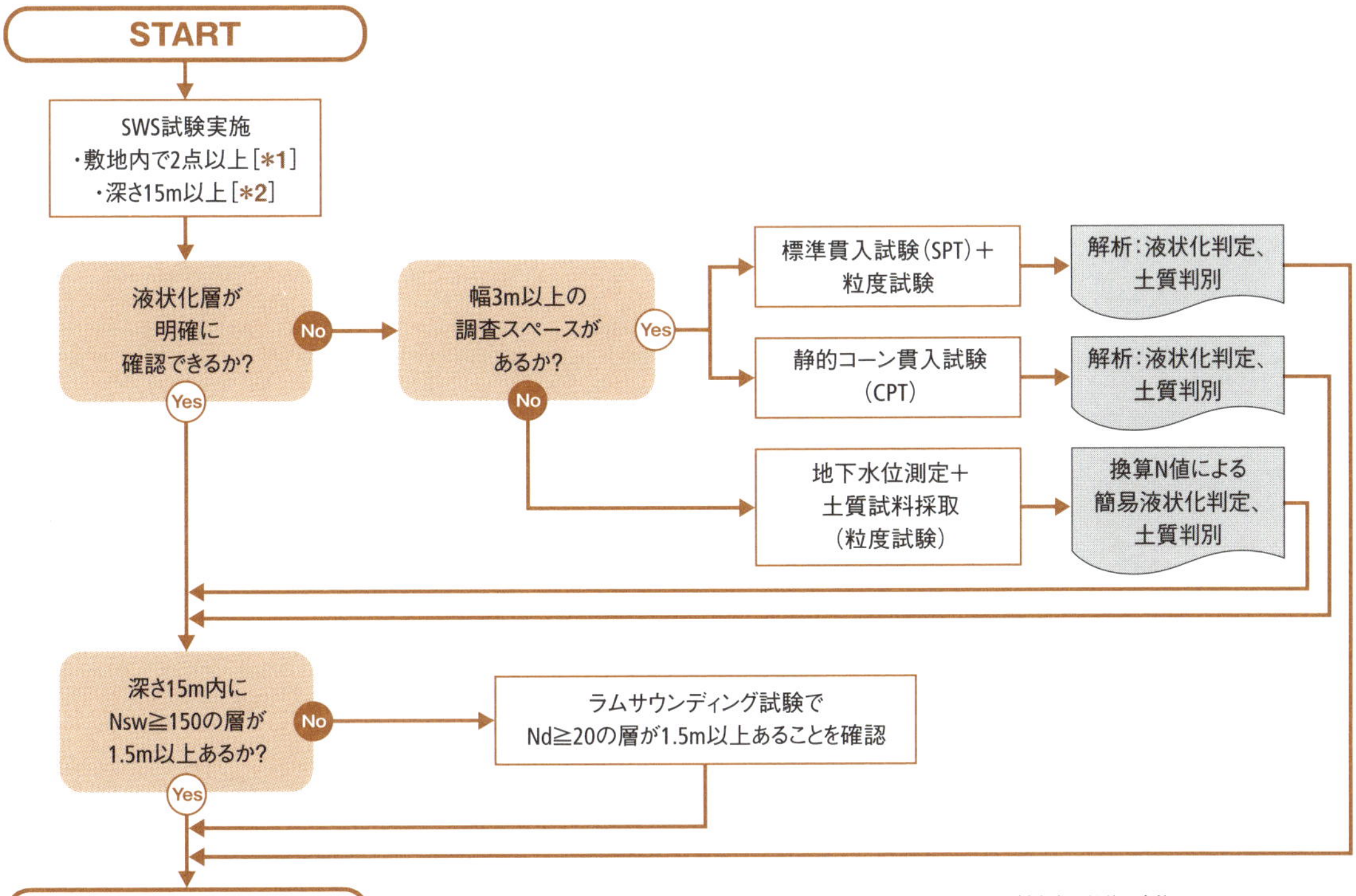
沈下修正工法の選定へ

*1：傾斜方向の前後で実施
*2：Nsw≧200を厚さ2m以上確認できれば終了する

すれば、基礎が一様に傾斜したのか、またはある一部分から折れているのかも分かる［図2］。

STEP2 詳細調査で地盤を把握

ステップ2は、地盤の支持層、液状化層を見極めることを目的とした2次調査である［図3］。建設当時にボーリング調査などの精細な地盤調査が実施されていればそのデータを利用するのもよいが、液状化の前後で地盤性状が異なることもあるので、図3のフローに準じて再調査することが望ましい。そして液状化層の厚みや支持層の深さ、敷地内での層傾斜などを把握し、沈下量や傾斜方向との相関を確認する［※］。

建物が不同沈下した場合、一般に沈下量の多い側の地盤は少ない側の地盤に比べて軟弱な傾向にある。また、傾斜地を擁壁などで仕切った宅地であれば、擁壁の健全性、安全性もチェック対象となる。そのほか、地層が均一であったとしても、建物の荷重バランスが大きく異なる場合には重い側が下がりやすくなるので、建物の上部構造も含めて、不同沈下の原因と結果がかみ合うかどうかを検討しておくとよいだろう。

※：液状化層の有無の調査方法、判定方法については、「建築基礎構造設計指針」「小規模建築物基礎設計指針」（ともに日本建築学会）などが参考になる

STEP3

工法の選定
沈下修正と液状化対策は別物

ステップ3は、ステップ1～2で得られたデータから沈下修正工法を選定するためのフローである［図4］。ここで注目すべきは、沈下修正時に液状化対策も併せて検討するか否かという点だ。多くの沈下修正工法は、基礎を水平にするのが主たる目的であり、液状化の対策ではない。修正後の再沈下の可能性については、圧密沈下など長期的かつ静的な再沈下に対しての検討や保証はできても、地震時の液状化や外的要因までの対応はできていない。よって沈下修正とは別に液状化対策を実施すべきだが、家屋が存在する状態で抜本的な液状化対策を実施することは施工上困難である。

図4では、傾斜家屋がある状態で考えうる液状化対策として、鋼管圧入工法を示した。鋼管圧入工法は、施工後に杭が埋まるため液状化に有効だと思われがちだが、これは液状化層を貫くことが大前提である。しかし、軽量な建物荷重を反力として鋼管を圧入するため、液状化層内で建物が持ち上がってしまえば、これも液状化対策とは呼びがたい。また住宅の地盤に関して、液状化対策を保証して施工している業者は皆無である。別途、地震保険などに加入することをお勧めしたい。

図5は、沈下修正工法の選定フローである。以降で解説するとおり、各工法は地盤性状、修正沈下量、施工条件などによって適用範囲が異なる。図ではいずれか1つの工法にたどりつくようになっているが、技術的、経済的に見てベターな選定を示したにすぎず、施工を工夫すれば複数の工法の組み合わせも可能である。その場合には費用がかさむこととなるが、最終的にはそれらの工法の選択肢から、コスト比較や再沈下の可能性も含めて検討し、決定すればよい。［高田徹］

図4 沈下修正工法の選定フロー（液状化対策の検討）

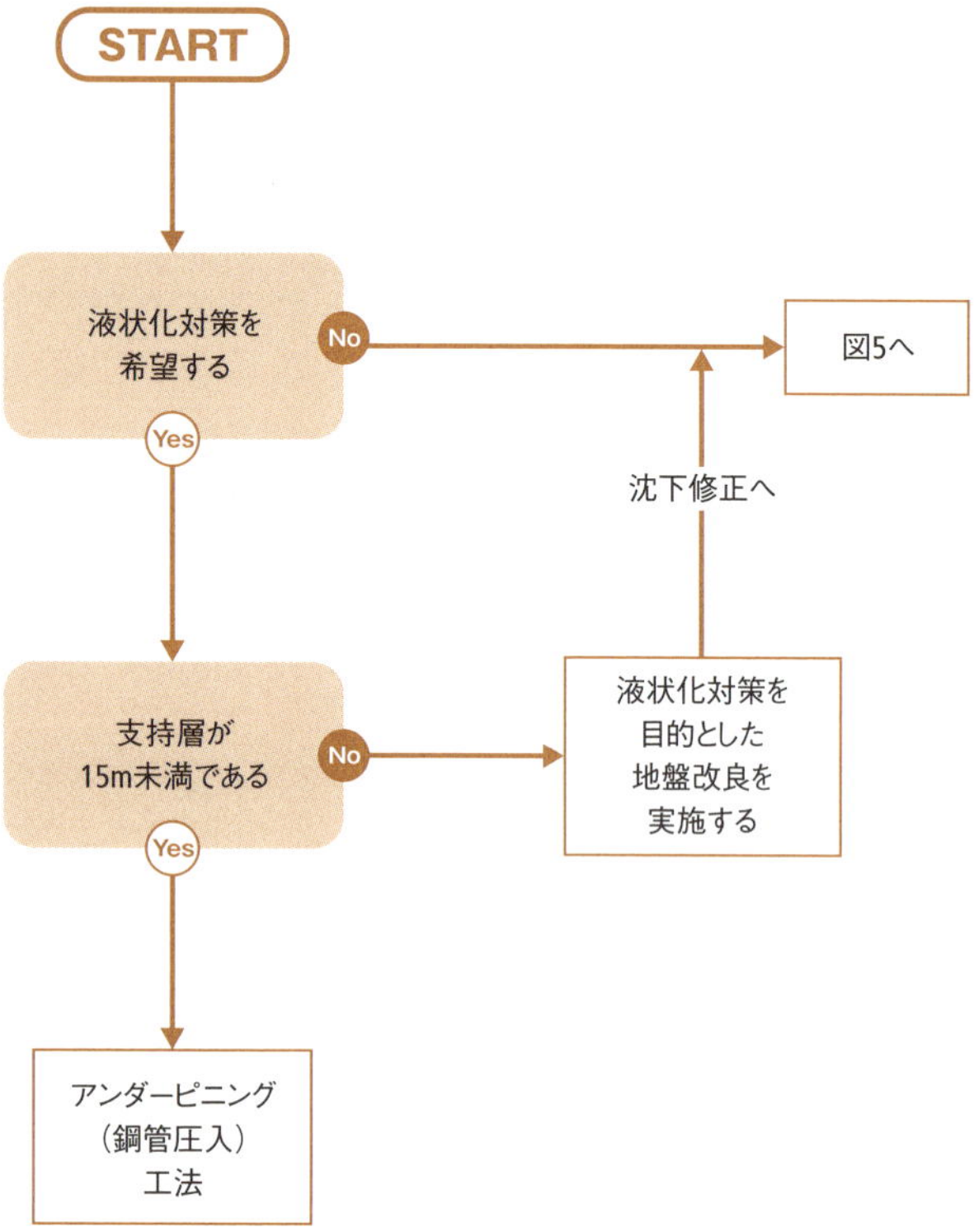

図5 沈下修正工法の選定フロー（工法の選定）

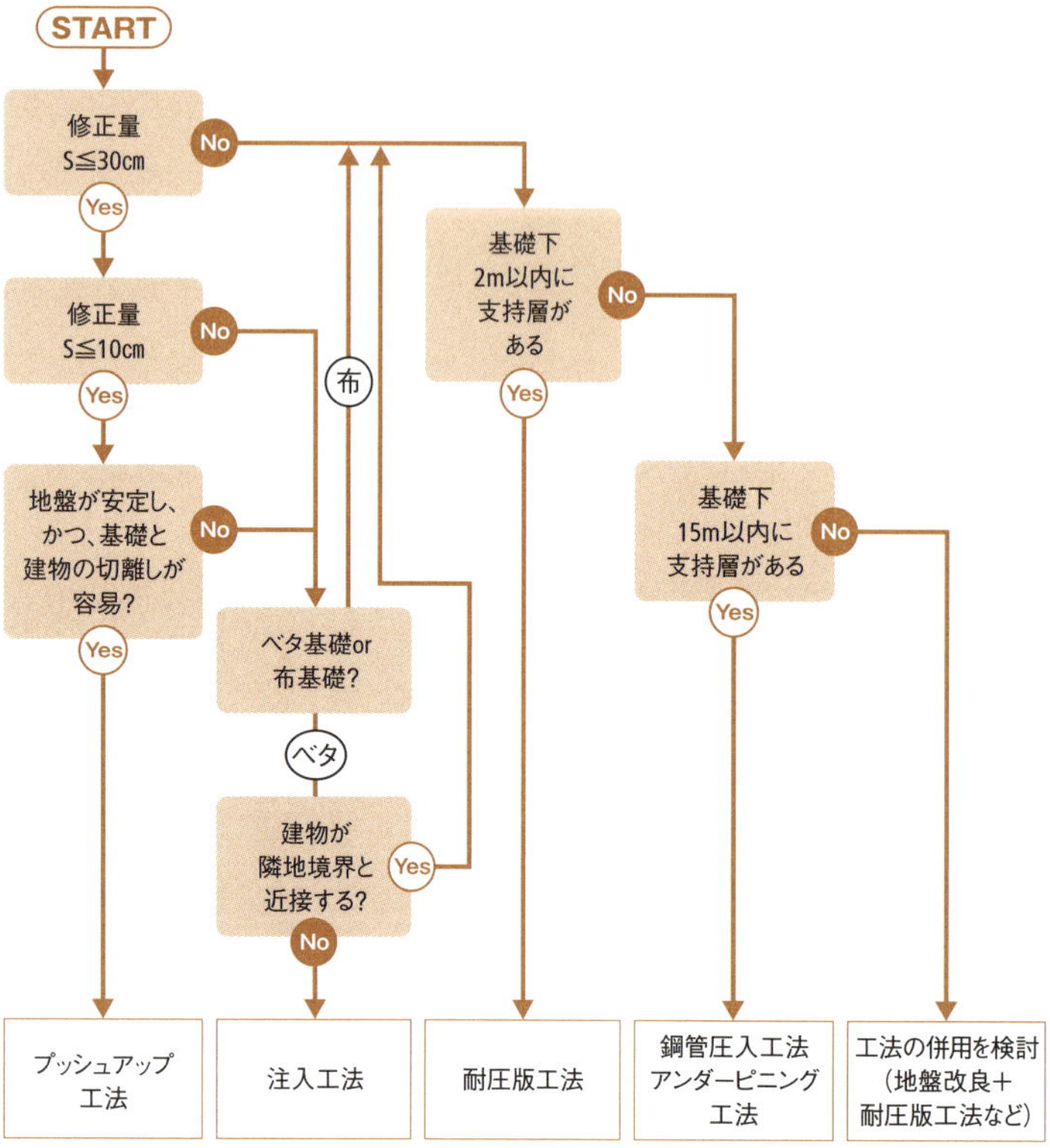

column

地名と地盤の関係

地名から歴史をたどる

地名には、過去の土地の利用形態の痕跡や、さまざまな災害の履歴が刻印されている。現在のように科学が発達していなかった時代には、どこに住めば安全か、作物を栽培するにはどこが適地であるのかといった先祖代々の記憶を地名に集積し、情報のパッケージとして共有化していたのである。

地名から地形や地盤の情報をくみ取るには、地名にあてがわれている文字や、またはその読み方(音《おん》)に着目するとよい。住居表示(「住居表示に関する法律」にもとづいた表記のこと。○○4丁目11番6号など)などでかつての地名が改変されたり統合されたりしている場合は、「地番」(土地の場所、権利の範囲を表すための登記上の番号)を調べると参考になる。いわゆる「字《あざ》地名」には昔の地名が残っていることが多いからだ。

軟弱な地盤は「水」と「低地」に着目

地名のなかから地盤が軟弱である可能性のあるものを抽出する際、キーワードとなるのは「水」と「低地」である。水辺には軟弱層が厚く堆積しており、地震の際には堅固な地盤に比べて地震動が増幅されるので揺れやすい。具体的には、**表**のような文字が使われている場合に要注意である。

また斜面地では地名にがけ崩れや地すべりの痕跡を示唆する文字が使われていることがある。「大崩」(千葉県・新潟県)といったそのままの地名もあるが、「崩れる」が「呉・暮・久里・栗」に変化する場合や、「ツエ(潰れ)」、「ヌケ(抜け)」、「カケ(欠け・掛け)」など、音が斜面の崩落を意味している場合もある(「杖立《つえたて》」、「抜田」など)。土地が迫るという意味の「迫」「佐古」「瀬古」、地盤が押される「押沼」も要注意だ。「蛇抜」、「蛇崩」は、地盤の緩慢な移動をヘビになぞらえた地名で、全国に散在する。必ずしも低地や水にゆかりのある漢字ではないが、土地の来歴が地名として伝承されている。

良好地盤に使われる文字

一方、地盤が良好で、地震時にも揺れにくい場所として高台の地名がある。山・岳・峯・穂・台・丘(岡)・塚・上・高などの文字が示唆する地名がそれである。また文字ではなく、土地の用途として、神社と墓所には地すべりしない場所が選択されている。ただし、新興の造成地には高台でもないのに「○○台」などと命名することがあるので要注意だ。

偶然ではあるが、釧路沖地震(1993年)と宮城県沖地震(1978年)で地すべりを起こした地域のなかに、「緑が丘」という同名の町名がある。仙台市太白区緑が丘3丁目から4丁目にかけては東北地方太平洋沖地震でも地すべりが再発している。斬新で明るいイメージの人工的な町名は、本来の土地の来歴を隠してしまう可能性があるといえよう。

[高安正道]

表 地名が表す地盤の性状

①水系または水辺を表す文字
海・川(河)・池・沼・泉(和泉・出水)・水・浜・磯・岸・江・瀬・津・沖・潟・洲・滝・湖・島 【例】横浜・新潟・沼津・水戸・江戸
②さんずいのある文字
流・浮・渡・波・清・澄・落・洗・浅・深・浦 【例】深沢・洗足・清澄・浅草・落合
③低地であることを表す文字
谷・沢・下・窪(久保)・淵(渕)・溝 【例】入谷・溝口・金沢・
④水田に由来する文字
田・新田・新開・墾 【例】梅田・秋田
⑤水辺に繁茂する植物由来の文字
稲・荻・蒲・蘆(葦)・菅・茅・蓮・竹・柳 【例】稲毛・蒲田・茅場町・蓮田 ※イネ科の植物は、地下水位が浅く絶えず水が供給される低地に生育する。竹もイネ科である
⑥水辺に生息する動物由来の文字
鴨・鵜・鷺・鶴・亀・貝・竜(龍) 【例】巣鴨・鶴見・亀有・貝塚・竜ヶ崎・竜ヶ水 ※龍は水神である。全国的に鉄砲水(土石流)が発生した地点に「竜ヶ水」の地名が多く残っている
⑦水辺につくられた人工構造物を表す文字
井・橋・堤・港(湊)・舟 【例】日本橋・鶴橋

沈下修正

Q04 アンダーピニング工法（鋼管圧入工法）ってどんな工法？

アンダーピニング工法施工の流れ

アンダーピニング工法（鋼管圧入工法）は、短尺の鋼管を油圧ジャッキで基礎下の地盤に押し込み、沈下した建物を持ち上げることで沈下を修正する工法である［図］。

施工の流れとしては、まず作業スペースを確保するため、基礎下に深さ1m程度の横坑を掘削する。鋼管の圧入作業はすべてこの横坑内で行われる。横坑を掘削する際に排出される土砂が外部へ搬出されるため、作業時の敷地内は土砂の仮置き場となる［写真］。

続いて、長さ75cm前後の短い鋼管を溶接で継ぎ足しながら圧入する。溶接個所が通常の鋼管杭より多いため、溶接作業者の技術に鋼管の品質が左右される［※］。作業は鋼管圧入と溶接作業に分けられるが、所要時間としては溶接が大きなウェイトを占める。狭い横坑内での溶接作業は過酷なため、作業員に負荷がかかる。換気などには十分注意しなければならない。

再沈下の可能性は低い

アンダーピニング工法は、確実に沈下が修正できるうえ、修復後の基礎は杭基礎のような形態となるため、建物が再沈下する可能性は比較的低い。

必要な鋼管の本数は、建物の全荷重を1本当たりの鋼管の許容支持力で割ることで求められる。設計上、この鋼管本数を打設しておけば、仮に地盤が圧密沈下しても鋼管で建物荷重をすべて受けるため、建物の不同沈下は生じにくい。

ただし、仮に鋼管1本当たりの許容支持力が大きく、わずかな本数で建物荷重を受けることが可能だとしても、住宅の場合は基礎自体の剛性が低いため、修復時（あるいは杭の抜け上がり時）に基礎のひび割れが懸念される。それを考慮すると、必要本数で配置した杭間隔よりも狭めておく必要があり、最低限必要な本数以上の鋼管を打設するのが一般的である。アンダーピニング工法がほかの工法に比べて高額になるのにはこういった要因もある。

鋼管径は、鋼管長や打設本数との兼ね合いで決定するが、現在、木造住宅を対象としたアンダーピニング工法では、φ100～200㎜程度の鋼管が利用されることが多い。海外では、鋼管先端部に翼加工を施して周面摩擦力を低減させ、貫入性を高める手法も用いられるが、日本では大半が円形のストレート鋼管である。

一般には、鋼管が所定の支持層深度に達しない場合は増杭などの対処法が用いられる。鋼管を設計で定めた支持層深度まで到達させておくことが、再沈下の可能性を低減させる最も効果的な方法である。逆にいえば、鋼管先端が液状化層で止まってしまえば、液状化によって再び沈下する可能性があるので、設計時に鋼管長をどの深度まで伸ばすか十分な検討が必要である。

［高田徹］

写真 掘削された土砂

敷地に空きスペースが少なければ、別途設けた仮置き場にダンプ車などで運搬することもある。なお、地下水位が横坑の深さよりも浅い場合には、湧出する水の処理や、横坑の崩壊を防ぐための山留め処理が必要となる

地盤豆知識

アンダーピニング工法のポイント！

- コストはほかの工法よりも高め
- 再沈下の可能性は低い
- 作業スペースが少なくても対応可能
- 支持層まで圧入することが重要！

※：最近では溶接作業を用いない機械式継手を用いたアンダーピニング工法も開発されており、作業環境の改善・工期短縮と、品質の確保に貢献している

図 アンダーピニング工法の施工手順

①基礎下の掘削

鋼管の圧入と溶接作業を行うための横坑（深さ1m程度）を掘削する。鋼管圧入作業、溶接作業ともにこの横坑内で行われる。掘削によって排出される土砂や、湧出する水の処理、横坑の崩壊を防ぐための山留め処理も検討する必要がある。横坑は、スペースの都合上人の手で掘る場合もある

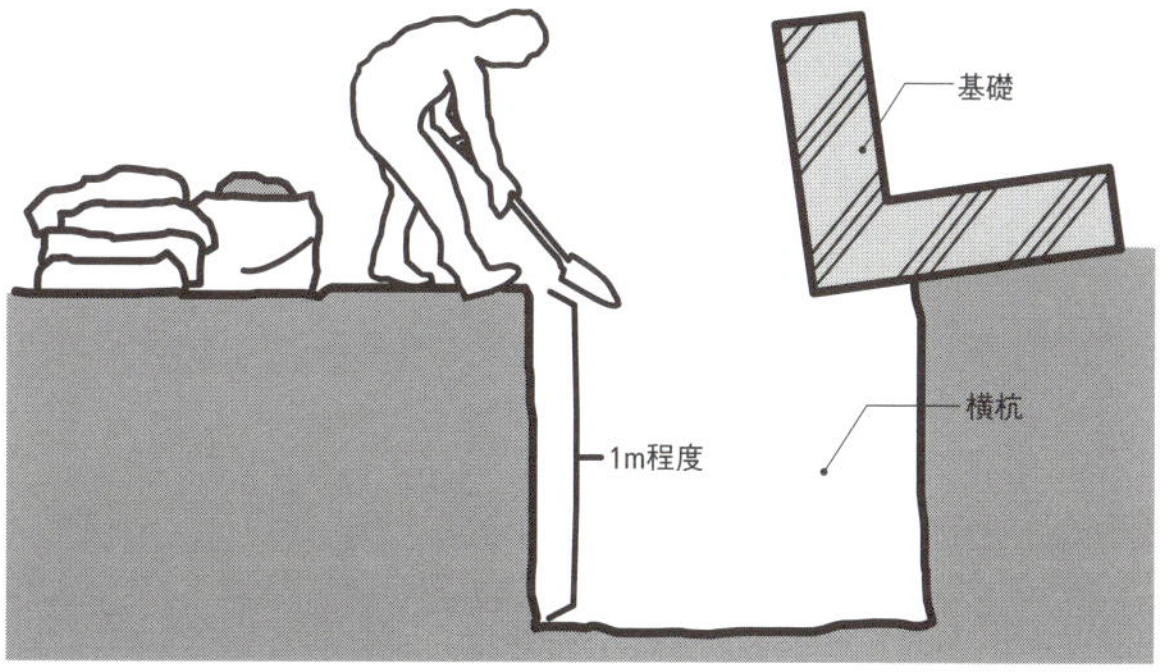

②鋼管の溶接と圧入

基礎下の所定の位置に鋼管を鉛直にセットし、油圧ジャッキで鋼管を地盤に圧入する。支持層に届くまで追加の鋼管を溶接し、継ぎ足しながら圧入を繰り返す。支持層まで圧入したら、鋼管の頭部をサポートジャッキで仮受けする

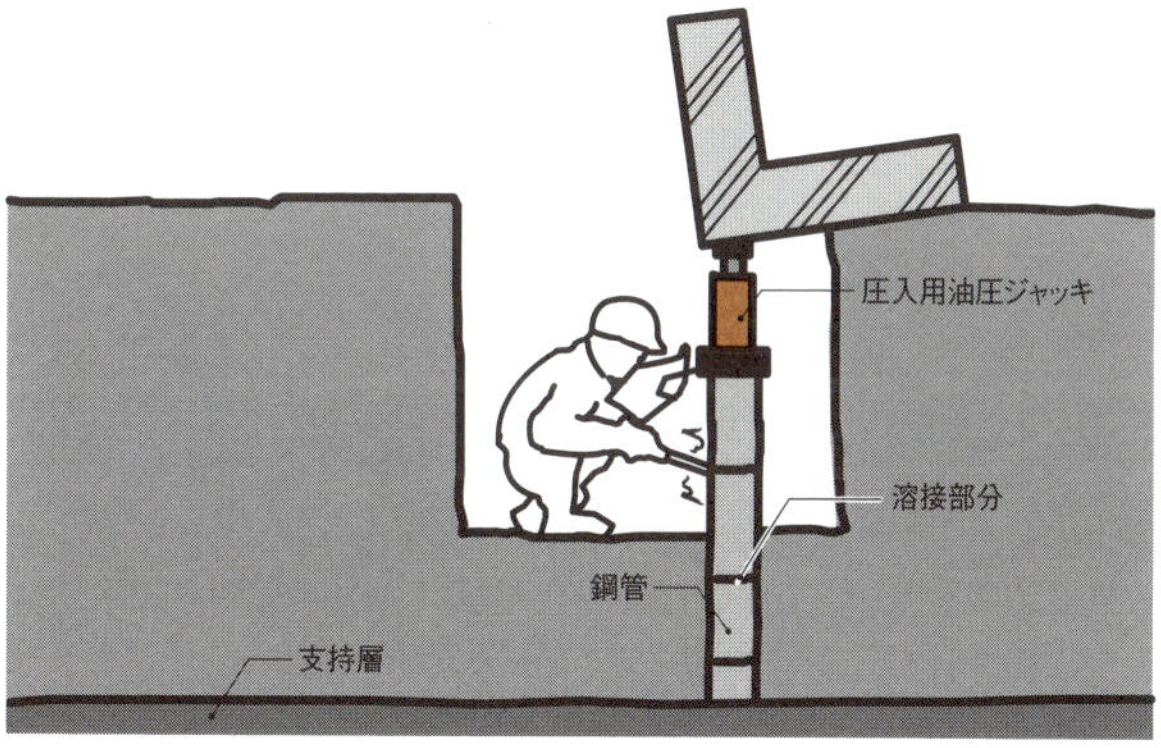

③ジャッキアップによるレベルの調整

油圧ジャッキを用いてジャッキアップを行う。室内でレベルを確認し、建物が水平になるまで少しずつジャッキアップをしていく。建物が水平になったら、本受けで基礎を受ける

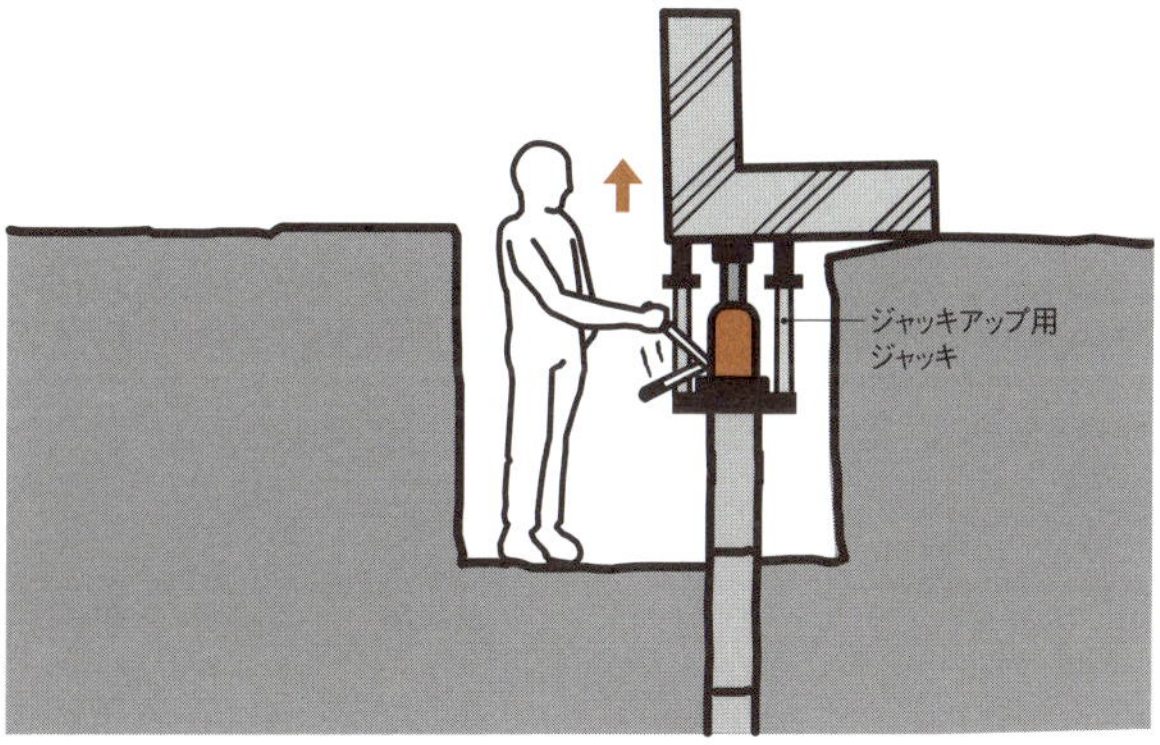

④埋戻し

型枠を設置し、掘削した土砂を施工前の状態まで埋め戻す。その後、ジャッキアップによって持ち上がった基礎と地盤の隙間や鋼管の頭に、コンクリートやセメントなどを充填する場合もある

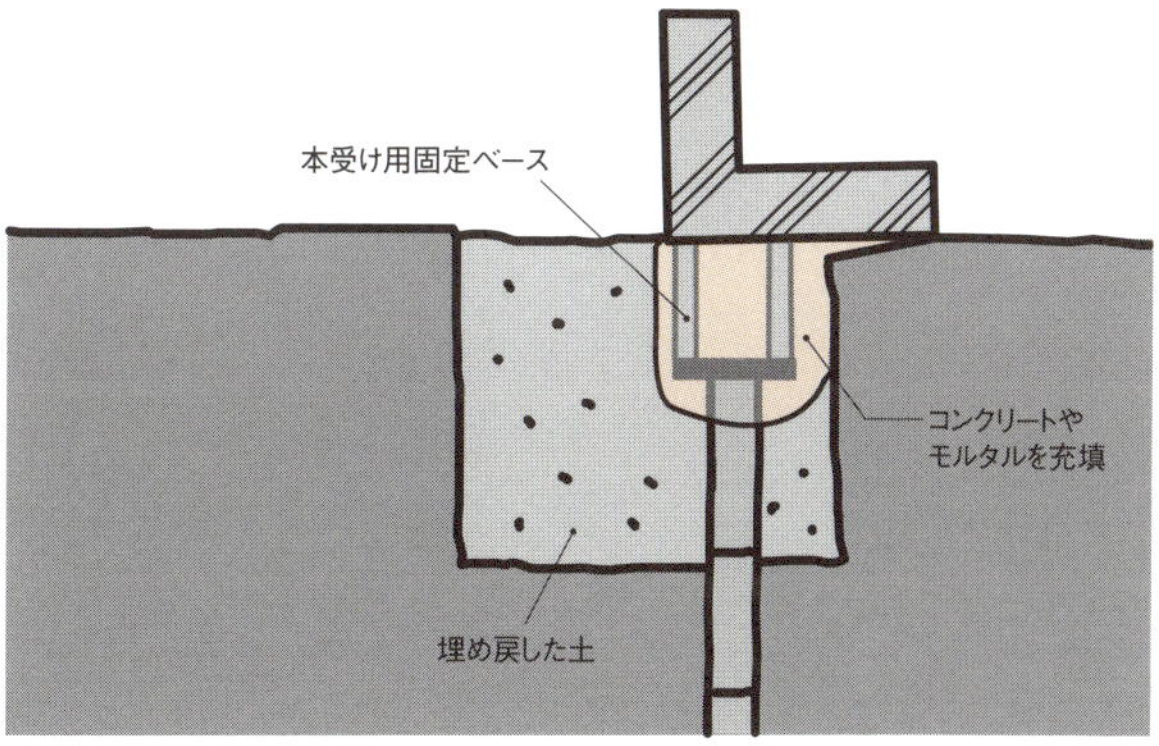

沈下修正

Q05 耐圧版工法ってどんな工法?

耐圧版工法の施工の流れ

耐圧版工法は、アンダーピニング工法と同様、基礎下を掘削して、50㎝角程度の耐圧版（鋼製の板やコンクリートなど）を地盤に据え付け、その上に油圧ジャッキをセットして、建物荷重を反力として建物を持ち上げる工法である。

アンダーピニング工法では「管」を用いるのに対し、耐圧版工法は「平板」を用いるという点を除き、作業内容はほぼ同じである［**図1・写真**］。

耐圧版工法ではアンダーピニング工法と異なり鋼管を用いないため、材料費が抑えられる。また鋼管圧入に要する手間が耐圧板の敷設だけで済むため、工期も短縮できるというメリットがある。

耐圧版工法では、深層部の地盤には手を加えない。せいぜい1m程度の基礎下掘削深さ分だけである。そのため、より深い位置に軟弱層がある場合は、再沈下の可能性などを十分に検討しなければ危険である。これは耐圧版工法に限らず、表層部や基礎上部で沈下修正するような工法に共通していえることである。

場合によっては基礎補強を

耐圧版や油圧ジャッキの設置数が少ないと、上屋をリフトアップする際の基礎の負担が大きくなり、基礎にクラックが入る場合がある。もし基礎にクラックが入ってしまうと、エポキシ樹脂などを用いて修繕しなければならなくなる。それを避けるためにも、油圧ジャッキを多めに設けて基礎への負担を軽減する、または、鋼材などを基礎と油圧ジャッキの間に設けて、点ではなく面で持ち上げるといった工夫を施す必要がある。

建物が水平になった後は、掘削した基礎下の空洞を、軽量土や発泡モルタルまたは流動化処理土などで充填する。この空洞充填は、沈下修正後の後作業だとして軽視されがちだが、空隙が残っていると、その後の建物の安定性に支障をきたすので十分注意されたい。空隙が残ると、基礎をジャッキの受け台、すなわち点で支えることとな

図1 アンダーピニング工法との違い

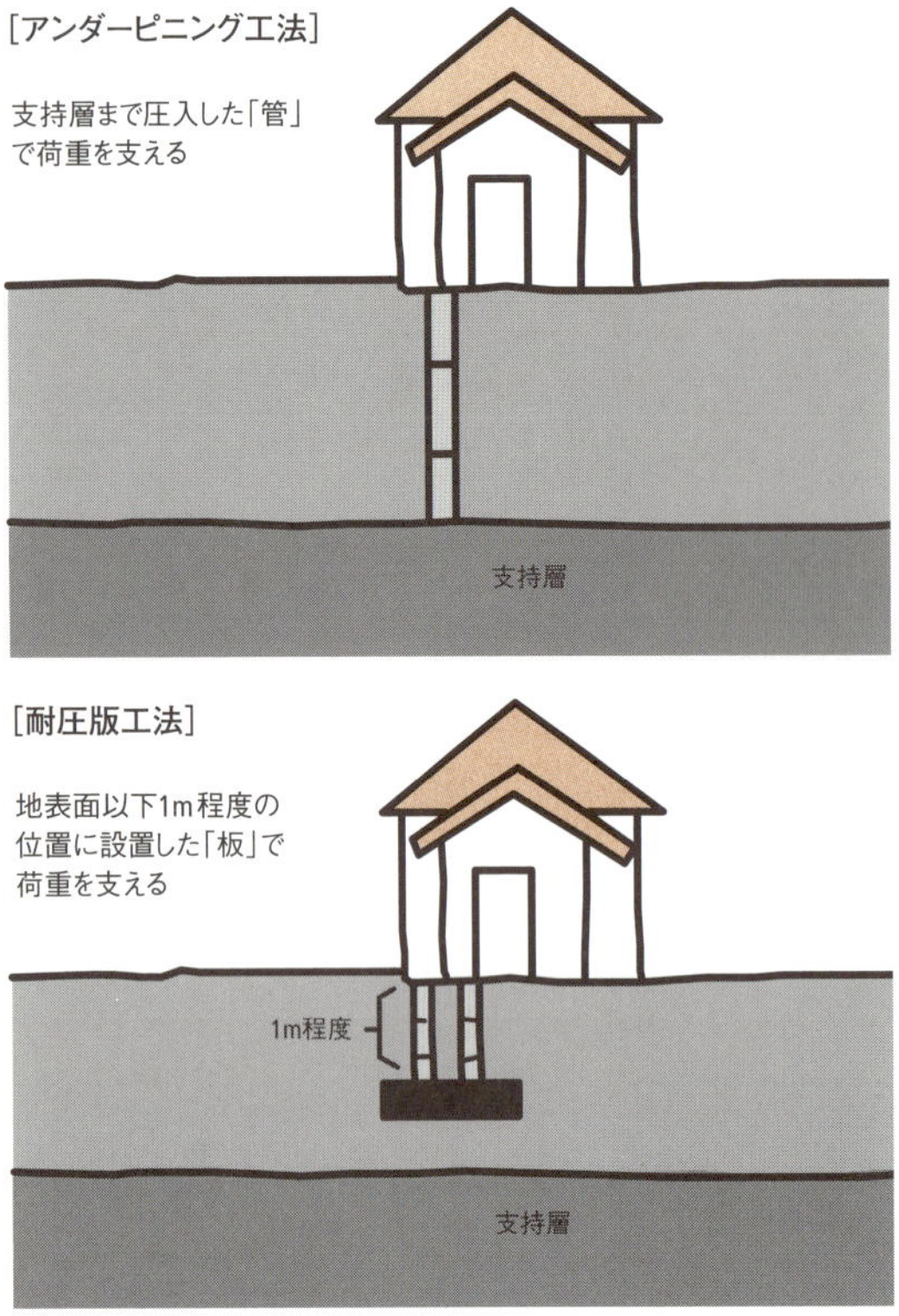

写真 耐圧版の設置

地業後に地盤下に設置された耐圧版とサポートジャッキ（写真右上）。このあと、埋戻しを行う

図2 耐圧版工法の施工手順

①基礎下の掘削

耐圧版の設置を行うための横坑（高さ1m程度）を掘削する。掘削によって排出される土砂や、湧出する水の処理、横坑の崩壊を防ぐための山留め処理も検討する必要がある。横坑は、スペースの都合上人の手で掘る場合もある

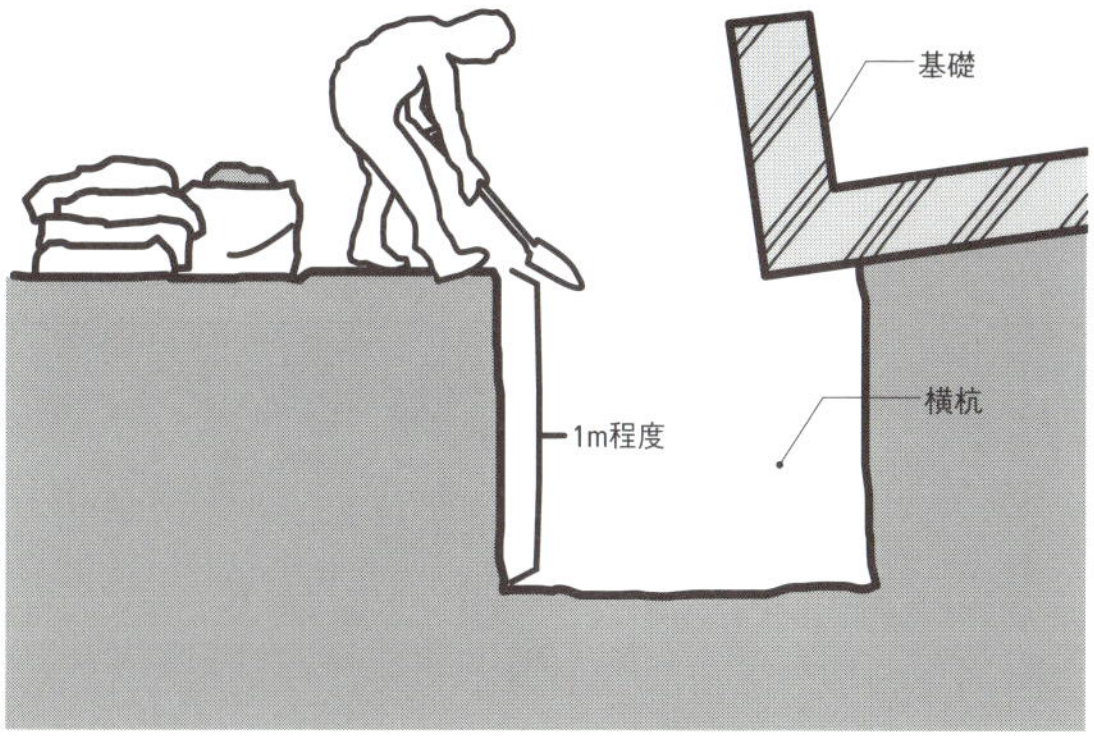

↓

②耐圧版の設置とレベル調整

耐圧版設置位置の地盤を突き固めるなどして地業を行う。耐圧版とコンクリートブロックを設置し、サポートジャッキで仮受けする。その後、油圧ジャッキでジャッキアップを行う。室内でレベルを確認し、建物が水平になるまで少しずつジャッキアップをしていく。建物が水平になったら、本受けで基礎を受ける

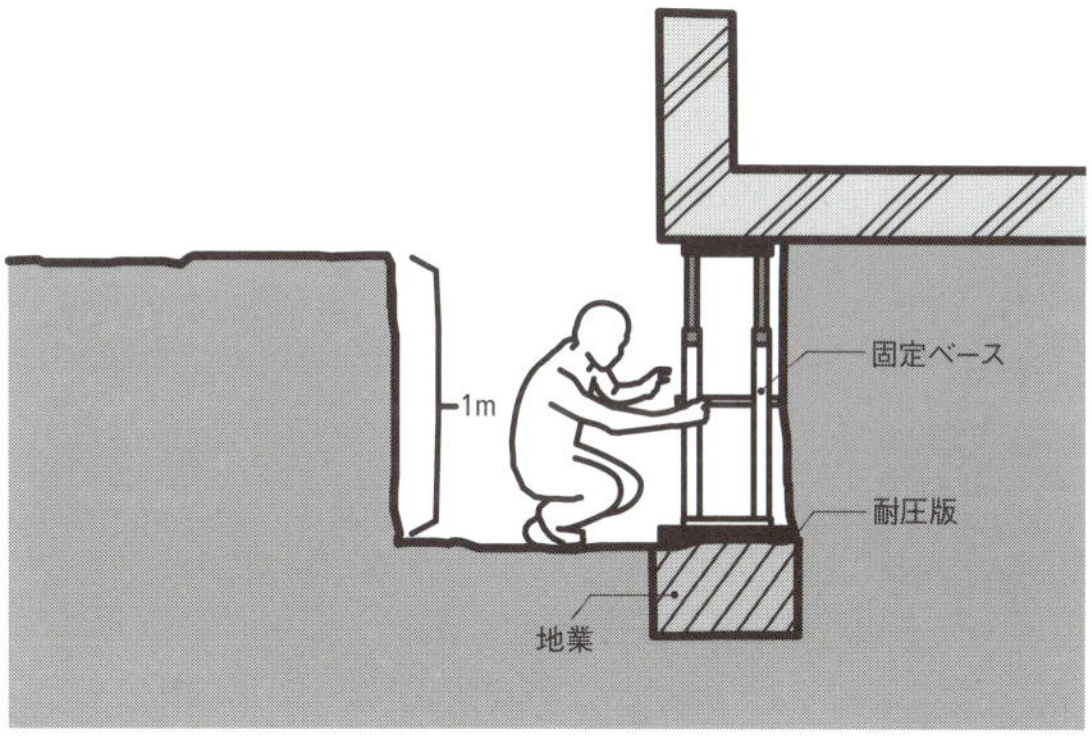

↓

③埋戻し

掘削した土砂を施工前の状態まで埋め戻す。その後、ジャッキアップによって持ち上がった基礎と地盤の隙間を、軽量土や発泡モルタル、流動化処理で埋める

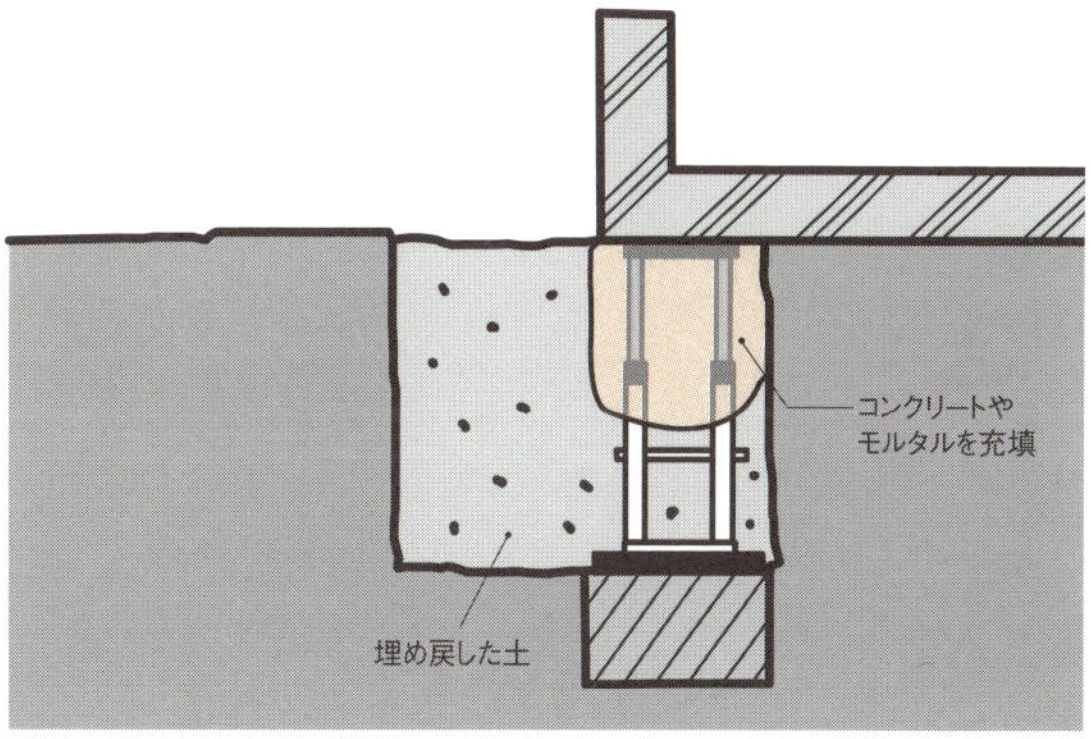

り、ジャッキ下の鉄板にかかる負担が大きくなるからである。空洞充填をしっかり行うことで、基礎の負担は軽減される。

耐圧版には、50㎝角程度の平版を用いることが一般的だが、この程度の大きさの版だと、設置した版より深い地盤が軟弱な場合に、版が地盤にめりこんでしまう可能性がある。そうならないようにするには、版を大きくして接地圧を小さくしたり、版の下部を地盤改良したりする（ダブルロック工法）などの工夫が必要である。また、従来の耐圧版工法とはやや異なるが、コンクリート製の耐圧版を鋼管圧入のように重ねて圧入してリフトアップさせる工法もある。 ［高田徹］

地盤豆知識

耐圧版工法のポイント！

- 鋼管を使用しないためコストは安い
- 作業スペースが少なくても対応可能
- 深層部に軟弱地盤があると再沈下の可能性がある
- 空洞を充填しなければ基礎に負担がかかる

沈下修正

Q06 注入工法ってどんな工法？

沈下修正工法としての歴史は浅い

注入工法は、基礎下へグラウト（注入材）を注入し、その注入圧によって建物を持ち上げる工法である［図］。

これまで、注入工法の実績の多くは、主に掘削工事前に実施される地下の湧水の抑止や、土砂の崩壊防止を目的とした仮設工事での利用であった。しかし最近では、注入材や施工法の技術開発が進展し、液状化対策や既存構造物の不同沈下修正などにも利用されるようになった。しかし歴史が浅いこともあり、特に不同沈下修正に用いる注入に関しては設計基準などが存在せず、各施工会社が独自の基準にもとづいて施工しているのが実状である。

沈下修正で用いる注入工法は、用いる注入材料や注入の方法ごとにさまざまな種類に分けられる［表］。注入材は、硬質ウレタン系、セメント系、セメントモルタル系の3つ。注入方法には、基礎の直下に注入するタイプと、基礎下の地盤に注入するタイプがある。

各注入工法に共通することとして、注入量と基礎の隆起量は比例しないという点がある。地盤を対象とするため、「Aℓ注入すれば必ずBcm建物が持ち上がる」という簡単なものでなく、地盤強度によっても修正度合いは異なる。いずれの工法も、豊富な経験をもつ施工者の技術力が必要となる。

掘削が不要で安価 ただし布基礎には不向き

注入工法は、20～40㎜径の細径の注入管を地盤に挿入して注入するため、基礎下を掘削する必要がない。そのためアンダーピニング工法や耐圧版工法に比べると施工そのものはスマートで、工事費も比較的安価である。また建物外周から注入するタイプの工法であれば、基礎に孔をあけることなく修正できるため、基礎自体の強度に対する影響は少ない。地下水位が極めて浅いような場合、基礎下掘削を行う工法では施工が難しくなることから、注入工法はお勧めである。

注入工法は、注入圧が地盤から基礎へと伝達されることで建物を持ち上げるので、布基礎構造の建物では布基礎間の土間部分に圧力が開放されてしまい、建物を持ち上げるのが難しくなる。したがって、布基礎の場合はベタ基礎よりも注入量がかさみ、工事費用は高くなる。注入工法をお勧めできるのはベタ基礎である。

対象建物周囲への影響に注意

注入工法は注入の深さの制御が難しく、周辺構造物を変位させる可能性がある。注入圧が表層部に与える影響は、注入位置の真上だけでなく、周辺部にも及ぶ。深い位置で注入すればするほど周辺へ与える影響は大きくなる。特に擁壁などを抱えた宅地では、擁壁を傾斜させることも考えられるので、十分な配慮が必要である。

施工に当たっては、注入量や注入圧と建物の変位を監視しながら修正を進めていく。基礎下を掘り起こさない注入工法では、基礎形状を目視確認できないので、古い家屋では特に注意を要する。実際に、基礎と地盤補強用の鋼管が連結した基礎をリフトアップでき

表 主な注入工法の種類

工法名	注入材料	特徴
アイリフト工法	セメント系薬液	比較的深い位置から注入が可能。高強度材料を使用
ジャッキングオブグラウト（JOG）工法	セメント系薬液（恒久型）	耐久性に富む材料を使用し、基礎と地盤間に注入する
ダブルロック工法	セメント系薬液	ベタ基礎であれば注入のみ、布基礎であれば注入＋油圧ジャッキによるジャッキアップを行う
アップコン工法	ウレタン系	基礎と地盤の間に注入する。周囲への影響範囲が小さい
コンパクショングラウチング工法	モルタル	リフトアップ効果が大きいので、鉄骨造などの重量・大型構造物にも適用できる。液状化対策としても有効

図 注入工法の施工手順

①注入管の設置

建物周辺にボーリングマシンをセットし、小口径管(20～40㎜程度)のボーリングを行う。工法や注入材によってはボーリングマシンを用いず、建物の基礎下からハンドドリルで孔をあける場合もある。その後、注入プラントで注入材を混練する。建物レベルを監視しながら慎重に注入する。注入深度は図のように深部から注入する手法もあれば、基礎下直下から注入して修正する方法もある

↓

②注入＋孔埋め

レベルが水平になったことを確認する。スラブを削孔した場合は無収縮モルタルなどで孔埋めする

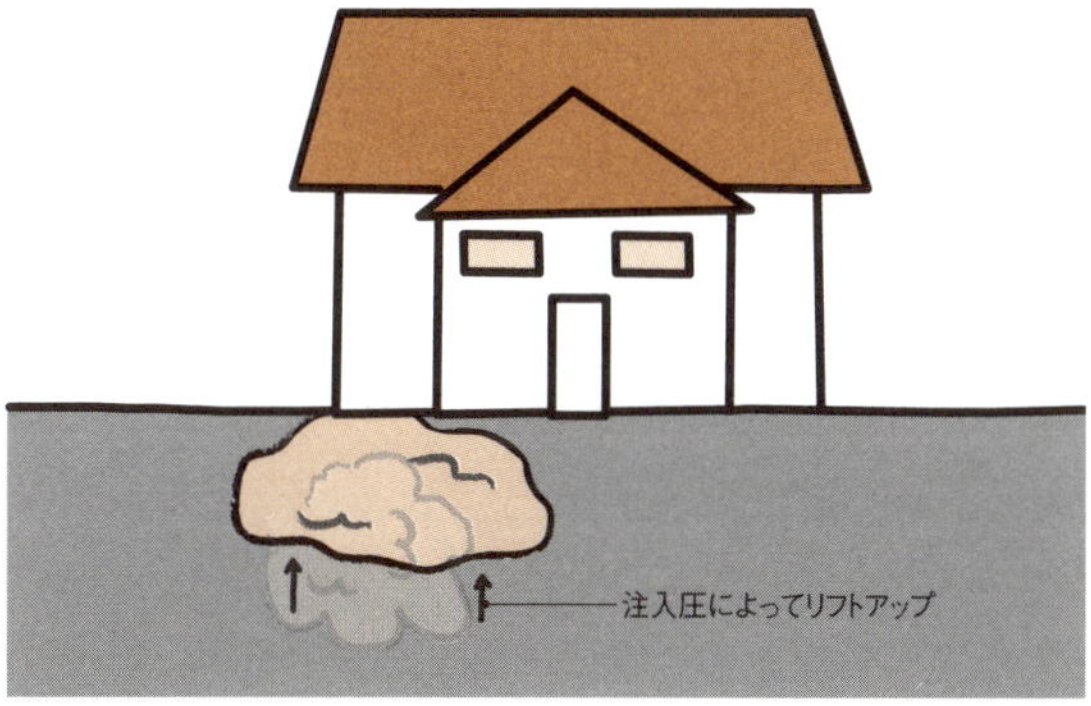

ず、失敗した事例もある。鋼管の周面摩擦力が大きく働いてリフトアップを妨げたことが原因だったが、こうした基礎の状態を事前に十分に確認しなければならないのも、注入工法の注意点である。

また、平成12年建設省通達によると、セメント系の固化材を用いる地盤改良工法では、条件によっては六価クロムが土壌環境基準を超える濃度で溶出するおそれがあるので、事前に六価クロムの溶出試験を実施して基準値以下であることを確認しなければならない、とある。

この溶出は、固化材と現地の土を混合撹拌されたときに発生する。**表**に記したセメント系注入工法は、いずれも現地の土と混合撹拌されるような工法ではなく、固化材単体で固化させるため、六価クロムの溶出については対象外である。ただし、液状化対策などのため別途、微粒子セメントなどを用いて砂質系地盤に浸透させるような注入を行うようであれば、溶出試験が必要となる。

地盤改良効果は？

注入工法は、リフトアップしながら地盤改良もなされているように見えるため、今回のように液状化で沈下した建物に重宝されることがある。しかし、**表**中の工法の材料はいずれもリフトアップに適した材料であって、地盤改良としての効果については明確ではない。地盤改良には地盤改良に適した浸透性の高い材料を注入しなければならない。注入でリフトアップと地盤改良の両方を実現したいのであれば、材料を2種類使用することをお勧めする。

ただしコンパクショングラウチング工法については、モルタルを圧入することで砂地盤を圧縮させる効果がある程度あるため、モルタルだけでリフトアップと地盤改良の両方をまかなえる可能性がある。

［高田徹］

地盤豆知識

注入工法のポイント！

- 安価な一方、沈下修正工法としての歴史は浅いため、施工には習熟が必要
- 掘削が不要なため、地下水位が低い場合に効果的
- 布基礎には適さない
- 擁壁など周辺の構造物への影響に注意が必要

沈下修正

Q07 プッシュアップ工法ってどんな工法？

地盤に触れずにリフトアップ

プッシュアップ工法は、基礎と建物の間に油圧ジャッキを設置して上屋をリフトアップする工法である［図］。地盤に手を加えることなく、地表に見える部分で施工可能な点が他工法との大きな違いで、工期も短く、施工費も安価である。地盤に手を加えないことから、地盤を扱う専門の工事会社よりも、曳家業者や大工が得意とする工法でもある。

施工に当たっては、まず油圧ジャッキを設置するために基礎の立上りを部分的に壊す。油圧ジャッキは通常、10～30個所に設置する。次に、アンカーボルトを切断し、油圧ジャッキで沈下修正を行う。上屋が水平になったことを確認したあと、基礎と上屋を連結し［写真］、壊した部分の基礎を鉄筋、モルタルなどで補強する。

最終的に修正変位量分だけ基礎が高くなって修正されるので、通常よりも不安定な基礎となる。また、基礎ベースが傾斜したままの状態で修正されるため、偏芯した荷重が載荷されることにも注意したい。なお、プッシュアップ工法で修正できる沈下量はほかの工法よりも少なく、おおむね10㎝程度までである。

プッシュアップ工法では、基礎を一旦壊すため、場合によっては、基礎内部の鉄筋を切断しなければならない。鉄筋の補強については、別途同等以上の鉄筋量を確保するなどの処理が必要となる。住宅の構造によっては、アンカーボルトの切断が困難であったり、ジャッキアップ時の変形を避けるため、外周部の壁や内壁などまで撤去しなければならないこともある。この場合は、必ずしも安価にはならない。

再沈下の可能性

またプッシュアップ工法は、地盤の補強要素がまったくないため、ほかの工法に比べて再沈下の可能性が高い。よって、同工法を用いる場合には、地盤がこれ以上沈下しないことが大前提である。

圧密沈下で沈下した家屋であれば、圧密沈下が終息しないうちに同工法で修正しても再沈下が生じる可能性が高い。液状化で沈下した家屋であれば、修正前と同様に液状化の可能性を残したままとなる。プッシュアップ工法を用いる場合には、ほかの工法よりも地盤調査を念入りに実施しておくことが望ましい。

地震による想定外の沈下被害では、経済的な負担が大きいため、プッシュアップ工法以外の工法が選択ができないというケースもあるだろう。再沈下を覚悟しつつ、同工法を選択するという考え方もあるが、2度目の土台上げは施工難度が高くなるので、そのときは、基礎の増打ちなど基礎補強の検討も別途必要になることも覚えておきたい。

［高田徹］

写真 施工後の基礎と土台の連結

基礎と上屋を連結しているアンカーボルトを切断し、修正後に代替の接続金具で連結して納めるのが一般的だが、強度は低減する

地盤豆知識

プッシュアップ工法のポイント！

- 安価だが、基礎の形状が不安定となる
- 対応可能な沈下量は10㎝程度以内
- 地盤改良をしない場合、再沈下の可能性が高い
- 2度目以降の再施工は難易度が増す

図 プッシュアップ工法の施工手順

①アンカーボルトの切断+ジャッキのセット

基礎をはつってアンカーボルトを切断し、ジャッキを複数個所（通常は10～30個所）セットする。ジャッキをセットした後、室内でレベルを確認しながらそれぞれのジャッキでジャッキアップを行う

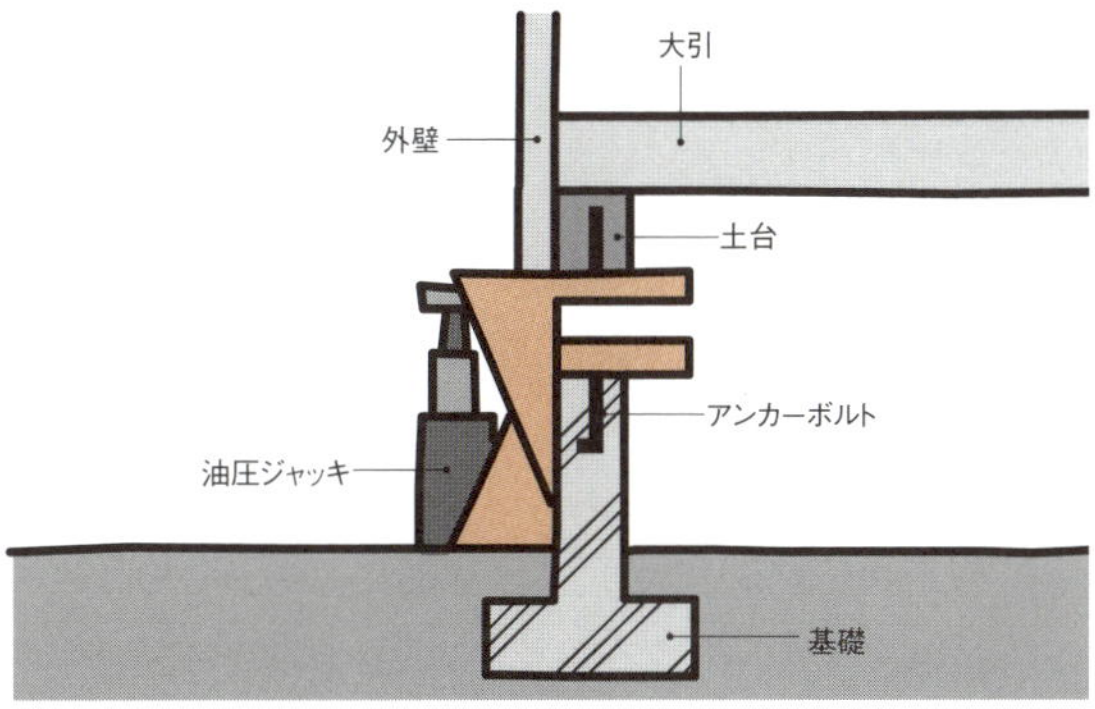

↓

②基礎と土台の連結+モルタルの充填

レベルの確認後、基礎の立上りの両側に型枠をセットし、無収縮モルタルを充填する。アンカーボルトを継ぎ足し溶接するか、代替の金具などを設置して土台と基礎を連結する

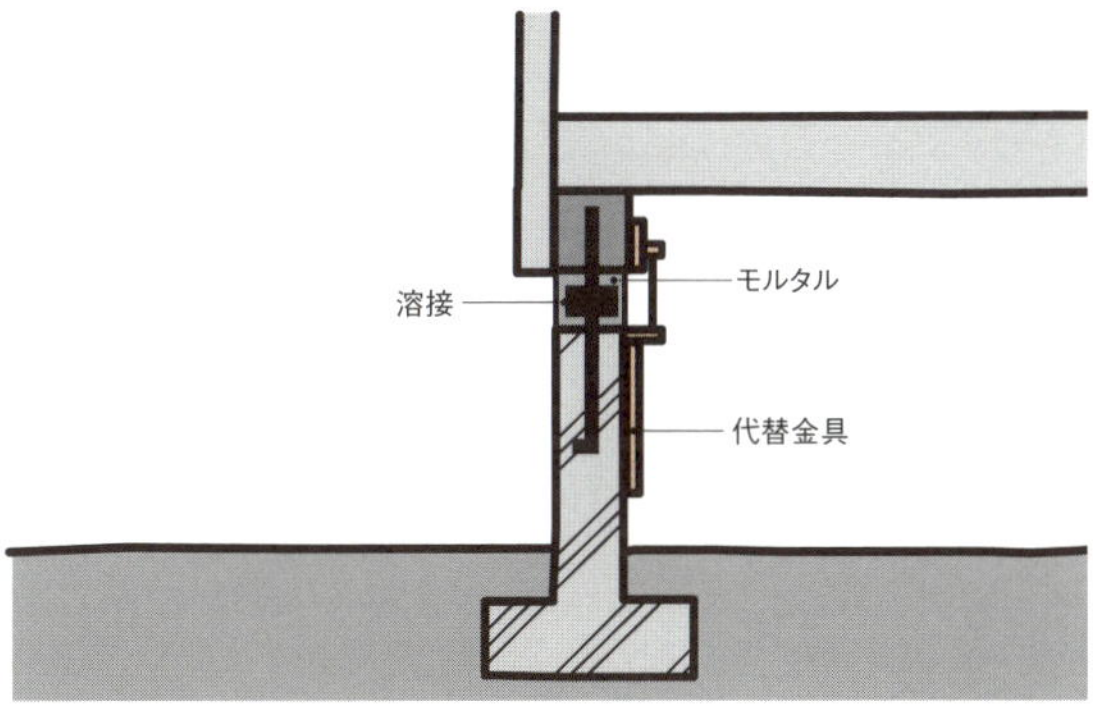

地盤豆知識 不同沈下の主なパターンを知ろう

項目	切土と盛土境界	傾斜地の斜面崩壊	地下車庫に一部基礎が載るような場合
図	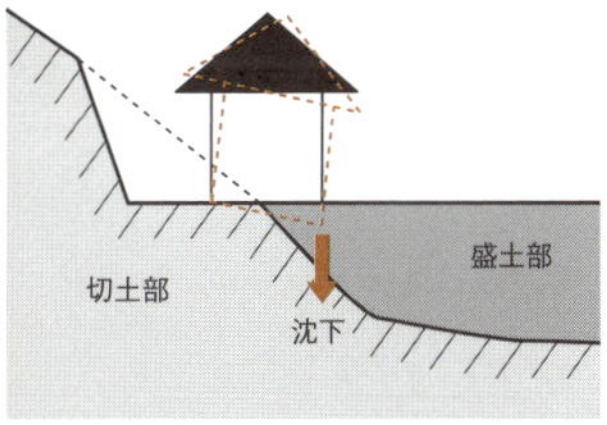	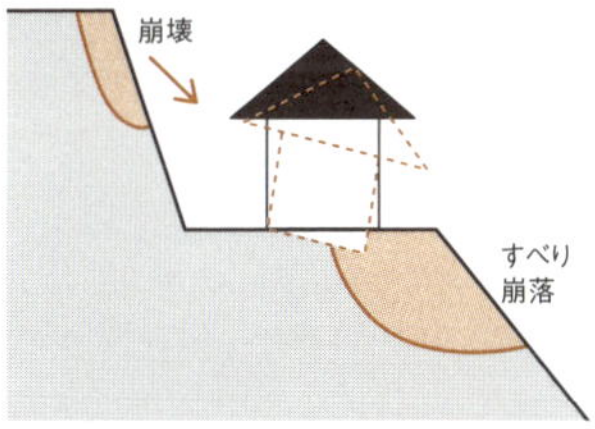	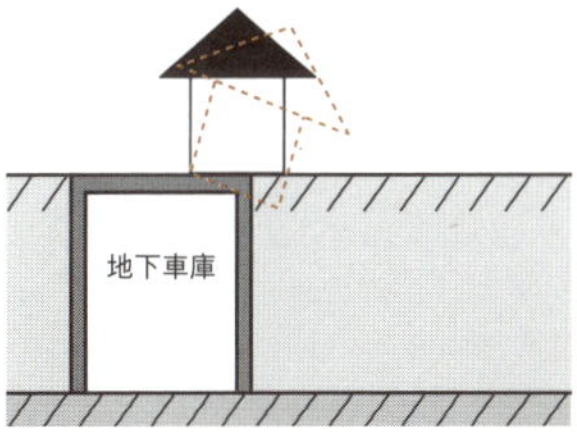
説明	盛土地盤はやわらかいため、盛土側に傾斜しやすい	傾斜地がすべり崩壊して、それに引きずられて建物が沈下する	車庫に載る部分はほとんど沈下せず、車庫に載らない部分が沈下する
項目	擁壁の埋戻し部にかかる場合	軟弱層厚が異なる場合	液状化現象が生じた場合
図	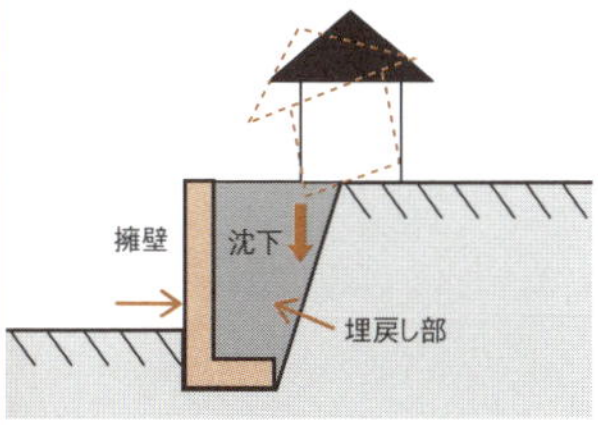	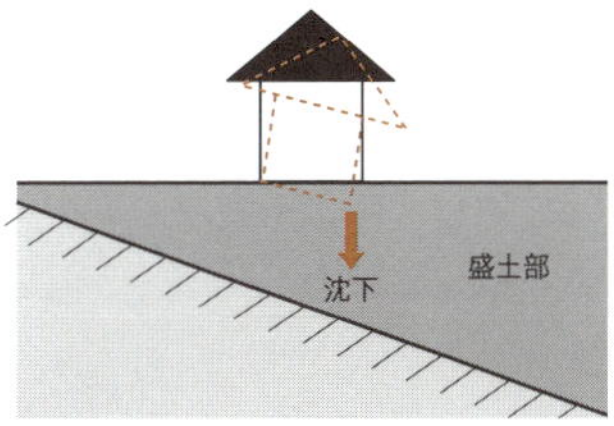	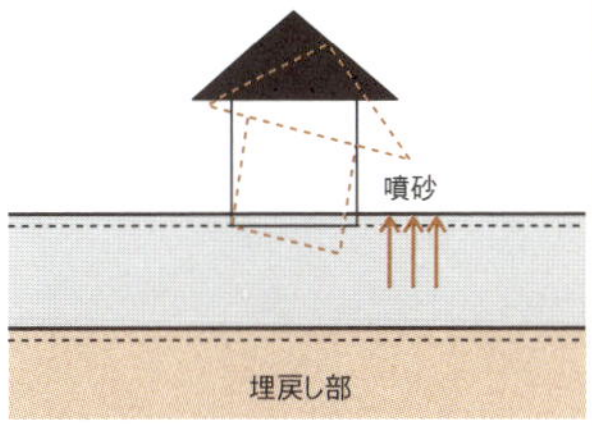
説明	擁壁側が軟弱なため、擁壁側に傾斜しやすい	軟弱層厚の厚い側に下がりやすい	液状化後、噴砂と体積収縮により地盤が下がる。建物は、液状化層厚、噴砂位置、建物荷重のバランスなどにより傾斜方向は決まるが、ばらつきも多い

第 3 章　調査編

事前調査

現地・地盤調査を補う情報の集め方

**地盤調査は「点」の調査
資料で面的・立体的な確認を！**

図1を見ると分かるように、一見すると平たく、周囲に同規模の住宅が建っている整理された敷地でも、地面の下にはいろいろな危険性が潜んでいる。ここでいう危険性とは、不同沈下や液状化といった、建物に不具合を生じさせる現象のことだ。

そういった地盤災害を防ぐには、SWS試験などによる地盤調査を実施する前に、敷地の地盤情報を収集する

図1 地盤調査だけでは見抜けない地盤の危険性

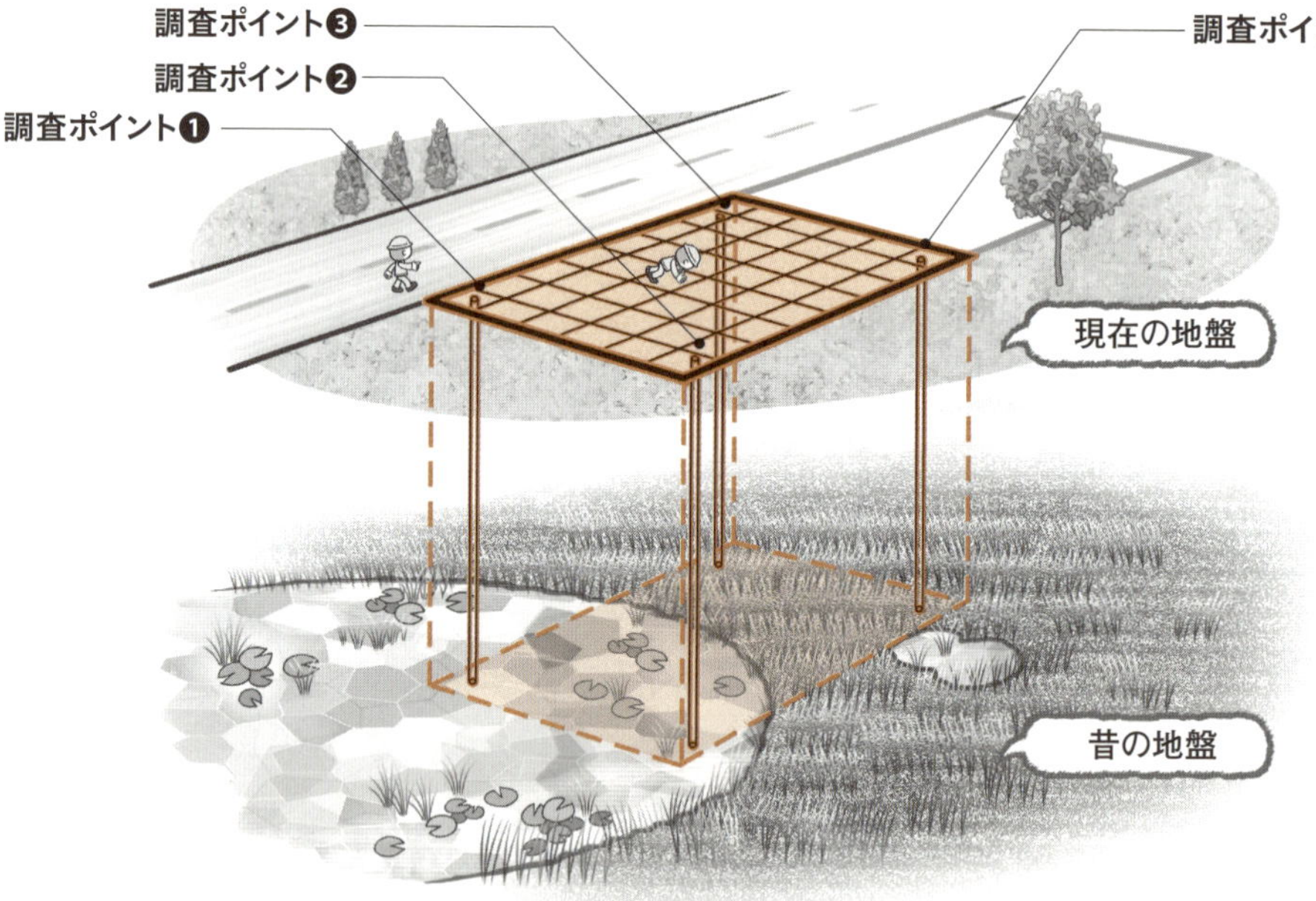

地盤調査をしても過去に池や川であったかどうかまで見抜けない

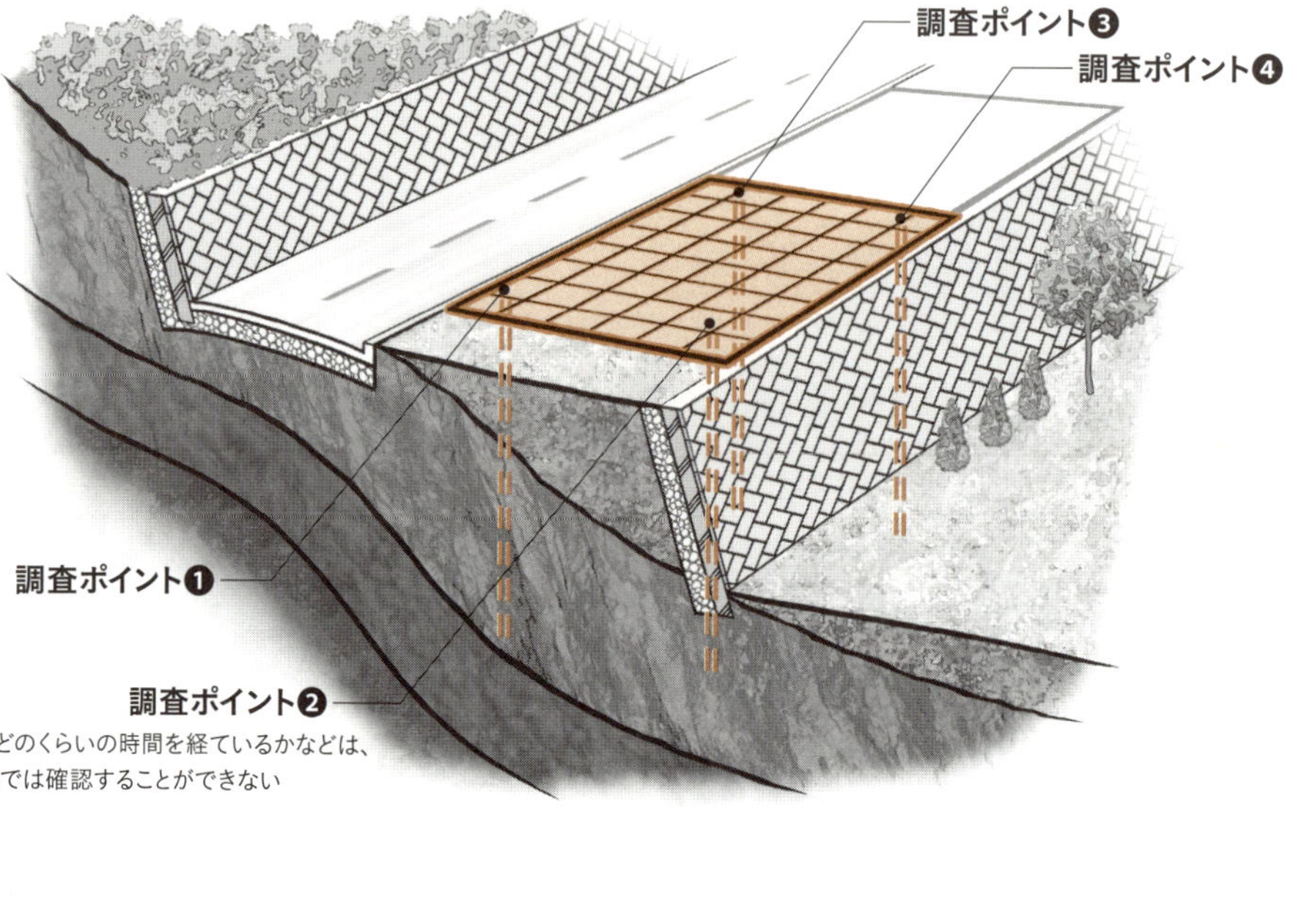

造成からどのくらいの時間を経ているかなどは、
地盤調査では確認することができない

ることが必要である。SWS試験や標準貫入試験は「点」での調査でしかないからだ。

地盤情報は、敷地だけでなく、周辺地域を含めた地形、地質、地理などを総合的に収集していく。地層構成や地形の特徴から、表層地盤のおおよその状態の見当がつけられる。また、近年の地歴を知ることも、表層地盤の状態を知るうえで有効である。たとえば、水田を造成した宅地では軟弱層が予想される。

設計者は前もって収集したこれらの資料をもとに現地・地盤調査計画を立てていく。敷地によっては、はじめから支持層が深い位置にあることが判断できるなど、地盤調査としてどのような方法が適しているか、あらかじめ見えてくることもあるだろう。さらに、資料を読み解くことは、地盤調査結果報告書をより深く読み解くことにもつながる。

ただし、こうした資料は多様なうえ、地域によっては入手できるものが限られる場合もある。**表**には地盤情報の収集に用いられる主な資料の一覧を掲載している。さらに、**60〜63頁**ではそれぞれの参考例を挙げ、その内容と見るべきポイントなどを紹介していくことにする。［光永智得美］

表　入手・閲覧できる地盤の資料

	どんなものがある？	どうやって探す？　どこにある？	備考
地図	ロードマップ（縮尺1／10,000など）	どこの書店にでも置いてある、普通の地図	敷地周辺の地形や地名などを確認する
地図	地形図（地形、そのほかに道路、鉄道、建物など土地利用を整備したもの）［60頁図2］	国土地理院ホームページ内 http://watchizu.gsi.go.jp/watchizu.html	オンラインは閲覧のみ
地図	古地図（地歴が分かる。江戸・明治など比較的最近のものがよい）［63頁図7］	各自治体	—
地図	古地図	Google Earth http://earth.google.co.jp/	主要な都市に限られるが、現代の地図に古地図のレイヤーを重ねて表示できる
地図	古地図	『江戸明治東京重ね地図』 http://www.app-beya.com/kasane/comparison.html	CD-ROM付きの書籍。現代と江戸・明治時代の地図が重ねられていて、違いがすぐに分かる
地形分類図	土地条件図（洪水などの災害の履歴を反映する地形分類、土地の高さを表現した地盤高線、防災関連施設を整備したもの）［60頁図3］	国土地理院ホームページ内 http://www1.gsi.go.jp/geowww/themap/lcm/	地盤が良好な高台の丘陵地や台地、地盤が軟弱な谷底平野や後背湿地、扇状地、砂丘などが色と記号によって分類されている
地形分類図	沿岸地域土地条件図（沿岸海域の地形・地質・利用現況など）	国土地理院ホームページ内 http://www1.gsi.go.jp/geowww/coastmap/index2.html	—
地形分類図	都市圏活断層図（国土地理院が1995年の阪神・淡路大震災をきっかけに作成）［61頁図4］	国土地理院ホームページ http://www1.gsi.go.jp/geowww/bousai/viewer_index.php	活断層の所在を示す地図であるが、高台と低地を分類着色してあるので地形分類図としても使用できる
地質分類図	地質図（表土の下の地層がどのように分布しているかを示した地図）［61頁図5］	（独）産業技術総合研究所ホームページ内、地質調査センター「地質図カタログ」 http://www.gsj.jp/Map/index.html	ダウンロード購入も可能
地質分類図	土地分類基本調査図（土地開発のためにつくられた地盤図、表層地質図など）	国土交通省土地・水資源局 http://tochi.mlit.go.jp/tockok/inspect/landclassification/index.html	GIS（地理情報システム）データをダウンロード可能
地質分類図	地盤図（地盤断面図・地質柱状図）（地盤図に柱状図や地盤断面図が収録されたものがある）［62頁図6］	地域によって自治体、建築士会、学会支部などで発行している（例：『東京総合地盤図』（東京都）、『大阪地盤図』（地盤工学会関西支部）など）	地域の地質に関する解説や地質断面図が掲載されているので「地盤図」と呼ばれるが、実質はボーリング柱状図とその位置を示した地図がセットになった書籍のこと。地域の図書館に収蔵されていることが多いが、国土地理院・国土地盤情報検索サイト「Kunijiban」で検索可能
写真	航空写真（過去）	国土地理院ホームページ内、国土変遷アーカイブ空中写真閲覧システム http://archive.gsi.go.jp/airphoto/search.html	全国各地の各ポイントにてさまざまな時期に撮影された航空写真で、オンライン購入も可能
写真	航空写真（現在）［62頁写真］	Google Map http://maps.google.co.jp/	地盤情報や地図・航空写真などを閲覧できるサイトもある G-Space Ⅰデータサービス（月額4,000円）http://www.asahigs.co.jp
その他	地名事典（地名から地歴が分かる）	書店で販売している	—
その他	ハザードマップ（液状化の危険区域、地盤沈下、急傾斜地崩壊危険区域、地すべり防止区域）［63頁図8］	各自治体	柱状図などもある。国土交通省「ハザードマップポータルサイト」にて地区町村単位で検索できる

注：表に記載の資料閲覧サービス等は、予告なく変更、中止する場合があります。また、お使いのPC環境等により閲覧できない場合があります

図2 地形図（国土地理院発行。1／25,000・左は千葉東部、右は武蔵府中）

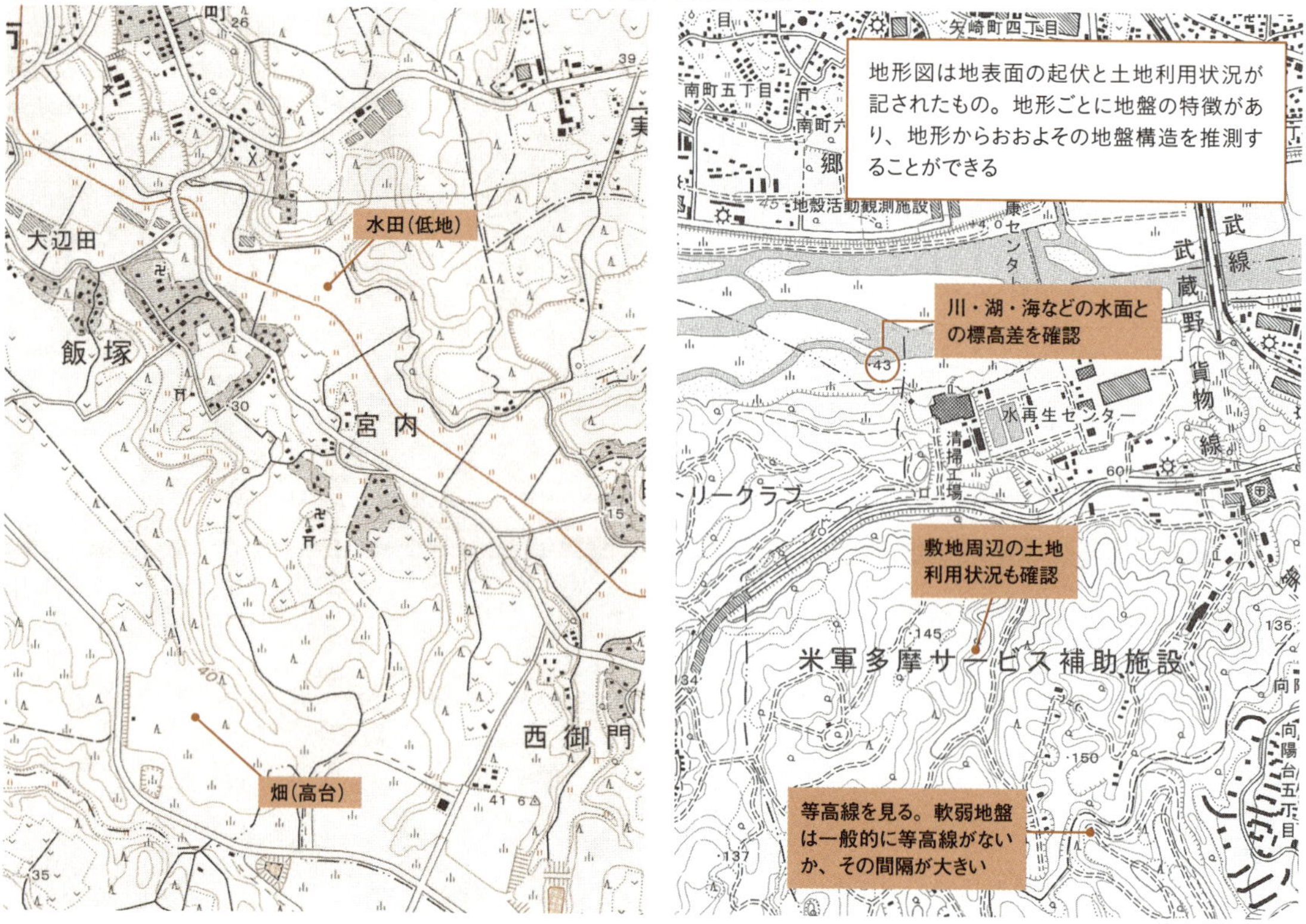
大辺田
飯塚
宮内
西御門
水田（低地）
畑（高台）
地形図は地表面の起伏と土地利用状況が記されたもの。地形ごとに地盤の特徴があり、地形からおおよその地盤構造を推測することができる
川・湖・海などの水面との標高差を確認
敷地周辺の土地利用状況も確認
米軍多摩サービス補助施設
等高線を見る。軟弱地盤は一般的に等高線がないか、その間隔が大きい

図3 土地条件図（国土地理院発行。1/25,000を65%縮小・藤沢）

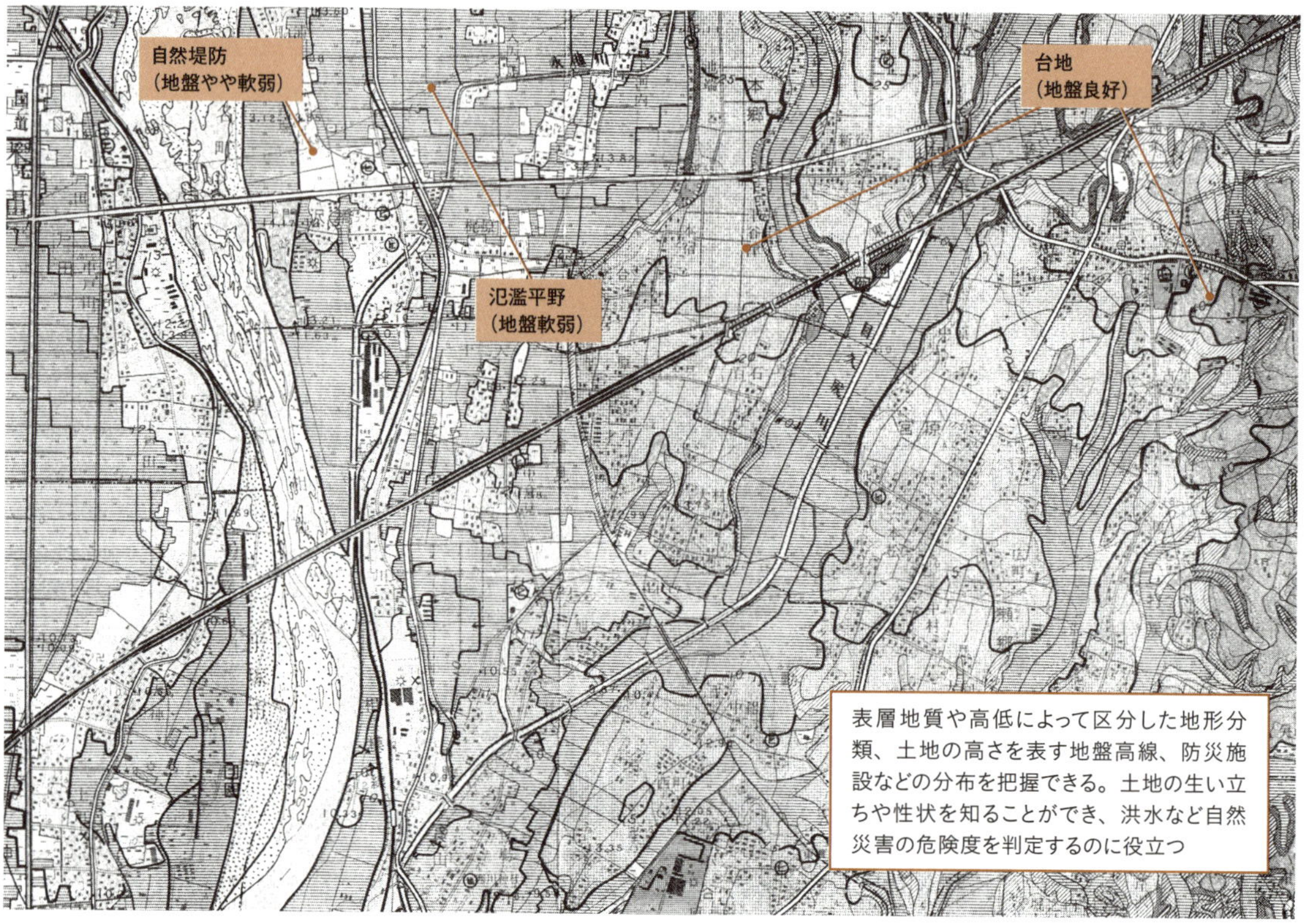
自然堤防
（地盤やや軟弱）
氾濫平野
（地盤軟弱）
台地
（地盤良好）
表層地質や高低によって区分した地形分類、土地の高さを表す地盤高線、防災施設などの分布を把握できる。土地の生い立ちや性状を知ることができ、洪水など自然災害の危険度を判定するのに役立つ

図4 都市圏活断層図（国土地理院発行。1/25,000を65%縮小・神戸）

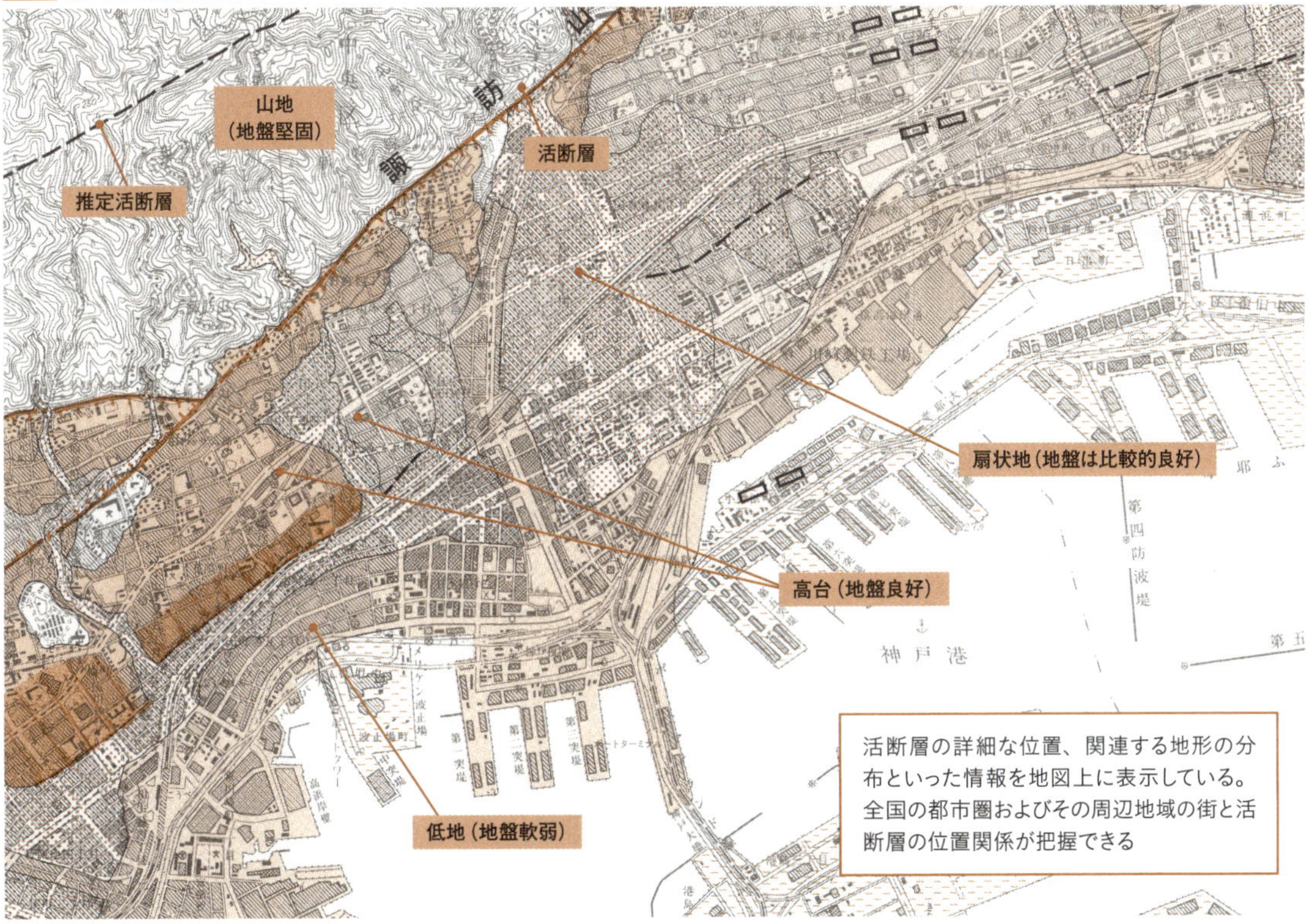
山地
（地盤堅固）
推定活断層
活断層
扇状地（地盤は比較的良好）
高台（地盤良好）
低地（地盤軟弱）
神戸港
活断層の詳細な位置、関連する地形の分布といった情報を地図上に表示している。全国の都市圏およびその周辺地域の街と活断層の位置関係が把握できる

図5 地質図（産業技術総合研究所地質調査総合センター発行。1／50,000を50%縮小）

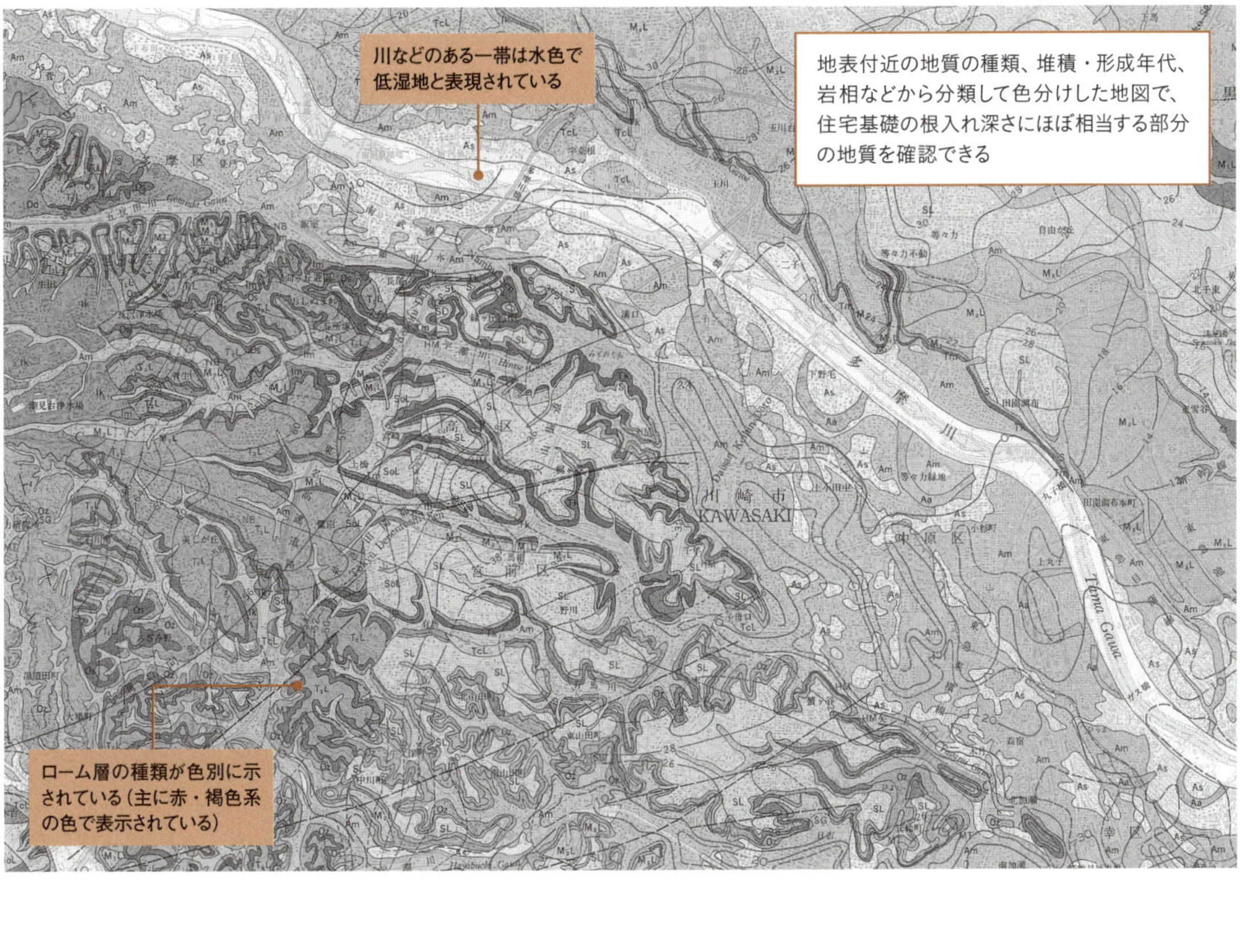
川などのある一帯は水色で
低湿地と表現されている
地表付近の地質の種類、堆積・形成年代、岩相などから分類して色分けした地図で、住宅基礎の根入れ深さにほぼ相当する部分の地質を確認できる
ローム層の種類が色別に示されている（主に赤・褐色系の色で表示されている）
KAWASAKI

図6 ボーリング位置および地盤分類図（東京都総合地盤図のボーリング位置・地盤分類図。1／2,5000を40％縮小）

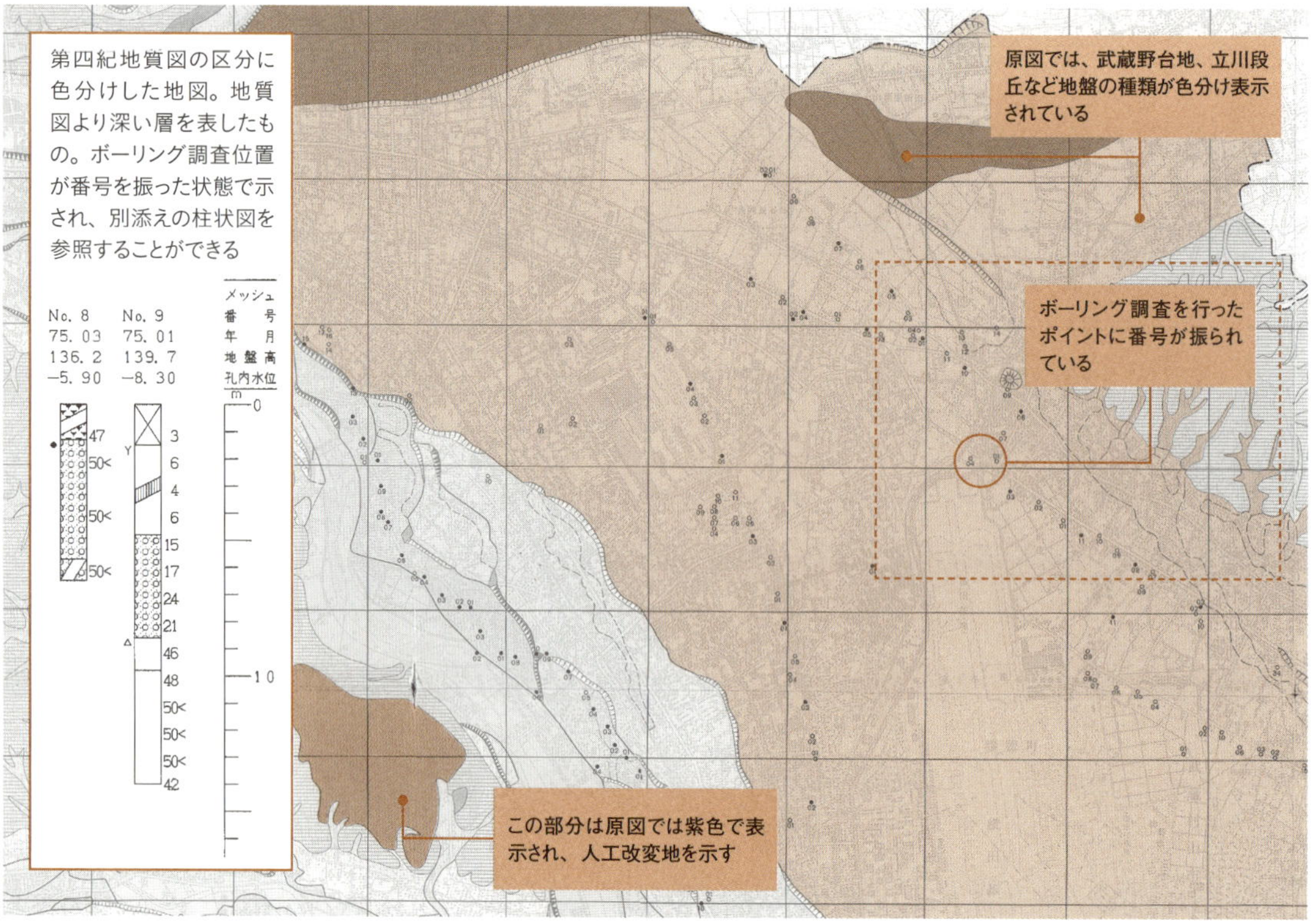
第四紀地質図の区分に色分けした地図。地質図より深い層を表したもの。ボーリング調査位置が番号を振った状態で示され、別添えの柱状図を参照することができる
No. 8
75. 03
136. 2
−5. 90
No. 9
75. 01
139. 7
−8. 30
メッシュ番号
年月
地盤高
孔内水位
m
0
10
47
50<
50<
50<
3
6
4
6
15
17
24
21
46
48
50<
50<
50<
42
原図では、武蔵野台地、立川段丘など地盤の種類が色分け表示されている
ボーリング調査を行ったポイントに番号が振られている
この部分は原図では紫色で表示され、人工改変地を示す

写真 航空写真（G-Space Iで公開の航空写真。1/2,500を50％縮小・逗子）

新宿2
聖マリア小
新宿1
逗子6
航空カメラで上空から地表面を撮影したもの。周辺の地形や水の流れなどが分かる。撮影時期の違う写真を見比べれば、地形変化や開発の変遷を時系列で確認できる

図7 古地図（世田谷古地図・上は明治14年当時、下は昭和30年当時のもの。東京都世田谷区発行）

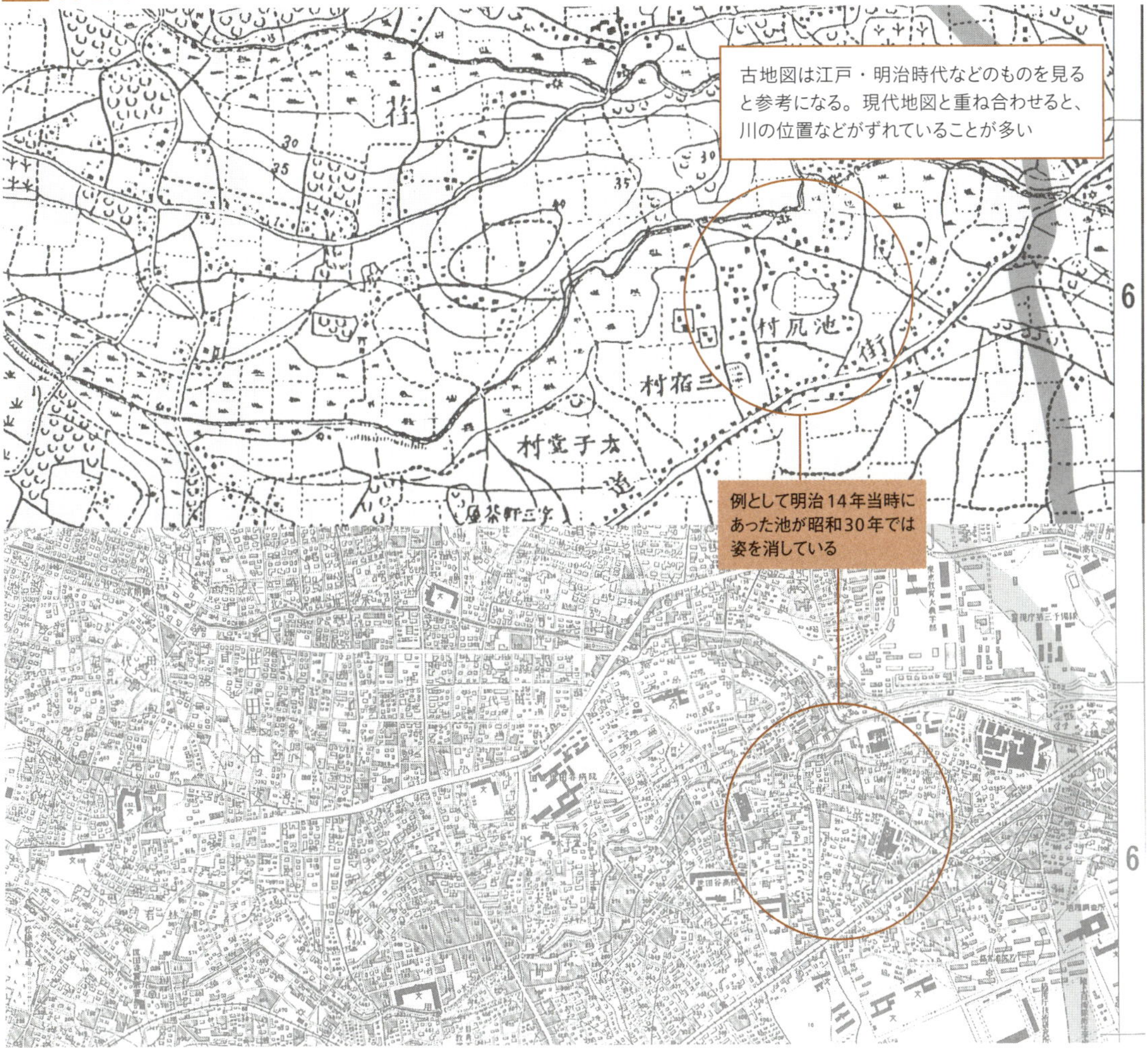
古地図は江戸・明治時代などのものを見ると参考になる。現代地図と重ね合わせると、川の位置などがずれていることが多い
例として明治14年当時にあった池が昭和30年では姿を消している

図8 液状化判定マップ（埼玉県発行「震災予防のまちづくり点検マップ2003年版」より）

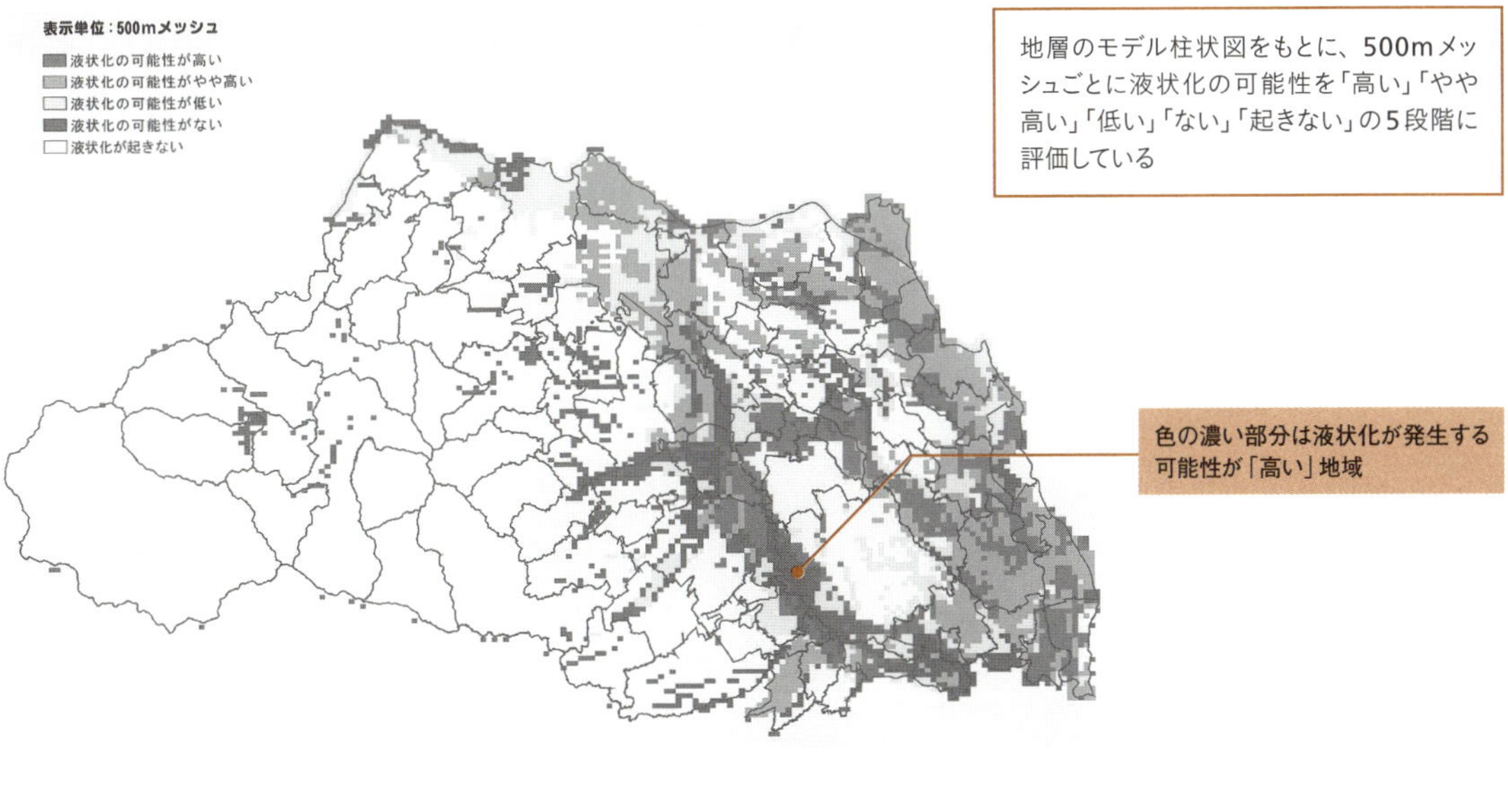
表示単位：500mメッシュ
液状化の可能性が高い
液状化の可能性がやや高い
液状化の可能性が低い
液状化の可能性がない
液状化が起きない
地層のモデル柱状図をもとに、500mメッシュごとに液状化の可能性を「高い」「やや高い」「低い」「ない」「起きない」の5段階に評価している
色の濃い部分は液状化が発生する可能性が「高い」地域

現地調査

現地では何をどう確認すればよいか

現地調査は、各種資料を収集して情報を得たうえで行う。調査地を中心に周辺の観察を行い、資料調査の結果と照合しながら、敷地の地盤状況を把握する。また、地形や造成盛土などの状況から、地盤の安全性や不同沈下の危険性について評価する。

本項では、現地調査での確認事項をまとめたチェックリスト［表］と、現地で何をどう見るべきか、ポイントになるものを紹介する［65〜68頁図1〜3、写真1・2］。本項を参考に、現地を歩いてみてほしい。［光永智得美］

表 現地調査チェックリスト

邸（□新築工事　□改修工事）　　年　　月　　日　担当者氏名（　　　　　　）

チェック項目		内容		備考
建設予定地				―
地盤の分類		□第一種地盤　□第二種地盤　□第三種地盤　□その他		建築基準法施行令88条
地域地盤係数		□0.9　□0.8　□0.7　□1.0		建築基準法施行令88条
地域地盤特性		□凍上地帯　□水害常襲地　□地盤沈下地帯　□崖崩れ危険区域　□液状化履歴地　□その他		土地条件図、ハザードマップ
地形		洪積地盤	□山地　□丘陵地　□台地	微地形図
		沖積地盤	□涯錐（がいすい）　□扇状地　□谷底平野　□氾濫平野（□自然堤防　□後背湿地　□旧河道）　□海岸平野（三角州低地）　□砂州（砂堆）　□砂丘　□堤間低地　□海浜埋立地	
隣地・前面道路との高低差		□なし　□あり（　　　　mm）		現地調査
敷地内高低差		□なし　□あり（　　　　mm）		現地調査
傾斜		□なし　□あり（　　　　mm）		現地調査
		□急傾斜地（斜度15度以上）　□緩傾斜地		現地調査
敷地の現況		□宅地　□不整地の原野　□水田　□池沼　□河川敷　□その他		現地調査
敷地の履歴		□原野　□山林　□崖地　□畑　□水田　□池沼　□河川敷　□宅地　□古くからの宅地　□新しい宅地　□工場　□駐車場　□その他		造成資料、過去の航空写真、古地図
造成状態	造成業者の資料	□なし　□あり		行政庁
	敷地傾斜	□なし　□あり（状態　　　　　　）		現地調査
	盛土の経過時間	□在来地盤　□10年以上　□5年以上〜10年未満　□3年以上〜5年未満　□1年以上〜3年未満　□解体後の敷地（推定20年）　□不明		造成資料
	切・盛土の境界	□明瞭　□不明瞭		造成資料
	新規盛土予定	□なし　□あり（　　m）〜（　　　m）　□未定		―
擁壁		□なし　□あり		造成資料
		年		造成資料
		構造（　　　　　　）		現地調査
		高さ　　　m		現地調査
		状態（□ひび割れ　□傾斜　□その他　　　　）		現地調査
周辺の土地利用		□宅地　□水田　□畑地　□山林　□原野　□果樹園　□沼沢　□水路（または暗渠）　□大規模造成地　□その他		現地調査
植生		□灌木が目立つ　□湿地性植物（イネ、ガマ、ヨシなど）　□砂丘性植物（ハマヒルガオ、コウボウムギ、クロマツなど）　□その他		現地調査
周辺異常の有無		□電柱の傾斜　□道路の波打ち・亀裂　□排水溝・水路の波打ち　□周辺住宅の基礎にクラック　□塀の不陸・傾斜　□その他		現地調査
		上記の状態（　　　　　　）		現地調査

図1 地形を意識した現地調査のシミュレーション

丘陵地編

①敷地周辺―――擁壁が多い

敷地周辺の擁壁にクラックやひずみなどがないか、目視で確認する。危ないつくりの擁壁があるかどうかをチェックする

②隣地高低差・道路高低差が大きい

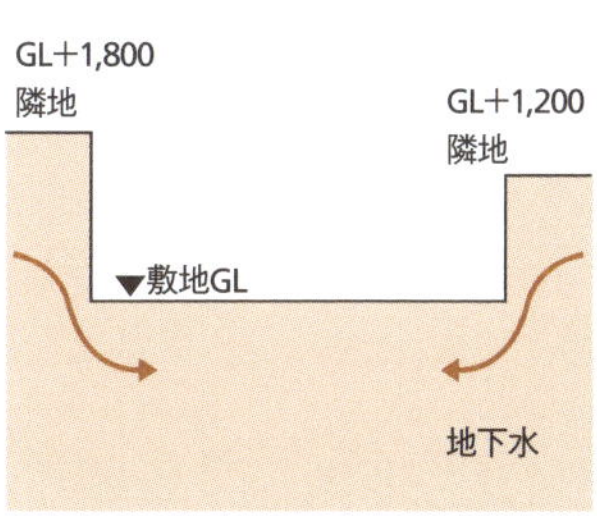

左右の隣地と比べて敷地GLは低く、水みちになっている可能性もある（軟弱地盤）

③敷地の裏は高さ2.6mの擁壁があった

敷地が擁壁を有する場合、擁壁の種類、高さ、建物からの幅員、クラックの有無、水抜きの有無、傾斜などを確認

④既存住宅の状況から不同沈下が予測された

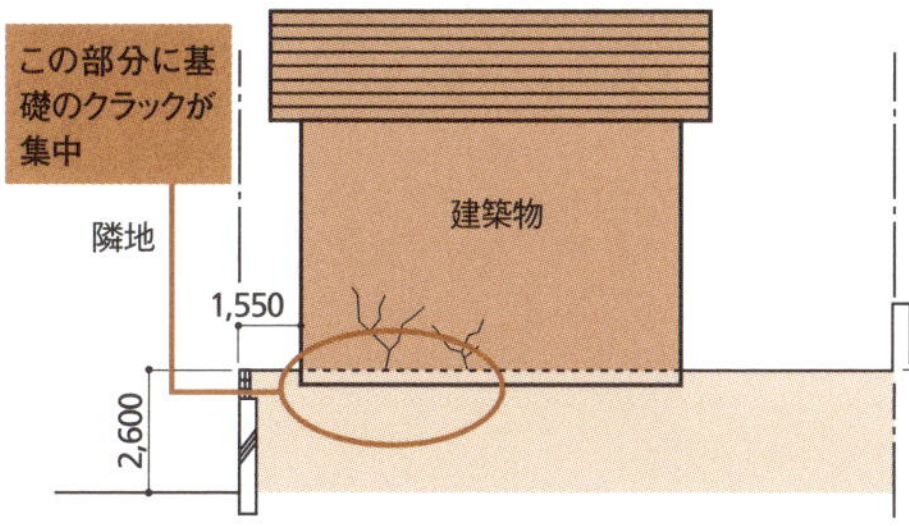

敷地裏の擁壁方向に既存住宅の基礎にクラックが多数発生していた。不同沈下のおそれがある

本調査時には硬質地盤の傾斜などを意識してのぞむ

低地編

①敷地周辺―――川からの距離を確認

川がある一帯は低地なのでその川の谷幅など、地形を確認する。また、川の水位と敷地の高さもチェックする

②川から敷地方向はなだらかな下り坂

川岸が少し盛り上がった地形になっており、その先は敷地のほうまで低地が続いている

③敷地の周辺一帯が後背湿地と判明

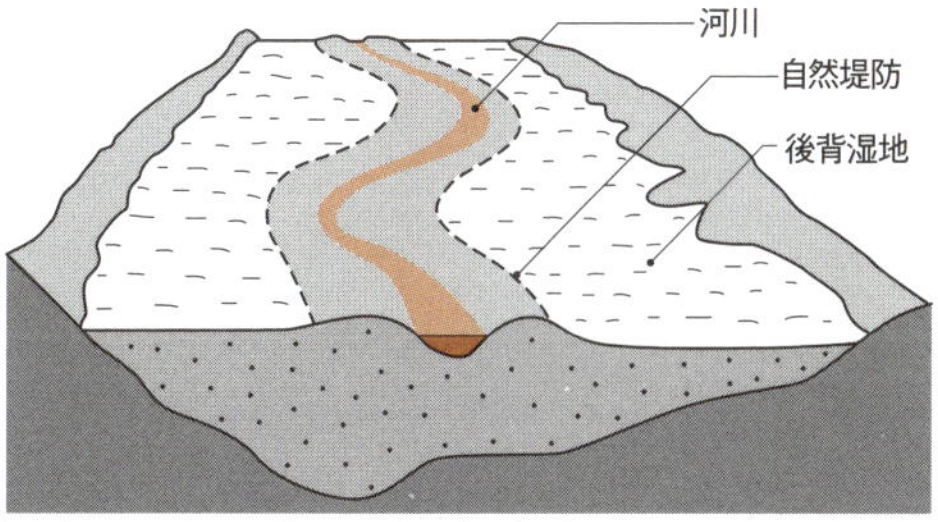

後背湿地ということは、敷地の地盤が軟弱地盤であることが推定できる。その層厚は資料でおおよそ調べることができる

④敷地で地下水位を測定。2mと浅い

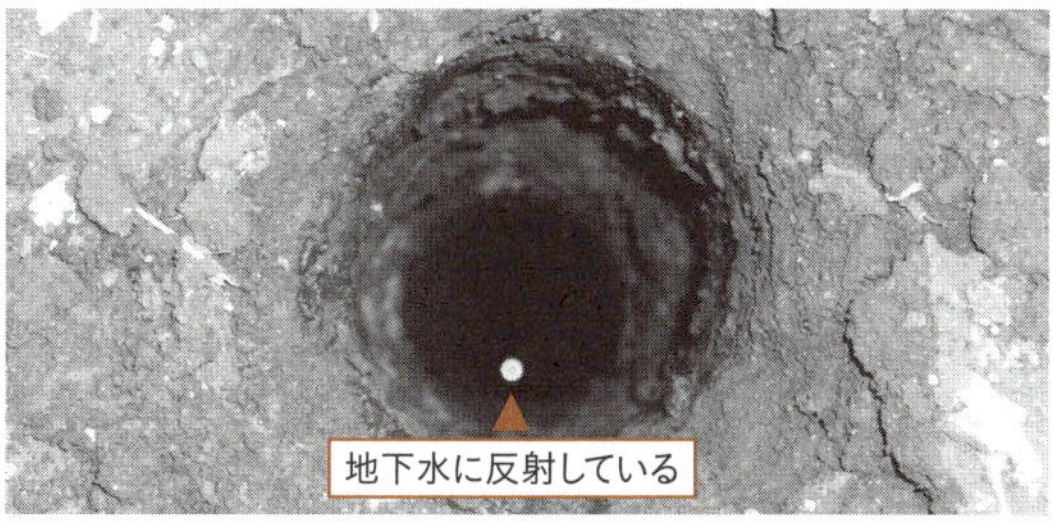

ここでは現地調査時にハンドオーガーボーリング［**84頁参照**］で地質と地下水位を測定した。土質はシルトで、地下水は2mの深さで確認。スコップで50cmほど掘り、水が溜まるような場所は特に要注意

本調査時には圧密沈下がないか意識する（自沈の有無など）

図2 植生から地盤の状況をつかむポイント

①造成地の土壌環境

［造成前の環境］

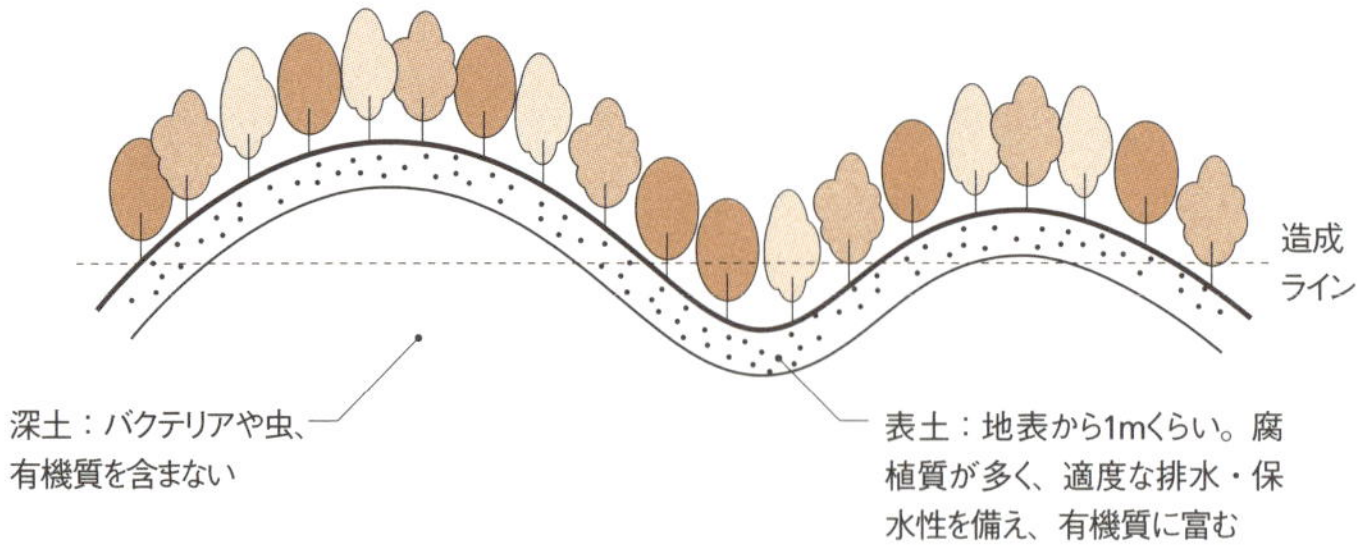

［造成後の環境］

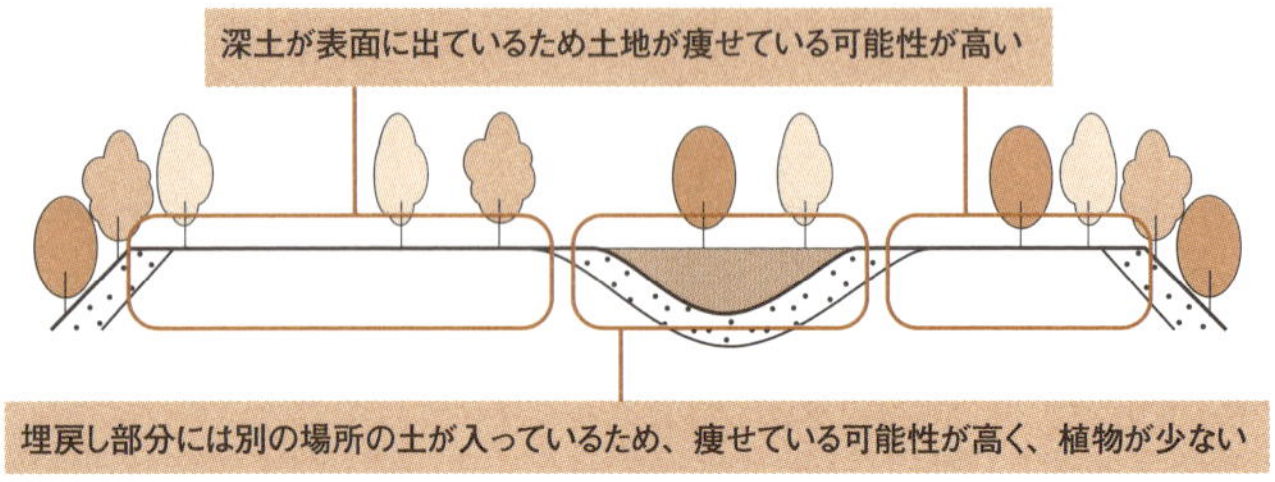

②地山に自生している高木

敷地に自生していたヒマラヤスギ。このような高木が自生しているということは、少なくともこの木の樹齢より古い地盤といえる

③乾燥地帯・湿地帯を好む植物（敷地の植物によって、土質の特徴をつかめる）

	代表的な樹種	中高木	低木・地被
乾燥地帯を好む植物	 	アカマツ、オリーブ［写真右］、クロマツ、ニセアカシア（ハリエンジュ）、ネズミサシ（ネズ）、ヤマハンノキ、ユッカ類	イソギク、シャリンバイ、セダム類、ハイビャクシン、ローズマリー、ミカン［写真左］、マツバボタン
湿地帯を好む植物	 	エゴノキ、カエデ類、カクレミノ、カツラ、サワラ、ツリバナ、トチノキ、ハナミズキ、ハンノキ、ヒメユズリハ、ヤナギ類、ヤマボウシ	アオキ、アジサイ、アベリア、ガクアジサイ、サツキツツジ、チャノキ、ノイバラ、フッキソウ、ヤブラン、ヤマブキ、シダ類［写真左］、コケ類

図2①③資料および写真提供：山﨑誠子（GAヤマザキ）

写真1 地盤が軟弱である場合に現れる建築物の変形などの目印

①舗装道路が波打っている

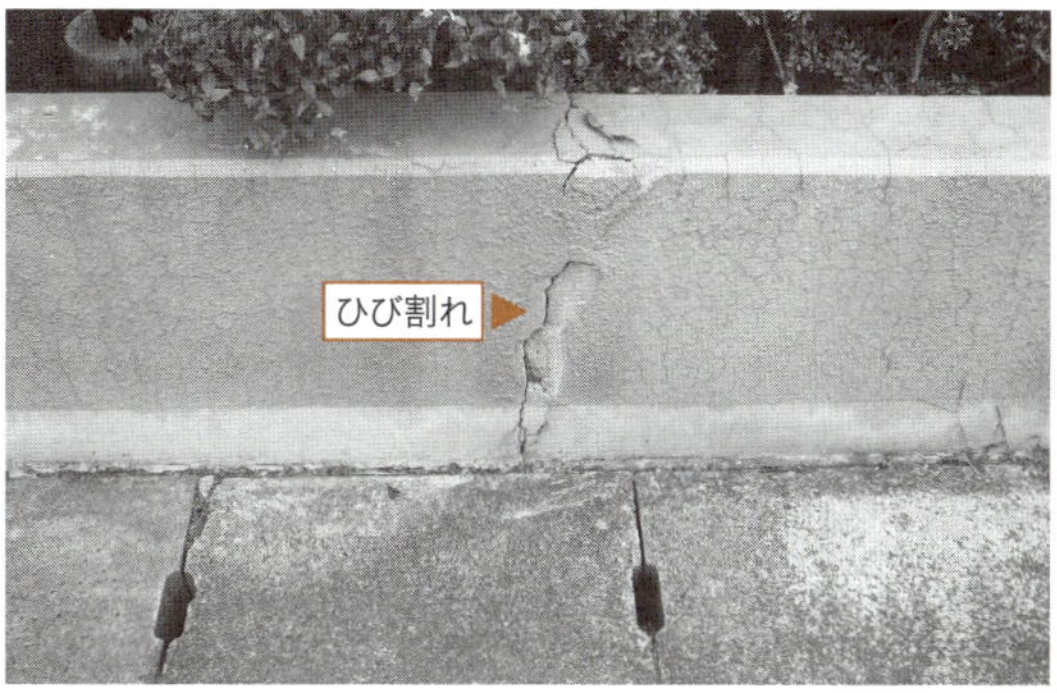

②土留めにひびが入っている

③ブロック塀が倒れかかっている

④暗渠（あんきょ）がある（地盤が軟らかい可能性がある）

図3 盛土地盤の特徴と注意点

①低地の盛土

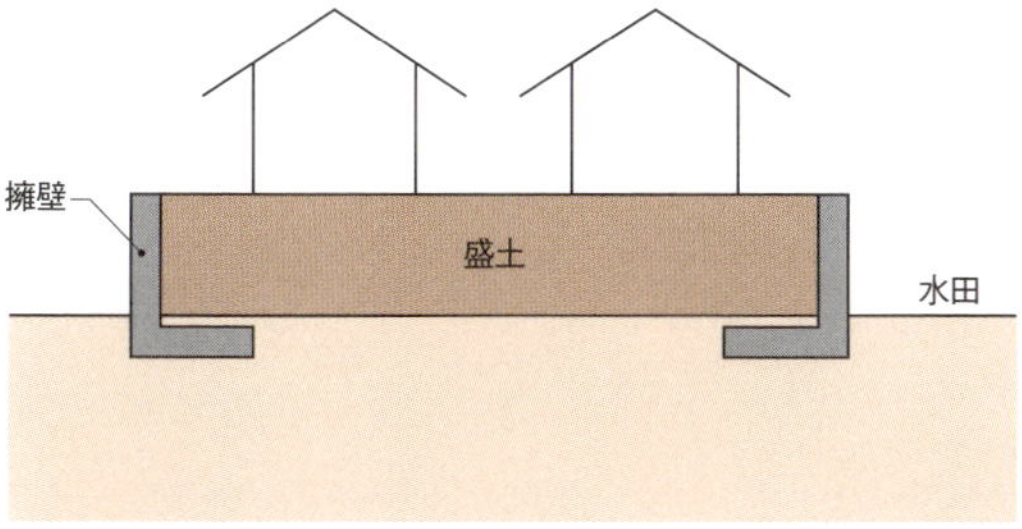

- 道より低い水田や畑を宅地にするため、造成を行っている
- 開発された宅地の一団などでよく見られる
- 厚さ50cmの盛土の荷重は、およそ木造2階建て程度の建物の荷重に匹敵する。新しい盛土の上に木造2階建てを新築する場合は、もとの地盤は家屋2棟分の荷重を支持できなければならない

造成地について確認

造成資料が参考になる。宅地造成計画図・切盛土図・擁壁図などである

※水田の造成に伴って擁壁を築造する場合は、まず擁壁自体が沈下しないよう杭を打設する必要があるが、高さ2m未満の宅地造成等規制法に抵触しない擁壁では、地盤調査や支持杭を省略する傾向がある。計画地に既存の擁壁がある場合は、擁壁に関する資料（開発許可証や検査済証）を取り寄せるか、擁壁の異常（はらみ、亀裂、前傾、せり出し）がないかを入念に調べることが重要となる

②斜面の切土・盛土

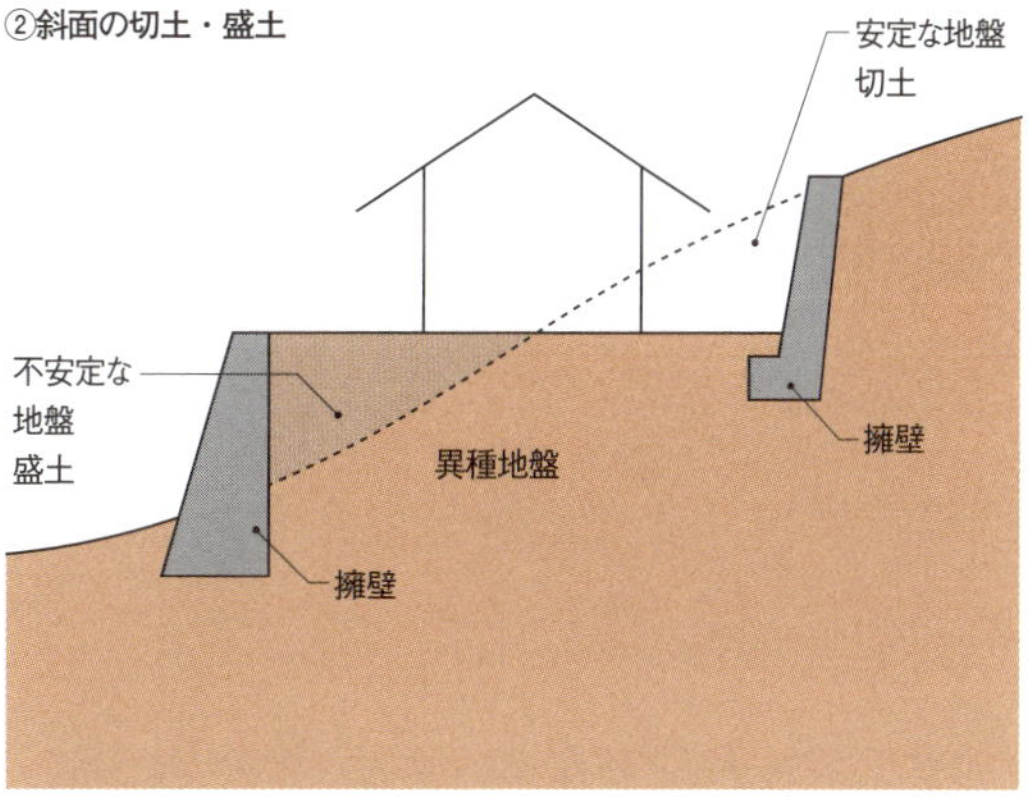

- 切土と盛土が混在する異種地盤にまたがって建築する場合、不同沈下の危険性が高くなる
- 北斜面では建物が擁壁側（盛土の直上）に配置されることが多いため特に注意が必要である

盛土が安定するための放置期間の目安

砂質系の土質で3年以上
粘性土系の土質で5年以上
※盛土の規模、盛土材料の質にもよる

写真2 危ない擁壁の特徴

①石積みの擁壁の上にブロックを増し積みしている
②石積み擁壁の上部が弓なりになっている
③打継ぎ目に大きな（20㎜）ずれが生じている擁壁
④石積みの擁壁の上にコンクリートを打設し、さらにブロックを重ねている
⑤写真2④の敷地。地震により敷地内の地盤にひび割れが入ってしまった

Column

境界石を見つけよう！

現地調査の際には、境界石をチェックし、敷地の範囲を確認するが、境界石はいろいろなものがある［写真］。

敷地によっては、境界石がすんなり見つからないときがある。こういう場合、地面の下に埋まっていることが多い。そこで、地積測量図をもとに、狙いを定めてスコップで地面を掘り下げてみた。そうすると、1m程度掘ったところに、コンクリート製の角柱型の境界石がひっそりと埋まっていた。きっと、造成する前に測量が行われ、境界石が設置されたものが、盛土の際に埋められてしまったのであろう。

この境界石探しのおかげで、最近行われた盛土の高さを想定するヒントにもなり、一石二鳥といえる作業になった。

［光永智得美］

目的別、地盤調査方法の選択ポイント

SWS試験が万能でないことを知る

戸建住宅の地盤調査法としては、スウェーデン式サウンディング試験（以下、SWS試験）が主流である。その理由として、①費用が少なくて済む、②操作が簡便である、③法律で認められている、④地盤の支持力を評価できる、⑤社会的に認知されているなどが挙げられる［**表、図1・70頁図2**］。ただし、この試験は万能ではなく、いくつかの問題点も抱えている。それは、①Nsw［**※1**］が150以上、すなわちN値が10を超えるような地盤では空回りしてしまう、②「点」での調査のため大規模な地盤の状況を把握することは困難である、③手動や半自動試験の場合、おもり荷重の信頼性に問題があり、正確な地盤情報が得られにくい、④土質の判別は調査員の五感に頼るなど明確ではないといった点だ。設計者は、このような欠点があることも視野に入れながら、調査の目的に応じて補足調査を考える必要がある。

たとえば、ある地域において杭の支持層となる深さが資料などによりおおよそ分かるなら、SWS試験のみで杭の支持層を評価することが可能だが、まったく分からない地域では、SWS試験に加えて、標準貫入試験［**71頁図3**］やラムサウンディング試験［**71頁図4①**］を実施すればよい。

また、大規模な造成地の場合は、SWS試験結果を補完する意味で、表面波探査を実施するとよい［**71頁図4②**］。さらに正確に土質の物理・力学的性質を知りたいなら、原位置［**※2**］の土を採取して室内で土質試験を実施すればよい。基礎下の支持力を直接評価したい場合には、平板載荷試験を実施する［**71頁図3**］。また、液状化現象や砂と粘土の判別など、正確な地盤情報を迅速に得たいのであれば、三成分コーンと呼ばれる新しい地盤調査法を適用するとよい［**※3**］。

要は、SWS試験とコラボレーションする調査法をうまく組み合わせることで、調査目的を達成しようとする気持ちをもつことが大切なのである。SWS試験からすべての情報が得られると考えるのは誤りである。［藤井衛］

表 地盤調査の方法とその頻度

地盤調査方法	頻度
標準貫入試験	3.00%
スウェーデン式サウンディング試験（SWS試験）	92.00%
表面波探査	1.00%
ラムサウンディング試験	3.00%
平板載荷試験	0.30%
そのほか	0.70%

注：筆者が過去に行ったアンケート結果より

図1 SWS試験とほかの調査方法の特徴を押さえる

SWS試験

長所
- 費用が少なくて済む
- 簡便である
- 法律で認められている
- データが豊富
- 地盤の支持力が評価できる
- 傾斜角を計算できる

短所
- N値10以上だと貫入不可（杭の支持層を評価できない）
- 点での調査のため大規模な地盤には不向き
- 手動、半自動試験の場合は正確な地盤情報が得られにくい

↓

SWS試験でできないことをほかの調査で補完する

- SWS試験より貫入能力に優れる **ラムサウンディング試験**（ただし軟らかい地盤は苦手とする）
- SWS試験より貫入能力に優れる、地層の判別ができる **標準貫入試験**（ただし調査コストが高い）
- 基礎下の地盤の支持力を直接評価したい **平板載荷試験**（ただし深さ60㎝程度しか調査できない）
- 圧密沈下などの詳細を検討したい **土質試験**（ただし土のサンプルを別途採取する必要がある）
- 液状化現象や砂と粘土の判別など評価したい **三成分コーン貫入試験**（ただし調査コストが高い、場所を必要とする）
- 広域造成地を効率的に調査したい **表面波探査**（ただし土質、地層の判別が難しい）

※1：貫入抵抗値。1m当たりの半回転数。Nswをもとに換算N値を求める（稲田式という算定式などを使う。87頁参照）　※2：調査位置のこと　※3：円錐状（コーン状）に先端が尖った棒を地盤に静的に貫入し、「コーン先端抵抗」、「周面摩擦力」、「間隙水圧」を電気的に測定することで、地盤の支持力、簡易な地質判別、液状化判定を評価する調査方法。調査コストが高いが、ボーリング調査よりは安価

図2 SWS試験

❶ SWS試験は地盤の硬軟と均質性を確認する小規模住宅向けの調査方法

半回転を1回と数えます
音や感触も記録します
おもり
ロッド
ジャリジャリ
①

方法

・おもり（100kgまで）を載せたロッド（鉄製の棒）が自沈しないかどうか確認する。自沈［※］しないとき、回転させて1m貫入するのに要した半回転数をもとに地盤の支持力を評価する。おもりが重いほど、半回転数が多いほど硬い地盤といえる。

特徴

・建物配置の4隅と可能であれば中央の計5点調査し、地盤の硬軟だけではなく、均質性も確認することがポイント
・土質の判別は推定による（貫入する際の音や感触などを調査員が推定する）
・地下水位も調査員の推定（下記③のように地下水位を測定できる方法も開発されている）
・平均調査費用3万円（調査地点の数によっては5万円）

※：無回転でおもりの重さだけ沈む状態を自沈という。自沈したときのおもりの重さが50kgの場合は「0.5kN自沈」という（75kN、100kNも同様）

②

③

写真①は手動式。②は自動式。ほかに半自動式もある。③は自動式でロッドに耳を当て、土の感触を確かめている様子

❷ 手動式の調査の流れ

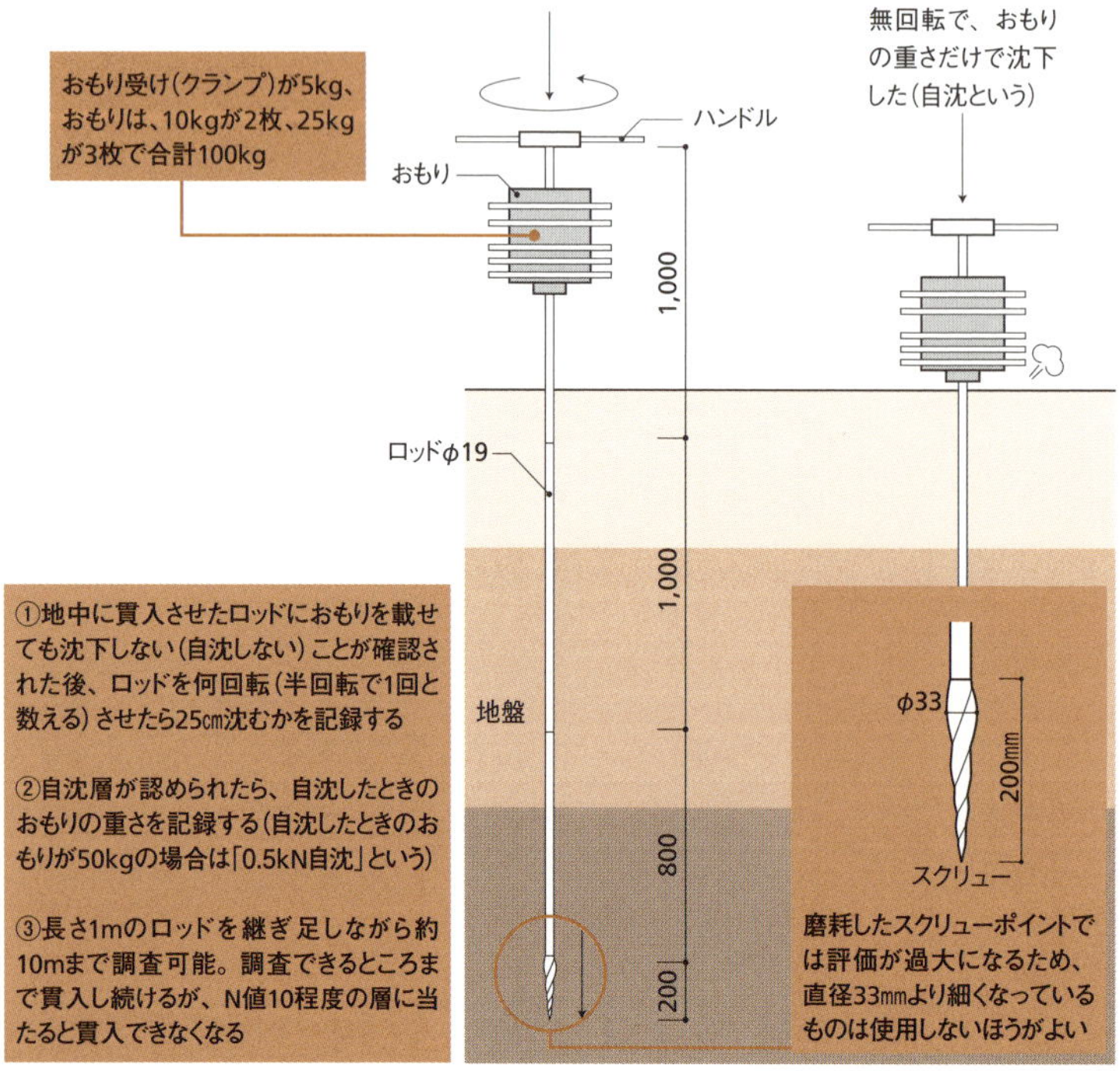
おもり受け（クランプ）が5kg、おもりは、10kgが2枚、25kgが3枚で合計100kg
ハンドル
おもり
1,000
ロッドφ19
1,000
地盤
800
200
無回転で、おもりの重さだけで沈下した（自沈という）
φ33
200mm
スクリュー
磨耗したスクリューポイントでは評価が過大になるため、直径33mmより細くなっているものは使用しないほうがよい
①地中に貫入させたロッドにおもりを載せても沈下しない（自沈しない）ことが確認された後、ロッドを何回転（半回転で1回と数える）させたら25cm沈むかを記録する
②自沈層が認められたら、自沈したときのおもりの重さを記録する（自沈したときのおもりが50kgの場合は「0.5kN自沈」という）
③長さ1mのロッドを継ぎ足しながら約10mまで調査可能。調査できるところまで貫入し続けるが、N値10程度の層に当たると貫入できなくなる

❸ 地下水位を測定できるSWS試験

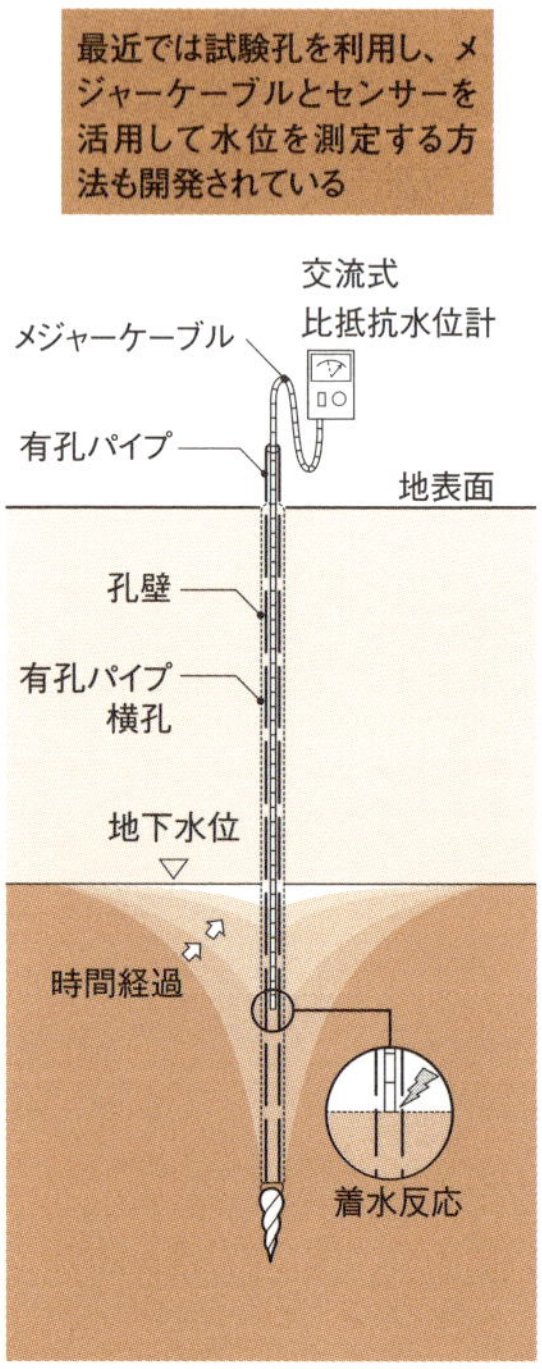
最近では試験孔を利用し、メジャーケーブルとセンサーを活用して水位を測定する方法も開発されている
交流式比抵抗水位計
メジャーケーブル
有孔パイプ
地表面
孔壁
有孔パイプ横孔
地下水位
時間経過
着水反応

図2③資料提供：報国エンジニアリング

図3 標準貫入試験

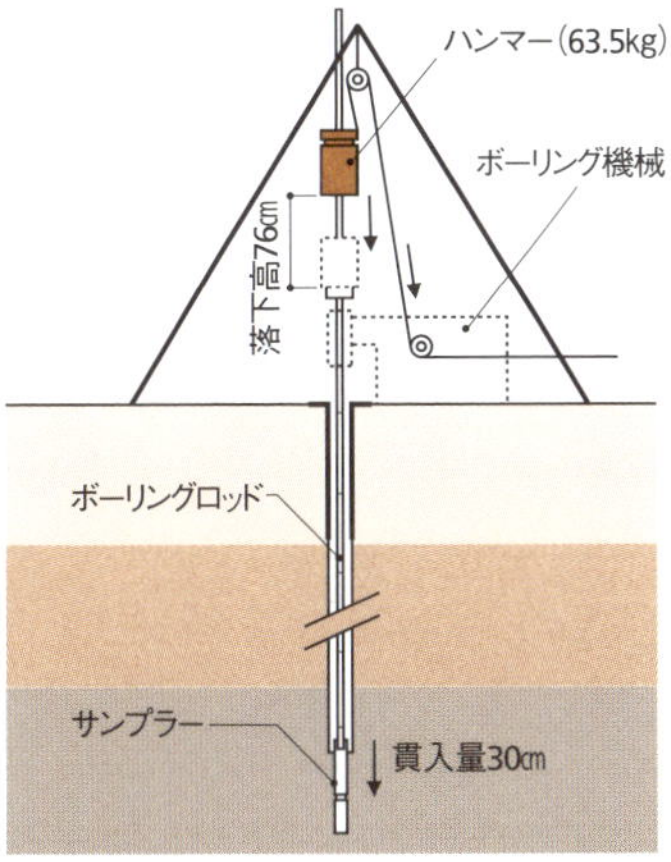

方法

- 63.5kg±0.5kgのハンマーを76±1cmの高さから落下させてロッドを打撃し、ロッドが30cm貫入するのに要した打撃数をもとに地盤の硬さを求める(N値)

特徴

- ボーリング調査で土の種類や厚さを確認するとともに、サウンディング試験で地盤中にロッドを挿入し、地盤の硬さ、締まり具合を評価する
- 1mごとに土のサンプルを採取する
- 平均調査費用15〜20万円(15m程度)

①：標準貫入試験は3×4m程度のスペースが必要
②：サンプラーを取り出し試料を採取する

図4 そのほかの地盤調査方法

❶ ラムサウンディング試験

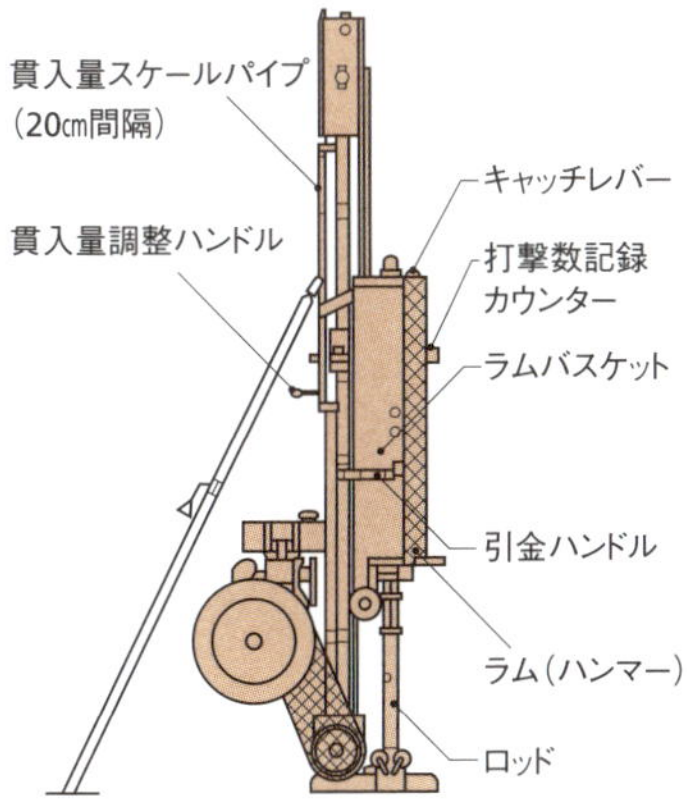

方法

- 63.5kgのハンマーを50cmの高さから自由落下させ、貫入ロッドに取り付けた先端コーンが20cm貫入するごとの打撃回数を求める

特徴

- 杭基礎の支持地盤を調べることを目的とする動的コーン貫入試験の1つ
- 試験から得られる打撃回数(Nd値)は、標準貫入試験により得られるN値とほぼ同じ
- 打撃するため、スウェーデン式サウンディング試験では貫入できない硬い地盤にも適用できる
- 平均調査費用6~7万円

❷ 表面波探査

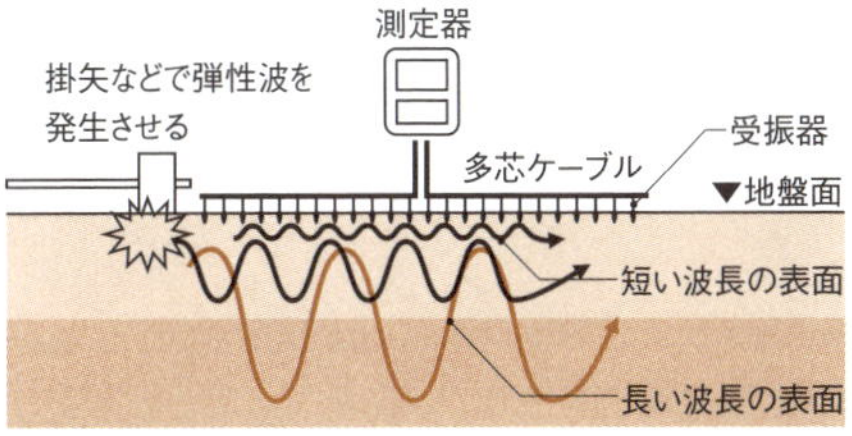

方法

- 人工的に発生させた弾性波を地表面上に設けた受振器により速度として捉え、速度の深度方向の分布から地層の構成や地盤の硬軟の程度を把握する

特徴

- 物理探査の一種
- 深さ20mまで調査可能
- 平均調査費用4.3万円

❸ 平板載荷試験

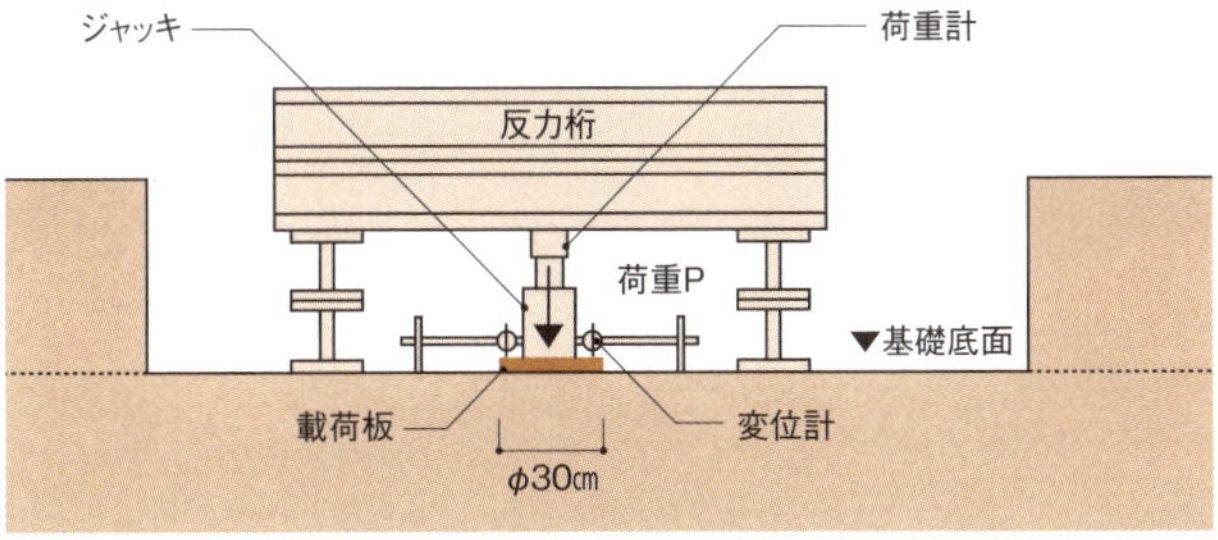

方法

- 基礎底面に直径30cmの載荷板を設置し、荷重を加え、この荷重と載荷板の沈下量の関係から地盤の強さ、変形および支持力特性を得る

特徴

- 直接地盤の支持力を測定できる
- 載荷板直径の1.5〜2.0倍程度の深度が対象となるため、住宅基礎全体によって生じる応力伝達範囲とは異なることに注意
- 平均調査費用15.7万円

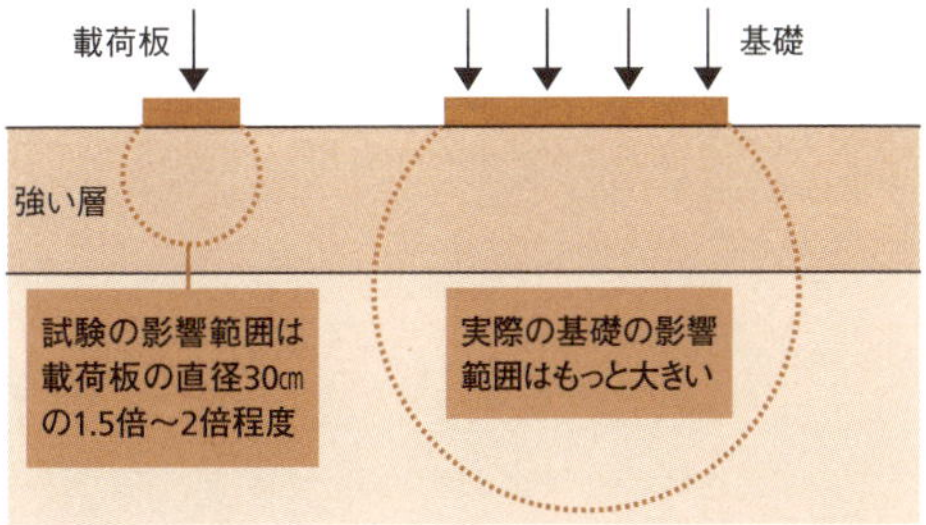

調査方法①

主な地盤調査方法のまとめ

地盤調査方法の概要

小規模建築においては、スウェーデン式サウンディング試験（以下SWS試験）が最も普及している［表］。SWS試験は1976年にJIS規格となり、20数年ほど前から導入されたが、当初は地盤が悪そうな宅地だけを対象にしていた。採用が本格化したのは2000年の品確法施行、2001年の建築基準法告示1113号で初めて位置づけられて以降である。調査件数の増加に伴い、地盤調査会社が急増したが、新規参入の

メリット（◎）とデメリット（△）	利用目的
◎測点数が多いため、地盤の硬軟のばらつき、地層の傾斜を把握できる ◎調査発注から数日以内に実測、調査翌日には結果を速報（計画から着工まで過密なスケジュールとなる工程に対応） ◎既存家屋のある狭小な宅地で調査可能 ◎悪天候でも強行する（雷雨は不可） △転石または硬質層（換算N値15程度）が貫入障害となり測定不能となる（小口径鋼管の設計に十分とは言えない） △土質判定は調査員の推定による（ハンドオーガーを併用する場合は、地表数mの土質を目視判定する） △自動式は手動式に比べ、自沈しやすい半面、硬質層では回転数が過大に出る △半自動式は、小さい荷重の段階が省略されているものがある	●軟弱層の厚さのわずかな違いから不同沈下となるような繊細な戸建住宅に最適（軟弱層の有無と層厚を調べる） ●既存家屋の解体を待たずに地盤補強工事の必要性の可否、費用を前倒しで建築主にアナウンスできる（柱状地盤改良、小口径鋼管の設計ができる） ●ボーリング・標準貫入試験の補足調査（標準貫入試験のN値が0となる場合でも、SWS試験では微妙な値を25cm刻みで測定することができ、複数の測点によって面的な地層構成の把握ができる）
◎N値50が5m連続するような支持層確認を行う ◎土質を目視で判定することができる ◎室内土質試験を併用することで、圧縮強度などの指標値が定量化できる △4m四方の作業スペースが必要であり、既存家屋がある宅地では解体待ちとなることが多い △測定個所が限定される（SWS試験と併用するのが望ましい） △雨天順延となる	●建築確認申請の際に構造計算書を要するRC造、重量鉄骨造、または行政によっては3階建て以上の建物、高さ2m以上の工作物についての地盤調査法として建築指導課から指定される ●硬質の支持層の深度と厚さを調べる ●支持杭の設計
◎N値とNd値の整合性がよい ◎SWS試験では抜けないN値20程度（砂であればN値30程度）まで測定できる △土質の判別ができない △大きなガラ、岩盤は掘削不可	●ボーリング試験の貫入能力とSWS試験の手軽さを併せ持つ
◎地盤の支持力、圧密沈下と液状化の可能性を数値として測定できる ◎土をサンプリングしないが、あらかじめ提案されている分類法から土質分類を行う（特に砂層の検知に有効） ◎連続した計測ができ、データが途切れない ◎作業スペースは2m四方 △N値20程度が貫入限界 △機材が普及していない	●SWS試験の補足データとして軟弱層の圧密沈下の可能性（圧密降伏応力）を計測する
◎非破壊（土を掘削しない）であるため、調査地が土間コンや転石で覆われていても調査が可能 △厚い軟弱層が堆積する場所では、振動が下層まで届きにくくデータが希薄になる（柱状地盤改良、鋼管の設計ができない） △土質の判別が困難 △至近距離に擁壁躯体、ガラがあるとノイズを拾いやすい	●防空壕、室などの空洞の範囲を特定する ●SWS試験では抜けないほどの転石、ガラがある宅地での調査
◎実際の沈下量を計測し、地盤が破壊される「降伏点」を解析できる △地下室など床付面が深くなる場合は採用できない △載荷板から伝わる地中応力の範囲が浅い深度までであるため、盛土下部の軟弱層の強度が測定できない	●地盤が良好であることがあらかじめ分かっている地盤での裏付けとなる調査 ●構造計算書添付の資料としても行政機関で認められる

会社も多く、今後は調査精度の向上が課題である［※］。軟弱層の有無、層厚、建物直下の地層のばらつきを確認するのに適している。

RC造や3階建て以上の建物、高さ2m以上の擁壁などの設計には、ボーリング・標準貫入試験（以下ボーリング試験）または平板載荷試験がよく用いられる。歴史は古く、特にボーリング試験の原型は大正時代までさかのぼる。標準貫入試験が1961年、平板載荷試験が1995年にJIS規格となっている。

土質の種別と基礎杭の支持層確認には、ボーリング試験の信頼性が高い。岩盤などの硬質層が分布する深度と厚さを知るのに適している。

ラムサウンディング試験と三成分コーン貫入試験は、SWS試験とボーリング試験の中間に位置づけられる試験であり、使い方次第ではそれぞれの欠点を補うことができる。しかしその一方で、調査実績がまだ少なく、機材を保有している地盤会社も多くない。表面波（レイリー波）探査は大規模土木の現場で実績があるが、測定と解析に熟練を要し、SWS試験やボーリング試験で実施された既往のデータとつき合わせることをしない場合は、土質や軟弱層の層厚を確定するのに不安が残る。［高安正道］

表 主な地盤調査方法

調査種別	調査の主要原理	調査個所・所要時間・費用
スウェーデン式サウンディング試験（SWS試験） JIS A 1221	●50N、150N、250N、500N、750N、1,000N（=1kN≒100kg）の重りを段階的に載荷し、地盤がどれくらいの荷重に耐えられるかを観察 ●全荷重を載せてもロッドが自沈しないとき、ロッド先端のスクリューで強制的に地盤をもみほぐし、25cm貫入させるごとに180°を1回とする半回転数をカウントする ●荷重段階、半回転数が小さいほど地盤が軟らかいことがわかる ●手動式、半自動式、自動式がある	●計画建物4隅と中央の5測点 ●所要時間は1個所あたり30分（1宅地2～3時間程度） ●費用は3万円前後
ボーリング・標準貫入試験 JIS A 1219	●ボーリング工は地盤を穿孔する土木作業のことであり、地盤の硬軟を測定するのは標準貫入試験 ●所定の重さのハンマーでロッドを打撃し、30cm貫入させるのに要した打撃回数（実測N値）を1m間隔で記録する	●深度10mの調査で約1日を要する（地盤が軟弱であれば15m掘進することも） ●費用は15万円程度（オプションの室内土質試験は別途5～8万円程度） ●費用と作業性から測定箇所は1個所であることが多い
ラムサウンディング試験	●ボーリング試験と同様の仕組みであるが、20cm貫入させるのに要した打撃回数を連続して測定する（20cmごとのデータをNd値として記録）	●調査深度20～30m程度 ●費用が8万円程度 ●深度によっては1日で数個所可能
三成分コーン貫入試験	●先端にロードセル（歪みを測定するセンサー）、水圧計を装着したコーンを地盤に圧入し、先端抵抗、周面摩擦、間隙水圧を計測する	●SWS試験を併用する場合、測定は1個所であることが多い ●1日あたり深度10数m程度 ●費用は10万円程度
表面波探査 （レイリー波探査）	●波の性質として硬い物質ほど速く伝播することを応用している ●起振器で地盤に振動を与え、発生した表面波（レイリー波）が伝播する速度を測定する ●ランダムな周波数を発することによって到達深度を変えることができる	●箇所数は5個所程度 ●費用は4万円程度
平板載荷試験	●根切り底に置いた直径30cmの載荷板にジャッキで荷重をかけ、どこまでの負荷に耐えられるかを計測する	●重機を持ち上げる反力を計測の荷重とするため、バックホーが駐機できる程度の作業スペースとなる ●1個所で半日以上の所要時間 ●15～20万円程度

※：住宅地盤品質協会の加盟社は500を超え、現在でも増加している

調査方法 ❷

スウェーデン式サウンディング試験のポイント

SWS試験から地盤の強度を求める難しさ

建築基準法は小規模建築物を視野に入れた追加告示（平13国交告1113号）によって、スウェーデン式サウンディング試験（以下SWS試験）［写真・表2］を条文中で初めて明文化するとともに、地盤の強度を測定値から算出する式を提案している［表1(3)］。

しかし、この式の適用条件はかなり限定的で、実際には式を使えない地盤が多い。またそのような状況にあるにもかかわらず、同告示ではその対処方法があいまいにしか触れられていない。

たとえば、基礎根切り底の直下2mまでに1kN（すなわち100kg）の重りでロッドが沈降するような自沈成分があると、先の式は使えない。また、基礎直下の5mまでにさらに半分の500N（50kg）での自沈が観測された場合も同様で、要するに小規模建築にとって影響の大きい5m程度までの表層地盤が軟弱であると判断される場合には、式を使っての地盤の強度が算定できないことになる。

数多くのSWS試験を経験している人なら、5mまでの深度に自沈がないことのほうがまれであることは知っている。軟弱であるからこそ地盤の強度が重要となるが、同告示では、自沈を観測した場合の新たな算定式には言及されておらず、次のような検討を行うとする但し書きがあるのみである。

写真 SWS試験

表1 平13国交告1113号（一部抜粋）

第2項　地盤の許容応力度を定める方法は、次の表の(1)項(2)項又は(3)項に掲げる式によるものとする。ただし、地震時に液状化するおそれのある地盤の場合又は(3)項に掲げる式を用いる場合において、基礎の底部から下方2m以内の距離にある地盤にスウェーデン式サウンディングの荷重が1kN以下で自沈する層が存在する場合若しくは基礎の底部から下方2mを超え、5m以内の距離にある地盤にスウェーデン式サウンディングの荷重が500N以下で自沈する場合にあっては、建築物の自重による沈下その他地盤の変形等を考慮して建築物又は建築物の部分に有害な損傷、変形及び沈下が生じないことを確かめねばならない

	長期に生ずる力に対する地盤の許容応力を定める場合	短期に生ずる力に対する地盤の許容応力を定める場合
(1)	$qa=\frac{1}{3}(i_c\alpha CN_c+i_r\beta\gamma_1 BN_\gamma+i_q\gamma_2 D_f N_q)$	$qa=\frac{2}{3}(i_c\alpha CN_c+i_r\beta\gamma_1 BN_\gamma+i_q\gamma_2 D_f N_q)$
(2)	$qa=qt+\frac{1}{3}N'\gamma_2 D_f$	$qa=2qt+\frac{1}{3}N'\gamma_2 D_f$
(3)	$qa=30+0.6\overline{Nsw}$ [※]	$qa=60+1.2\overline{Nsw}$ [※]

注　表中の記号　qa：地盤の許容応力度（kN/㎡）　i_c、i_γ、i_q：基礎に使用する荷重の鉛直方向に対する傾斜角に応じて設定された式で計算された値　α、β：基礎荷重面の形状に応じて設定されている係数　Nc、Nγ、Nq：地盤内部の摩擦角に応じて設定されている支持力係数

※：基礎の底部から下方2m以内の距離にある地盤のスウェーデン式サウンディングにおける1mあたりの半回転数（150を超える場合は150とする）の平均値

「沈下その他の地盤の変形などを考慮」することと、「建築物の部分に有害な損傷、変形および沈下が生じないことを確かめる」というものである。

許容応力度とは、物質の破壊強度（せん断強度）のことであり、それに対して変形とは物質が破壊に至らずに歪曲したり膨張・収縮する現象をいうが、そもそも物質を破壊するメカニズムのほうが現象としてはとらえやすい。ゆっくりと時間をかけて変化していく微妙な動きを補足するのは容易ではないのである。ある瞬間に発生する破壊は計測しやすいので、実証試験を繰り返すことでデータが蓄積され、対策が立てやすい。

コンクリートの強度に関する知見は膨大であるのに対し、一定のかたちをもたない地盤の変形については明解な予測が困難なのである。告示の但し書きがあいまいなのは、ある意味で致し方ないことなのだ。

しかも事態を複雑にしているのは、地盤についてだけではない。「建築物の部分」を構成している主要な材料が木材だということである。木材はそれ自体に水分を含むので変形しやすい。コンクリートや鉄骨などは、破壊の限界値を予測し、安全率を掛けた許容値を設計しやすいのである。

小規模建築を念頭に置いた地盤調査

小規模建築物の重量は地盤を破壊してしまうほど大きくはないので、たとえば家屋を建てた途端に周縁部に地割れが走るようなことはない。にもかかわらず、沈下（変形）が生じ、構造材（木材）に不具合が発生するのであるから厄介である。

破壊強度を表す許容応力度の検討だけで解析が終わらないのが小規模建築物なのであり、もともと応力度算定式である告示式が小規模建築になじまないのは、その軽量さに由来しているのである。

小規模建築物を性能評価するに当たり、重要なキーワードとなるのは「繊細さ」という点ではないだろうか。小規模建築物は実にささやかな変形によって損傷を生じる。建物が不同沈下して基礎にクラックが生じるのは、建物の桁行に対して沈下量がわずか数cm程度に達した段階であって、目で見て直感的に分かるような現象ではない。

木造在来軸組工法の荷重の流れを構造計算し、どこに集中荷重が効いて、軸力が基礎でどのように分散し、さらには地盤に伝わった荷重が地中のどの深度まで伝わるのか、実は明確に回答することは容易ではない。前提となる与条件が定かではない状態で「地盤の変形を考慮」するといっても、予測しなければならない対象はあまりにも繊細である。

小規模建築物にとって最もふさわしい地盤調査とは、単に定量的に把握しやすい破壊強度だけを確認する調査ではなく、微妙な沈下（変形）という現象を検討することのできる調査ということと同義である。

ただし、SWS試験の測定値で解析できないからといって、ボーリング試験をやればよいということにはならない。残念ながら標準貫入試験のN値によっても、求めることができるのは許容応力度（破壊強度）であって、軽量な建物と沈下量との相関は明確になるわけではないのだ。

むしろ、標準貫入試験の開始が深度1mからの1m間隔であるのに対して、SWS試験が計画建物の出隅と中央の計5個所での測定ができることや、基礎直下から25cm単位の細かいデータを記録することで地盤の微妙な変化をとらえることができるというメリットに着目することで、定量的には算定できない不同沈下のリスクを回避できないかを考えてみたい。

なお、コストと時間を度外視すればの話であるが、ボーリング試験を建築予定地で数個所実施し、それぞれの測点で土質サンプリングを行い、室内土質試験のなかでも、特に圧密試験の結果を参照することができれば、かなりの程度「沈下」に対する定量的な検討が可能である。

［高安正道］

表2 SWS試験の特徴

メリット	①作業スペース約1m四方での調査が可能：既存家屋がある庭先で調査できるので、着工・解体を待つことない。また、ラフプランを提案するくらいの初期段階から基礎選定を進めることができ、地盤が軟弱な場合の地盤補強の費用の想定も可能 ②深度方向の25cmごとに測定を記録するので、小規模建築物にとって重要な基礎直下のデータが、標準貫入試験（1mごとの測定）よりも判読しやすい ③1宅地で3～5個所程度を測定し、測点間のデータの差異に着目することによって、盛土・切土の分布範囲、地層の傾斜を判読することができる ④低コストである（1宅地で3万円程度）
デメリット	①硬質地盤に貫入できないために、杭基礎の支持層の層厚確認ができない ②建築廃材などの地中障害物に当たった場合も同様に貫入不能となるので、位置をずらして貫入できる空隙を探さなくてはいけない ③調査深度は10m程度が限界 ④土を地表に上げてこないので、土質を目視で確認できない：SWS試験では掘進の際の摩擦者と試験者の手に伝わってくる振動から「砂質土」を判別でき、そのほかを「粘性土」として土質を2つに分類する

調査方法③

SWS試験で不同沈下の可能性を予測

不同沈下が発生する典型的な地層構成

地盤に配慮することがなかったために家屋が不同沈下してしまった宅地は意外なほど多い。火災よりも発生率が高いという話もあるくらいである。そんな不同沈下が発生した家屋で、原因究明のための実地検証を行った。家屋の4隅でSWS試験を実施した結果をまとめてみると、明らかに典型的ないくつかの地層構成が浮かび上がってくる。

①地盤のバランスが悪い場所

同じ宅地内であるのに、SWS試験のデータに顕著なばらつきが認められる事例である。

ばらつき方には、測点によって硬軟の差が出ている場合と、測定の貫入深度が測点によって大きな落差を伴っている場合がある。

谷地に位置する宅地では、谷の中央のほうが軟弱層が厚い。その層厚が薄い場所と厚い場所が混在する宅地がこのパターンに属する［図①］。斜面をひな壇状に造成する際に擁壁を築造したその背面が盛土で、高台側はもともとの地山（切土）である宅地なども含まれる［図②］。

②沼や池を厚い盛土によって埋土して宅地化した場所

軟弱層が厚く分布していることが測定されている宅地で、地表から数mの試験値が不自然に高くなる場合があれば、このパターンに分類できる［図③］。盛土が転圧されたか瓦礫が混入しているとSWS試験の値が高くなるので、自然に形成された軟弱層と区別して盛土の厚さを推定することができる。

軟弱層が厚い場所（特に腐植土が堆積している場所）では地盤が落ち着くまでに長期間を要することに加えて、

図 地層性状とSWS試験データの関係

①地層が傾斜している宅地

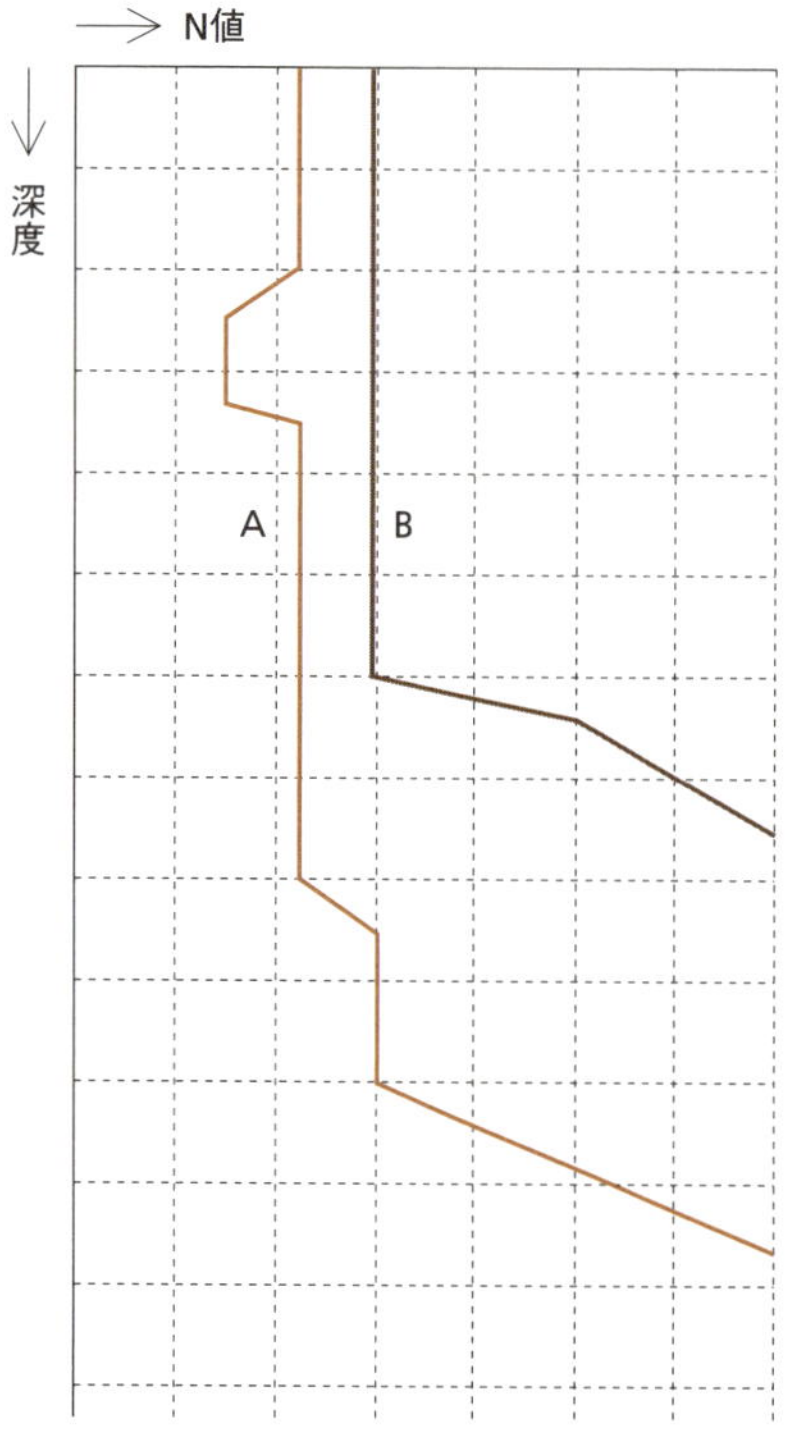

SWS試験のデータ

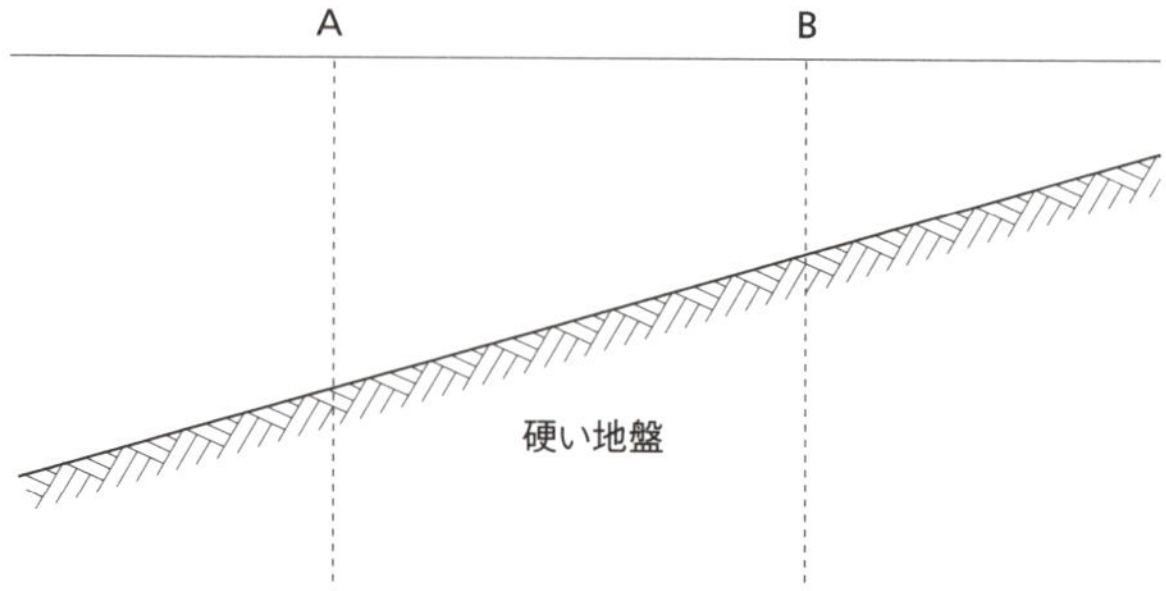

狭い谷地では、高台から下る斜面が谷の中央方向に潜り込み、その上部に軟弱層が堆積している。層厚が変化し、地盤のバランスが悪いため不同沈下が起こりやすい

盛土が厚いと、盛土そのものの自重によって沈下量が大きくなるので、わずかな建物の偏荷重が影響してしまうのである。厚さ0.5m程度の土の重量は、2階建ての家屋の荷重に匹敵するほど重い。

小規模建築の手法で地盤を評価する

許容応力度による判断を優先する重量構造物の解析手法から脱して、軽量で繊細な小規模建築の地盤を評価するには、測定値の大小に一喜一憂するのではなく、地盤の微妙なバランスに着目することが不同沈下のリスクを回避する手立てとなる。そのために必要な判断材料を提供してくれるのは、複数個所の測定が可能なSWS試験であって、ボーリング試験のほうが高度というわけではないのである。経済性と作業スペースに問題がない場合には、ボーリング試験とSWS試験を併用しておくのに越したことはない。

［高安正道］

②擁壁背面の盛土と地山（切土）が混在する宅地

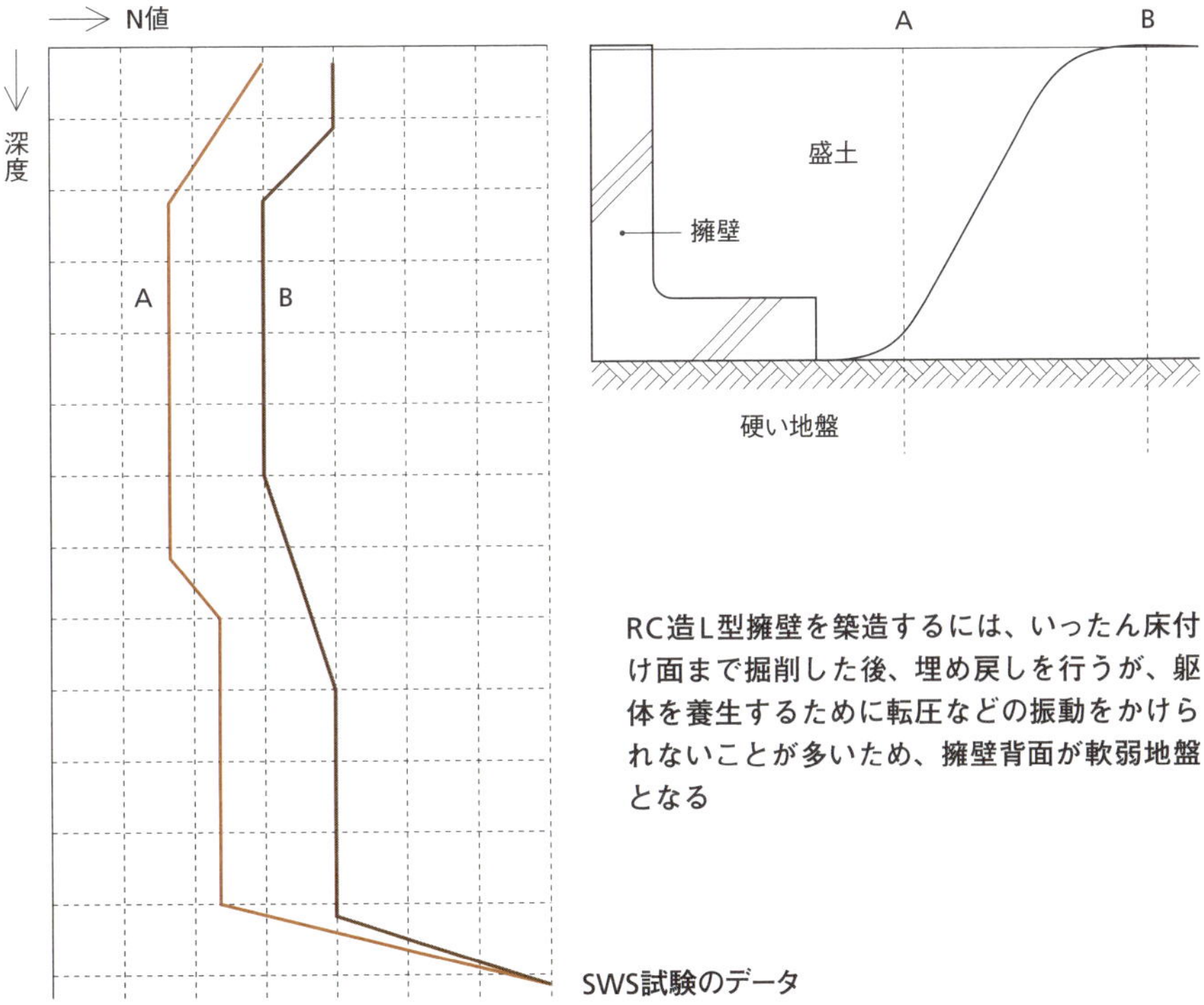

RC造L型擁壁を築造するには、いったん床付け面まで掘削した後、埋め戻しを行うが、躯体を養生するために転圧などの振動をかけられないことが多いため、擁壁背面が軟弱地盤となる
SWS試験のデータ

③瓦礫が混入している敷地

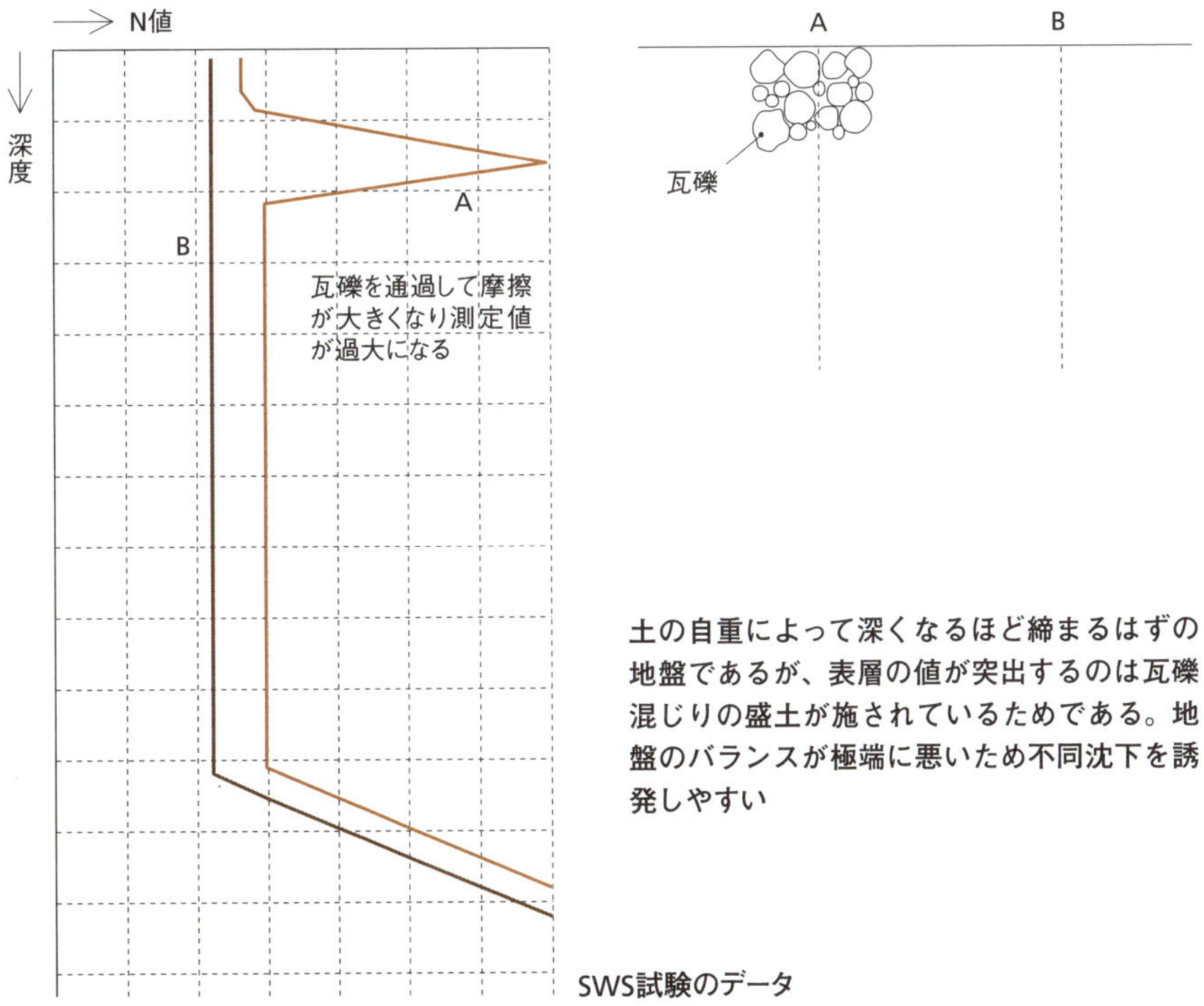

土の自重によって深くなるほど締まるはずの地盤であるが、表層の値が突出するのは瓦礫混じりの盛土が施されているためである。地盤のバランスが極端に悪いため不同沈下を誘発しやすい
SWS試験のデータ

調査方法 ❹

調査結果を活かすための良い考察とは?

地盤調査の結果をどう考察するか

地盤調査の結果から、どのような基礎形式を選択すればよいかを判断するのは、医者の診断に似ている。収集したデータが意味をもつのは、経験と洞察力による裏づけがあるからであり、情報に方向性を与え、可能性を絞り込む過程は、地盤の解析とほぼ同じである。

長い年月をかけて自然の摂理に従って形成される地盤のデータには、立地する地形条件や環境が必ず反映されている。近くに火山があり降灰した火山灰が堆積しているのか、その場所が位置するのは高台であるか低地であるかといった地域特有の属性データが予備知識として蓄えられていることが、地盤を考察する際の必須条件である。したがって、数値として採取される現場での実測値だけでは地盤の解析はできない。同じ測定記録であっても、高台にある場合と低地ではその意味が違ってくるのである。粗悪な考察によく見られるパターンが、記録されたデータと周囲の環境との関係にはまったく触れずに、数値の大小だけを問題視し、少しでも軟弱な値があれば、即座に「地盤補強必要あり」と結論づけてしまうものだ［**表**］。

図に、より質の高い考察のためのチェック項目の例を挙げておくので、参考にしてほしい。［高安正道］

表 良い考察の例と悪い考察の例

良い考察事例	調査地は台地中位面に位置している。1974年の地形図では宅地化された地域であり、1992年の住宅地図では建物がある。地表面より－1.0m付近が盛土部と思われ、以下－5m付近まで幾層か緩みを認めそれ以深には良く締まった砂質土が分布する。基礎底面下に軟弱層を認めるもののおおむね水平層序であり、宅地経年数も十分であることから不同沈下の可能性はないと思われるが、基礎根切り底を入念に転圧することが望ましい
悪い考察事例	調査の結果、0.25KN～1.00KNの自沈層が分布しているのが確認された。以上の結果により、地耐力の不足部分が見られるため、新規建物の影響により発生する圧密・不同沈下の可能性が高い地盤だと推察される。対策として、地盤改良工事による補強を行い、建物への長期安全性を確保することが必要と考えられる

図 考察に必要な最低限のチェック項目

□対象建物の規模・構造、基礎形式（接地圧）は何か？
（建物の階数、布基礎とべた基礎の種別、荷重の大きさを認識せずに、地盤の解析はできない）

↓

□測定結果は立地する地形条件と整合するか？
（立地する地形の典型的な地層構成・土質を熟知している）

↓

□測定結果に過不足（追加調査の必要性）がないか？

↓

□測点相互のデータに値のばらつき、深度の差がないか？
（盛土と切土の混在や地層が傾斜しているなど、バランスの悪い地盤が不同沈下しやすい）

↓

□特異点がある場合に、その理由は何か？

↓

□盛土は施されているか？　盛土造成からの経過年数は？
（砂質土で3年程度、粘性土で5年程度が経過していない場合は盛土が落ち着いていない

↓

□ガラ混じりの盛土があるか？
（ガラがある測定値は過大となる／ガラは不同沈下・陥没の原因となる）

↓

□将来的に盛土が施される可能性がないか？
（盛土荷重は建物荷重よりも大きい場合がある）

↓

□既存家屋（解体建物）があり、先行荷重を受けていたか？
（建物荷重が数十年間載荷されていた地盤は、ある程度沈下が終息している）

↓

□既存建物（解体建物）に不同沈下の兆候はなかったか？
（既存建物は実物大の沈下実験モデルである）

↓

□擁壁・土留めがあるか？
（敷地内の擁壁は健全に地盤に支持されているか？
計画建物の荷重が擁壁に影響を与えないか？）

↓

□不同沈下対策が必要か？
（砕石を厚めに敷いて入念な転圧を施すことで、標準基礎を採用することはできないか？）

↓

□地盤補強工事が必要か？
（腐植土が分布する地盤では地盤改良は不適／小口径鋼管は近隣の柱状図で支持層を確認する）

調査方法 5

追加調査を積極的に重視する

測定結果に応じて必要な追加調査を実施

ＳＷＳ試験のメリットは、機材がコンパクトである特性を活かして、多くの測点で調査を実施できるということである。計画建物の4隅と中央の合計5個所を測定するのが一般的であるが、各測点の測定結果を見ながら調査個所を追加することが比較的容易である。

水田や谷地を宅地化するには必然的に盛土を施すが、畑地を転用する場合でもほとんどの宅地では地均しのために盛土が行われている。

近年は場外搬出する排土が多くなることを嫌って根切りの浅いべた基礎にする傾向があるが、砕石を敷き詰める根切り底程度までであれば無視できる盛土厚であっても、それ以上に深い場合は、入念に転圧をかける必要が生じる。

場所によって異なる盛土厚を把握し、どこを重点的に転圧するべきかを知るのに、ＳＷＳ試験は最適であると言える。

調査・確認、そして対策を納得するまで行う

既存建物の解体後には、植栽の伐根跡や古い浄化槽の除去跡が見つかることがあり、どこまでが掘削埋め戻しの範囲であるかを、ＳＷＳ試験を追加することによって特定することができる。

なかには1個所に集中して厚く自沈層が確認される場合や、井戸が残存しているか、水道管が長年にわたって漏水していた事例もある。追加測定によって埋め戻しの範囲が大きく、局所的な軟弱層が偏在していることが判明したときには、転圧だけではなく、基礎の剛性補強を考慮するのが賢明である。基礎の上端筋を太くするか、基礎梁の断面を大きくするために深基礎とするなどの対策をとる。

ガラ（瓦礫）が混じる盛土については、ＳＷＳ試験の貫入時に「ガリガリ」という抵抗が伝わってくる。その場合、ガラが敷地全体に混入しているのか、部分的なものかを追加調査によって調べ、できれば、素掘りをして目視でガラの種別と大きさを確認するのがよい。ひと抱えもあるような大きなガラが基礎直下で接触すると、そのガラが「テコの支点」として作用し、基礎の損傷や不同沈下の要因となるので、除去するか砕石大にまで粉砕する。

一部の測点に不可解な測定値が得られているにもかかわらず追加調査をせず、すぐに地盤補強を推奨したがる地盤業者は、地盤調査が補強工事を誘導するための材料と考えているふしがあるので注意が必要である。

ガラなどが埋設されている範囲を特定することや、擁壁の底版の幅と埋め戻しの範囲を確認する際の要領を図に示す。

［高安正道］

図 追加調査の要領

①地中に異物が混入している場合

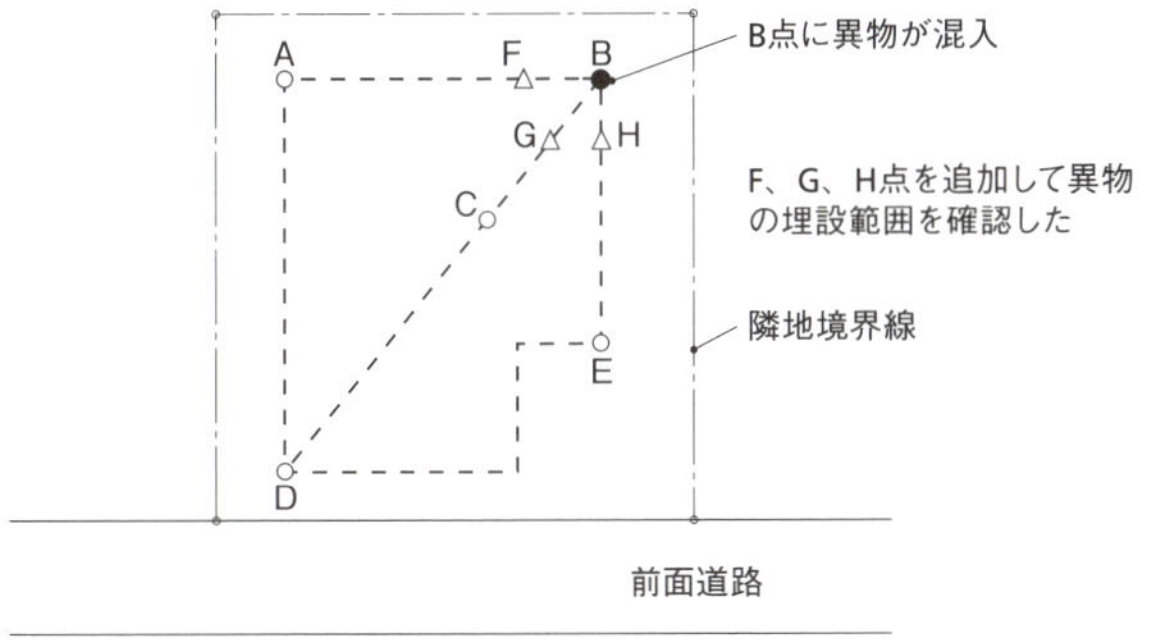

②擁壁の底版に当たる場合

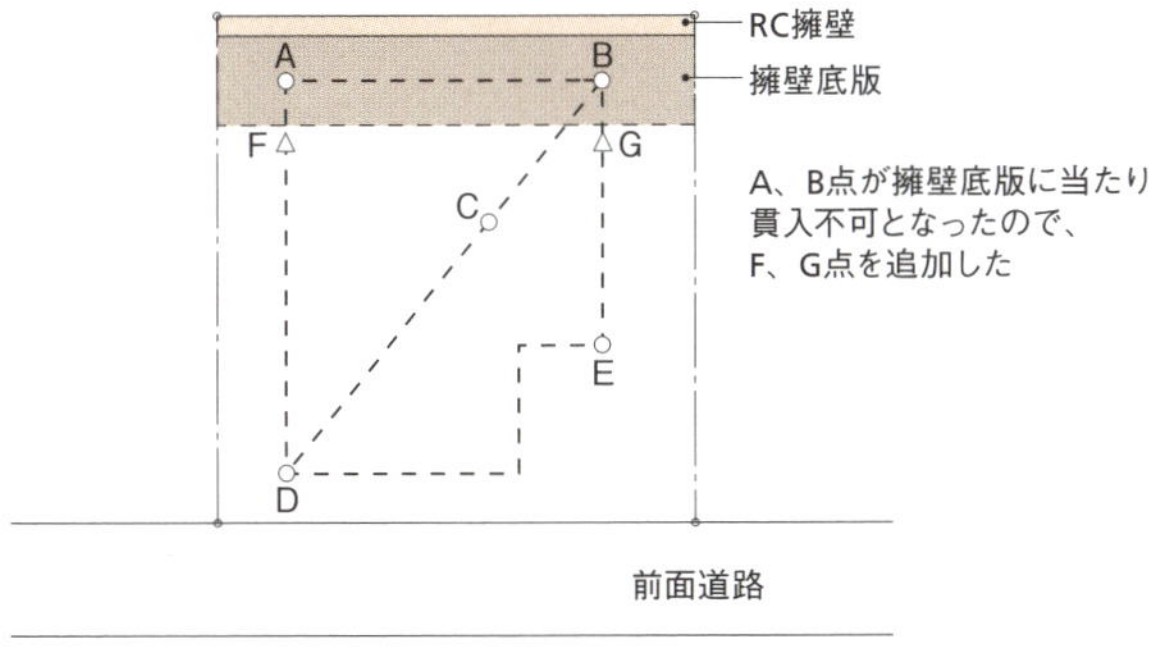

調査方法 ❻

ボーリング・標準貫入試験のポイント

確認申請に構造計算書を添付する場合に必要

ボーリング（boring）とは土を掘削する土木用語のことで、これだけでは井戸を掘るのと同様、土質の確認はできるが、地盤の強度を測定することは困難である。地盤の強度を定量的な数値として計測するのは標準貫入試験である。しかも、誰が行っても誤差が出ないような再現性を保全するために、一定の重さのハンマーを一定の高さから落下させ、ボーリングで掘削した孔底が30㎝下がるまでの打撃回数（N値）をカウントすることで地盤の強度が分かる仕組みである。硬い地盤であれば打撃回数が増え（50回を上限とする）、軟弱地盤であればハンマーを載せただけで自沈するのでN値は0と記録される。試験は削孔する深度に合わせて1mごとに実施し、N値は1m単位で柱状図の折れ線グラフに表示される。

小規模建築で地盤調査といえば、圧倒的にSWS試験が採用される。木造2階建てで延べ面積が500㎡以下のいわゆる4号建物については、建築確認申請にあたって地盤調査の種別について特に指導されることがないので、費用が安価なSWS試験が普及したのである。しかし、RC造や重量鉄骨造、3階建てなど建築確認申請書類に構造計算書を添付する場合には、建築指導課の窓口でSWS試験では不十分として受理されないことがあるので注意が必要だ。そこで採用されるのがボーリング・標準貫入試験（以下ボーリング試験）である。

直接基礎とするか、基礎杭とするかを判断

地盤調査の結果、仮に地盤が軟弱であることが判明すると、基礎杭を用いなければならず、基礎杭の支持層を確認するには、貫入能力に限界のあるSWS試験ではなくボーリング試験でなくてはならない。ボーリング試験機の先端に装着してある掘削刃（ビット）には工業用ダイヤがコーティングされているので、時間をかければ岩盤でさえも削り取ることができる。

特定の深度を狙って土をサンプリングし、室内土質試験を行えば、N値以外のさまざまな土質の特性を知ることも可能だ［表］。

円筒形に土をくりぬき、静かに地上に引き上げると、地中にあったそのままの状態で土が採取できるので、土質、含水比、圧縮強度、圧密特性などが数値として把握できる。それらの土質定数を使い、たとえば地下室の根切り底の沈下の可能性を推測し、直接基礎とするか基礎杭とするかどうかの判断ができる。建築物に限らず、工作物確認申請が必要となる高さ2m以上の擁壁についても、ボーリング試験の実施による地盤強度の確認が必須となる。

［高安正道］

図2 土質試験結果の例

区分	資料番号（深さ）		T-1（6.00〜6.85m）	T-2（8.00〜8.85m）	T-3（10.00〜10.85m）
一般	湿潤密度 ρ_t g/cm^3		1.666	1.661	1.702
	乾燥密度 ρ_d g/cm^3		1.078	1.056	1.149
	土粒子の密度 ρ_s g/cm^3		2.688	2.674	2.681
	自然含水比 W_n %		54.5	57.3	48.1
	間隙比 e		1.494	1.532	1.333
	飽和度 Sr %		98.1	100.0	96.7
粒度	石分（75㎜以上）%		0.0	0.0	0.0
	礫分[1]（2〜75㎜）%		0.0	0.0	0.1
	砂分[1]（0.075〜2㎜）%		26.0	10.4	25.0
	シルト分[1]（0.005〜0.075㎜）%		48.9	51.6	48.7
	粘土分[1]（0.005㎜未満）%		25.1	38.0	26.2
	最大粒径 ㎜		0.850	2	4.75
	均等係数 Uc		—	—	—
コンシステンシー特性	液性限界 W_L %				
	塑性限界 Wp %				
	塑性係数 Ip %				
分類	地盤材料の分類名		砂質細粒土	砂まじり細粒土	砂質細粒土
	分類記号		（FS）	（F-S）	（FS）
圧密	試験方法		段階載荷	段階載荷	段階載荷
	圧縮指数 Cc		0.465	0.618	0.415
	圧密降伏応力 pc kN/m^2		97.6	103.0	131.3
一軸圧縮	一軸圧縮強さ qc kN/m^2				
せん断	試験条件				
	全応力	c kN/m^2			
		φ°			
	有効応力	c' kN/m^2			
		φ'°			

図 ボーリング・標準貫入試験の長所と短所

長所	短所
1. 多くの国で基準化された試験方法で、結果の評価・対比が容易	1. 広い調査スペース（乗用車2台分以上）を確保する必要がある
2. 現状の土を採取でき、土の観察が容易（物理的な土質試験に使える）	2. 試験時間が長い（場合によっては数日）
3. N値の利用分野が各種の規準で確立している	3. コストが比較的高い
4. 過去データが多数蓄積されている	4. 超軟弱な地盤では、データの精度が低下しやすい
5. 支持層確認（N≧50が5m連続）が可能	5. 打撃音やモーターの音がする

調査方法 7

平板載荷試験のポイント

地盤の強さや変形などの特性を把握する

平板載荷試験は構造物の根切り底（床付け面）で行う地盤強度を確認する試験である［写真］。深度方向への地層の並び方や土質を確認するための調査ではない。

計画建物の根切り底を想定し、その深度まで素掘りをした後、直径30㎝の円形の鋼板（載荷板）を水平に置いて、上から油圧ジャッキで静かに押していくと、載荷板は徐々に沈下する。ジャッキで加える荷重を段階的に大きくしながら、地盤にめり込んでいく載荷板の沈下量を1／100㎜まで計測できるダイヤルゲージで記録する過程で、急激に沈下量が増大した時点をもって、地盤が荷重に負けたと判断する。最終的に載荷した荷重（降伏荷重度）に安全率1／2を掛けた数値が長期許容地耐力である。

地盤がいつまでも持ちこたえる場合は、最大沈下量が3㎝を超えた時点を極限支持力とし、安全率1／3を掛けて長期許容地耐力とする。測定する現場で結果を即断せずに記録を持ち帰り、対数グラフにプロットした荷重と沈下量の相関曲線から、そのいずれか小さい数値（単位kN／㎡）を採用する。

判定可能なのは直下の地盤強度だけ

平板載荷試験は、直接的に地盤の強度を求めることができる点で優れているものの、問題もある。載荷板がセットされた直下の地盤強度しか判定できないことである。鉛直荷重が地盤に伝わるときの地中応力は、地盤のなかで分散し、ある深度で消えてしまうが、その深度は基礎幅の2倍程度といわれており、直径30㎝の載荷板ではせいぜい1m下までの地盤強度が分かる程度なのである。たとえば載荷板を置く前に、砂利などを敷いて転圧を施しておくと、さらにその下部に軟弱地盤が存在している場合でも、沈下量が断然小さくなってしまうのである。

では、そのような致命的ともいえるデメリットを有する平板載荷試験が、なぜここまで普及したのかは、建築基準法において地盤調査として明文化され、しかも許容応力度を算定する式までが掲載されているからである（平13国交告1113号2項2）。構造計算書を添付しなければならない建築確認申請（および工作物確認申請）では、建築基準法にもとづいて長い間ボーリング・標準貫入試験か平板載荷試験を実施するよう指導されてきた経緯がある。

平板載荷試験そのものが不適切な地盤調査というわけではない。ロームなどの堅固な地盤や泥岩などの硬質の地層が浅い深度に存在しているような宅地では、ボーリング試験よりもむしろ適している調査である。しかし、その使い方を心得ておかなければ、実際は沈下を誘発するかもしれぬ地盤を見誤ることになるのだ。盛土の下部に軟弱層が堆積していることが明らかであるような地盤では採用を控えたほうが安全といえる。また、載荷板の急激な沈下が記録されたとしても、そのデータからは基礎杭の設計ができないため、ボーリング・標準貫入試験による追加試験も検討しなければならない。

［高安正道］

写真 平板載荷試験

①油圧ジャッキは重機の自重を反力として利用する

②載荷板を油圧ジャッキで押している作業風景

ラムサウンディング試験と三成分コーン貫入試験

ラムサウンディング試験

ラムサウンディング試験は、ボーリング試験に比べ機材が小さいことが長所でもあれば、欠点でもある［写真］。

試験機材がコンパクト化（ミニ・ラム）されたことで2m四方の作業スペースで行えるようになった。ボーリング試験よりも軽いハンマー（通常は63・5kg、ミニ・ラムは30kg）で地盤を打撃し、先端に装着した円錐形のコーンを20㎝貫入させるのに要した打撃回数（Nd値）を記録する。ボーリング試験では先端が30㎝貫入する打撃回数（N値）を1m間隔で記録するのに対して、ラム・サウンディングでは連続して貫入させるので、データが途切れない。貫入途中のロッドの摩擦によって生じるトルクを20㎝ごとに補正するため、先端の打撃抵抗だけが測定できるのも有利である。しかもN値とNd値はかなりよい相関性を持っている。

貫入限界となるN値は30程度、深度は通常のラムで30m（ミニ・ラムで20m）程度であり、ボーリング試験のようにN値50の支持層（岩盤）確認まではできない。先端に土を取り込めないことから、土質の特定もできない。

三成分コーン貫入試験

海外で定評がある地盤調査法が、三成分コーン貫入試験である。近年移入され、小型化が図られたことで小規模建築の現場でも見かけることが多くなった。

クローラーに油圧ジャッキと小型ボーリングマシンを搭載し、先端が円錐形のコーンを油圧ジャッキで圧入する。そのままではクローラーごと浮いてしまうので、ボーリングマシンでアンカーを打ち、ジャッキの反力とする。

コーンには土の先端抵抗、間隙水圧、周面摩擦抵抗の三成分をそれぞれ計測するセンサーが装着してあり、これらのデータの組み合わせで、地盤の支持力（一軸圧縮強度）や圧密沈下の可能性（圧密降伏応力）、土質の判別、液状化判定などが行える［図］。

ボーリング試験のN値と本試験の一軸圧縮強度の整合性がよく、場合によってはN値が0であるような軟弱地盤の微妙な硬さを計測することができる。また、薄い砂層を検知するのはボーリング試験に比べ優位である。先端のコーンは力を電気信号に変換するセンサー（ロードセル）を内蔵しているため、ボーリング試験のように硬質の地盤には押し込むことができない［※］。［高安正道］

写真 ラムサウンディング試験

図 三成分コーン貫入試験の結果例

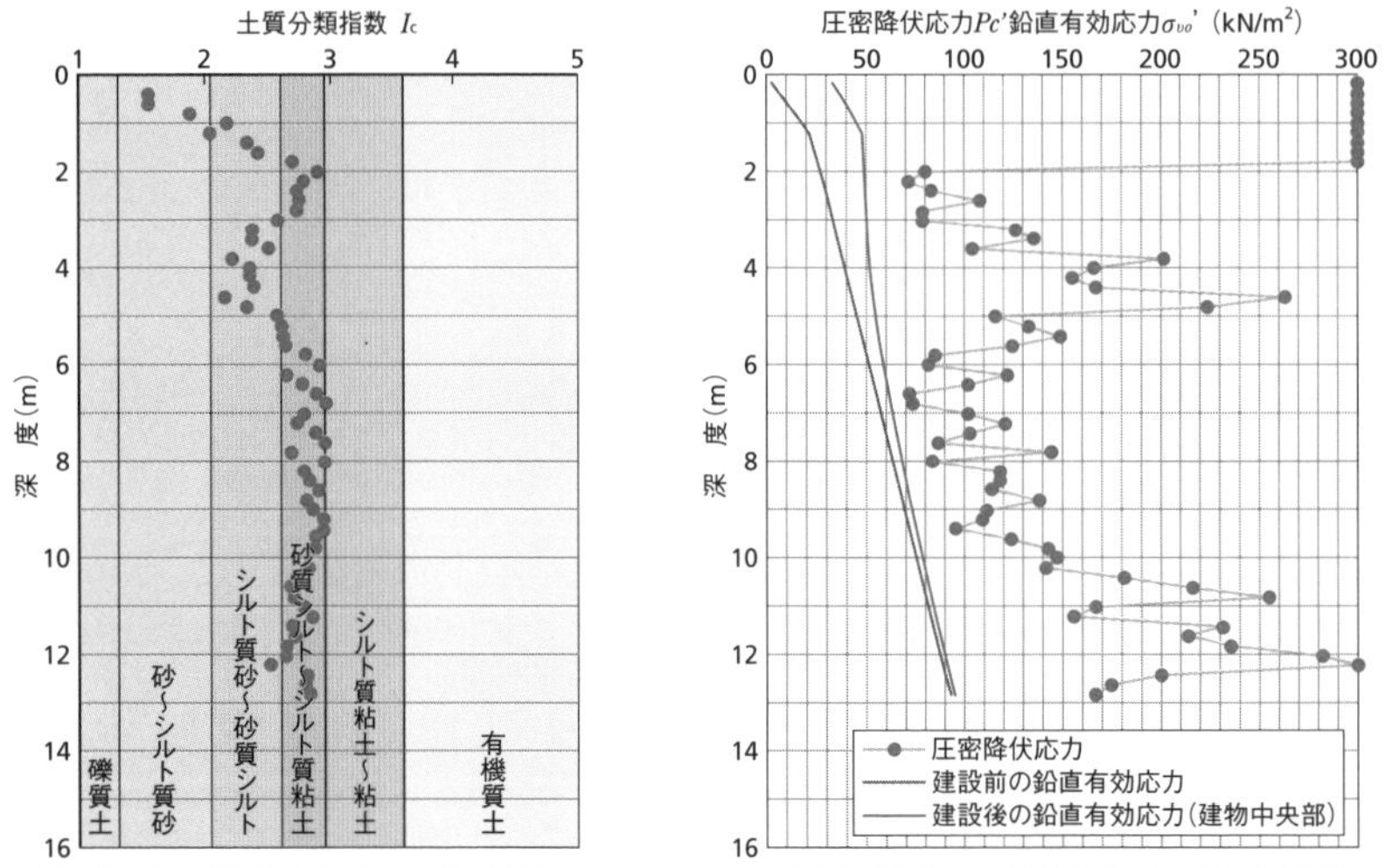

土をサンプリングするわけではないが、3要素の測定成分をチャート化した図表にあてはめることで土質を分類する。たとえば砂質土は土の先端抵抗が大きい半面、透水性が高いため間隙水圧が小さいといった性質から判別される

土が圧密沈下する可能性を判定する。圧密降伏応力が「未圧密」の領域にある場合は、建物や新規の盛土荷重によって沈下が発生する可能性がある

※：貫入限界はN値20程度

Topics

波動で地盤を探る! 表面波探査

貫入なしで地盤の硬軟を知る

さまざまな地盤調査があるなかで、平板載荷試験を除けば、調査機材を地中に貫入させないという点でユニークな試験方法である[写真]。

起振器(ポリバケツほどの大きさ)で地面を叩き、表面波(レイリー波)として進行してくる波動が、少し離れた距離に設置した2個のセンサー(受信機)に到達する時間差を計測する。波動の性質として硬い物質のなかを通過するときほど速く伝播するという現象を応用し、わずかな到達時間の差によって地盤の硬軟を検知するのである。たとえば、人体から発する声も波動の一種(音波)だが、声は空気中よりも密度がある水中のほうが速く伝わる。

地層ごとの硬軟は、起振器から発生する振動の周波数を変調することで、波形によって下方へ伝わる深度が異なることを利用する。長波や短波など周波数の異なる表面波をランダムに送り出し、コンピュータでどの波形の表面波がどのくらいの時間でセンサーまで到達したのかを関連づけると、立体的に地層の状態が把握できるというわけである[図]。

測定結果に混入したノイズを見極める

表面波探査は、測定者が機材を正しくセットすれば、あとはコンピュータ任せで、誰が測定しても同じ記録が採取できる特性がある。ただし、スウェーデン式サウンディング試験で過不足のない測定ができたか、追加調査をすべきかどうかなどについて、機材を撤収する前に確認することが重要であるように、表面波探査の場合も、記録にノイズが混入していないかどうかを検証する必要がある。

交通振動や近くの既存家屋の基礎、擁壁などに反射した振動を拾うことはしばしば起きることであり、ガラ混じりの盛土ではデータの乱れ方が激しい。測定そのものは簡単でも、記録を吟味するにはかなりの熟練を要する。起振器のエネルギーが小さいので、地盤が軟弱であるほど振動が吸収されてしまい、センサーに表面波が到達せず、記録が途絶えてしまう問題もある。軟弱層の厚さが分からないので、柱状地盤改良や小口径鋼管の設計ができないのだ。

もともとトンネル工事に先立ち、ダイナマイトで発破をかけ、山全体を揺らして岩盤の所在を突きとめるために開発された地質調査なのだが、住宅密集地で大きな振動を発生させるわけにもいかない。これとは別に、「高精度表面波試験」を開発したボーリング会社がある。起振エネルギーを大きくするために「かけや(木槌)」で地盤を叩き、センサーを20個以上連ね、グリッド状に2m間隔でXY方向の測線を設けることで精度が向上するという。ただ、残念ながらこの方法は小規模建築の現場では利用されていない。

[高安正道]

写真 表面波探査の機材

図 表面波探査法のデータの見方

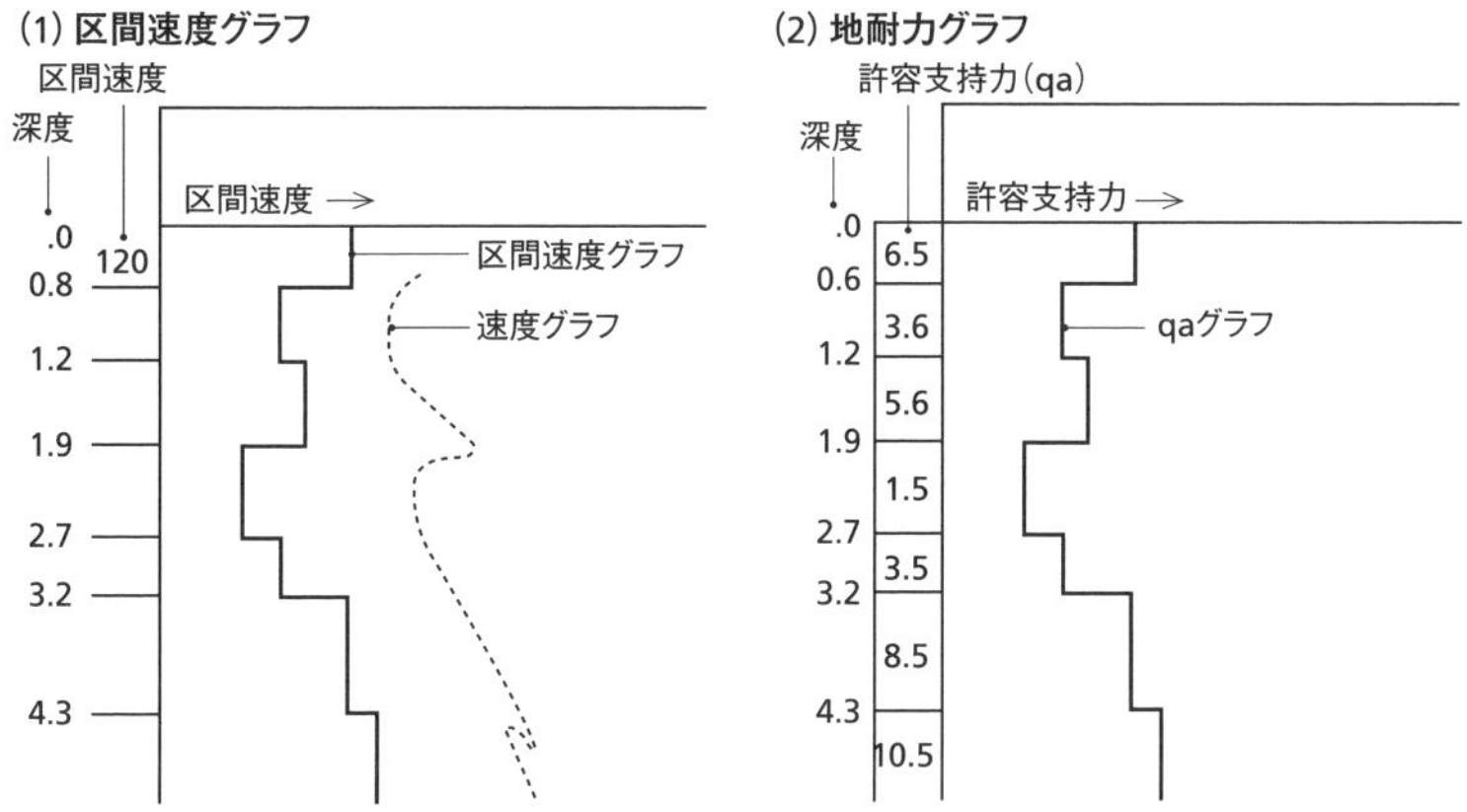

区間速度グラフでは、縦軸に深度(深さ)、横軸に速度(区間速度)をとり、深度による地層ごとの区間速度を表示している。一応の目安として、基礎下から3mまでの速度が100m/秒以上あれば通常の布基礎で対応が可能だが、瓦礫などの埋設物の影響により速度が速くなる場合もあり注意が必要である

地耐力グラフでは、縦軸に深度(深さ)、横軸に許容支持力(qa)をとり、深度による地層との許容支持力を表示している

調査方法 ⑧

ハンドオーガーボーリング活用術

地盤調査は設計者が主体的に行うべきもので、専門知識や調査のための機械が必要なところで調査会社に依頼するのが筋だと筆者は考える。そこで、筆者は地盤図など資料による調査、現地の目視調査、あるいは既存建物の調査、表層地盤の試験掘り、ハンドオーガーボーリングを実践している。

ハンドオーガーボーリングは、地中にオーガー（掘削器具）を人力で回転圧入させて、試料の採取・観察を行う［図2］。地表面下5m程度まで貫入が可能である。筆者がハンドオーガーボーリングを実践している理由は、SWS試験のみだと、地質や地下水位の確認ができないため、これを補完する別の調査が必要と感じたからである。

ハンドオーガーボーリングは以下を確認することができる。

①前もって自分たちで行った調査結果にもとづく本調査（地盤調査）方法の選択
②硬質地盤（特にローム層）の傾斜の状況
③表層部の地質の状況
④地下水位の状況

ハンドオーガーボーリングの問題点は、SWS試験や標準貫入試験のように、地盤の許容応力度の算定式が認められていないことにある。そこで筆者は試験表を作成し、30cm掘り進むごとのハンドオーガーの回転数を調べている［図1］。

足りない調査は自分で補う

たとえば、建替えの依頼を受け、地盤調査を行ったとする。調査の結果、「現状の地盤では不同沈下のおそれがあるため地盤改良が必要」と建築主に説明したところ、建築主に「すでに50年この敷地で生活していて何もなかったのに、どうして今回は必要になるのか」と問われたら何と答えるのだろうか。調査に立ち会わず、調査会社任せで地盤調査を済ませていたらきっと何も答えられないだろう。

図1 ハンドオーガーボーリングの手順と調査結果

①30cmの回転数を記録

②土質を目視で確認

③地下水位を確認

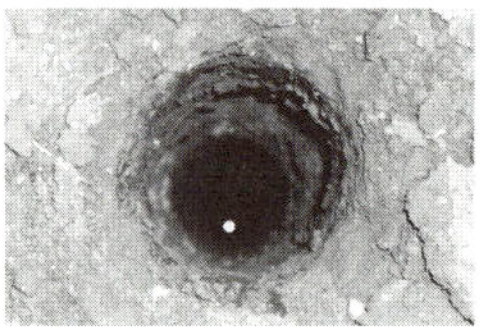

④試験表のまとめ方

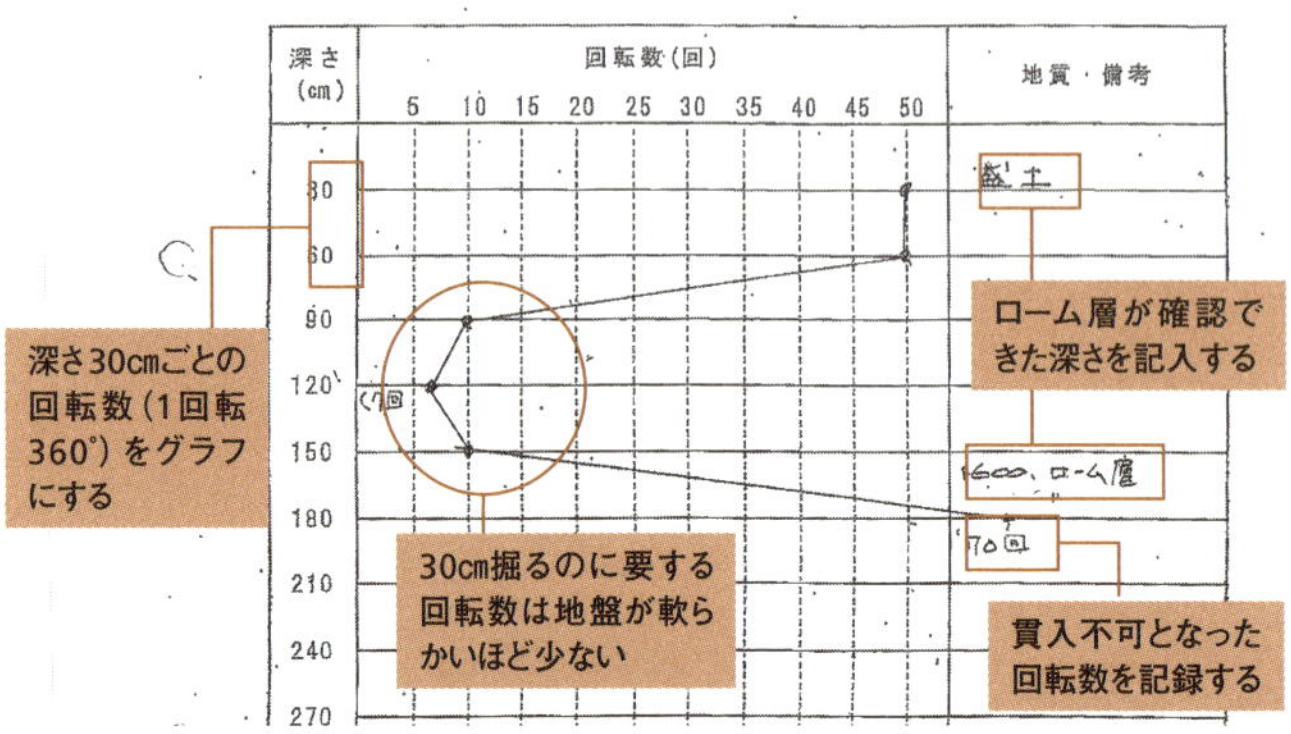

⑤ほぼ同じポイントをSWS試験で確認

貫入深さ D (m)	荷重 Wsw (kN)	半転回数 Na (回)	貫入量 L (cm)	1m当たり半回転数 Nsw (回)	推定土質	記事 自沈状況	記事 音感・感触	記事 含水	荷重 Wsw (kN) 0.05 0.25 0.50 0.75 1.00	貫入量1m当たり半回転数 Nsw (回) 0 50 100 150 200 250	換算N値	支持力 (kN/m²)
0.25	1.00	2	25	8				小位			3.4	34.8
0.50	1.00	2	25	8				〃			3.4	34.8
0.75	0.75	0	25	0		回転緩速		〃			2.3	—
1.00	0.75	0	25	0		回転緩速		〃			2.3	—
1.25	0.50	0	25	0		回転急速		中位			1.5	—
1.50	0.50	0	25	0		回転急速		〃			1.5	—
1.75	1.00	4	25	16				〃			3.8	39.6
2.00	1.00	5	25	20				〃				
2.25	1.00	4	25	16				〃				
2.50	1.00	4	25	16				〃				
2.75	1.00	5	25	20				〃				
3.00	1.00	5	25	20				〃				

軟弱層がある深さなど、ハンドオーガーボーリング試験表とほぼ同じ結果が出ている

ローム層に適する調査方法

地盤がローム層と思われる地層の場所では、根切り底までの試験掘りと、ハンドオーガーボーリングを行うべきである。木造住宅の場合、直接基礎がほとんどなので、根切り底の地盤の地耐力を試験掘りで確認しておく必要がある。木造の基礎の場合は根切り底といっても、表層（約50cm前後）である。関東ローム層までの深さは場所により異なるが、地表面から約1m前後である。したがって、木造住宅の基礎は関東ローム層まで届かず、根切り底からローム層までの深さと地質が問題になり、割栗地業が不可欠となることが多い。傾斜地の場合には、ローム層までの深さが異なるため不同沈下を生じることがある。このようなケースの場合には、ハンドオーガーボーリングを利用すると、敷地の傾斜を容易に調べることができる。ただし常水位以下の軟弱地盤層を調べるのには適さない。

図3はハンドオーガーボーリングを使ってローム層の勾配を調べた例であるが、築30年のこの木造住宅は約5cm不同沈下していた。地耐力の判別をする場合には素掘り（試験掘り）とハンドオーガーボーリングの場合の簡易判別表を参考にしてもらいたい［表］。

地耐力＋地質の調査を

また、前述したように木造住宅のほとんどが直接基礎となることから、地耐力だけでなく基礎の下、約2m程度の地質は調べたい。ローム層の有無、傾斜を調べる場合には、一般的に用いられているSWS試験は、土質が調べられない点で適しているとはいえない。たとえば、粘土層と砂質土では性質が異なる。また地盤は砂質と粘土質が混合していることが多い。したがって、SWS試験を採用する場合は、多くのデータと地質に対する専門知識が必要であり、その分経験豊富な調査会社に依頼する必要がある。［保坂貴司］

図2 ハンドオーガーボーリング

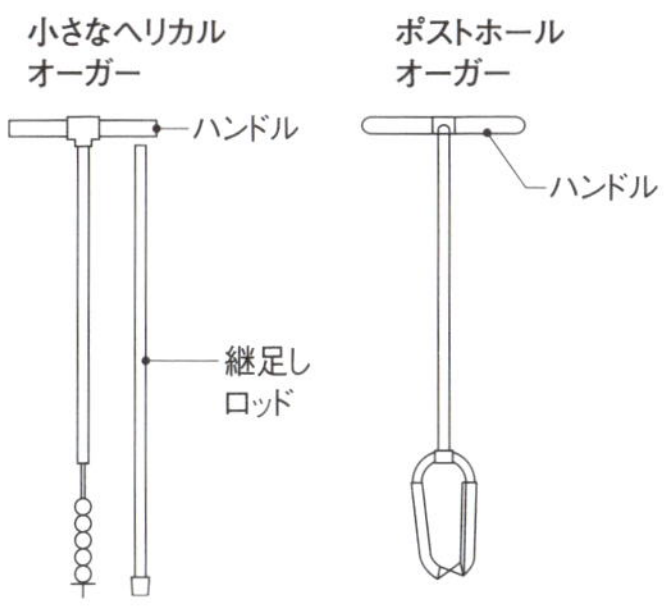

表 試験堀による地層の簡易判別法

地層の硬さ		素掘り（試験掘り）	ハンドオーガーボーリング	推定N値	推定許容地耐力（長期t／㎡）
粘性土	極軟	鉄筋を容易に押し込むことができる	孔壁が土圧でつぶれて掘りにくい	2以下	2以下［※1］
	軟	シャベルで容易に掘れる	容易に掘れる	2～4	3［※1］
	中位	シャベルに力を入れて掘る	力を入れて掘る	4～8	5
	硬	シャベルを強く踏んでようやく掘れる	力いっぱい回すとようやく掘れる	8～15	10
	極硬	つるはしが必要	堀進不能	15以上	20
地下水面上の砂質土	非常にゆるい	孔壁が崩れやすく、深い足跡ができる	孔壁が崩れやすく資料が落ちる	5以下	3以下［※2］
	ゆるい	シャベルで容易に掘れる	容易に掘れる	5～10	5［※2］
	中位	シャベルに力を入れて掘る	力を入れて掘る	10～20	10
	中位	シャベルを強く踏んでようやく掘れる	力を入れて掘る。力いっぱい回してようやく掘れる	20～30	20
	密	つるはしが必要	堀進み不能	30以上	30

※1：過大な沈下に注意を要する　※2：地震時の液状化に注意を要する
『小規模建築物基礎設計の手引き』（（社）日本建築学会刊）

図3 ハンドオーガーボーリングを使ってローム層の勾配を調べた例

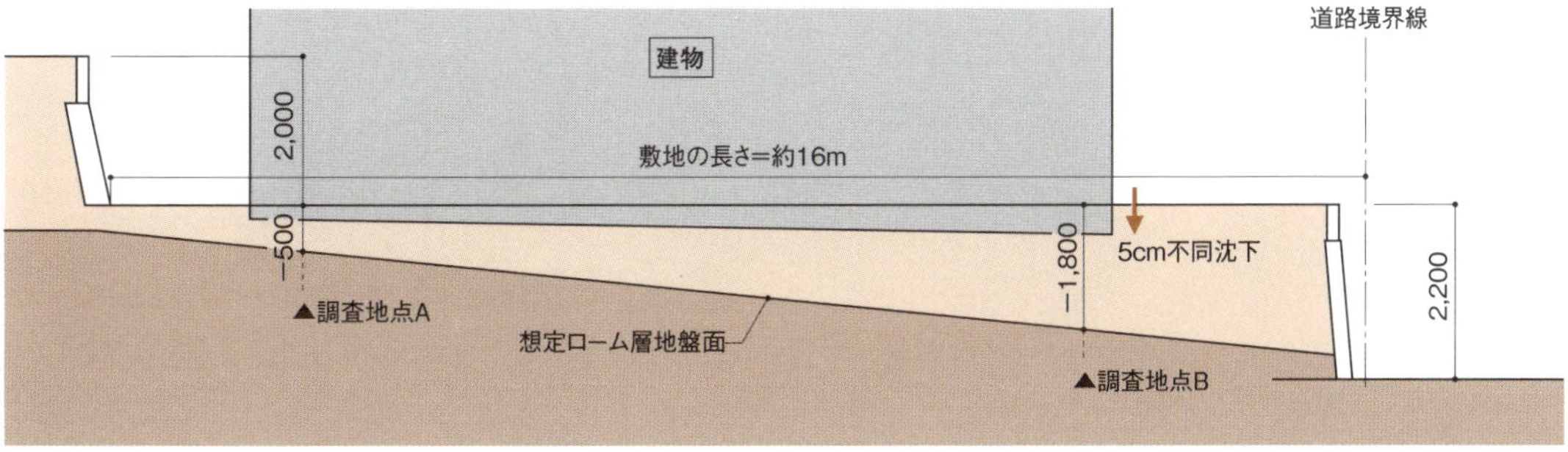

基礎選択

調査結果から基礎形式を選択する方法

SWS試験の正しい評価とは？

標準貫入試験は、一般に杭の支持層評価に最も適した試験方法であり、通常は、中規模以上の建物の地盤調査法としてその地位を確保している［図1］。一方、スウェーデン式サウンディング試験（以下、SWS試験）による地盤の支持力評価が可能になったのは、平13国交告1113号にその評価式が示されたからで、それ以前は換算したN値で地盤が評価されていた。

元来、わが国ではN値主義的なとこ

図1 標準貫入試験の土質柱状図

標尺（m）	深さ（m）	層厚（m）	土質記号	色調	土質
0	0	1.40		茶褐色	表土
	1.40	3.92		灰褐色	シルト
5	5.32	3.18		灰褐色	砂質粘土
10	8.50	3.10		灰色	粘土質砂
15	11.60	4.90		灰色	粘土
20	16.50	4.00		茶褐色	礫混じり砂
	20.50	3.50		茶褐色	シルト質砂
25	24.00				

標準貫入試験 深さ（m）	N値
1.40	5
2.80	10
3.90	0
5.60	3
7.40	2
9.20	15
11.20	35
12.20	15
13.20	15
15.10	15
16.90	46
18.00	54
19.00	49
20.00	68
21.00	87
22.00	100

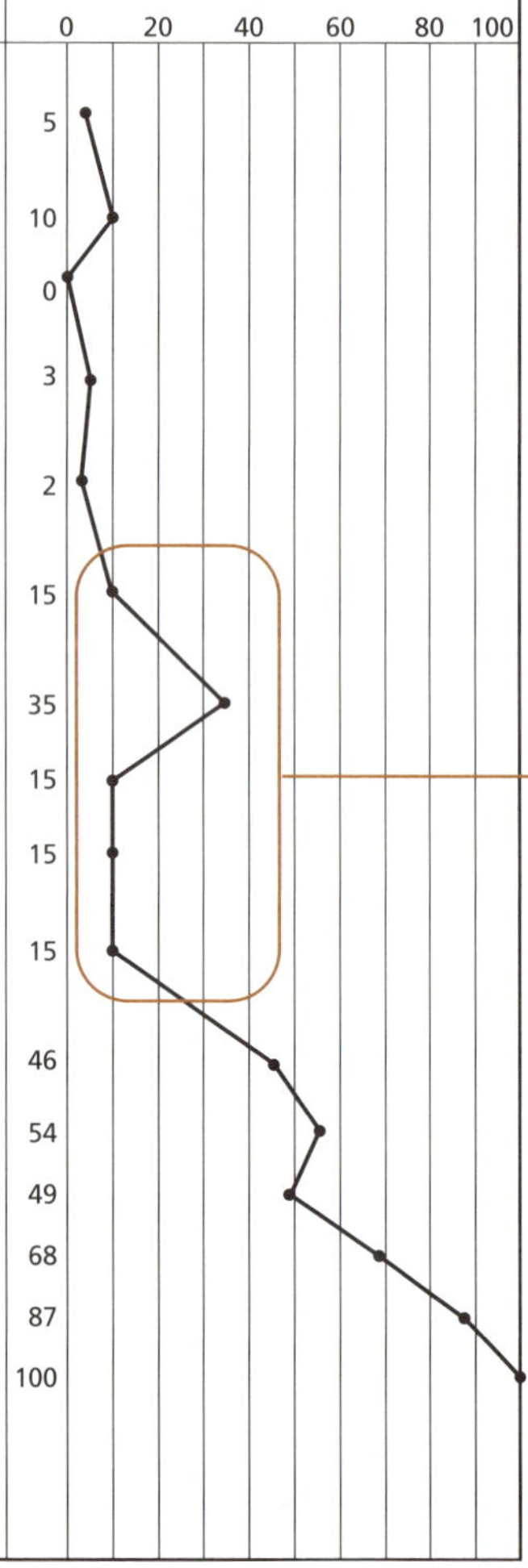

標準貫入試験ではボーリングにより土のサンプルを採取するが、土質は調査員の主観による判断であることを念頭に置く。詳しく確認する場合は土質試験を行う

木造住宅の場合はN値15以上が杭の支持層の目安になっている。N値15以上の層が2m以上連続していることが求められる

注意点

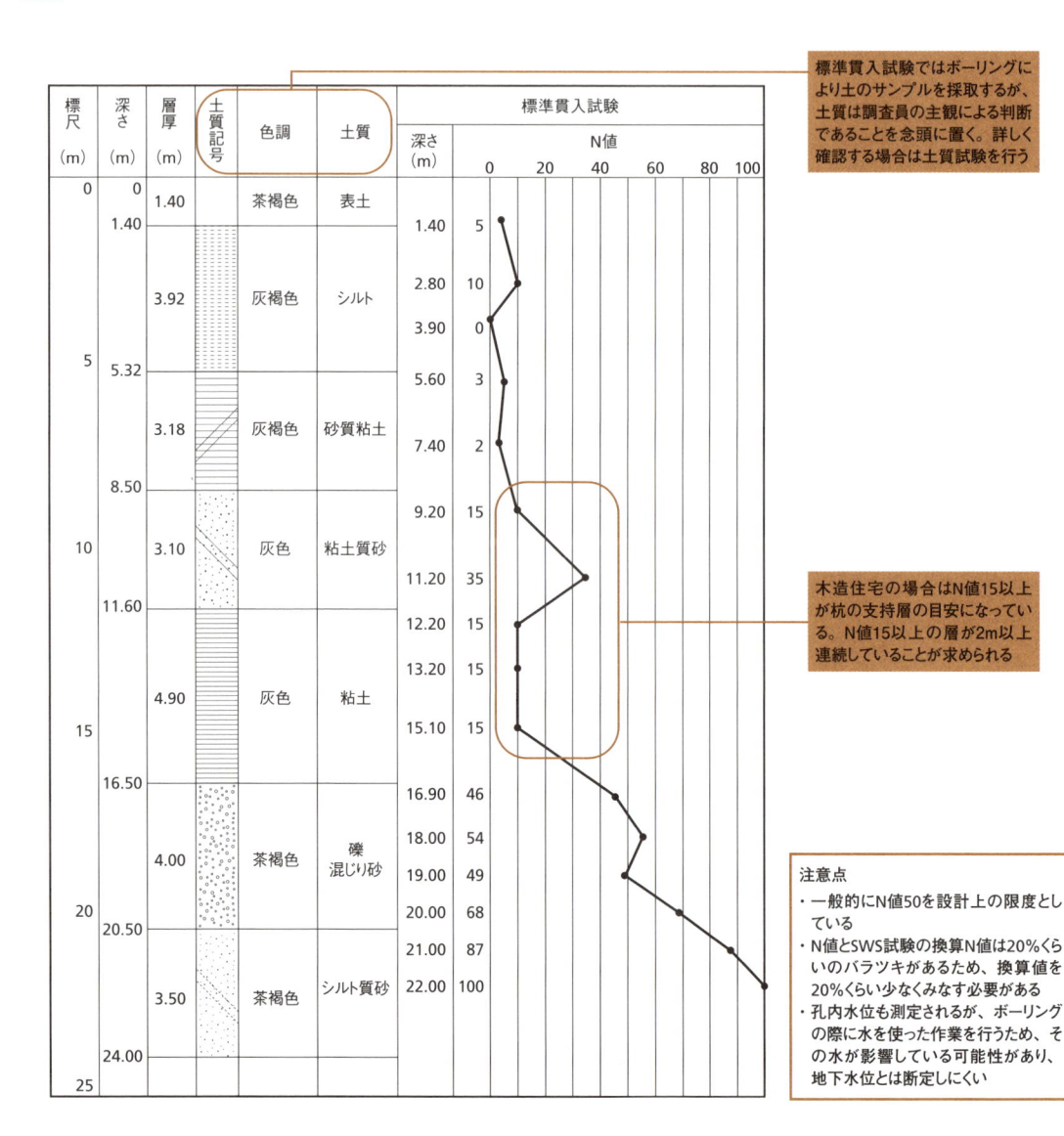

- 一般的にN値50を設計上の限度としている
- N値とSWS試験の換算N値は20%くらいのバラツキがあるため、換算値を20%くらい少なくみなす必要がある
- 孔内水位も測定されるが、ボーリングの際に水を使った作業を行うため、その水が影響している可能性があり、地下水位とは断定しにくい

ろがあり、「N値にあらずば地盤調査ではない」といった風潮から、わざわざSWS試験結果をN値に換算していたが、このことが逆に、SWS試験法本来の宅盤における地盤調査結果を、換算N値だけ意識すればよいという、見誤らせる方向に進ませてしまった。SWS試験は、もちろん地盤の支持力評価を目的として用いられるが、それだけではなく、地盤の不均一性をチェックするためにも用いられる。不同沈下とは、いわば地盤のバランスの悪いところで起こる現象である。以上のことを踏まえ、SWS試験の結果の読み方を解説する［図2・88頁図3］。

鉛直方向と連続性を見る

SWS試験の結果を見るとき、通常は、まず基礎底面から2mまでの地盤の硬軟（地盤の支持力）に注意しなければならない。この2mとは、布基礎あるいはべた基礎が地盤の破壊に最も大きな影響を与える範囲と考えればよい。この領域で自沈層が多く存在するようなら、即、地盤補強工事が必要と考える。

次に、基礎底面2m以深のSWS試験の結果を見る。この2m以深に関しては、今度は地盤の支持力ではなく、地盤の変形性能、すなわち地盤の沈下にかかわる範囲と考えればよい。木造住宅の荷重が地中の変形に及ぼす実際の影響範囲は5m程度といわれており、基礎下2〜5mの範囲に自沈層が目立つのであれば、いかに基礎下2mまで地盤が良好であっても、地盤補強が必要と考えたほうがよい［89頁図4］。このように、1つのSWS試験結果から、地盤の支持力の影響域と地盤の変形性能の影響域という2つの領域の安全性を考えることが重要である。

さらに、数mで貫入不可となったとしても、地形的に支持層が浅いと考えられないときは、ガラなどの地中障害物の存在を疑う必要がある。次はSWS試験結果の連続性に着目する。表層部の地盤は極めて不均質であり、それが著しい場合は地盤補強が必要となる。したがって、できるだけ多くの個所でSWS試験を実施し、面的な不均質性を評価しなければならない。特に、自沈層の厚さに明確な変化が見られる場合は、傾斜角［※］の検討を行ってほしい。

このように書くと、過剰安全設計になるとの批判があるかもしれないが、地盤補強の費用はたかだか100万円程度であり、それで補修費用1千万円を出さなくて済むことを考えれば、決して過剰ではない。

［藤井衛］

図2 SWS試験データの項目

①	②	③	④	⑤	⑥	⑥	⑥	②	⑤	⑦	⑧
貫入深さ D (m)	荷重 W_{sw} (kN)	半回転数 Na (回)	貫入量 L (cm)	1m当たり半回転数 N_{sw} (回)	推定土質	記事 自沈状況	記事 音感・感触含水	荷重 W_{sw} (kN) 0.05 0.25 0.50 0.75 1.00	貫入量1m当たり半回転数 N_{sw} (回) 0 50 100 150 200 250	換算N値	支持力 (kN／m²)
0.25	1.00	4	25	16			小位			3.8	39.6
0.50	1.00	8	25	32			小位			4.6	49.2
0.75	1.00	6	25	24			小位			4.2	44.4
1.00	1.00	11	25	44			小位			5.2	56.4

①最大10m程度まで貫入可能

②おもりの重さとそれをグラフにしたもの。W_{sw}と表す（kN）

③ロッドを25㎝貫入するのに要した回転数（半回転で1回と数える）。「0」の場合は、ロッドを回さずに錘の荷重だけで貫入したことを表す（これを自沈という）

④貫入は25㎝ごと

⑤W_{sw}（②）の状態で1m貫入するのに要した半回転数（N_{sw}）とそれをグラフに表したもの

⑥ロッドに付いた土などを見て調査員が判断したものなので推定。音・感触なども記入する（調査員の経験により判断が分かれやすい部分）

⑦N_{sw}、W_{sw}をN値に換算したもの（図中B）

⑧地盤の長期許容支持力（kN／m²）。試験で得られたN_{sw}をもとに、評価式（図中A）にて算定する。N_{sw}=40で約50kN／m²と考えられる

A：地盤の長期許容支持力qaとの関係

W_{sw}≦1,000Nの場合、$q_a=30W_{sw}$（kN／m²）

N_{sw}>0の場合、$q_a=30+0.6N_{sw}$（kN／m²）

B:N値を算出する（稲田式）

砂質土　$N=0.002W_{sw}(N)+0.067N_{sw}$
粘性土　$N=0.003W_{sw}(N)+0.050N_{sw}$

注意点

・N値とSWS試験の換算N値は20％くらいのバラツキがあるため、換算値を20％くらい少なくみる余裕がほしい

※：水平距離1mに対して何㎜傾斜するかを求め、1mに対して3㎜以下の傾斜を設計の目標値にする

図3 SWS試験結果の読み方

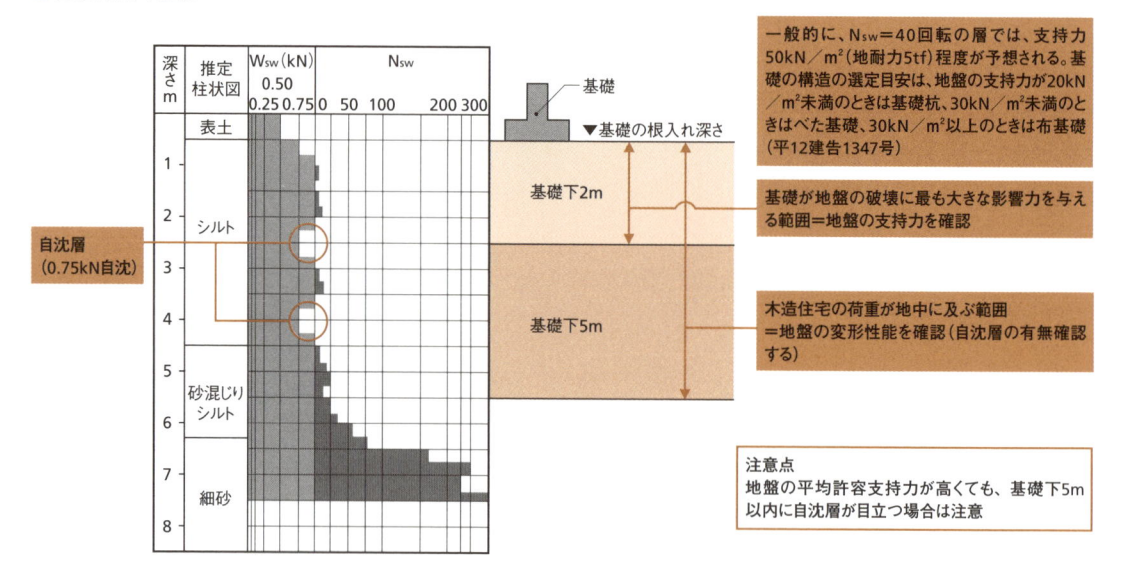

❶ 垂直方向の確認

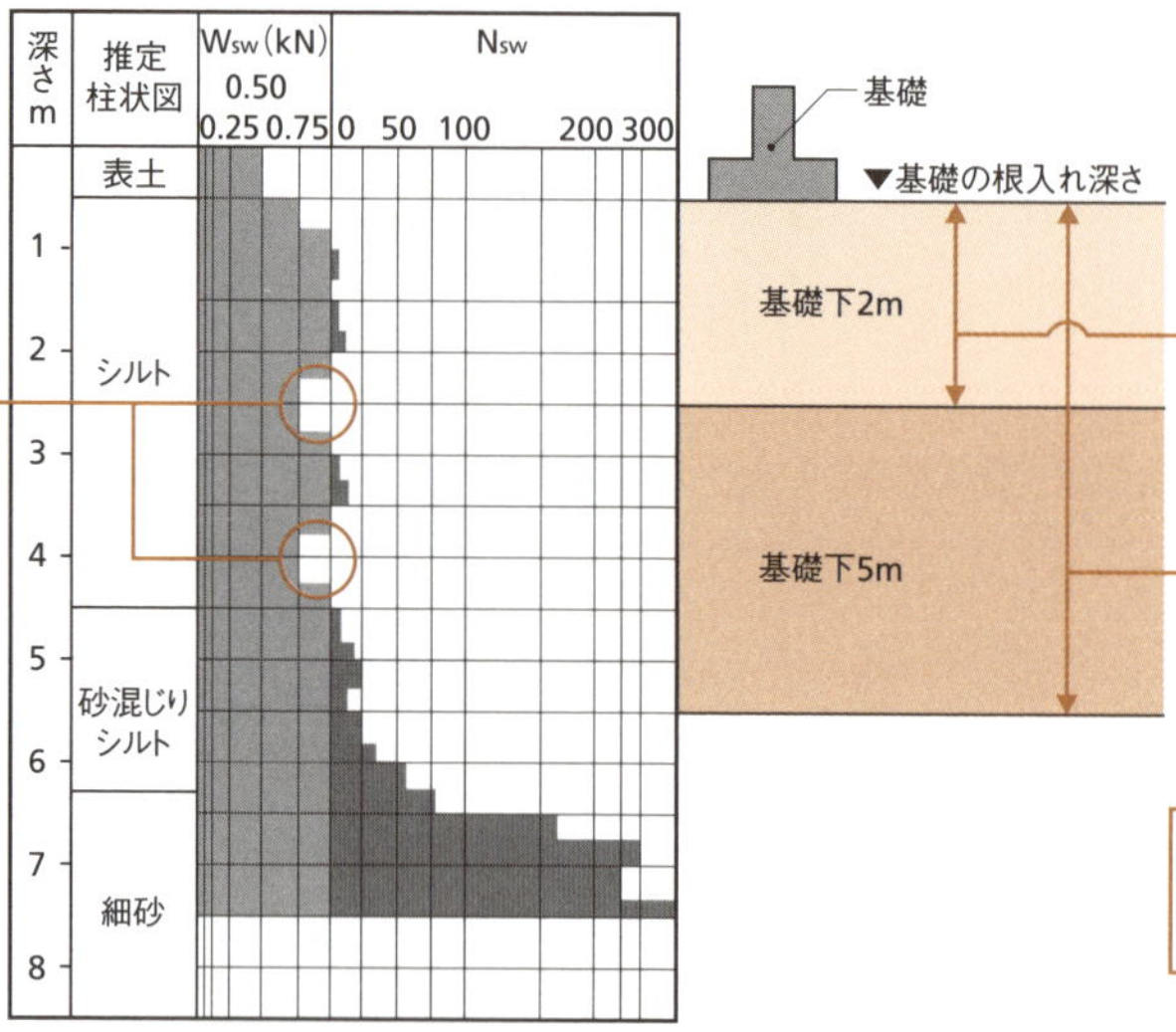

自沈層
（0.75kN自沈）

一般的に、Nsw＝40回転の層では、支持力50kN／m^2（地耐力5tf）程度が予想される。基礎の構造の選定目安は、地盤の支持力が20kN／m^2未満のときは基礎杭、30kN／m^2未満のときはべた基礎、30kN／m^2以上のときは布基礎（平12建告1347号）

基礎が地盤の破壊に最も大きな影響力を与える範囲＝地盤の支持力を確認

木造住宅の荷重が地中に及ぶ範囲＝地盤の変形性能を確認（自沈層の有無確認する）

注意点
地盤の平均許容支持力が高くても、基礎下5m以内に自沈層が目立つ場合は注意

❷ 水平方向の確認（地盤の均質性を見る）

調査位置

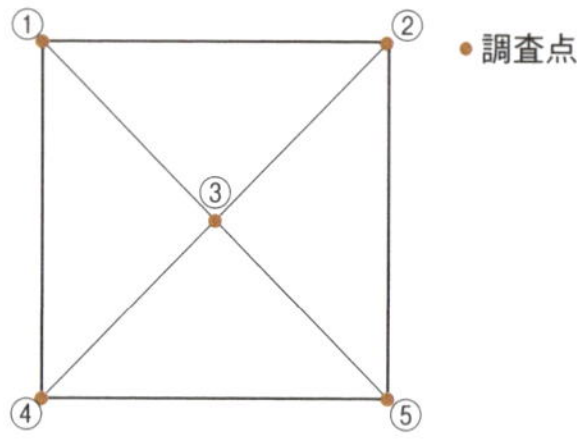

0.5〜0.75kNの自沈層が多く見られる層が続いている

調査点①〜③〜⑤のデータを並べたもの

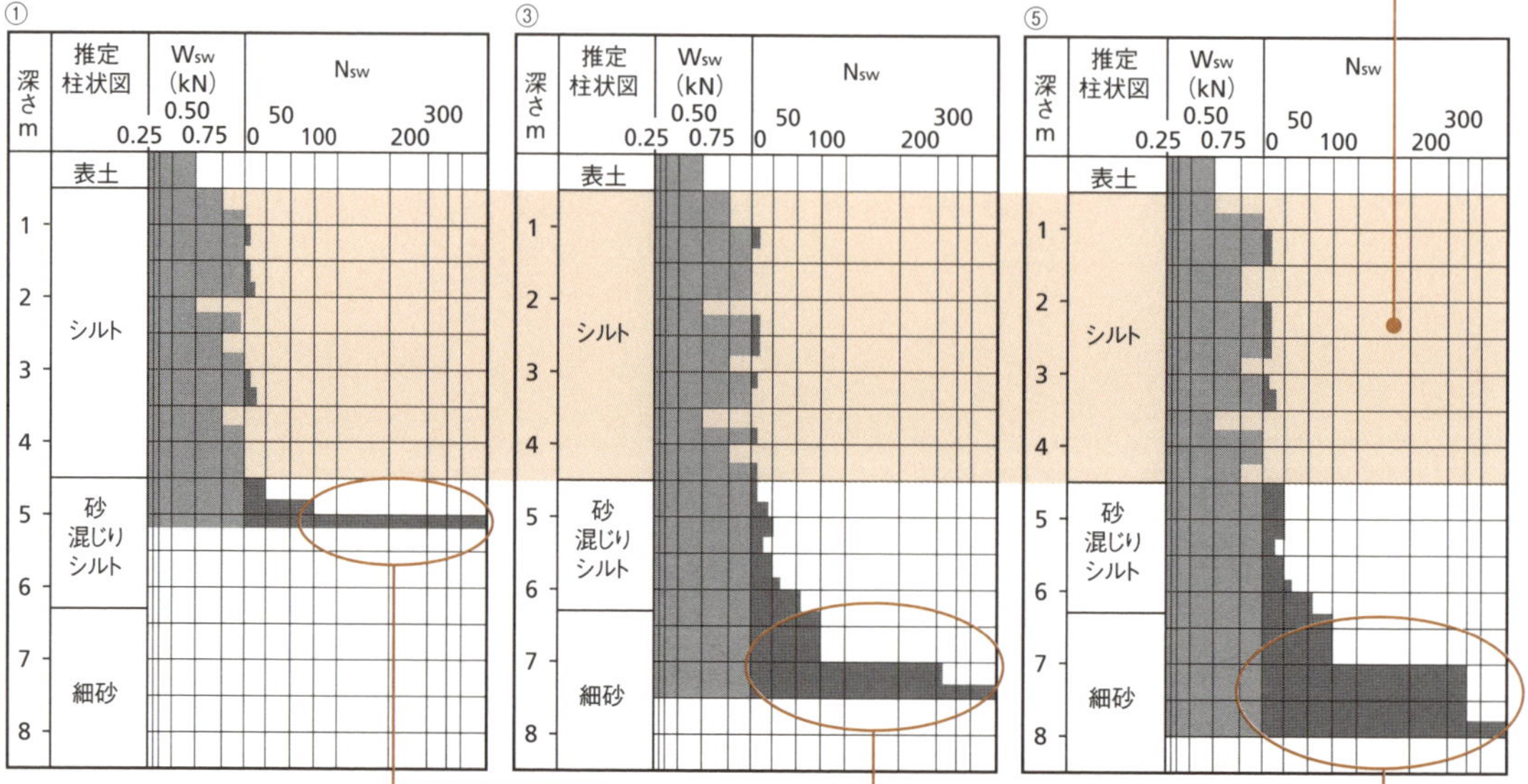

調査点①だけNsw300以上が5m付近で確認されているが、他の2点の結果から判断すると、岩など硬いものにロッドが当たって貫入不可となった可能性がある。または調査点①から③・⑤方向へ硬い層が傾斜している可能性がある

図4 調査結果からどのように基礎を選定するか

❶ 基礎選定フロー（目安）

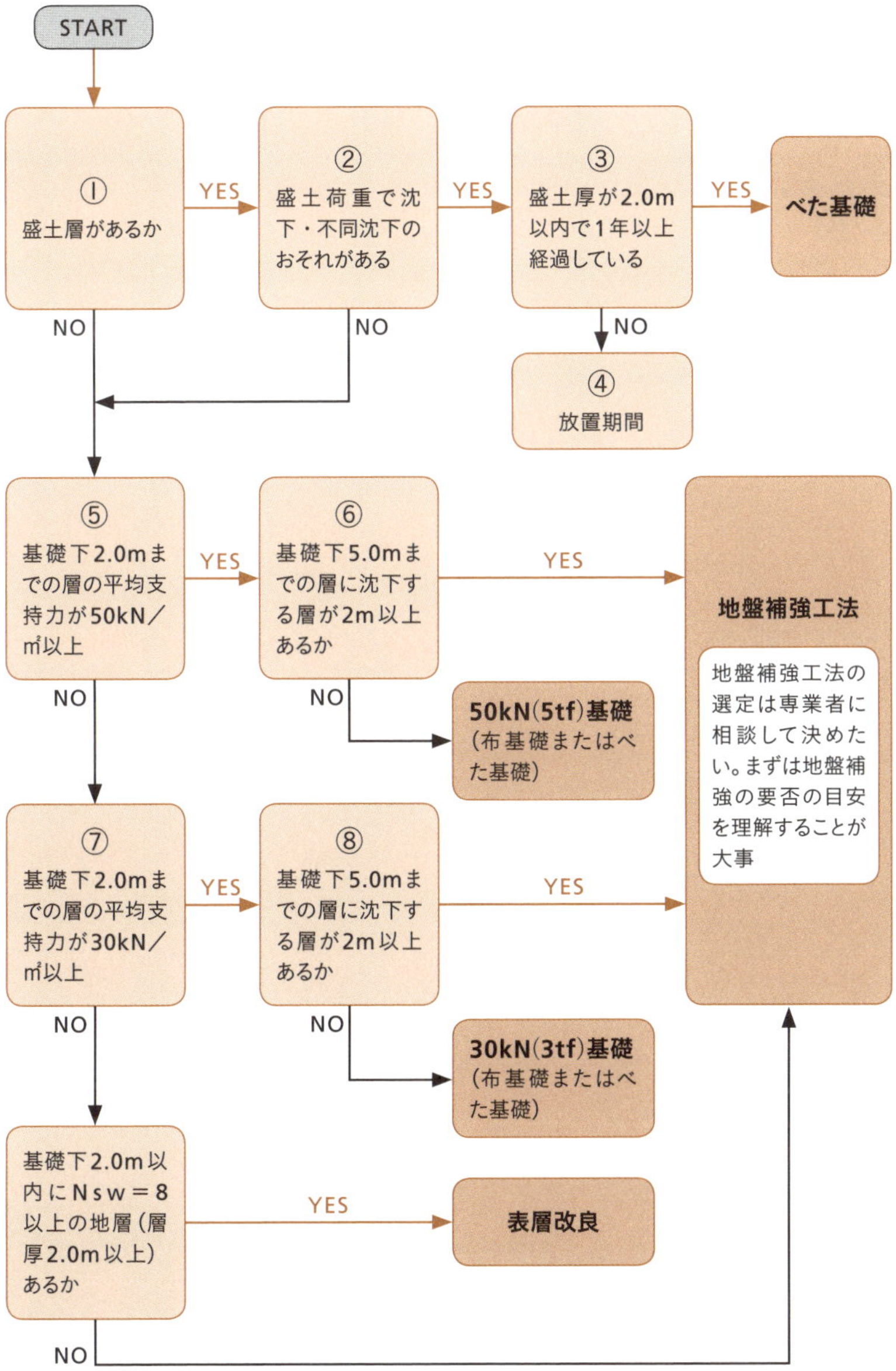
START
①
盛土層があるか
YES
②
盛土荷重で沈下・不同沈下のおそれがある
YES
③
盛土厚が2.0m以内で1年以上経過している
YES
べた基礎
NO
NO
NO
④
放置期間
⑤
基礎下2.0mまでの層の平均支持力が50kN／㎡以上
YES
⑥
基礎下5.0mまでの層に沈下する層が2m以上あるか
YES
地盤補強工法
地盤補強工法の選定は専業者に相談して決めたい。まずは地盤補強の要否の目安を理解することが大事
NO
NO
50kN(5tf)基礎
(布基礎またはべた基礎)
⑦
基礎下2.0mまでの層の平均支持力が30kN／㎡以上
YES
⑧
基礎下5.0mまでの層に沈下する層が2m以上あるか
YES
NO
NO
30kN(3tf)基礎
(布基礎またはべた基礎)
基礎下2.0m以内にNsw＝8以上の地層（層厚2.0m以上）あるか
YES
表層改良
NO

左図の設定条件

①現地踏査とスウェーデン式サウンディング試験の結果により判断する

②盛土層以深にWsw＝1kN自沈層が存在するかどうか判断する

③盛土層以深にWsw＝1kN自沈層が2m以上存在する場合はNOとなる

④Wsw＝1kN自沈層の厚さにより対策を講じる

⑤基礎下2mまでの層について、以下の条件のもと、25㎝ごとに支持力をもとめる
- Wsw＝500N自沈を15kN／㎡
- Wsw＝750N自沈を20kN／㎡
- Wsw＝1kN自沈を30kN／㎡
- Nsw＝40以上を50kN／㎡
- Nsw＞40で自沈層が無い場合は30kN／㎡

⑥（地中応力＋建物荷重）＞1.2quの層が2m以上ある場合は補強対策が必要

⑦ ⑤と同じ

⑧ ⑥と同じ

❷ 例題で基礎形式を選んでみよう

例 題

基礎の根入れ深さをGL-0.5mとし、基礎下2.0m（GL－0.5m～2.5m）までの各深さにおける支持力は右表である場合の基礎選定フローはどうなるか

平均支持力qa＝（15＋20＋30＋30＋30＋30＋30＋20）／8＝26.0kN／㎡
したがって、
「①→⑤→⑦→⑨→補強工法」と判断する

GLからの深さ（m）	NswまたはWsw	支持力（kN／㎡）
0.5	Wsw=500N	15
0.75	Wsw=750N	20
1	Wsw=1kN	30
1.25	Nsw=12	30
1.5	Wsw=1kN	30
1.75	Nsw=24	30
2	Wsw=1kN	30
2.5	Wsw=750N	20

Topics

地盤の達人が教える地盤調査の豆知識

SWS試験はスウェーデンでは行われない?

スウェーデン式サウンディング試験は名前のとおり、スウェーデンから日本に導入された地盤調査法だが、本来の名前は「ウェイトサウンディング」という。本家のスウェーデンでは、その地位はきわめて低く、地層の境界の判別程度にしか使われていない。現地のある技術者は、牛小屋をつくるときに使うと話していた。

また、スクリューの形状やロッドの径・試験方法も、いつの間にか日本独自のものに変わってしまった。さらに、日本人の器用さも相まって、この試験機は日本で独自の進化を続け、次第に自動化が進み、ロボット化しつつある。台湾や中国でSWS試験の研究論文を発表したことがあるが、誰も知らなかった。「スウェーデン式サウンディング試験」というよりも、「日本式ウェイトサウンディング」と呼ぶほうが適切なのであろう。

この試験は1950年代に土木の堤防調査に使われ始め、'70年代から建築の分野で使われ始めた。SWS試験の適用深度は10mで、それが住宅規模の建物なら十分であることと、簡便であること、および日本建築学会の小規模用住宅地盤調査法として推奨されたこと、さらには法律でSWS試験結果から地盤支持力が得られることから、急速にわが国に広まっていった。

意識が高い欧米の地盤調査

北欧でSWS試験の地位が低いのは、SWS試験からは正確な地盤定数が得られにくいと考えられているからである。北欧では、ベーンせん断試験と呼ばれる試験方法がSWS試験より信頼性があるとみなされている。日本の場合は、山から海までの距離が短いため、地層が非常に複雑であり、地盤のなかに何が入っているか分からない。そのような地盤では、地盤定数よりもまず不同沈下が起きそうな地盤かどうかを判定する必要があり、その目的にはSWS試験にかなうものはない。試験の方法や解釈の仕方は、それぞれの国の地盤に合ったものが使われればよいのである。

ただし、諸外国の技術者と決定的に違うのは、プライドである。オランダのアムステルダムに行ったとき、彼らは国を守っているという意識が非常に強いのに驚いた。事実、調査を誤り、堤防が決壊すれば、今より4mも水位が上がるため、国土は甚大な被害を受けることになる。土質力学の分野でのオランダの研究水準は世界一である。

ニューヨークでは、世界貿易センタービルの基礎杭を設計した会社を訪問したが、テロで上部構造が爆破されても杭だけは健全であったことに誇りをもっていた。

調査コストは地盤への理解度を表す

地盤調査にもいろいろな種類があり、それによって価格が異なるのは当然だが、特にSWS試験の場合は、会社によって価格がかなり異なる。筆者が聞いたなかで最も安かったケースでは1宅地2万円であった。さらには無料というケースも。なぜこうなるかというと、SWS試験は仕事を獲るためのサービス業務とみなしている住宅会社が多いからである。したがって、地盤改良する場合、ほかの住宅会社のSWS試験結果を使うことも稀ではないようである（たとえば隣地のデータなど）。それにしても、2万円はあまりにもひどい。この価格で、調査員は本当に正確な地盤情報を提供しようと思うだろうか? 筆者が過去に調査した結果では平均3万円である。標準貫入試験では、深さ15m程度で15~20万円程度、またラムサウンディングでも6~7万円程度（1個所）であり、それほど価格的におかしなものではない。SWS試験の価格だけがおかしいのである。

また、SWS試験では評価が不可能な地盤でも依頼主の住宅会社が追加調査費用を認めてくれないという意見も多く、SWS試験ですべてがまかなえるといった住宅会社側の認識不足を指摘する声も多い。本来は、その敷地に対して「どのような地盤情報が必要か」という観点から地盤調査方法を決めなければならないのに、現状はまさに本末転倒である。個人的には、1宅地当たり少なくても5万円、適正価格として7万円はほしいところである。

［藤井衛］

表 宅地の平均地盤調査費用

地盤調査方法	平均調査費用
標準貫入試験	20.0万円
スウェーデン式サウンディング試験	3.0万円
表面波探査	4.3万円
ラムサウンディング試験	6.8万円
平板載荷試験	15.7万円

Topics

よい地盤会社の選び方とは?

数値のみに目を向けない

SWS試験を扱う事業者の業態には、ボーリング業者が意外なほど少ない。日に2件は掛け持ちで回らなければ採算が取れないことや、解体から基礎着工までのわずかな猶予しかない日程のなかで、現地調査から報告書の提出までをこなすことが、ボーリング業者の受注形態とあまりにもかけ離れているからである。地盤のプロとして本領を発揮すべきボーリング業者がことごとく撤退した後には、地質・地盤とは無関係な異業種からの参入が相次ぎ、SWS試験はその精度よりも効率が優先されることになった［写真］。自動化された機材が中古でも手に入るうえに、調査とは名ばかりのマニュアル頼みの「作業」の結果は、一見すると意味ありげな数値が並ぶ報告書が粗製乱造される要因になったのである。どれだけ粗雑なデータでも、工学的な数値に変換された途端にいかにも正確なデータのように見えてしまうということがある。

予備知識の有無が大切

信頼のおける地盤会社を一言で定義すれば、現地での実測以前に、あらかじめ調査地一帯の地盤について予備知識をもっているかどうかということに尽きる［図］。調査データは単発的に独立しているのではなく、長い年月をかけて形成されたその地域に特有の傾向を示しているはずだ。

河川の流域であれば、上流から運ばれてきた土砂が堆積しているであろうとか、降灰した火山灰は水流に流されて河川沿いの低地には見当たらないといった予見に裏打ちされていなければならない。同様な地形条件に立地するデータには、相互に類似した地層構成が現れることが想定できるのであり、事前に認知していた環境と整合しない測定値が出てきたときには、臨機応変に追加調査を実施するなどして、その特異な値についての仮説を説明できるのがまっとうな地盤会社である。

数値の大小ばかりに終始し、少しでも弱そうな値があれば地盤が軟弱であると即断するのが、粗悪な報告書の特徴である。地盤調査が廉価であり、調査だけを専業としたのでは経営が成り立たないゆえに、地盤補強工事を誘導するための「不同沈下の可能性」を強調する業者も少なくない。

よくできた報告書では、調査地が宅地化される以前の土地利用の形態や盛土の有無、造成されてからの経過年数、測点間のデータのばらつき具合など、積み重ねた事実をもって論理を展開し、結論を導き出す。

手始めに直接基礎だけで支持できるかを考え、よほどの悪条件が重なった場合に、最終手段として地盤補強工事を提案するのが親身な地盤会社である。［高安正道］

写真 調査機材のチェック

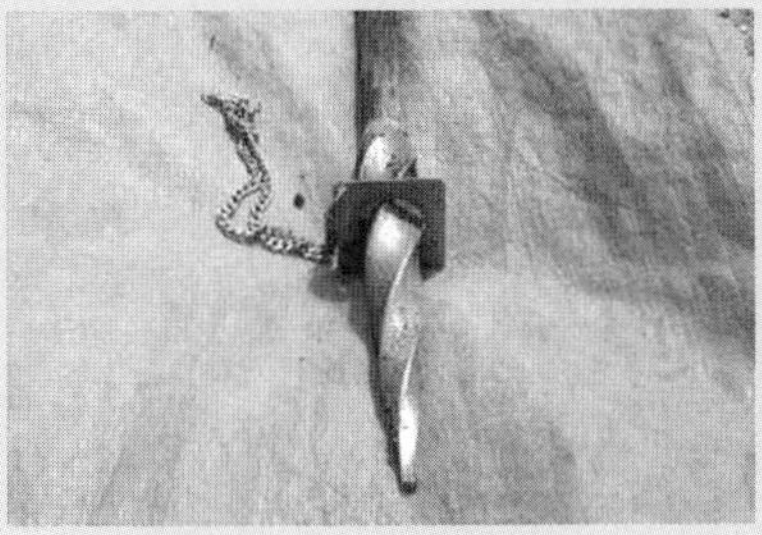

SWS試験の先端に装着してあるスクリューポイントが摩耗すると抵抗が小さくなるので、測定値が軟弱寄りとなる。よい地盤会社では現場ごとに摩耗の度合いをチェックしている

図 地盤調査会社を見分けるポイント

1. SWS試験だけでなく、土に触れる機会の多いボーリング試験を日常業務としていること
2. 地形分類図を保有し（地盤調査報告書に活用し）、立地する地形条件と実測値とを関連づけていること
3. 実際に不同沈下した建物を実地検分した経験が豊富であり、そのような資料を提出できること（どのような条件下で建物が不同沈下するのかを知らずして、不同沈下の可能性を予測することはできない）

- 数値だけを見ていないか?
- 調査地の地盤の予備知識は?
- 豊富な経験にもとづいているか?

↓

信頼できる地盤会社を選択

調査事例 ❶

急傾斜地における擁壁と盛土地盤の不同沈下の事例

基礎設計の問題点

最近は、急傾斜地でも木造住宅が立ち並んでいる。宅地地盤には擁壁がつくられ、宅地が造成されてゆく。擁壁は大きく分けるとコンクリート擁壁と間知石による擁壁がある。

コンクリート擁壁の場合には、立上り部分の高さと同程度の幅のベースがある。ベースの上に土を埋め戻し、土の荷重により擁壁の転倒を防止するためである。そのため住宅を計画するときには、擁壁の高さと同程度のベース

図1 擁壁の立面図（南側）

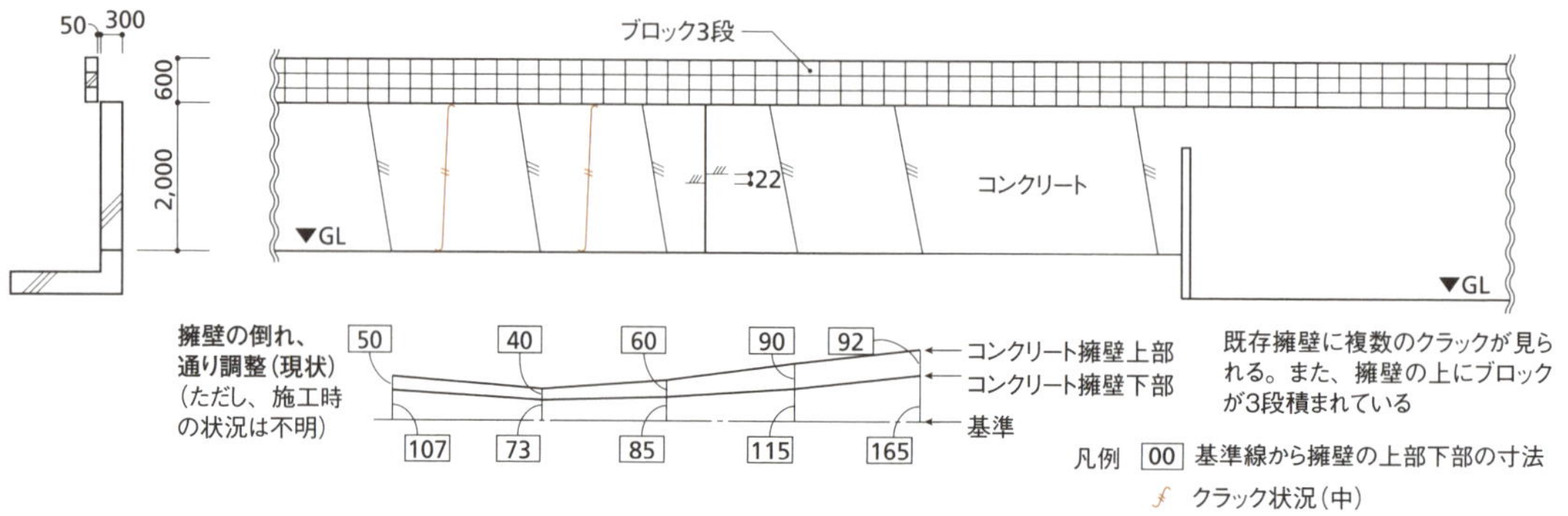

既存擁壁に複数のクラックが見られる。また、擁壁の上にブロックが3段積まれている

図2 配置図（S＝1：150）

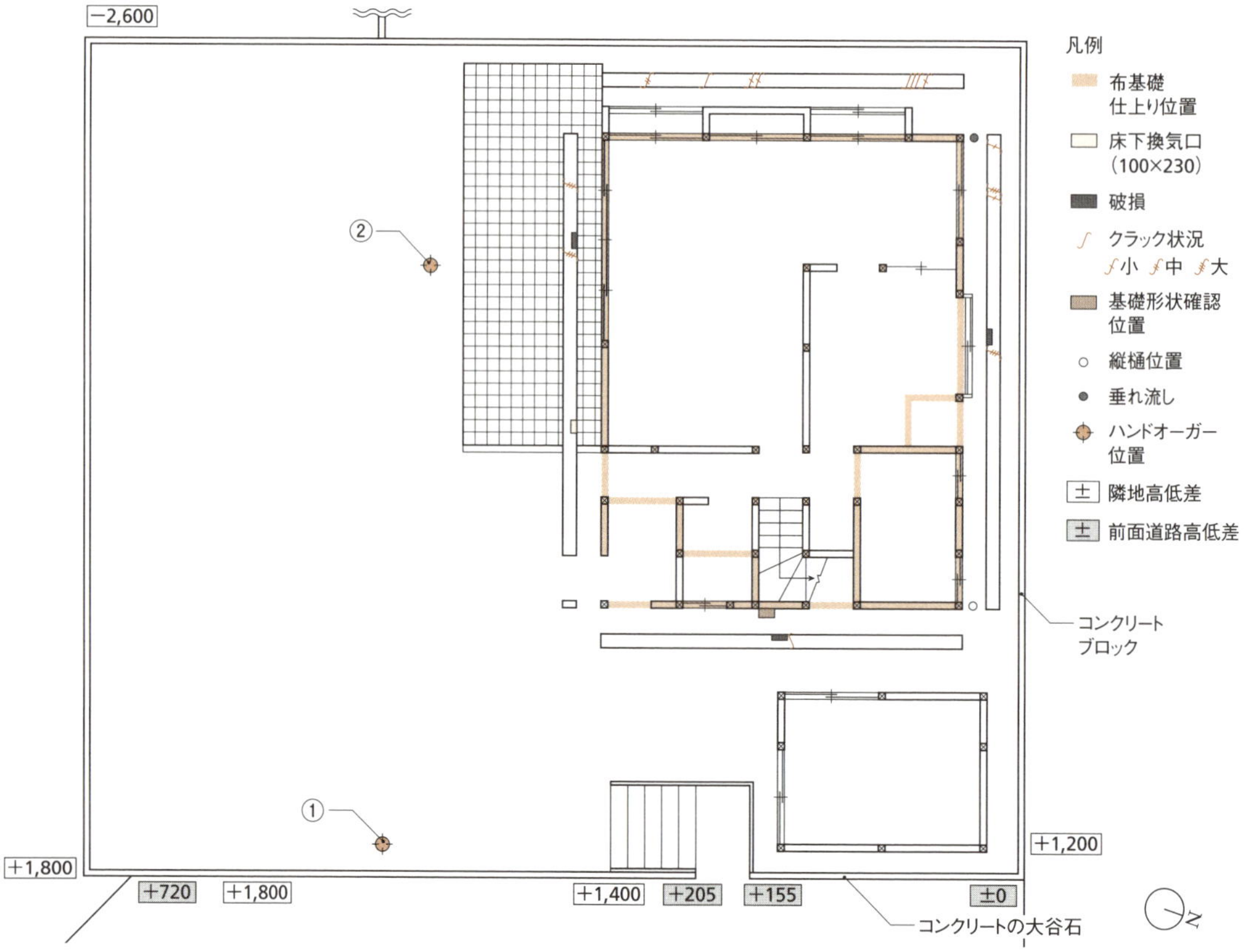

が設けられていることから、ベースの上部は異種地盤となる。それを避けるには擁壁の裏側の裏込め、ベースの上の埋め戻し部分の締め固めが重要になる。異種地盤の影響を少しでも緩和するためである。

既存建物の調査では、おおよそのベース場所を把握し基礎を調べ、ベースの位置を確認する。また、その周辺の基礎のクラックの有無を調べる。

図1で見られるように擁壁の上にブロックなどが積まれ、造成地盤の上にさらに盛土が行われているケースをよく見かけるが、これは大変危険であり行ってはならない。擁壁の上部を重くすることになるからである［**※1**］。

また、水抜きなどもない場合、あるいは擁壁の設計を超えるような建物が設計されれば、擁壁に無理が生じる。さらに、不同沈下などが起こる原因になる。

造成地内の宅地地盤

図2は造成地内の木造住宅の配置図である。宅地の地盤調査をハンドオーガーボーリングにより調べた結果が**図3**である。

地盤調査の位置は配置図上［**図2**］の①と②で行った。この結果から地山の傾斜が分かる。

ローム層までの深さは①の地点で30cm、②では150cmである。結果、盛土の深さの影響と思われる約50mm程度の不同沈下が木造住宅内に生じている。基礎においては不同沈下の大きい部分でクラックが生じている。もちろん、既存建物が昭和36年の竣工ということもあって、基礎強度が弱いこともクラックの原因となっている［**写真1**］［**※2**］。

また、擁壁も50年以上経過していることから劣化も見られる［**写真2**］。建物の影響と思われるが、特定部分にクラックが集中しており、建物の端部においては擁壁部分に破断が見られる［**写真3**］。

［保坂貴司］

図3 ハンドオーガーボーリングの調査結果

①の地点

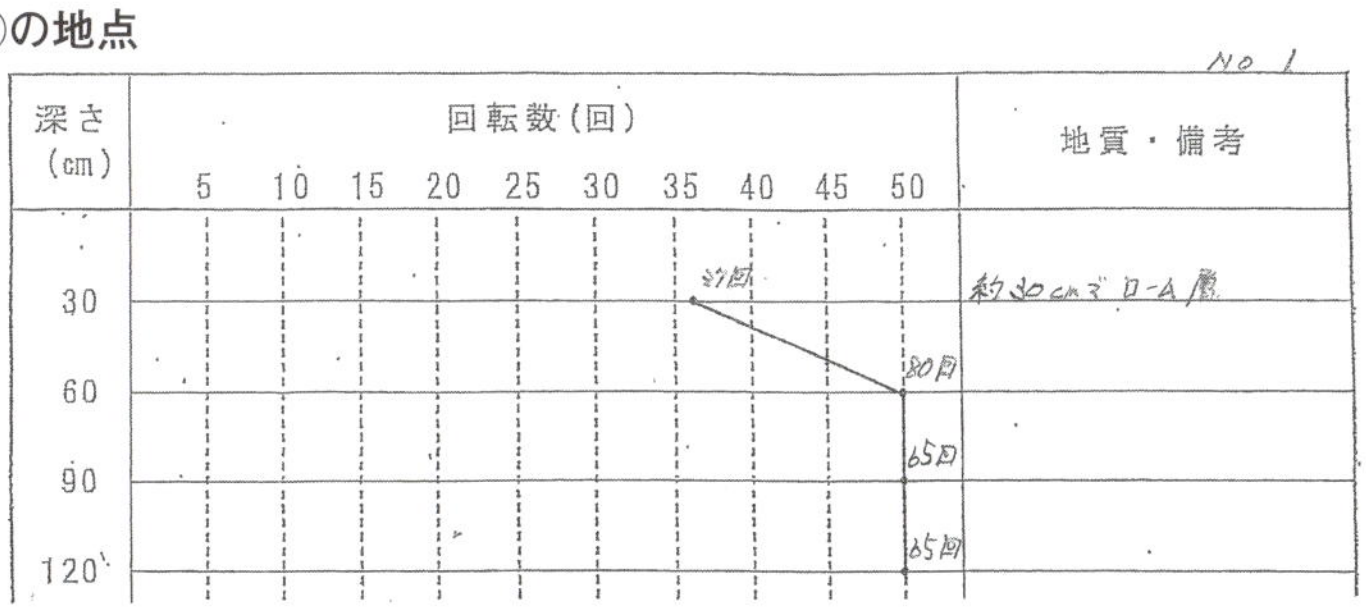

②の地点

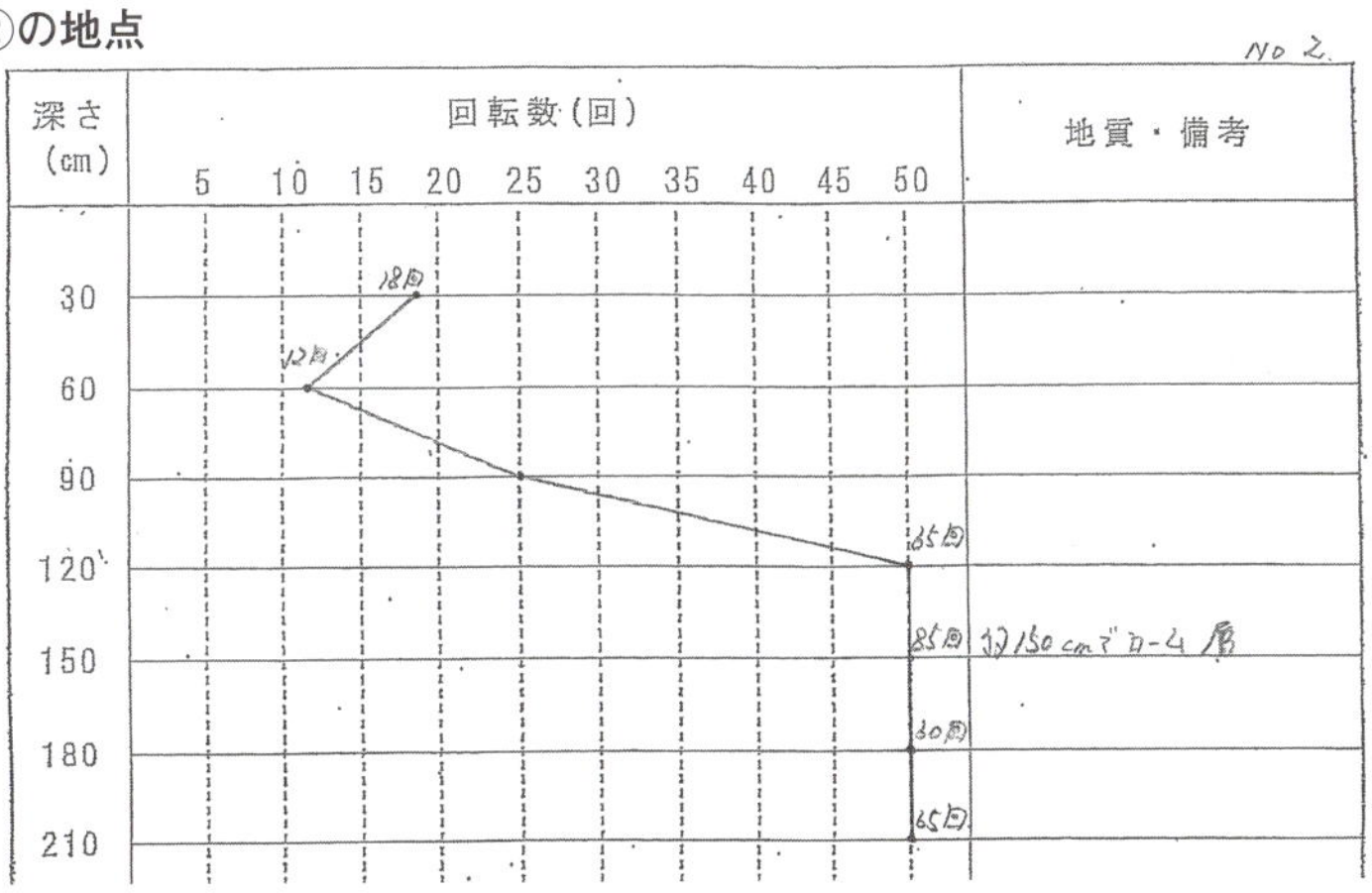

写真1 基礎のクラック

写真2 劣化が見られる擁壁

写真3 既存擁壁のクラック

※1：土は1㎡2t程度の重さとなる
※2：昭和46年以前の基礎は外周のみ布基礎の連続となっている

調査事例❷

後背湿地（低湿地）における不同沈下の事例

基礎設計の問題点

集落は川・水を求めて人が集まり形成される。川は生活水や交通手段として人間生活に不可欠である。そして、集落は田畑を埋め丘陵地へと広がってゆく。したがって都市部の中心は後背湿地・低湿地を中心に形成されるといえる。

ここで紹介する事例の建物もまさに後背湿地にあり、地盤図のなかの河谷底に位置している［図3］。図1は既存基礎の伏図である。築50年（昭和46年以前）ほどになるこの建物は外周布基礎、内部独立基礎で、レベル調査によると約50㎜の不同沈下が見られた［図2］。特にX14通りの基礎が顕著である。図1上でも半島型の基礎となっている。不同沈下の特徴的な点は、不同沈下にバラツキ（凹凸）があることである。これは基礎の剛性の不足と連続性の欠如が影響していると思われる。

柱状図によるとローム層も見られるが、砂・礫・シルトなどがあり、後背湿地の特徴が見受けられる［図4］。軟弱な地盤の上に、剛性の不足した基礎がつくられ、その結果、不同沈下を生じてしまったと思われる。

周囲・隣地の工事による影響

この建物の周辺は商店やマンションが立ち並ぶ。周辺の様子からすると隣地でも建築工事が行われて、当該地は島のように取り残されたと思われる。

図1 既存基礎の調査

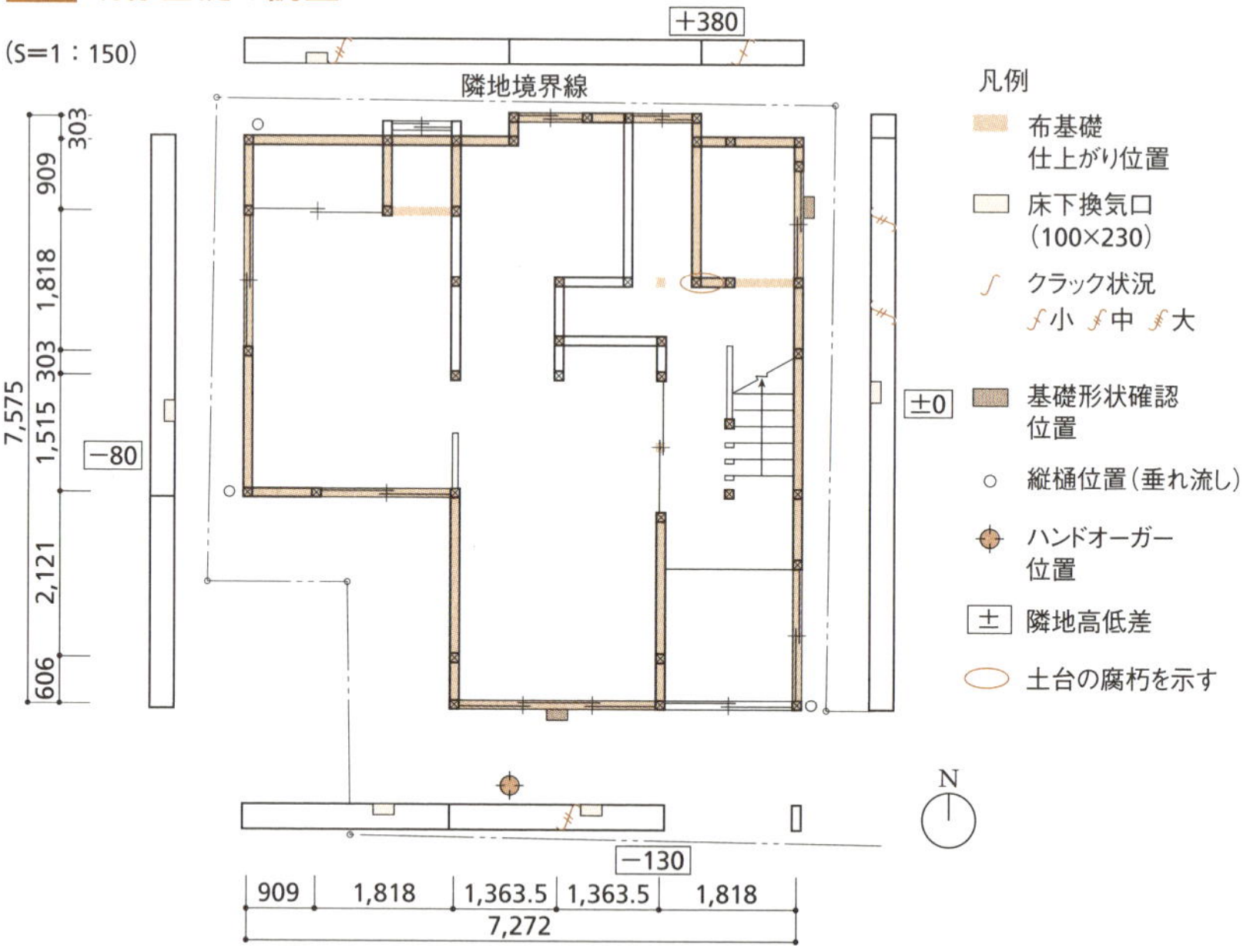

図2 レベル調査

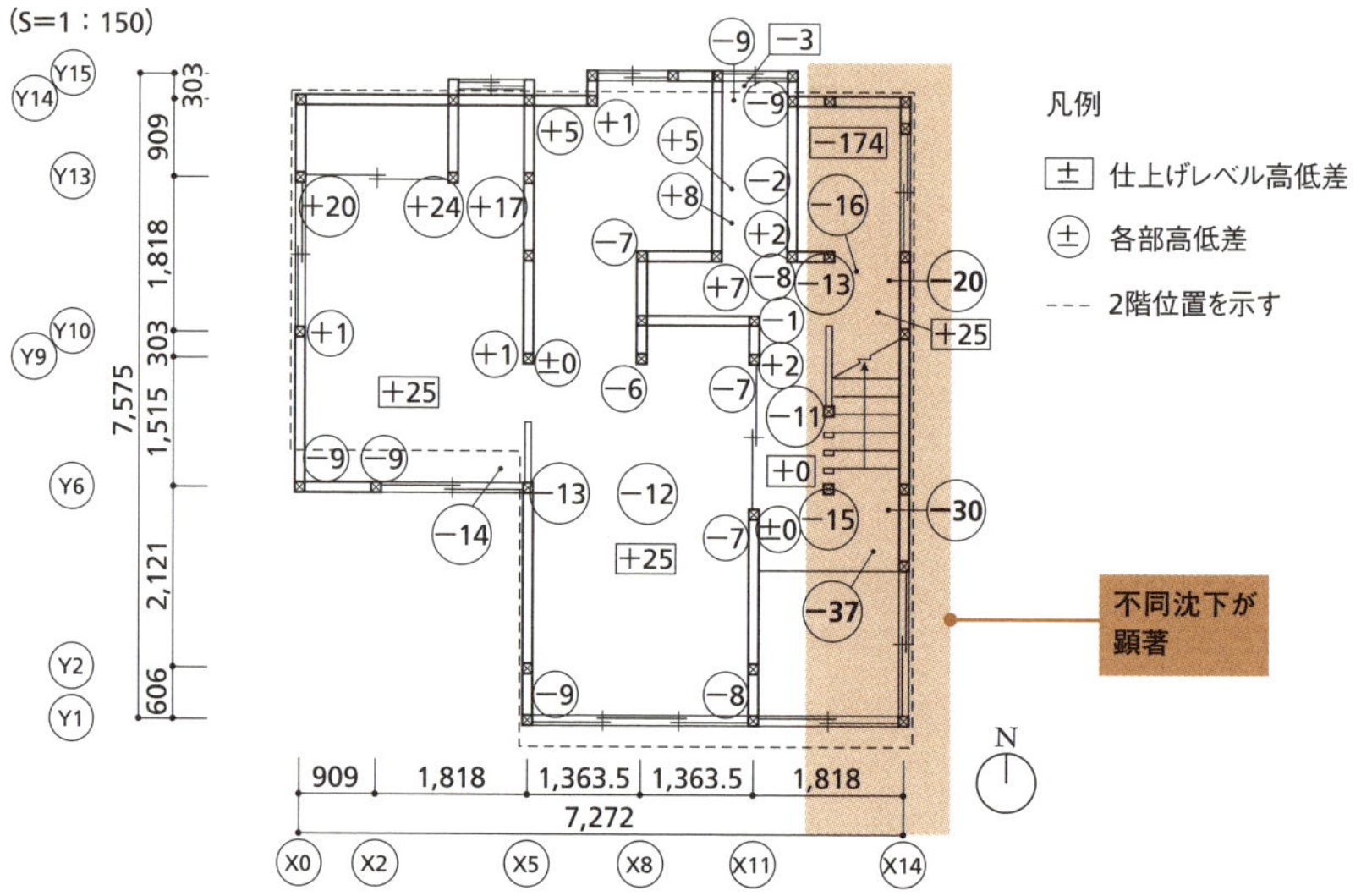

図3 ボーリング調査および地盤分類図

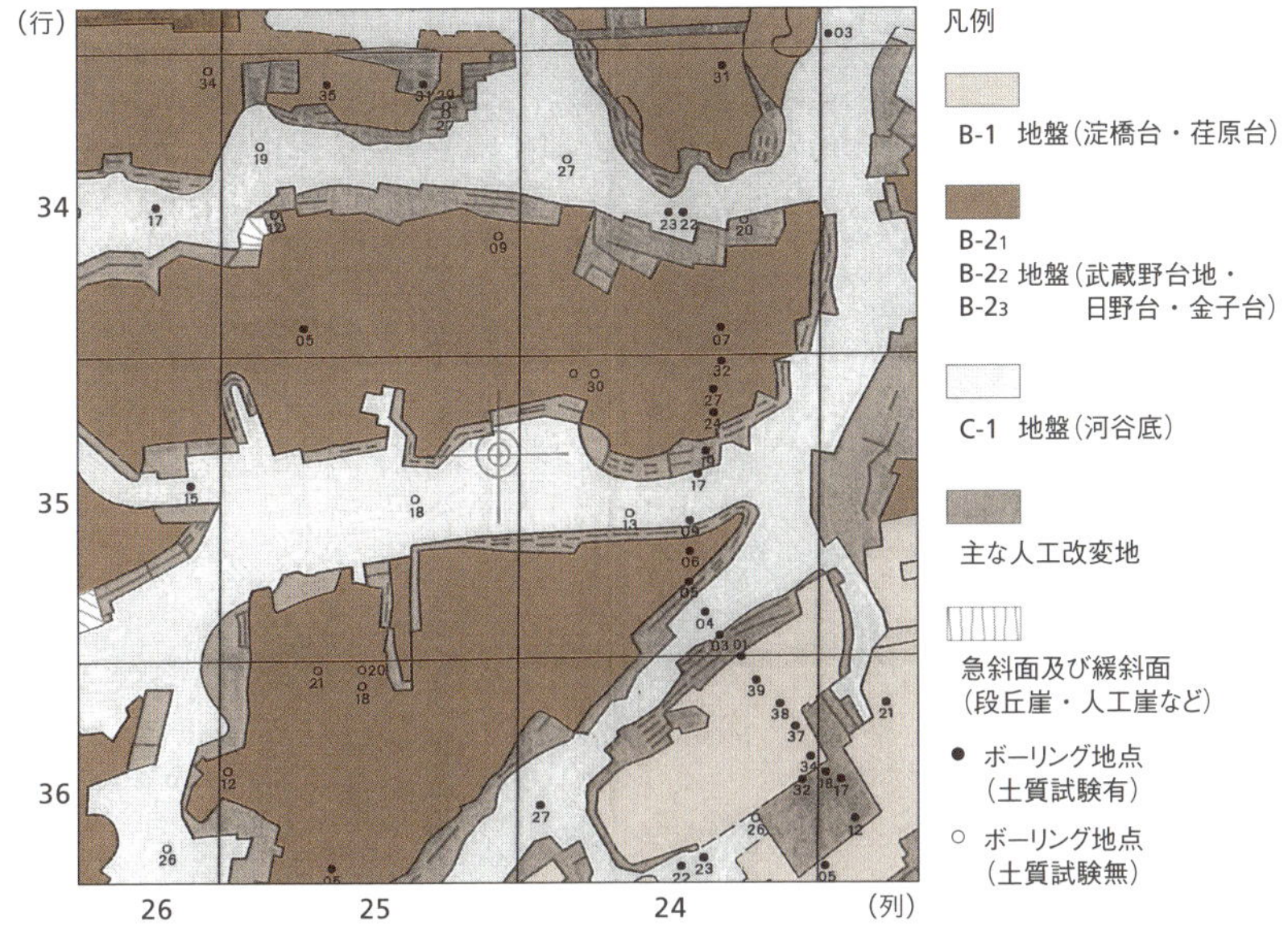

図4 地質柱状図

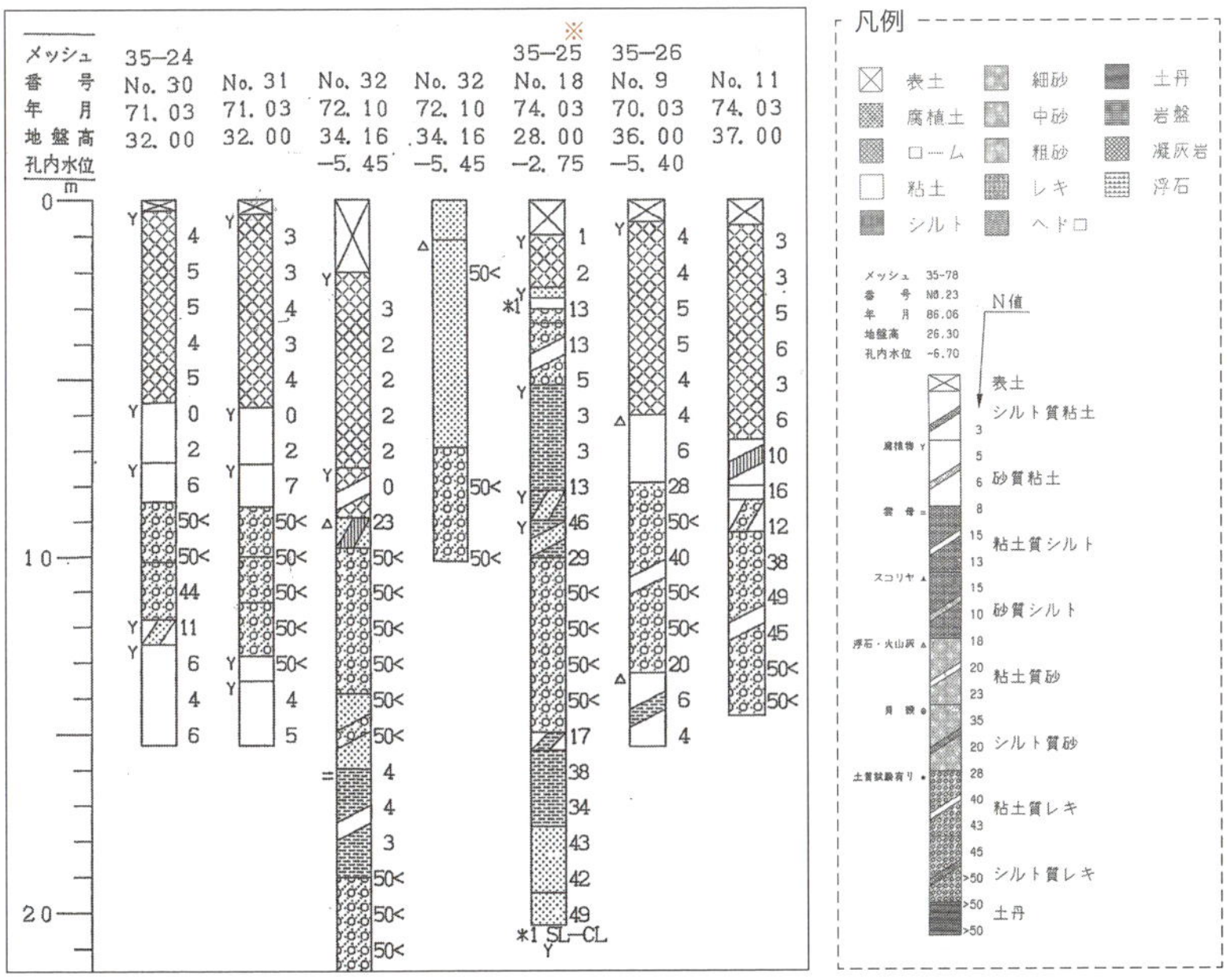

写真1にあるようにハンドオーガーボーリングで地質調査を行った。結果は図4の35―25［※］の柱状図に酷似しており、常水位も2m程度にある。建物の周辺を調べてゆくと周辺地盤が沈下した痕跡が見られるが［写真2］、隣家は最近、鉄骨3階建てに建て替えられている。その工事の影響を受けて地盤沈下したと思われる形跡が、竪樋の下部からも約10cm程度地盤沈下した様子でうかがえる［写真3］。当該建物の基礎を試掘してみると［写真4］、基礎にベースもなく基礎下の地業も行われていない。

　これらを総合的に見ると、建物周辺の工事により地盤沈下を生じたことが推定されるが、それを助長するように当該建物の基礎においても割栗地業の不足、基礎の配置計画の不備などの複合的な因子により不同沈下が生じてしまったと思われる。

　もちろん、地盤調査の不備も原因の1つであるが、後背湿地の特徴を表した不同沈下の事例である。［保坂貴司］

写真1 調査の様子

ハンドオーガーボーリングによる調査

写真2 建物周辺（地盤沈下）

宅地周辺の地盤沈下の状況

写真3 隣接建物（地盤沈下）

隣接建物の竪樋・排水管が沈下

写真4 基礎の試掘

既存基礎の調査

調査事例③

不同沈下した地下車庫のある木造住宅の事例

基礎設計の問題点

この地下車庫付きの木造住宅は傾斜地に位置しており、宅地が道路より上がっていることから地下車庫を計画したようである［写真4］。しかし、計画するにあたり大きなミスを2点犯してしまっている。1つは地盤調査と工事中の根切り底確認の不足。2つ目は異種基礎に対する問題意識の欠落である。

まず1つ目の地盤調査については、地下車庫のスラブのレベル調査結果［図1］では道路側に約110㎜不同沈下している。これは、根切り底の部分にローム層の傾斜があったのか、異質地盤によるものなのか定かではないが、明らかに根切り工事を行ったときに不同沈下の原因があったはずである。根切り底の確認不足の結果といえる。宅地内の高い部分には武蔵野ローム層が認められたが、道路側ではローム層が確認できていたのかも疑わしい。直接基礎の場合は必ず根切り底の確認をしなければならない。木造住宅の場合、根切り底も浅いことから、盛土の場合が多く、地山からの盛土の厚さが異なるなど、不同沈下につながる要因があるからである［写真1］。

異種基礎への認識が不足

図2において点線で示された部分が地下車庫の部分を表す。地下車庫部分はべた基礎になるが、そのほかの基礎は布基礎である。したがって地下車庫部分のべた基礎とは異種基礎となる［写真2］。

布基礎部分でも地下車庫側に不同沈下している。それを示すがごとく桁方向の両側には基礎に大きなクラックが生じている［写真3］。このような事例は異種基礎に対する認識不足の結果と言える。木造の2階（3階部分）にも同じような不同沈下の傾向を見ることができる。

しかし、図1と図2を比較すると不同沈下の傾向が異なっていることが分かる。2階部分の不同沈下は車庫の上においては約60㎜程度［図2］であるのに対し、地下車庫部分では約100㎜前後［図1］の不同沈下が認められる。これは地下車庫の工事中に、すでに不同沈下が生じていたことが推定される。その地下車庫の上に木造住宅を建て、その後に不同沈下が進んだ結果と理解できる。地下車庫付き住宅の工事ではよくあることなので注意が望まれる。

［保坂貴司］

写真1 不同沈下による基礎ベース下端の露出

基礎のベース下端まで露出（X0-Y12出隅部）

写真2 敷地内の高低差

敷地内（東側）にある高低差。上が駐車場スラブで下が庭。建物のスキップフロアと異種基礎が問題

写真3 基礎部分のクラック

不同沈下により生じた基礎部分のクラック（床下よりX通り）

図1 地下スラブのレベル調査

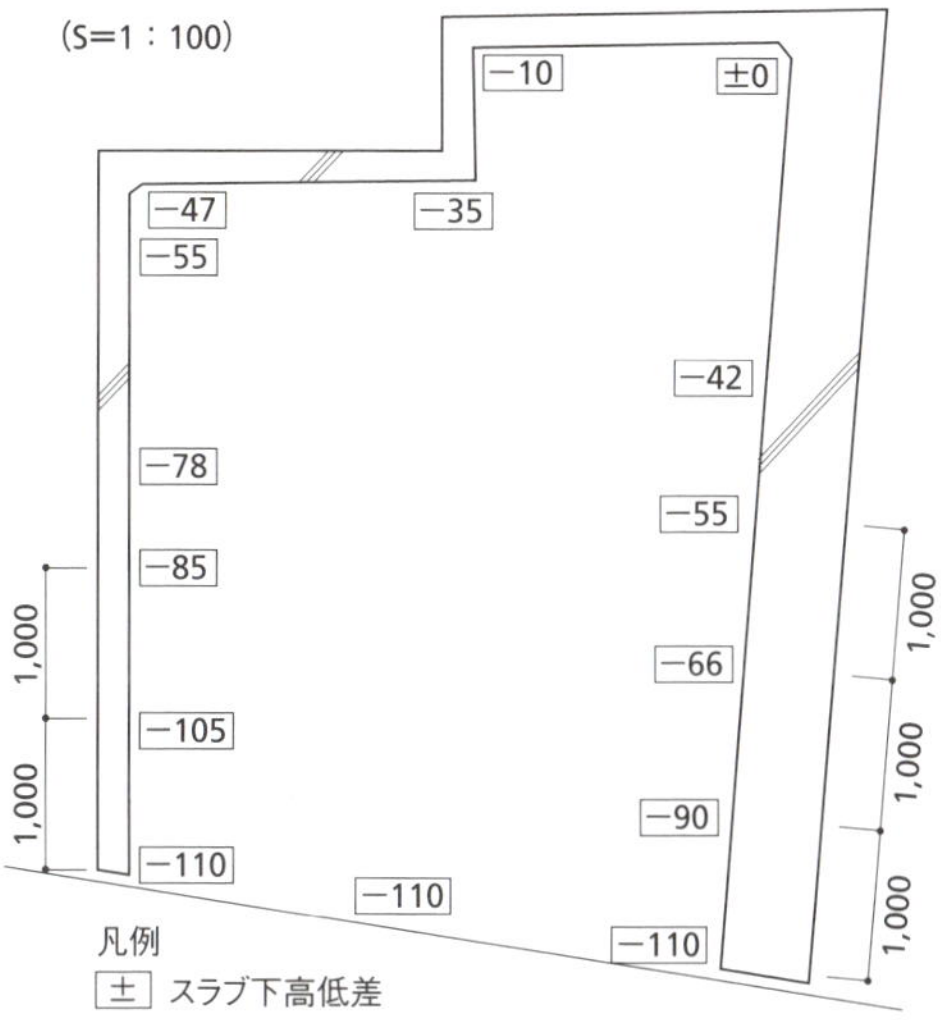

写真4 地下車庫のある傾斜地の木造住宅

傾斜地に位置した地下車庫付き住宅

図2 1階・2階部分のレベル調査

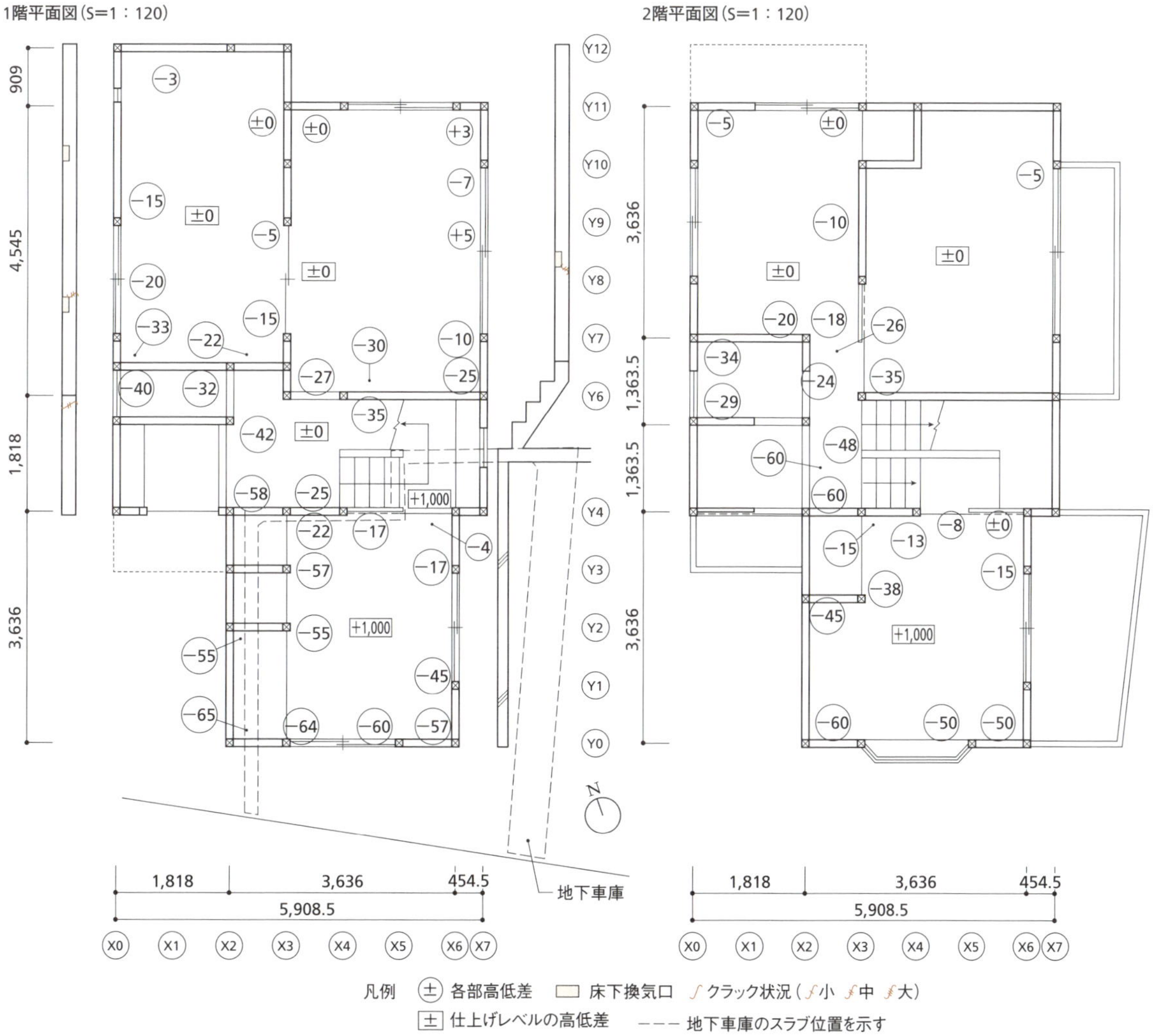

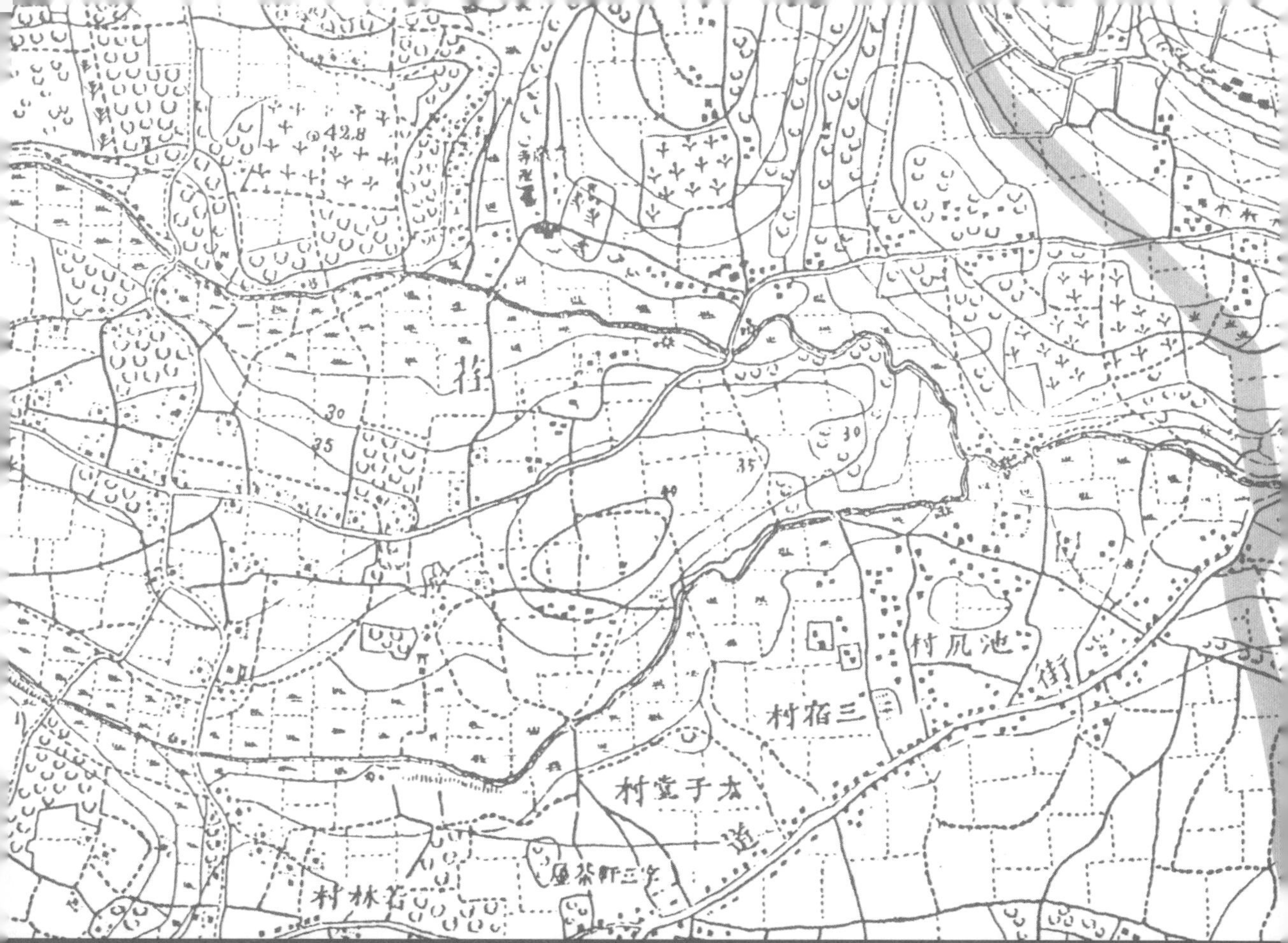

第4章 設計・監理編

設計 ❶

現場からみた基礎設計の問題点

表 基礎設計・施工の注意点

計画時の注意点	基礎の配置計画	基礎は連続基礎とする。特に玄関、内部車庫の場合、基礎が連続していない場合が多いが（半島型基礎）、この場合には柱の引き抜きも大きくなることから、注意が必要である
	基礎形状の選定	基礎の形状等は、強くすればよいとの発想から基礎形状を先に決めてはならない。地盤を調べ建物の平面計画、軸組などを決めてから、建物と地盤に応じた基礎の設計を行う。過剰設計になることに配慮する。過剰設計になるということは、過少設計の可能性もあることになる
	異種基礎	本来、基礎は同一構造で行い、異種基礎は避けなければならない。やむを得ず異種基礎にする場合は、エキスパンジョイントを入れることが望ましい。しかし、木造住宅と車庫との連続のように、エキスパンジョイントを入れにくい場合には、異種基礎の接合部分の剛性を大きくする
	傾斜地の不同沈下	傾斜地では硬質地盤（地山が傾斜している）が傾斜している場合が多く、敷地に緩い盛り土の薄い部分と厚い部分が生じ、その上に直接基礎を行い不同沈下しているケースが大変多い。堆積土の厚さの差、建物荷重、ベース巾を配慮することが必要である
施工時の注意点	根切り底の確認	地盤調査を行ったとはいえ、根切りで何が出てきてもおかしくないのが地盤の難しいところである。したがって、根切り後は必ず目視で地盤状況を確認する。そして、地盤調査の結果と照らし合わせ、変更が必要かどうかなどを確認する
	根切り底の地業	関東ローム層が根切り底にある場合には、割栗地業などを行ってはならない。特にランマーなどで叩くと、地盤が割れることもある。この場合には、砂地業をする。また間違えて深く掘った場合には、埋戻しはしない
	べた基礎の根切り底	べた基礎を選定する理由は、地耐力が不足しているからである。それなのに、べた基礎の上に埋土をしている現場を見かけることがあるが、これは絶対にしてはならない。特に基礎の根入れ部分に斜面がある場合には、地業に注意が必要である
	鉄筋の配筋	土中になる鉄筋のかぶり厚さ、基礎のコーナー部分、大開口部に注意する。特に鉄筋の引っ張り側では定着、フックに配慮し、人通口、換気口には補強筋を必ず入れる
	コンクリート工事	コンクリートを打つときには、最近は交通渋滞も多いことから、できるだけ近くのプラントを利用し、現場で水を混入してはならない。またコールドジョイントを避けるため、速やかに打設を行う。FC=2.1ｋN、スランプ18を標準としている
	アンカーボルト	アンカーボルトの配置は、出隅、土台の継手、大開口部、耐力壁などの場所に配置する。コンクリートのかぶり厚さにも注意し、アンカーの根入れ、座金形状にも配慮してナットの上のネジ山も2山以上出すこと

地盤に適した基礎の設計を

基礎の設計施工で問題になるのは、表のとおりである。一番大きな問題として、基礎設計は仕様を優先し、現場（敷地の地盤）に適した基礎設計を行っていない場合が多いことではないだろうか。

基礎工事、地盤改良工事は、設計図書にもとづいて行わなければならないが、地盤と基礎は、工事に入らなければ分からないことがたくさんある。しかも、地盤調査は限られた条件のもとで行われているため、確認できることは限られている。そのため、工事途中で変更を余儀なくされることもおおいにあり得る。

したがって基礎の設計は、設計者が主体的に取り組まなければならない。基礎設計は、根切り底の確認をするまで終わってはいないのである。そして現場からの意見も謙虚に受け止め検討することが必要である。また現場担当者は、設計者に適切かつ正確に情報を伝えるように心がけなければならない。

［保坂貴司］

基準法・瑕疵担保・旧公庫の基礎仕様比較

表1 基礎形式の選定基準の違い

	建築基準法	瑕疵担保保険の設計施工基準
基礎形式の選定	長期許容応力度（kN／㎡）により選定	
	・20kN未満：基礎杭 ・20〜30kN：べた基礎 ・30kN以上：布基礎 ・70kN以上の場合：無筋コンクリート、土台を設けず柱を基礎に緊結する形式または平屋で土台を設けず、足固めを使用して柱の下部どうしを一体化するようつなぎ、地盤に礎石などを敷き並べ柱を礎石上に立てる形式が可能 （平12建告1347号） ※旧公庫・品確法の性能表示（等級1）も同様	（地盤の許容応力度に関する規定はなし。ただし平12建告1347号の数値（20kN／㎡）をもとに構造計算を行ったべた基礎の配筋表などによる）
	自沈層の有無などによる検討	
	・液状化するおそれのある地盤の場合、または、SWS試験で基礎底部から2m以内の距離に1kN自沈が、もしくは基礎底部から2mを超え5mの範囲に0.5kN以下の自沈が確認された場合は、建物の自重による沈下、地盤の変形などを確認しなければならない（これが地盤補強の要否の一般的な判断基準となっている） （平13国交告1113号）	・計測点すべてが「0.75kNゆっくり自沈」以上の場合で、各計測点のデータがほぼ同一：べた基礎 ・計測点すべてで自沈層がない：布基礎・べた基礎

表2 令93条に定める地盤の許容応力度

地盤	長期許容応力度（kN／㎡）	短期許容応力度（kN／㎡）
岩盤	1,000	長期許容応力度のそれぞれの数値の2倍とする
固結した砂	500	
土丹盤	300	
密実な礫層	300	
密実な砂質地盤	200	
砂質地盤（地震時に液状化のおそれのないものに限る）	50	
堅い粘土質地盤	100	
粘土質地盤	20	
堅いローム層	100	
ローム層	50	

基準法から最低限の設計を学ぶ

最低限の基礎設計は、建築基準法施行令38条を確認することから始まる。

①建築物に作用する荷重と外力を安全に地盤に伝え、かつ、地盤の沈下と変形に対して構造耐力上安全なものとしなければならない

②異種基礎にしてはならない

③仕様規定にもとづいた構造方法を用いる（平12建告1347号）

④または構造計算する

上記の①で重要なのは「地盤の沈下と変形に対して構造耐力上安全なものとしなければならない」という部分であるにもかかわらず、地盤の性能を無視した上物（建物）だけを考慮した、基礎設計が少なくない。地盤の性能に基づいた基礎設計とするため、平12建告1347号では地盤調査で地盤の長期許容応力度を求め、それにもとづき基礎形式を選定するように求めている。

表1は、建築基準法と瑕疵担保保険の「設計施工基準」にもとづいた基礎形式選定の規定を比較したものだが、内容が少し異なっている［※］。

※：旧公庫の仕様と性能表示の等級2以上の基礎形式の選定は、建築基準法とほぼ同じである

図1 布基礎における仕様規定（建築基準法と旧公庫）

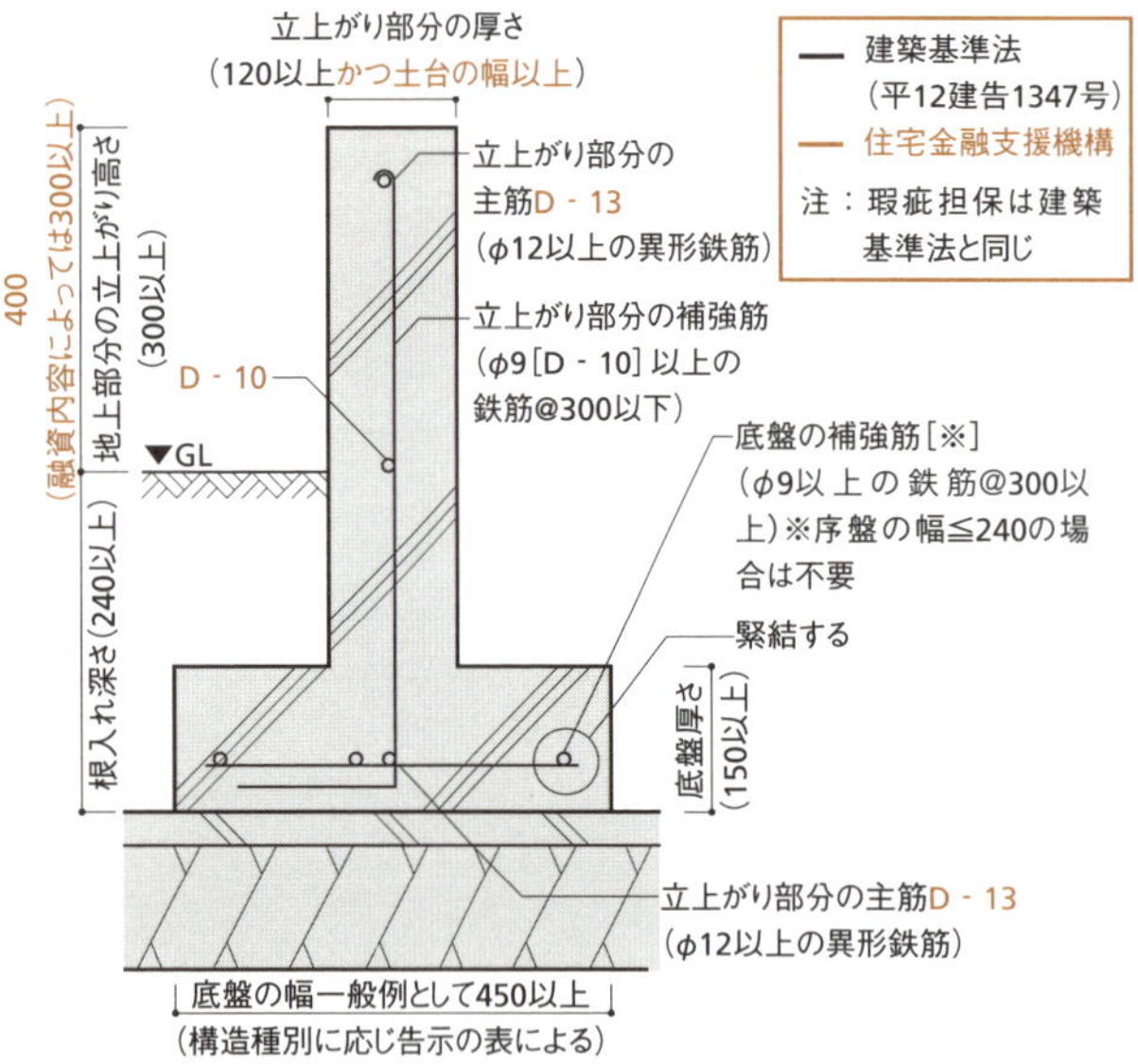

下図以外に要求される構造方法

- 一体の鉄筋コンクリート造（2以上の部材を組み合わせたもので、部材相互を緊結したものを含む）の基礎ばりを設けること
- 土台の下には連続した立ち上がり部分を設ける

開口部廻りの補強筋の入れ方

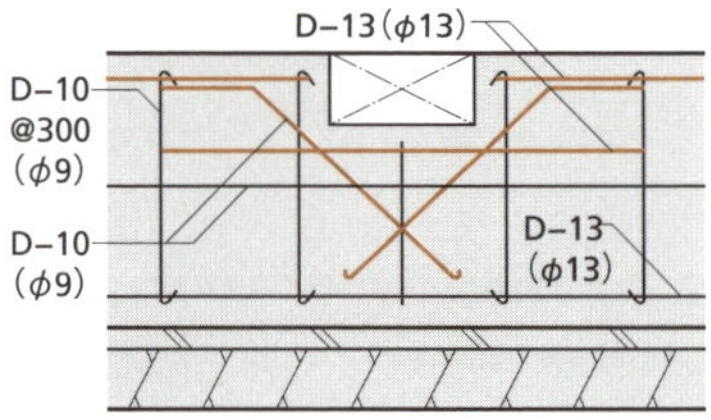

コーナー部補強

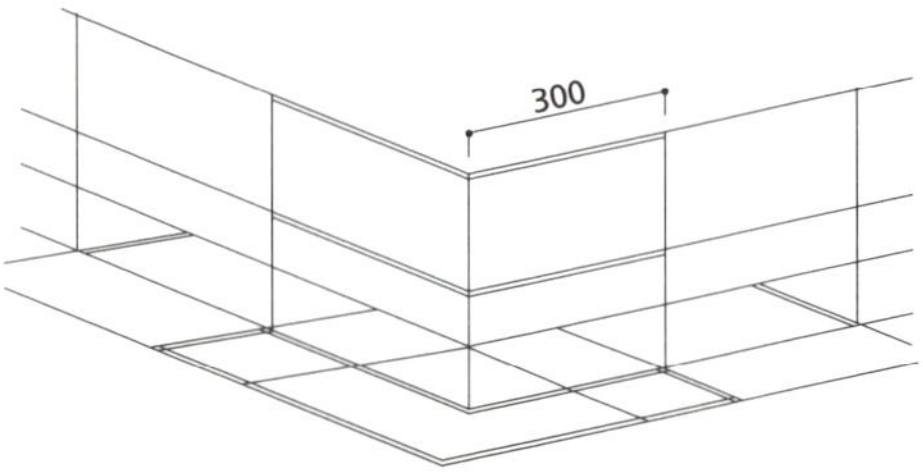

隅角部では各横筋を折り曲げたうえ直交する他方向の横筋に300㎜以上重ね合わせる

布基礎底盤の幅

地盤の長期許容応力度（kN／㎡）	布基礎底盤の幅（㎝）		
	平屋建て	2階建て	3階建て
30以上50未満	30	45	60
50以上70未満	24	36	45
70以上	18	24	30

表3 性能表示における布基礎底盤の幅（基準寸法　0.91m）

地域	最深積雪量	屋根葺材料（等級）	階数（根入れ）	建物重量（kN／㎡）	長期地耐力（kN／㎡）	布基礎底盤の幅B（㎝）		
						布基礎間隔：2.73m	布基礎間隔：3.64m	布基礎間隔：4.55m
一般地	—	重い建物［※1］	平屋（24㎝）	3.63	30	30*	30*	35
					50	24*	24*	24*
			2階（24㎝）	6.87	30	45*	50	55
					50	36*	36*	36*
					70	24*	24*	24*
		軽い建物［※2］	平屋（24㎝）	2.85	30	30*	30*	30*
					50	24*	24*	24*
			2階（24㎝）	5.60	30	45*	45*	45*
					50	36*	36*	36*
					70	24*	24*	24*
多雪区域［※3］	1m	重い建物（等級1）	平屋（24㎝）	7.03	30	45	50	55
					50	25	30	35
					70	18*	20	25
			2階（45㎝）	10.36	30	75	—	—
					50	40	45	50
					70	30	30	35
		重い建物（等級2）	平屋（24㎝）	7.53	30	50	55	60
					50	30	30	35
					70	18*	20	25
			2階（45㎝）	10.86	30	80	—	—
					50	40	45	55
					70	30	30	35
	2m	重い建物（等級1）	平屋（24㎝）	9.15	50	35	35	40
					70	25	25	30
			2階（45㎝）	12.48	50	50	55	60
					70	35	35	40
		重い建物（等級2）	平屋（24㎝）	10.07	50	35	40	45
					70	25	30	30
			2階（45㎝）	13.40	50	50	55	65
					70	35	40	45

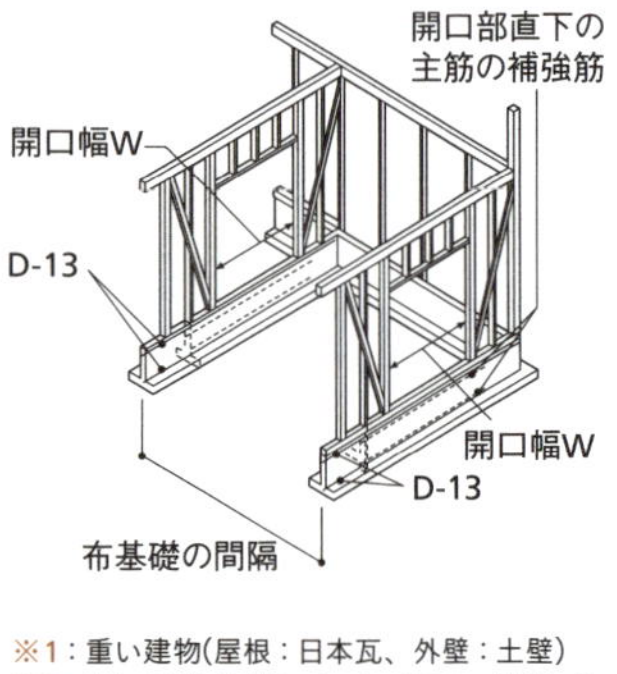

※1：重い建物（屋根：日本瓦、外壁：土壁）
※2：軽い建物（屋根：セメント瓦、外壁：鉄網モルタル）
※3：多雪区域（屋根：日本瓦、外壁：土壁）
*印は、告示基準による最低寸法

表3　出典：『木造住宅のための構造の安定に関する基準に基づく横架材及び基礎のスパン表』（㈶日本住宅・木材技術センター刊））より

図2 べた基礎における仕様規定（建築基準法と旧公庫）

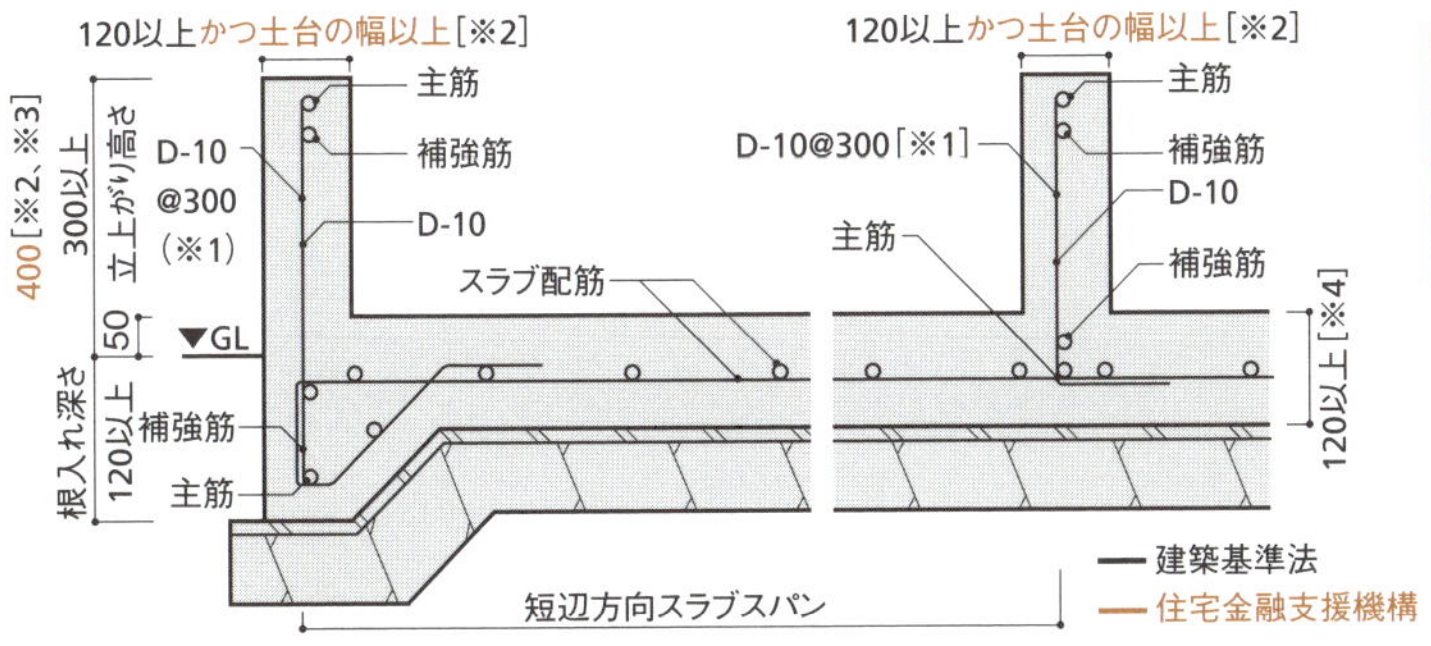

下図以外に要求される構造方法
- 一体の鉄筋コンクリート造（2以上の部材を組み合わせたもので、部材相互を緊結したものを含む）の基礎ばりを設けること
- 土台の下には連続した立ち上がり部分を設ける

※1：配筋表による、または構造計算による
※2：基礎の寸法および配筋は、建設地の状況や荷重条件を個別に把握し、構造計算によって基礎の形状、鉄筋の配置方法などを決定し、その仕様を特記する
※3：融資内容によっては300mmでよい
※4：瑕疵担保では150を標準としている

表4 性能表示のべた基礎スラブの配筋表（基準寸法0.91m、防湿べた基礎の場合）根入れ深さ12cm以上

上部荷重（kN／㎡）	短辺方向スラブスパン（m）	短辺及び長辺方向スラブ配筋［※2］（mm）
平屋建［※1］ 4.00	2.73以下	D10@200 シングル配筋（スラブ厚150mm）
	2.73を超え3.64以下	D10@150 シングル配筋（スラブ厚150mm）
	3.64を超え4.55以下	D10@200 シングル配筋（スラブ厚150mm）
2階建［※1］ 7.50	2.73以下	D10@150 シングル配筋（スラブ厚150mm）
	2.73を超え3.64以下	D13@150 シングル配筋（スラブ厚150mm）
		D13@200 ダブル配筋（スラブ厚200mm）
	3.64を超え4.55以下	D13@100 シングル配筋（スラブ厚150mm）
		D13@150 ダブル配筋（スラブ厚200mm）

※1：重い建物（屋根：日本瓦、外壁：土壁） ※2：スラブの配筋

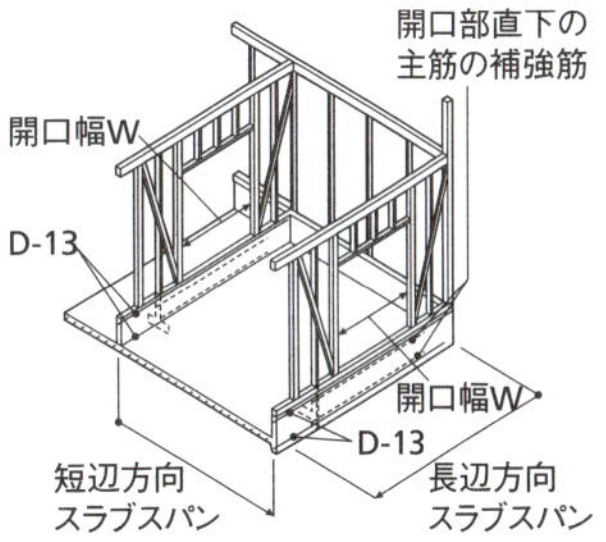

瑕疵担保保険の設計施工基準では、「計測点すべてが0・75kN（ゆっくり自沈）以上の場合で、各計測点のデータがほぼ同一の場合、ベタ基礎」などと書かれており、建築基準法と違って、地盤の長期許容応力度によって基礎形式を選定することにはなっていない。

これは、おそらく、不同沈下事故の原因が、地盤の許容応力度不足よりも地盤の不均質性や、自沈層の有無（地盤の変形）が問題となることが多いためであろう。

建築基準法では、基礎下2〜5mの範囲に自沈層が確認された場合には、沈下の検討や地盤補強などの措置を講じることを定めている（平13国交告1113号）。また瑕疵担保保険の平成20年度版の「基礎設計のためのチェックシート」には「深さ2m以深10m程度の間に0.5kN自沈以下が連続で100cm以上、または合計で200cm以上ある（深さ2m以深5mの間に自沈層がない場合をのぞく）場合と、深さ2m以浅に0・50kN自沈以下が合計して50cm以上ある場合に基礎杭・地盤改良などの補強が必要」とあったが平成21年度版には表記されておらず、地盤補強の要否については「地盤調査結果の考察」または「基礎設計のためのチェックシート」（木造2階建て以下）を用いて判断するとされている。住宅瑕疵担保履行法の施行により、瑕疵担保保険への加入などは義務付けとなった。

地盤の許容応力度を

なお、令93条に定められている種類の地盤を確認できたときは、そこに示されている長期許容応力度にもとづいて基礎形式を選定できるとしている［表2］。瑕疵担保保険では、「現地調査チェックシート」の項目に該当する内容によっては、地盤調査を行うこととしている。

基礎の構造

基礎の構造は、建築基準法・旧公庫・瑕疵担保保険の設計施工基準での違いはほとんどない［図1・図2］。基本は、平12建告1347号である。ただし、瑕疵担保保険の設計・施工基準では、べた基礎の配筋表を用意しており［13頁表1］、建物荷重や積雪荷重を検討した配筋とする。表4は性能表示の配筋表である。基礎設計で不可欠なことの1つに、基礎のスパンの検討がある。基礎のスパンは基本的には4m以内とし、4mを超える場合は剛性を高めるなどの検討が必要になる。詳しくは性能表示のスパン表などを参考にしてほしい［表3］。［保坂貴司］

表4 出典：『木造住宅のための構造の安定に関する基準に基づく横架材及び基礎のスパン表』（財日本住宅・木材技術センター刊）より

設計 3

べた基礎・布基礎の基本的な考え方

図1 布基礎とべた基礎の比較

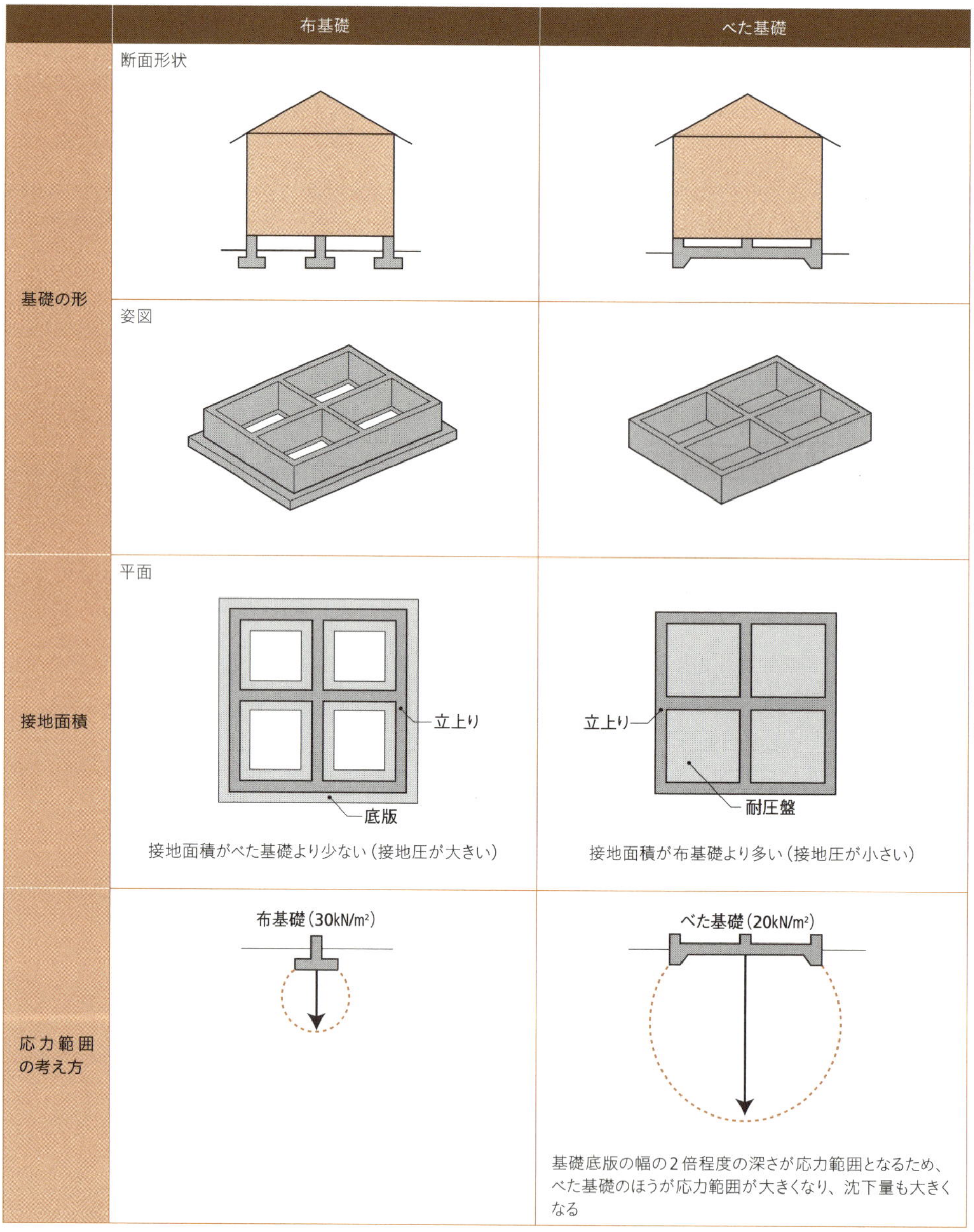

基礎の形		布基礎	べた基礎
基礎の形	断面形状		
	姿図		
接地面積	平面	立上り／底版 接地面積がべた基礎より少ない（接地圧が大きい）	立上り／耐圧盤 接地面積が布基礎より多い（接地圧が小さい）
応力範囲の考え方		布基礎（30kN/m²）	べた基礎（20kN/m²） 基礎底版の幅の2倍程度の深さが応力範囲となるため、べた基礎のほうが応力範囲が大きくなり、沈下量も大きくなる

べた基礎と布基礎の違い

平12建告1347号に従うと、布基礎かべた基礎かの選択は、地盤の地耐力が30kN／㎡以上ある比較的良質な地盤では、布基礎を採用することができる。一方、べた基礎は20kN／㎡以上と比較的軟弱な地盤でも採用できることになっている。簡単にいうと、「硬い地盤」には布基礎を、「軟らかい地盤」にはべた基礎を、と考える。

しかし、最近では地盤の状況にかかわらず、仕様ありきではじめからべた基礎を選定している現場が多いように思う。それぞれの基礎形式の特徴を理解し、地盤に対して適切な選定を行わないと、「過剰安全設計」のつもりが、「過少設計」にもなりかねない。

布基礎は、基礎に逆T字形の底版を設ける［図1］。底版の設計においては、接地圧（建物重量を底版の面積で除した値）が、地耐力以下に収まるように計画する［図2①］。やや軟弱な地盤では、底版の幅を広げることで対処する。この底版を連続して設けることが大切である。格子状につなげて一体

図2 布基礎とべた基礎の設計の考え方

❶ 布基礎の設計の基本（布基礎の底版幅の計算式）

布基礎の底版幅 ＝ 建物全重量（kN） ／ （布基礎の長さ（m）× 有効地耐力（kN／㎡））× 安全率（1.5）

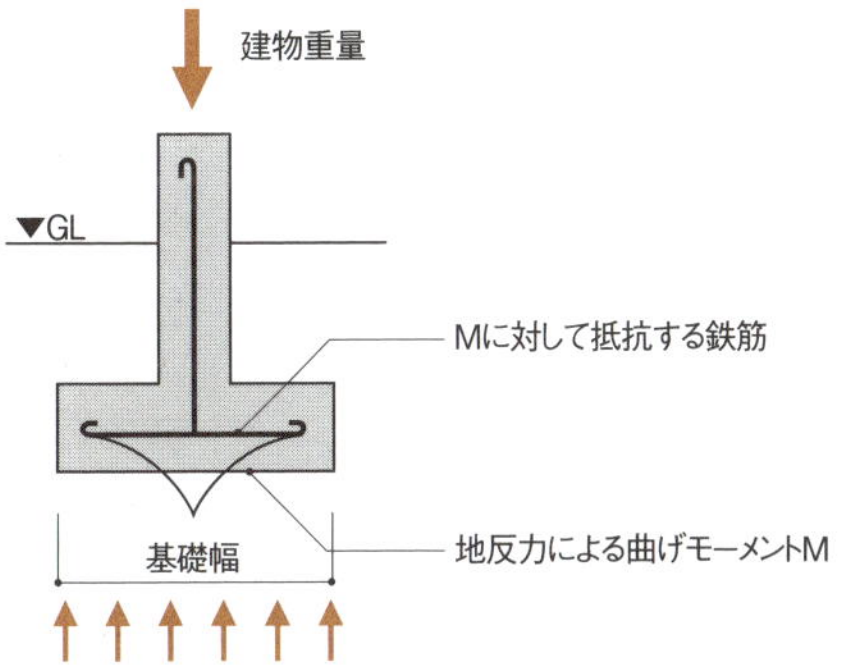

布基礎を求める場合の上部荷重の目安
（性能表示のスパン表より）

一般地	重い建物	2階	6.87kN／㎡
	軽い建物	2階	5.60kN／㎡

布基礎

建物全重量（木造2階建て）＝2階固定荷重＋2階積載荷重＋1階固定荷重（床は含まず）＋基礎荷重（1床面積で除した値）

❷ べた基礎の設計の基本

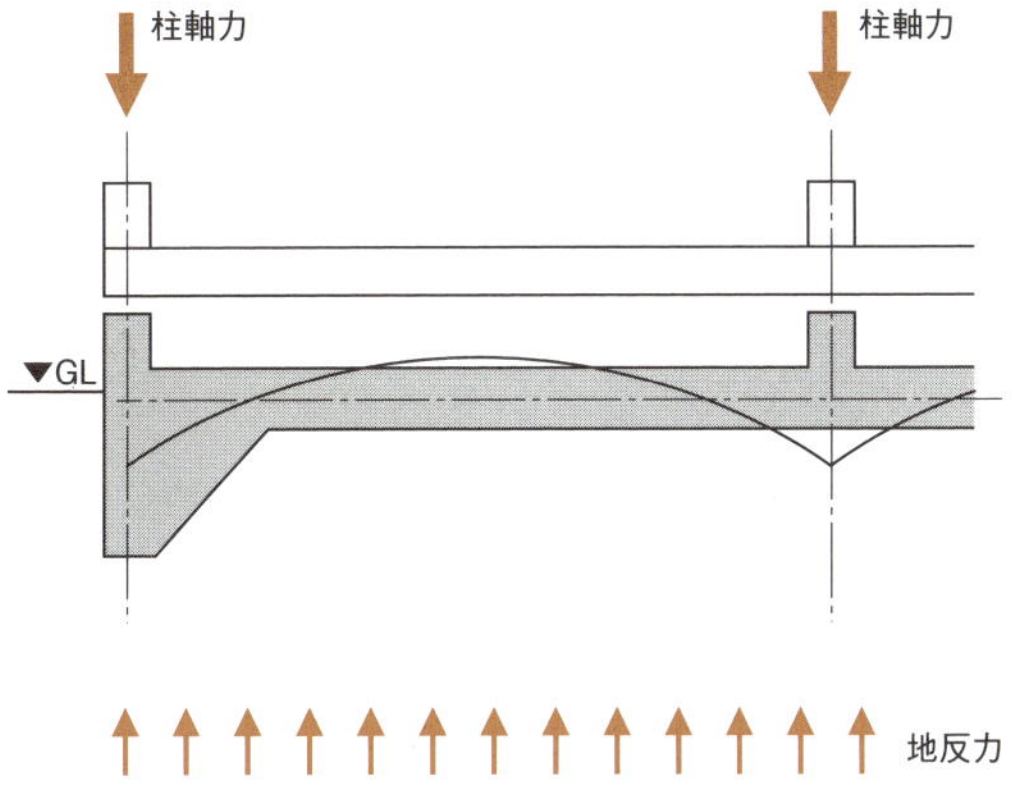

建物全重量（kN） ／ 基礎面積（㎡）（≦地耐力）

べた基礎を計算する場合の上部荷重の目安
（性能表示のスパン表より）

平屋建	重い建物	4.00kN／㎡
2階建	重い建物	7.50kN／㎡

べた基礎

建物全重量（木造2階建て）＝2階固定荷重＋2階積載荷重＋1階固定荷重＋1階積載荷重＋基礎荷重

表 基礎の構造形式（平12建告1347号）

長期地耐力（kN／㎡）	基礎杭	べた基礎	布基礎
20未満	○	×	×
20以上30未満	○	○	×
30以上	○	○	○

化し、半島型にしないように設ける。また、やや軟弱な地盤でも1m以内の深さに硬質地盤がある場合は、基礎の根入れを深くし、底版を硬質地盤に届かせると効果的である。

一方、べた基礎は、基礎底版の接地面積全体で荷重を支える基礎である。接地面積が布基礎より大きくなるため、接地圧が減少する。よって、布基礎よりも地耐力が低い地盤で採用することができるのである。しかし、地中への応力範囲は布基礎と比較して大きくなり、沈下量が大きくなることが確認されている。硬質層が傾斜している地盤では、べた基礎だと不同沈下するおそれがある。［保坂貴司］

設計4

基礎仕様の変遷をたどる

基準と現場の間で発生するトラブル

木造住宅の基礎のトラブルがここ数年多発している。具体的には、基礎の形状の不備、地中梁の不連続（床下換気孔、人通孔）、コンクリート強度不足、クラック、ジャンカ、捨てコンの有無、鉄筋加工の誤り、主筋間隔不足、継手長さ・定着長さ不足、補強筋不備、かぶり不足、フックの有無など多岐にわたって存在する。

それらは、技術者の知識不足によって発生しているものから、悪質な手抜き工事によって発生しているものまで種々ある。ここでは主に前者について、その改善に役立つことを期待して記述する。

トラブルとは何か。これを堅苦しく述べてみると、「現時点での建築基準法・施行令・告示、住宅金融支援機構の木造住宅工事仕様書および㈳日本建築学会の鉄筋コンクリート構造計算規準・建築工事標準仕様書JASS5などの規準と、日常業務のなかで行われている基礎工事の実態とが整合していないことである」と言えるし、また、技術者の立場で言うと、「改正された基準が正しいと思っている人たちと、法改正に不満をもっている人たち、あるいは技術進歩などに適応できない人たちとのせめぎ合い」ということでもある。

両者それぞれの立場が抱えている複雑な問題が、トラブルの原因をつくっている。一般の現場では、いまだに法律や基準などに追従する能力が不十分な状態であるにもかかわらず、1998年の建築基準法の大改正（告示は'00年）で鉄筋コンクリート造基礎と継手金物の木造建物への完全導入が実現されてしまった。このことにより、法律・基準と現場との差はさらに広がってしまい、両者の間にさまざまなトラブルを発生させる要因となっている。

建築法規の変遷

現在一般的に行われている木造住宅の基礎形式（鉄筋コンクリート造の布基礎・べた基礎）の歴史が案外浅いことは一般に知られていないようである［表］。

日本での建築に関する規準のスタートは、1919年（大正8年）公布の『市街地建築物法』である。辰野金吾、妻木頼黄などから近代建築技法を学んだ佐野理器、内田祥三、笠原敏郎らによってつくられ、東京市、大阪市などの6大都市に適用された。内容は現在の建築基準法とよく似ている（鉄筋コンクリート造や鉄骨造は構造計算書の提出を義務づけられたが、木造は構造計算書を提出しなくてもよいなど）。

施行規則では、「柱下部の土台設置」「継手・仕口の設置」などについての規定はあったものの、「基礎」についての規定はなかった。当時は石造による地業が一般的に行われていたため、基礎という概念が普及していなかったのである。

その後、1923年（大正12年）の関東大震災、戦後の建築基準法の公布までの過程で、木構造については筋かいなどの義務化や壁量の概念などが盛り込まれたが、相変わらず基礎についての規定がなかった。

しかし、1968年（昭和43年）の十勝沖地震での大被害から、1971年（昭和46年）に建築基準法施行令の構造規定が改正され、ここで初めて木造の「基礎」について、無筋コンクリート造または鉄筋コンクリート造の布基礎とすることが新しく規定された。

そして、1978年（昭和53年）の宮城沖地震の後、1981年（昭和56年）に施行令の構造規定が大改正され（新耐震設計法）、軟弱地盤での木造住宅の基礎は鉄筋コンクリート造の布基礎としなければならないとされた。

その後、度重なる地震の被害から地耐力と基礎の関係が明らかになり、1998年（平成10年）の建築基準法改正で、木造住宅の基礎は地耐力に応じて鉄筋コンクリート造とすることとなった。言い換えれば、法的にはつい最近まで無筋コンクリート造の布基礎でよいということとなっていたわけである。

旧公庫仕様書の変遷

住宅金融支援機構の木造住宅工事仕様書（旧公庫仕様書）は木造住宅のレベル向上に大いに貢献してきた。1950年（昭和25年）建築基準法が

表 地震と基礎にかかる建築法規・公基仕様の変遷

西暦	地震	市街地建築物法・建築基準法	施行令	告示	基礎仕様		住宅金融公庫仕様
1919		市街地建築物法公布			特に規定なし		
		(土台設置)	具体的規定なし				
		(継手・仕口)	具体的規定なし				
1923	関東地震(M7.9)						
1924		市街地建築物法施行規則改正 (筋かい設置)	具体的規定なし				
1948	福井地震(M7.1)						
1950		建築基準法公布 (土台・基礎) (筋かい・壁量)	42条(土台・基礎) 46条(壁倍率・壁量)		特に規定なし		コンクリート調合 布基礎断面 ・底版なし ・無筋
1959			46条(壁倍率・壁量) 変更				
1961							布基礎断面 ・底版なし、底版あり ・無筋
1968	十勝沖地震(M7.1)						
1971		(RC造せん断補強)	帯筋間隔(100㎜)				
1975	大分県中部地震(M6.4)						
1978	伊豆大島近海地震(M7.0)						
1978	宮城沖地震(M7.4)						
1981		(新耐震設計法)	42条(土台・基礎)		一般地盤 鉄筋コンクリート造 または 無筋コンクリート造	軟弱地盤 鉄筋コンクリート造	
			46条(壁倍率・壁量) 変更				
1982							布基礎断面 ・底版なし、底版あり ・無筋、鉄筋
1983	日本海中部地震(M7.8)						
1985							布基礎断面 ・底版なし、底版あり ・鉄筋、無筋(削除)
1987		(木造大断面工法)	42条(土台・基礎)		一般地盤 鉄筋コンクリート造 または 無筋コンクリート造	軟弱地盤 鉄筋コンクリート造	
1993	釧路沖地震(M7.5)						
1994	三陸はるか沖地震(M7.5)						
1995	兵庫県南部地震 (M7.2)						布基礎断面 ・底版なし、底版あり ・鉄筋 べた基礎(追加)
1997	鹿児島県北西部地震(M6.2)						
1998		(限界耐力計算)	82条の6				
2000		(基礎)	38条(基礎)3項	1347号	fa＜70N／㎡ 鉄筋コンクリート造 fa≧70N／㎡ 無筋コンクリート造	20≦fa＜30N／㎡ べた基礎 30N／㎡≦fa 布基礎	
		(継手・仕口)	47条(継手・仕口)	1460号	金物仕様規定		

図1 1950年初版の基礎仕様

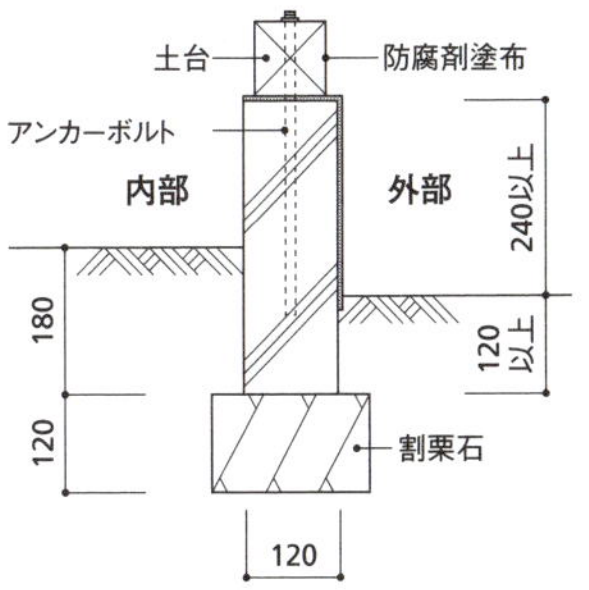

図2 1961年第二版の基礎仕様

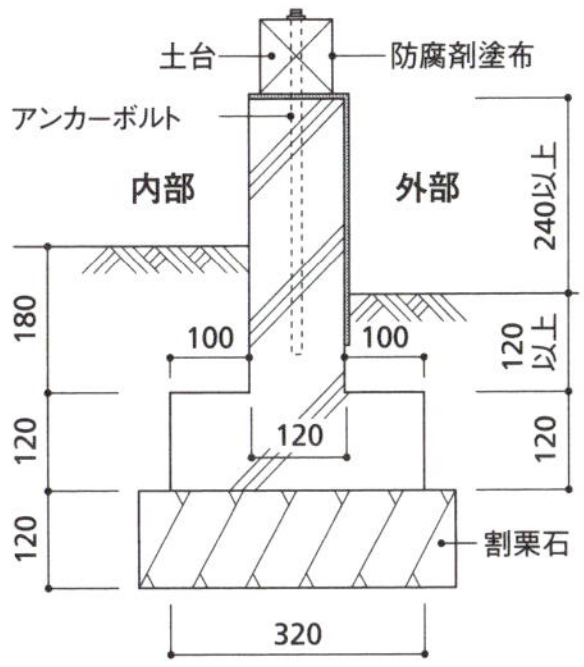

図3 1982年版の基礎仕様

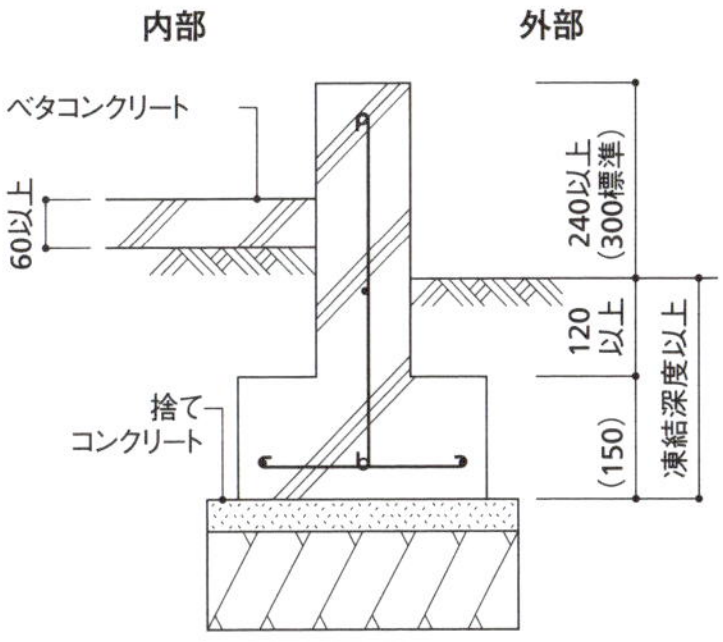

公布されると同時に、同仕様書も作成されている。

初版では基礎は底版がなく無筋コンクリート造の布基礎であった［107頁図1］。1961年（昭和36年）第二版では底盤あり・なしが併記され［107頁図2］、1982年（昭和57年）版では鉄筋・無筋が併記され［107頁図3］、1985年（昭和60年）版では無筋が削除され、1995年（平成7年）版ではべた基礎が追加され、現在に至っている。

旧公庫仕様書は1982年から鉄筋コンクリート造布基礎を普及させようとしていたが、建築基準法上は'00年（平成12年）まで、敷地が軟弱地盤でなければ、無筋コンクリート造布基礎でもよいとされていた。

早くから同仕様書になじみ、鉄筋コンクリート造布基礎を採用していた技術者はこの建築基準法改正に対しても冷静に対応できたのだが、そうでない人たちは、挿入する鉄筋を「おまけ」のように扱い、無造作に設計や工事を行っていたと思われ、この改正に適応できずに相当の混乱を招いてしまっている。

現場の当事者は、構造力学に疎い木造住宅設計者や、鉄筋コンクリートに疎い基礎工事担当者（鳶、土工など）、現場監督などである。彼らは、長年なじんで行ってきた仕事のやり方を簡単に変えることができず、いまだ対応ができていない。

笑えない話だが、型枠に塗布する剥離剤を、平気で鉄筋にも吹き付けてしまったり（左官職人が不況のおり仕事ほしさに行ったらしい［コンクリートの付着力の知識がない］）、主筋の継手筋を設けなかったり［図4］、主筋を切断したまま補強筋を設けなかったり［図5］といったことが起きていたという。現場ではこのような単純かつ初歩的なミスが山ほど存在する。

これらは、新たな職能集団（基礎専門施工業者）が出現すれば一気に解決されることだろう。大手ハウスメーカーなどでは、このような職能集団を組織し、実行しているところもあって、自社物件の地盤調査から基礎設計、基礎工事までを一括して行っている。

［佐久間順三］

図4 基礎主筋の継手と定着

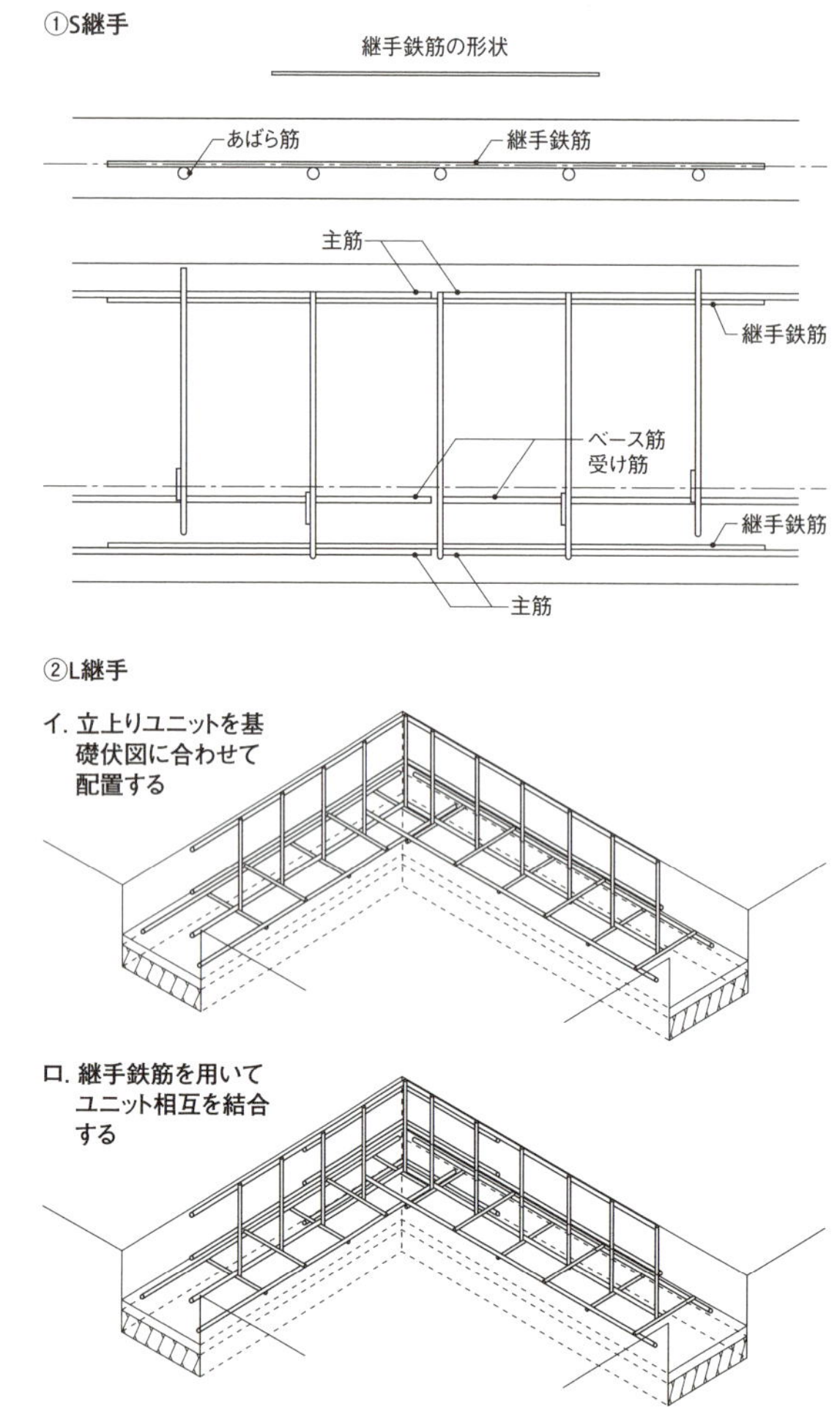

図5 基礎主筋を切断した場合の補強筋の配置

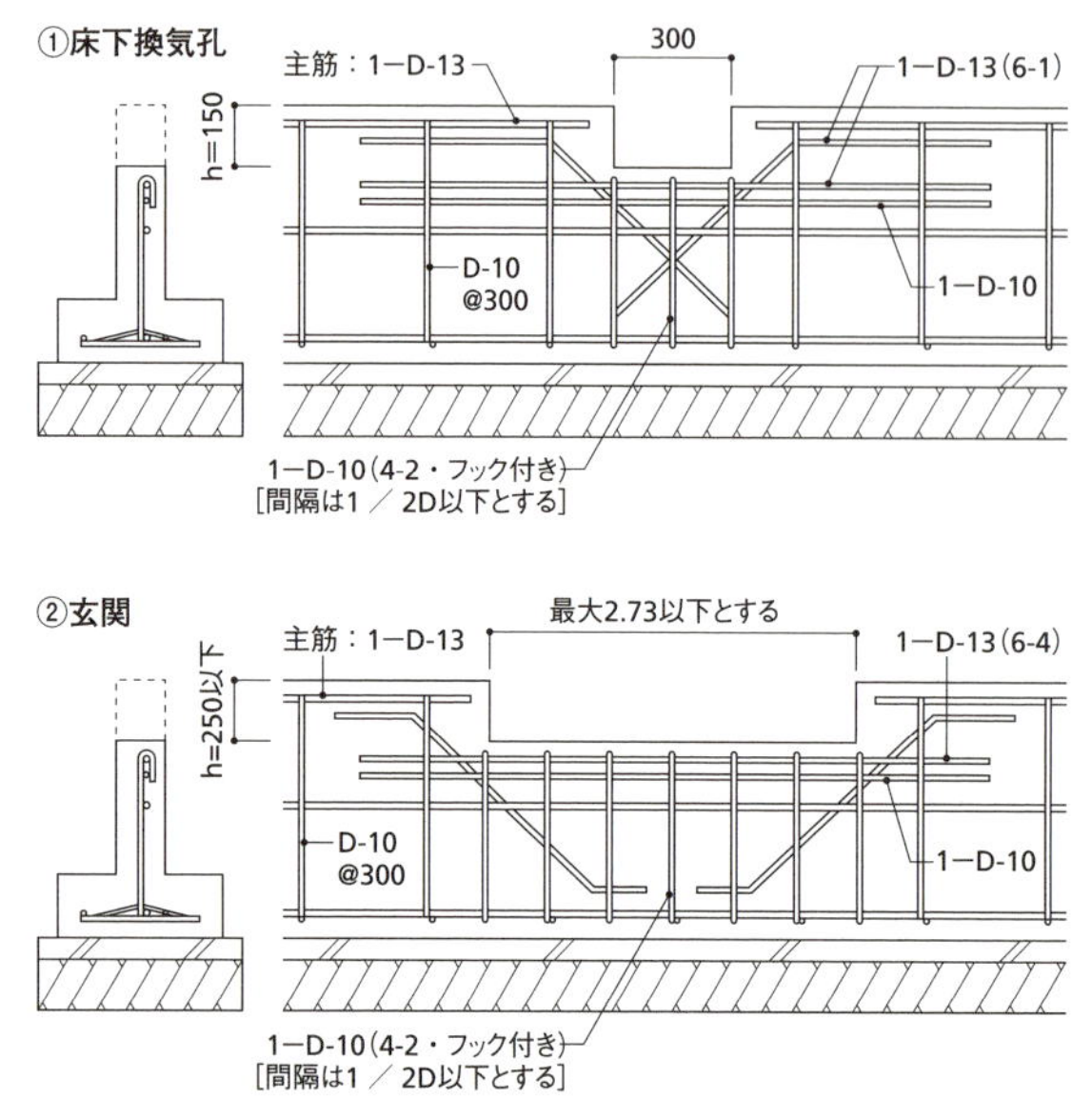

基礎の補強筋は入れる必要があるのか

図 配筋の入れ方の基本と補強筋の入れ方

①布基礎の配筋のポイント

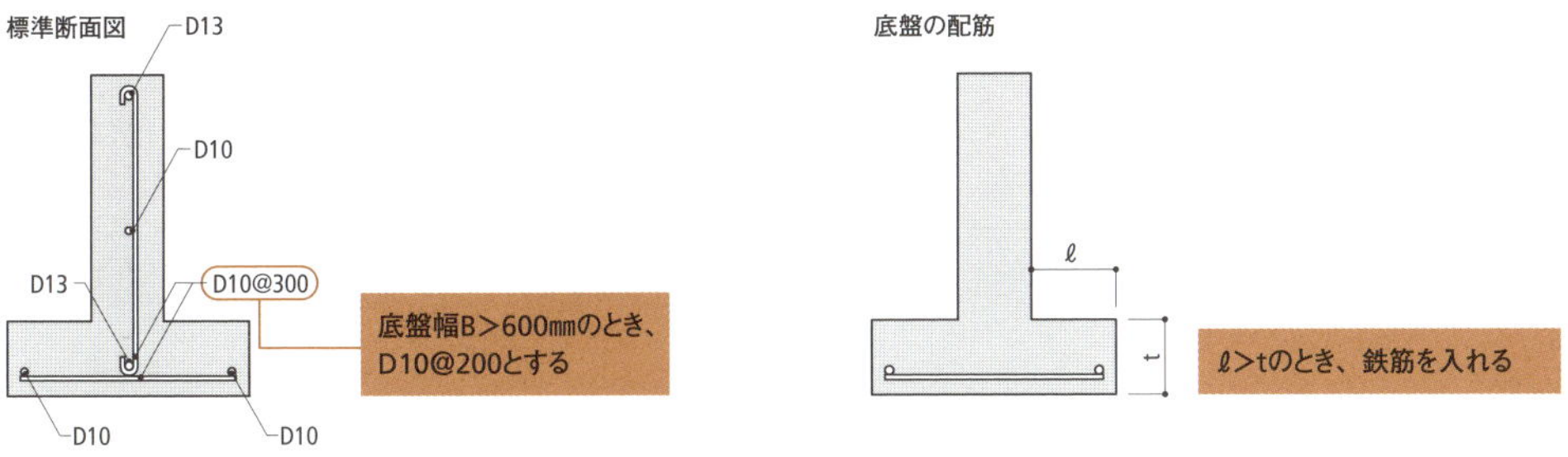

②べた基礎の配筋のポイント

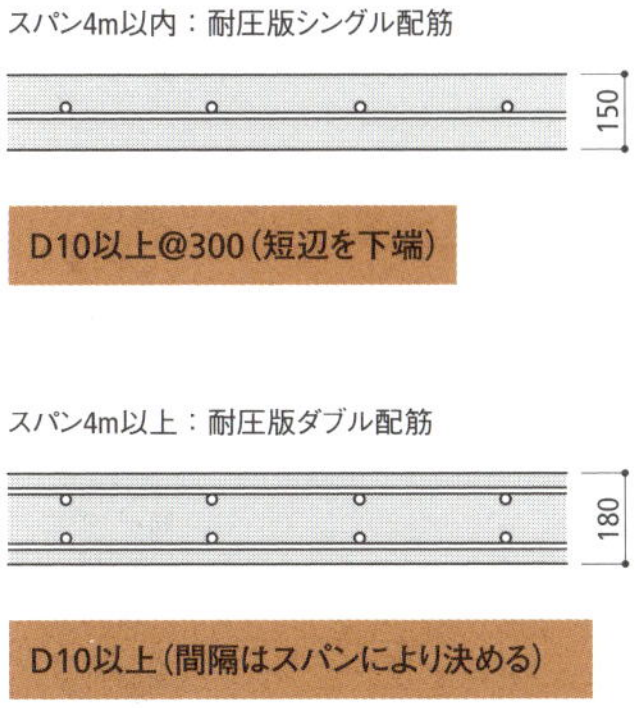

③出隅の補強（L型補強筋）

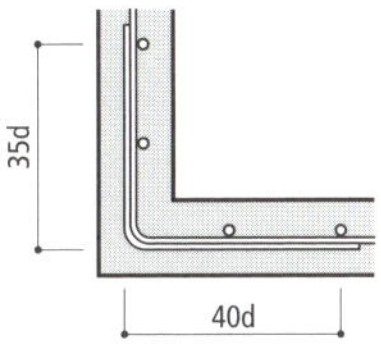

④貫通孔補強の例

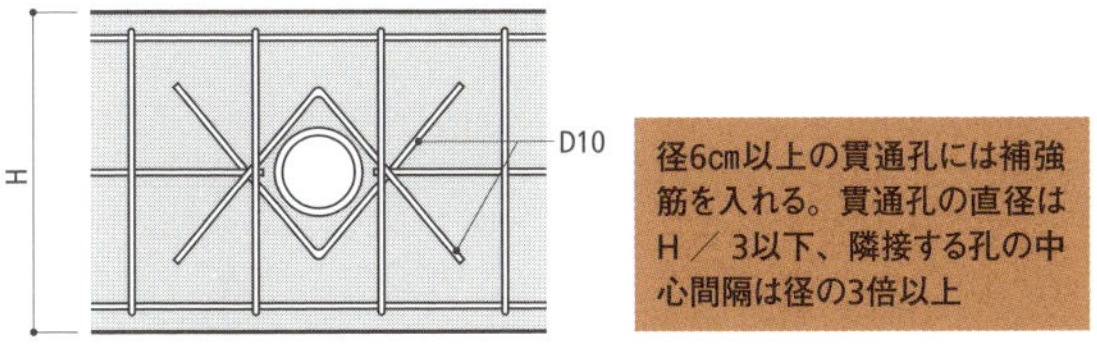

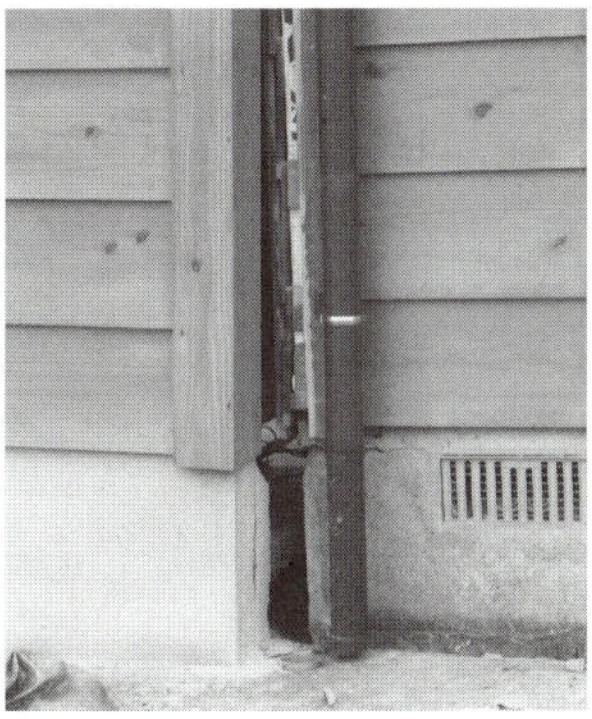

写真　新潟県中越地震（震度6）に被災した住宅の基礎

⑤立上り開口廻りの補強例

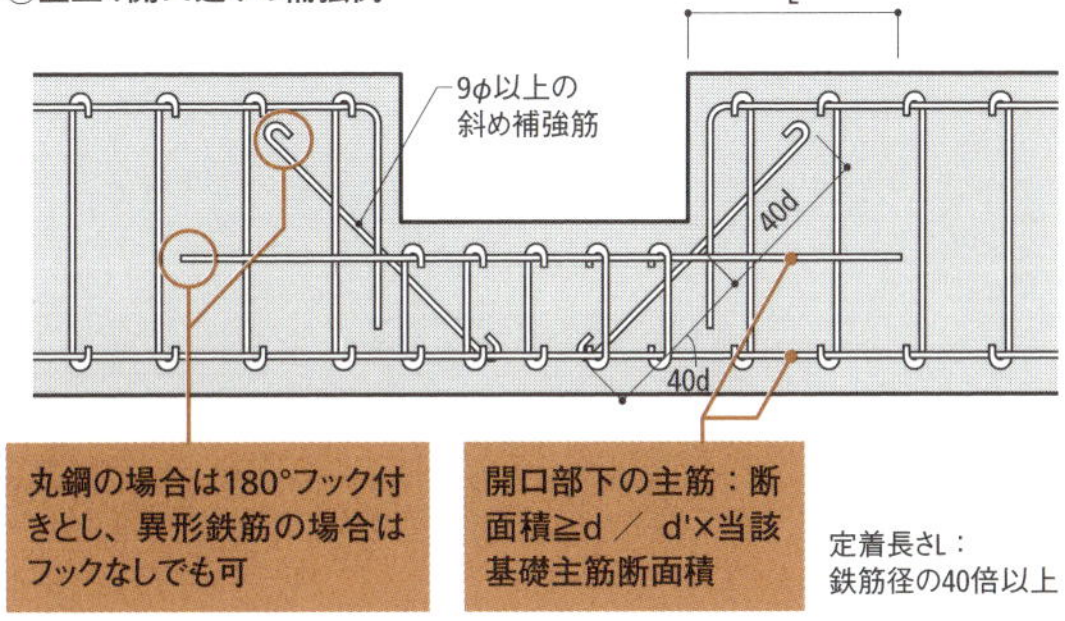

補強筋がないと震度6で破断

木造住宅の配筋工事には問題が多い。1971年に旧公庫（財）住宅金融支援機構）の仕様書に、木造基礎の配筋について書かれたが、それまでの木造住宅の基礎はほとんどが無筋コンクリートであった。基礎に鉄筋が入れられるようになったのはそれ以降であるが、特に'81年の新耐震設計法以後に普及してきた。しかし、木造住宅は規模も小さく、専門の業者による配筋工事が行われてこなかったこともあり、鉄筋工事に対する認識が低い。そこで、配筋のポイントを確認したい［図］。

鉄筋の仕様は、平12建告1347号に定められている。特に問題が多いのは補強筋で、省略している現場が少なくない。基礎に設ける開口部、コーナー部、軸組部に大きな開口部を設ける場合は補強が必要だ。

図の写真は、新潟県中越地震に被災した住宅の基礎であるが、補強筋が入っておらず、出隅入隅のコーナー部分が破断していた。補強筋の必要性を物語っている。［保坂貴司］

設計 6

軟弱地盤の杭基礎の設計ポイント

表 地盤の種類（地震力算定用　昭55建告1793号）

第1種地盤（硬質）	岩盤、硬質砂礫層その他主として第3紀（約6,500万年前～165万年前）以前の地層によって構成されているもの、または地盤周期等についての調査もしくは研究の結果にもとづき、これと同程度の地盤周期を有すると認められたもの
第2種地盤（普通）	第1種地盤および第3種地盤以外のもの
第3種地盤（軟弱）	腐植土、泥土その他こららに類するもので大部分が腐植土、泥土その他これらに類するもので構成されている沖積層（盛土がある場合はそれを含む）で、その深さがおおむね30m以上のもの。または沼沢、泥海等を埋め立てた地盤の深さが3m以上であり、かつ、これらで埋め立てられてからおおむね30年経過していないもの。または地盤周期の調査・研究の結果にもとづき、これらと同程度の地盤周期を有すると認められるもの

図 杭の施工フロー

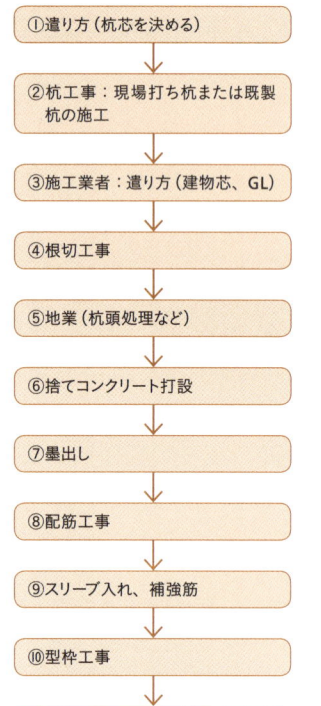

①遣り方（杭芯を決める）
↓
②杭工事：現場打ち杭または既製杭の施工
↓
③施工業者：遣り方（建物芯、GL）
↓
④根切工事
↓
⑤地業（杭頭処理など）
↓
⑥捨てコンクリート打設
↓
⑦墨出し
↓
⑧配筋工事
↓
⑨スリーブ入れ、補強筋
↓
⑩型枠工事
↓
⑪基礎コンクリート打設

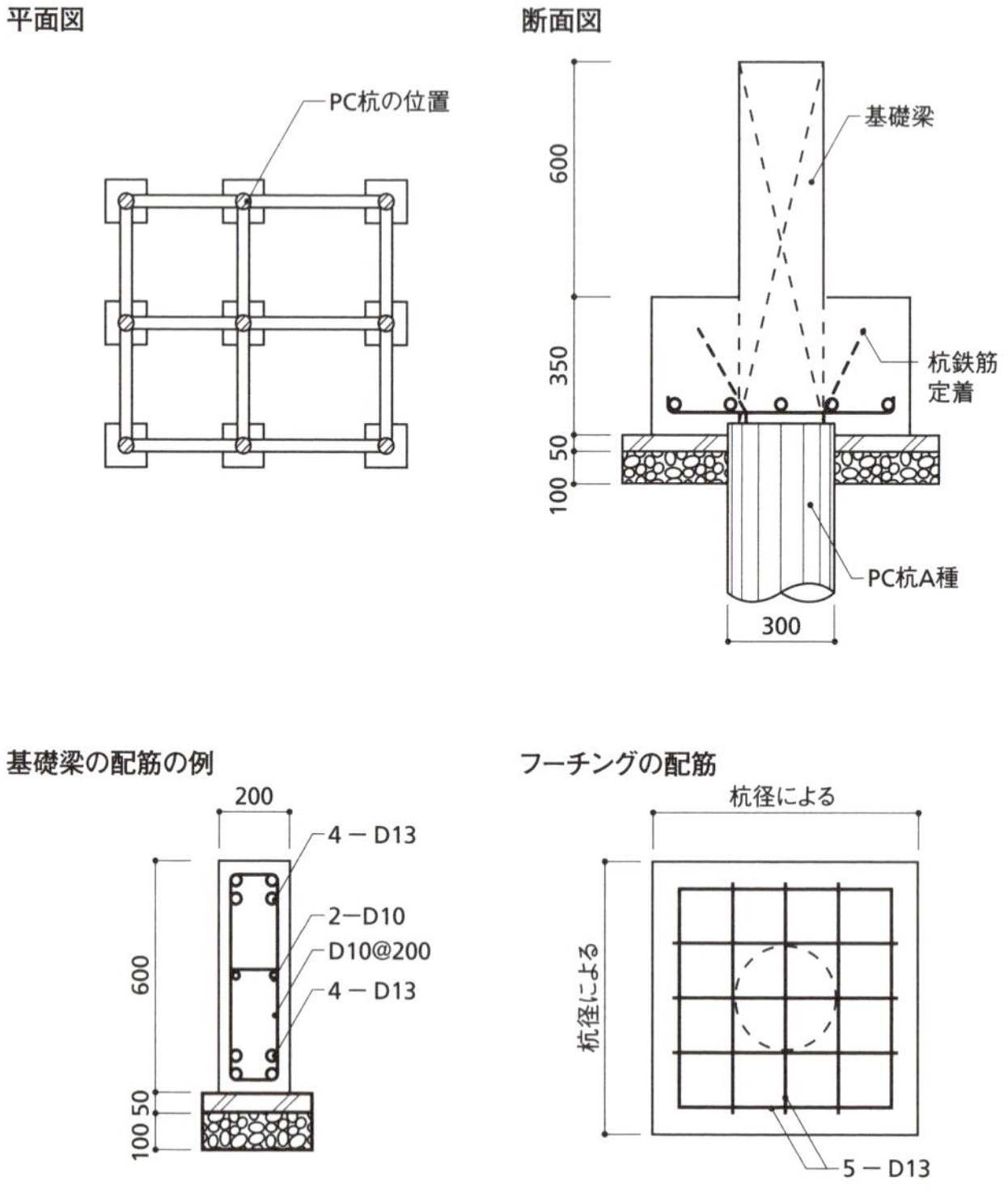

杭頭部と基礎の一体化に注意

昭55建告1793号では、地盤は表のように3つに分類されている。軟弱地盤は「第3種地盤」と定義され、軟弱層の厚さ（深さ）が「30m以上のもの」として書かれている。こうした軟弱地盤における地盤調査では、標準貫入試験で支持層を確認し、状況に応じて土質試験を行う。

30mも軟弱層が続くような地盤では、地盤補強工法ではなく、杭基礎を検討することになる。杭基礎には支持杭と摩擦杭がある。支持杭の場合には、杭の支持力に負けないようにフーチングを設け、フーチングを地中梁につなぐ［図］。また、杭の頭部はフーチングと一体化しなければならない。

さらに、土間部分なども、基礎梁と連結させ、地盤沈下に備える必要がある。支持杭部までは下がらないが、支持杭に連結されていない部分は沈下することが考えられるからである。なお、支持層が深く、支持杭を打ち込むことが難しい場合には摩擦杭を使用する。

［保坂貴司］

Column

べた基礎信仰

べた基礎は沈下しにくいのか

改正建築基準法によれば、地盤の強度が30kN未満の場合にべた基礎を使わなくてはいけないとある。これは、べた基礎なら沈下を防げるという判断にもとづくものだろう。地盤自体はいじらず、あくまでも対症療法としての沈下対策である。

しかし、べた基礎にすると1階の建築面積に相当する基礎の接地面が得られるので、建物荷重がべた基礎の大きさに分散し、地盤に伝わる接地圧が小さくなるのだろうと考えるのは早計である。建物の総荷重を1階の建築面積で単純に割れば、木造2階建ての住宅の荷重はせいぜい7kN程度であるが、もしそうであれば、改正建築基準法で地盤の強度が20kN未満の場合に、べた基礎ではなくて杭基礎とするよう規定されているのと矛盾する。

シングル配筋のべた基礎は地下室などの床スラブとは異なり、実際には布基礎と同様に基礎梁の直下に集中荷重が効いてしまう基礎なのである。べた基礎程度のスラブの厚さでは、建物荷重はきれいに分散してくれない。基礎自重もあるので、分散して小さくなるはずの荷重も相殺されてしまう。

基礎から地盤に伝達される地中応力（建物荷重が地盤に及ぼす圧力の大きさ）は、通常は基礎幅に比例して地中の深部にまで及ぶので、べた基礎から発生する地中応力は、べた基礎のスパンに相当する10m程度までの地盤を刺激することになる［図2①］。軟弱層が厚ければ、そのほとんどに影響して沈下を助長することになるのである。この場合、べた基礎は沈下を抑制する基礎ではなく、むしろ沈下を促進させかねない基礎なのだ。

沈下を促進するかもしれないべた基礎が軟弱地盤で採用される理由は、単なる沈下防止ではなく不同沈下の防止にある。

べた基礎には、荷重が移動して常に水平を保とうとする性質があるために、沈下量の大きい部位に合わせるようにほかの部位が同じだけ沈下し、最終的にはどの地点も等量の沈下量であるよう修正されるのだ［図1］。

均等化作用が疎外される地盤

ただし、べた基礎による沈下の均等化作用が有効に働くのは、基礎の直下に軟弱層が均等に分布している状態である。それ以外の、基礎の直下に均等に沈降することを妨げる障害がある場合には、べた基礎は単なる重たい基礎でしかないので、不同沈下を誘発するおそれが出てくる［図2②③］。

たとえば、切土と盛土にまたがって建物が配置され、切土と盛土の境がこの支点として作用してしまう場合などは、べた基礎そのものがテコとなるので、かえって布基礎よりも不同沈下の危険性が高まる。建物の一部分が地下室に載っている場合や、大きな建築廃材に基礎が接触している場合なども同様である。また、状況は異なるが、極端に地層が傾斜し、軟弱層の層厚が急変している地盤でもべた基礎の均等化作用が発揮されにくい。

［高安正道］

図1 均等化のメカニズム

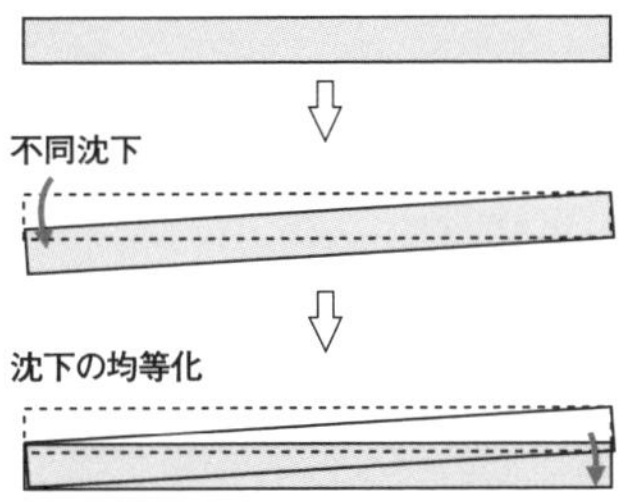

べた基礎のようなたわみにくい基礎の場合、仮に部分的な沈下が生じても、その部分への荷重の流入が止まって、隣接する部分が荷重を負担するようになるため、初めに沈下が発生した個所の沈下はそれ以上進行せず、逆に、隣接部の沈下が増大するようになる。つまり、沈下が伝播するので、最終的には基礎の全体が沈下して、あたかも均等沈下が生じたのと同じ結果になるのである

図2 べた基礎の場合の荷重の伝わり方

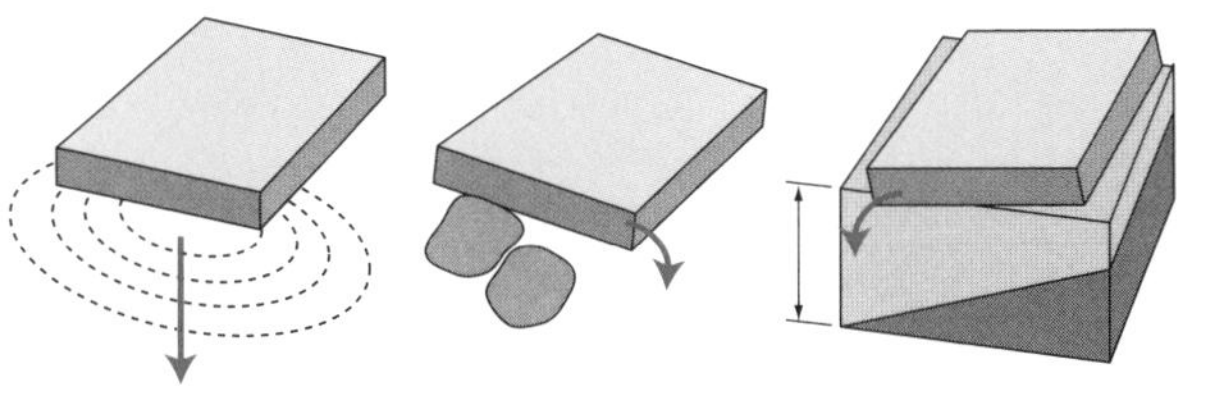

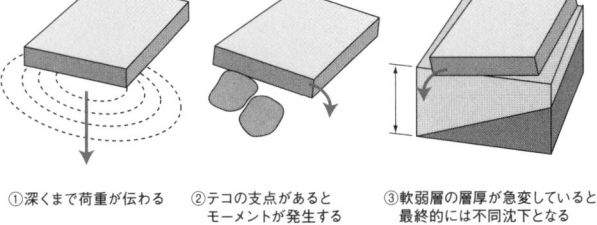

①深くまで荷重が伝わる　②テコの支点があるとモーメントが発生する　③軟弱層の層厚が急変していると最終的には不同沈下となる

設計 7

盛土は想像以上に重い

1㎥の土は16kN以上

地盤の沈下を検討するというと、たいていの人はまず建物荷重を求め、その荷重に対して地盤が持ちこたえられるかどうかを判断しようとする。この方法は重量構造物には当てはまっても、軽量な戸建住宅では一概に正しいとは言えない。

比較的軽量な戸建住宅でも沈下事故が発生しているのは、たとえば㈶住宅保証機構の統計からも明らかであるが、多くの沈下事例から分かるように、建物荷重だけで地盤は沈下していないのではないかということである。では、なにが沈下の主要因なのかというと、盛土である。

盛土は想像以上に重いのであって、1㎥の土は、粘性土で16kN、山砂などの砂質土で18kNもある。コンクリートの23kNに比べれば小さいが、木造2階建ての住宅が1㎡当たり5～8kN程度であることを思えば、その2倍から3倍もの荷重が地盤に加わる［図］。

やっかいなのは、きれいに区画割りされた造成地を見ても、そこが盛土地盤であることを直感的に認識できないことである。現地に出向けば、すでにそこには地面があり、人の体重が載ったくらいで沈み込むこともないので、住宅程度の荷重であれば支持できるであろうと錯覚するのである。

しかし、地盤調査をすると多くの宅地で盛土が行われていることが分かる。その量は、たとえば地均しのためになら50㎝程度、谷地や水田を埋め立てて宅地化する場合には数m近い盛土となることも珍しくはない［写真］。もとの地盤は建物の荷重ばかりでなく盛土の荷重をも支持しなければならないため、地表面の地盤の強度だけを問題にしたのでは、沈下を防止することはできない。

経過年数も考慮

盛土はその厚さばかりでなく、盛土されてからの経過年数によっても危険度が異なる。盛土の施工直後が最も危険であり、沈下量も大きい。もとの地盤が軟弱であれば、盛土荷重の影響を受けて沈下が始まり、盛土荷重と地盤の強度が均衡してくるにつれ沈下量は小さくなっていく。沈下が終息するまでの期間は、もとの地盤の土質によっても異なるが、砂質土で数年、粘性土で5年程度が目安とされている。湿地や沼などには腐植土と呼ばれる、圧縮性の高い土が堆積しているが、ここに数m盛土をして15年を経過しても沈下が発生し続けた事例がある。

既存の家屋を解体して建替えを計画する場合で、その土地が水田や沼沢地であった過去の履歴がなく、新規に盛土を行わないのであれば、地盤の沈下はすでに終息に向かっていると考えてもよい。

［高安正道］

図 盛土の重さ

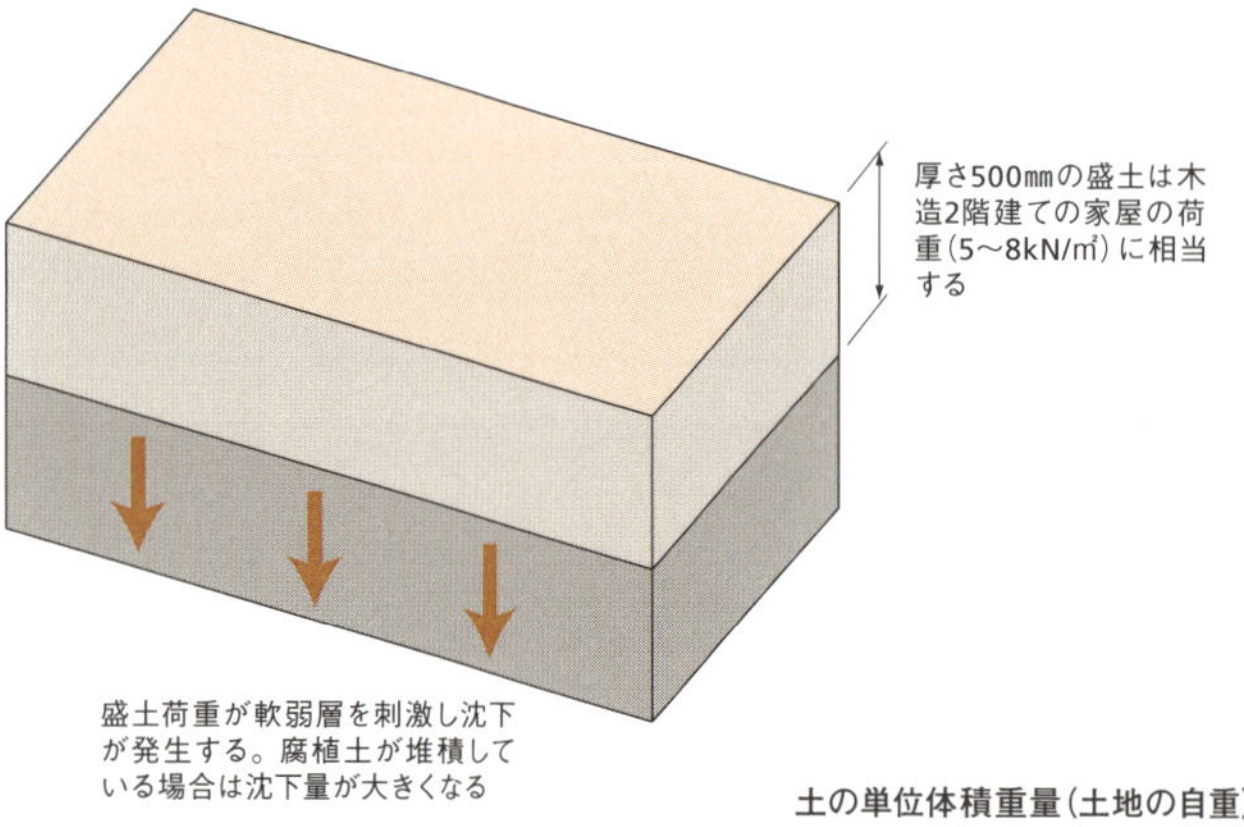
厚さ500㎜の盛土は木造2階建ての家屋の荷重（5～8kN/㎡）に相当する
盛土荷重が軟弱層を刺激し沈下が発生する。腐植土が堆積している場合は沈下量が大きくなる

土の単位体積重量（土地の自重）

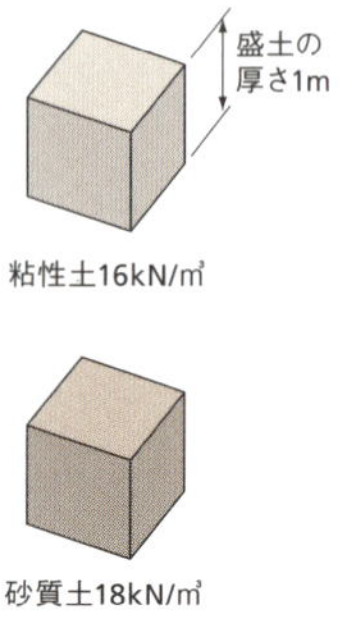
盛土の厚さ1m
粘性土16kN/㎥
砂質土18kN/㎥

写真 盛土造成

設計 8

布基礎にかかる法律・基準の要点

基礎設計に関係する基準

　基礎の設計は、建物規模、構造、地盤の状況を考慮して建築基準法で定められた仕様通りに行うか、構造計算により安全性を確認するルートで行うかを決める必要がある。現在は建物のもつ性能を明らかにする性能表示時代であり、建物の損傷は基礎に起因することが多いことから考えると、構造計算により安全性を確認するほうが望ましい。

　効率よく安全な住宅を設計するための使いやすい道具として、㈶日本住宅・木材技術センターから「木造住宅のための構造の安定に関する基準にもとづく横架材および基礎のスパン表」（スパン表と呼ぶ）が出版されているので利用するとよい。

　基礎の設計は、次の基準に従って設計を行う。

①建築基準法、同施行令、告示…最低基準の仕様を規定している
②住宅の品質確保の促進等に関する法律（品確法）…住宅性能表示を行う場合
③木造住宅工事仕様書（フラット35基準適合仕様確認書付き、旧公庫仕様書）…住宅金融支援機構融資を受ける場合
④㈳日本建築学会諸規準・指針・手引き（手引き）…構造計算を行う場合
⑤㈳日本ツーバイフォー協会の指針・手引き…枠組壁工法建築物の設計

以下、①～⑤の法律・基準について説明する。

建築基準法の規定

　建築物の基礎に関しては、建築基準法施行令に次のように規定されている。

表1 基礎の構造（平12建告1347号）

地盤の許容応力度（kN／㎡）	基礎の構造
20未満	基礎ぐいを用いた構造
20以上30未満	基礎ぐいを用いた構造またはベタ基礎
30以上	基礎ぐいを用いた構造、ベタ基礎または布基礎

表2 基礎構造の規定（平12建告1347号）

基礎構造の種類	構造規定
基礎ぐいを用いた構造	・基礎ぐいは、構造耐力上安全に基礎ぐいの上部を支えるよう配置すること。 ・土台の下には、一体の鉄筋コンクリート造の基礎ばりを設けること ・基礎ぐいの構造は、場所打ちコンクリートぐい、高強度プレストレスコンクリートぐい、遠心力鉄筋コンクリートぐい、鋼管ぐいとする。木ぐいを使用する場合においては、平屋建てを除き常水面下にあるようにしなければならない
布基礎を用いた構造［図1］	・一体の鉄筋コンクリート造（2以上の部材を組み合わせたもので、部材相互を緊結したものを含む。）の基礎ばりを設けること ・土台の下には連続した立上がり部分を設けるものとする ・立上がり部分の高さは地上部分で30cm以上と、立上がり部分の厚さは12cm以上と、基礎の底盤の厚さは15cm以上とすること ・根入れの深さは、24cm以上とし、かつ、凍結深度よりも深いものとすることその他凍上を防止するための有効な措置を講ずること ・鉄筋コンクリート造とする場合には立上がり部分の主筋は径12mm以上の異形鉄筋、帯筋径9mm、30cm間隔以下、底盤径9mm、30cm間隔以下、換気口を設ける場合は、径9mmの補強筋を配筋すること。底盤の幅は下表以上とする

地盤の長期許容応力度（kN／㎡）	布基礎の幅（cm）		
	平屋建て	2階建て	3階建て
30以上50未満	30	45	60
50以上70未満	24	36	45
70以上	18	24	30

図1 基礎の構造方法（平12建告1347号）

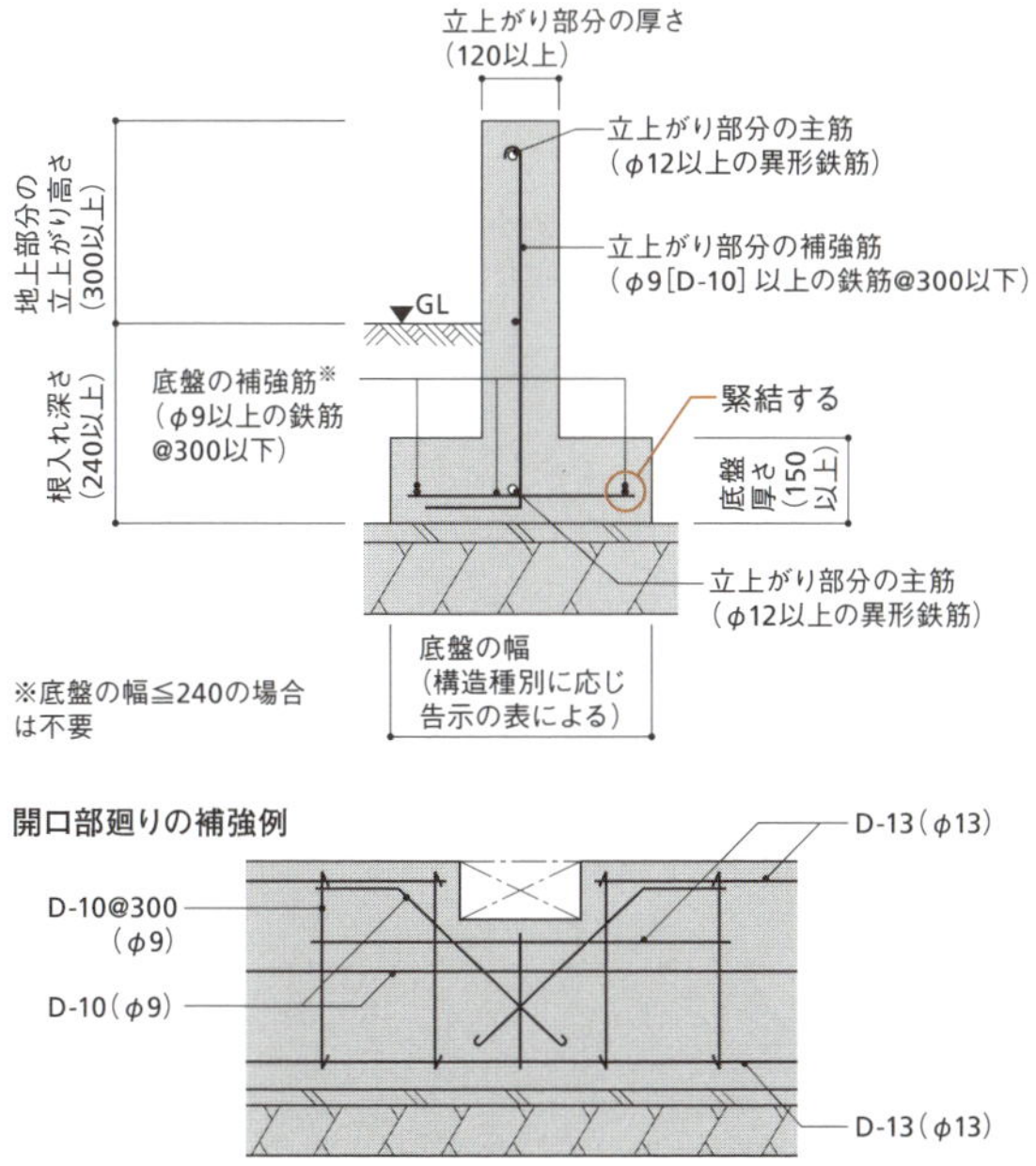

●建築基準法施行令

第38条　建築物の基礎は、建築物に作用する荷重及び外力を安全に地盤に伝え、かつ、地盤の沈下又は変形に対して構造耐力上安全なものとしなければならない。

2　建築物には、異なる構造方法による基礎を併用してはならない。

3　建築物の基礎の構造は、建築物の構造、形態及び地盤の状況を考慮して国土交通大臣が定めた構造方法を用いるものとしなければならない。（以下略）

4　前二項の規定は、建築物の基礎について国土交通大臣が定める基準に従った構造計算によって構造耐力上安全であることが確かめられた場合においては、適用しない。

第3項の国土交通大臣が定めた構造方法は平成12年建設省告示1347号に定められている［**113頁表1・2、図1**］。

品確法施行令の規定

品確法の「構造の安定」のなかで、耐震・耐風・耐積雪等級を2以上とするためには、基礎・地盤の仕様を明らかにし、基礎の設計を行う必要がある。性能表示で、すべての等級を1とする場合については、建築基準法の告示にもとづく仕様のチェックを行えばよい。

性能表示事項において評価すべきものは、長期応力に対する地盤の許容応力度または杭の許容支持力の根拠が明らかにされた方法により設定されていることである。基礎の構造方法などの基本的な仕様が明示されていることとする。

性能評価基準として、①長期応力に対する地盤の許容応力度が単位（kN／㎡）により設定されていること、②杭の許容支持力が単位（kN／本）により設定されていること、③地盤調査方法そのほか上記の設定の根拠となった方法が明示されていること、④直接基礎にあっては、構造方法および形式が明示されていること、⑤杭基礎にあっては、杭種が明示されていること、などが挙げられる。**表3**にその表示方法、評価基準のイメージを**図2**に基礎の設計の流れを示す。

表3　品確法の性能表示と評価

項　目	イメージ
性能表示事項	①設計許容支持力：○○kN／㎡ 基礎の接地圧　：○○kN／㎡ 又は杭の許容支持力：○○kN／本 杭の負担重量　：○○kN／本 ②設計許容支持力の設定方法：□地盤調査（方式：△△） □その他（方式：△△） ③基礎の強度・構造形式 耐力余裕度（長期）○○倍、（短期）△△倍 構造形式　□直接基礎（鉄筋コンクリート造○○基礎） □杭基礎（杭種○、杭径○m、杭長○m）
性能評価基準	設計された住宅の評価の方法 ①申請上の設定方法と数値にもとづいて、設計許容支持力が設定されていることの確認により評価 ②耐力余裕度は、長期および短期の荷重について、応力度に対する許容応力度等の余裕を計算した結果により評価。また、申請上の構造形式の基礎となっていることの確認による評価 建設された住宅の評価方法 ③仕様通りの施工がなされたことの検査により評価

図2　品確法に示された基礎の設計の流れ

1. 基礎の仕様のための条件を確認する
①建物条件（建物階数、積雪条件、屋根仕上げ・外壁の重さ）
②平面条件（壁線間隔、開口の長さ・位置）
③地盤の設計許容支持力

↓

2. 条件にもとづいて、基礎の仕様を選択する

①基礎形式の選択
布基礎、べた基礎その他の基礎形式を選択する

↓

②基礎の各部寸法の決定
根入れ深さ、立上り高さ、立上り幅、底盤厚さ、底盤幅、基礎立上り間隔などの基礎の寸法を決定する

↓

③基礎の配筋の決定
上部開口による基礎からの鉛直荷重時反力、および上部耐力壁の倍率に応じた壁両端に加わる水平力時反力に対して決定する
・基礎の主筋
・基礎の補強配筋

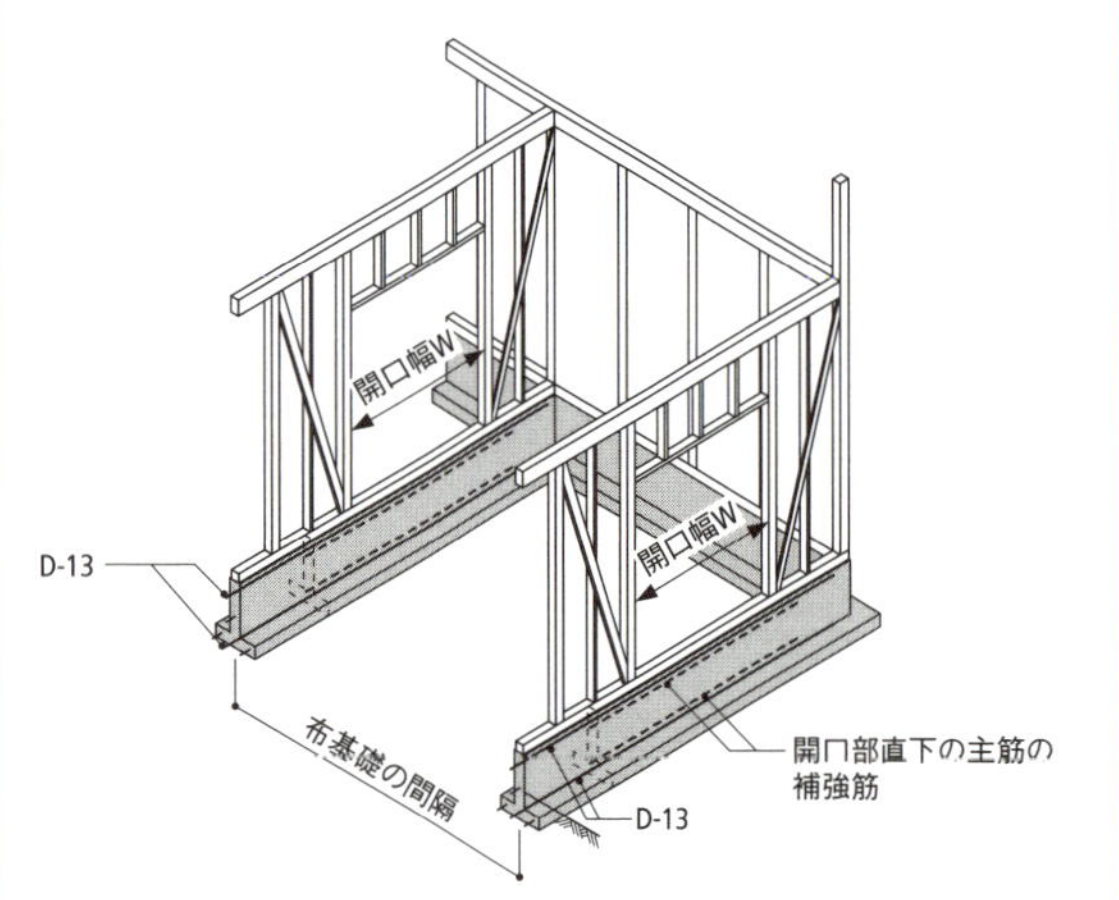

表4 基礎構造の規定（旧公庫仕様書）

基礎構造の種類	構造規定
布基礎を用いた構造	1.一体の鉄筋コンクリート造とする 2.地盤面からの立上がり部分の高さは地上部分で40cm以上とする 3.立上がりの厚さは12cm以上とし、基礎の厚さは15cm以上、幅は45cm以上とする。また、根入れ深さは、地面より24cm以上とし、かつ建設地の凍結深度よりも深いもの、もしくは凍結を防止するための有効な措置を講ずるものとする 4.基礎の配筋は次による イ.立上がり部分の主筋として12mm以上の異形鉄筋を、立上がりの上端及び立上がり部分の下部の底盤にそれぞれ1本以上配置し、かつ、補強筋と緊結させる。 ロ.立上がり部分として径9mm以上の鉄筋を縦に30cm以下の間隔で配置する ハ.底盤の部分の補強筋として径9mm以上の鉄筋を30cm以下の間隔で配置し、底盤の両端部に配置した径9mm以上の鉄筋と緊結させる ニ.換気孔を設ける場合は、その周辺に径9mm以上の補強筋を配置する

図3 標準配筋図（旧公庫仕様書）

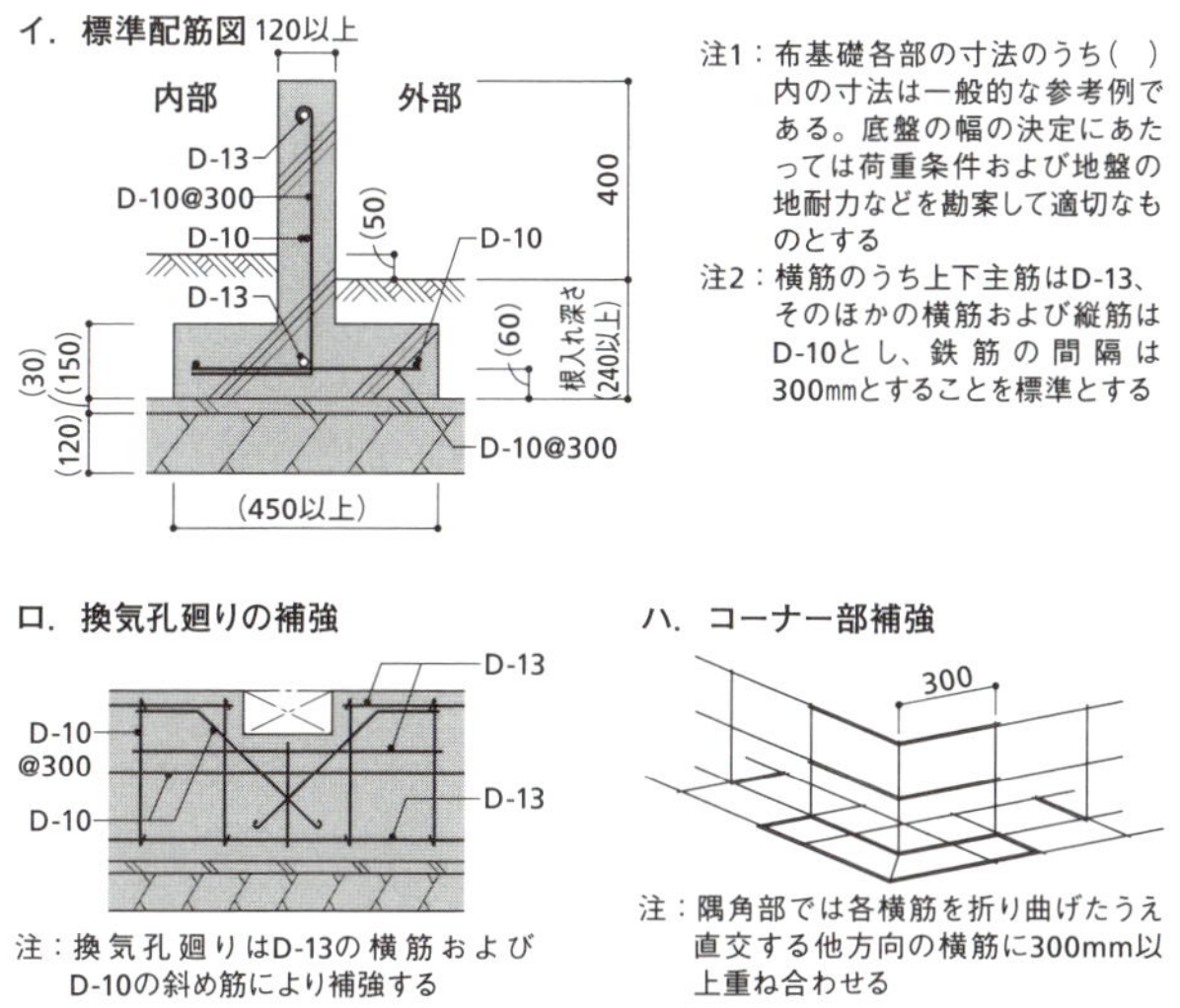

注：隅角部では各横筋を折り曲げたうえ直交する他方向の横筋に300mm以上重ね合わせる

図4 布基礎伏図

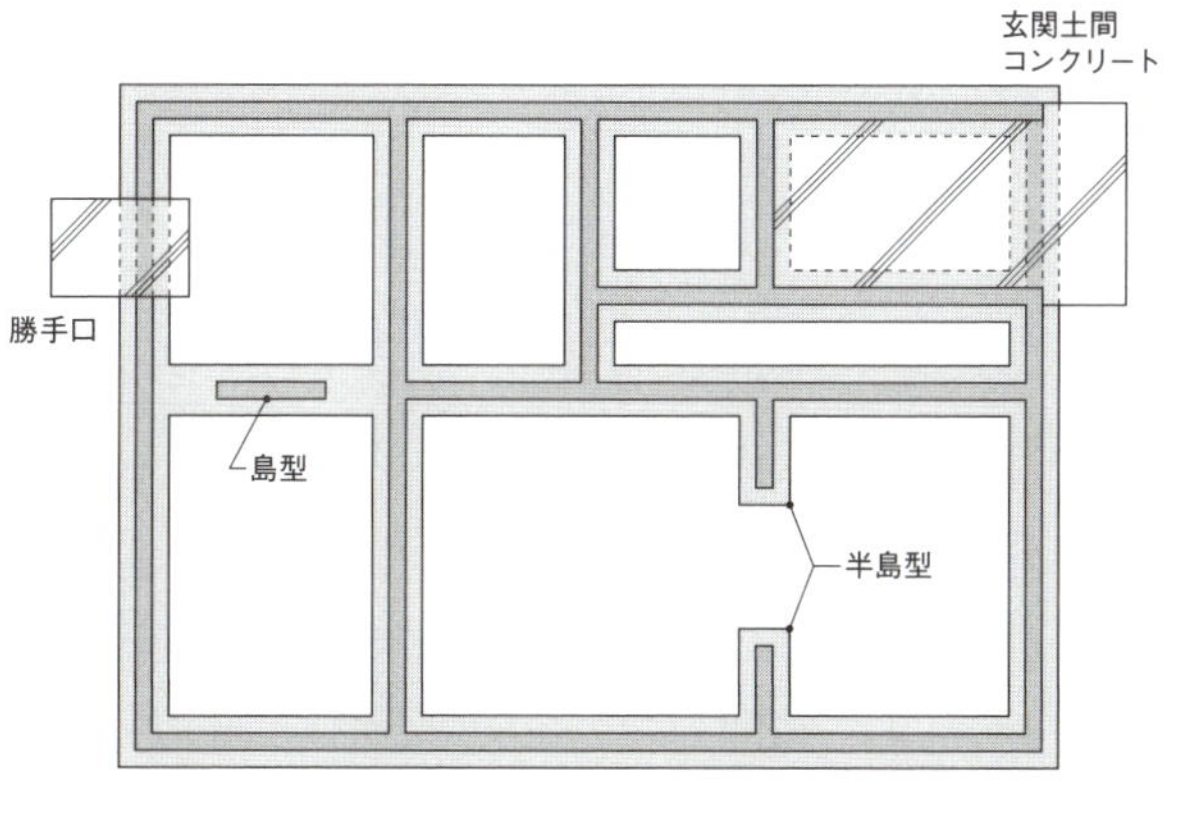

なお、前述の「スパン表」では、以下の条件で布基礎の形状、基礎の配筋が示されている。

①対象住宅…平屋、2階建て

②基礎形式…布基礎

③布基礎の根入れ深さ…一般地、多雪区域の平屋は24cm以上、多雪区域の2階建ては45cm以上

④基礎の立上り…厚さ12cm以上、高さ30cm、40cmの2種類

⑤建物分類…一般地は重い建物、軽い建物の2種類、多雪区域は重い建物

旧公庫仕様書の規定

住宅の基礎については、令38条第3項、および平12建告1347号に定められた値をもととしているが、地震時のみならず通常の使用時でも基礎の不同沈下を防止するためには、地盤の許容応力度、土質、建設地の積雪条件などを十分考慮して慎重に設計を行い、基礎の種類、鉄筋の配置方法などを決定する必要がある。

木造住宅の耐久性を保持するため、土台の高さのほか、床下換気についても規定している。換気孔は4mの等間隔で機械的に設けるのではなく、柱の位置などにも配慮したうえで4m以下の間隔で有効な床下換気が行えるようにバランスよく配置し、その仕様を規定している［表4］。

標準配筋図において、立上りの高さを40cmとしているのは、耐久性を増すためである［図3］。布基礎各部の寸法のうち、カッコ内の寸法は一般的な参考例である。底版の幅の決定にあたっては荷重条件や地盤の地耐力などを勘案して適切なものとする。また、横筋のうち上下主筋はD13、そのほかの横筋および縦筋はD10以上とし、鉄筋の間隔は30cmとすることを標準とする。

図4に布基礎伏図の参考例を示す。布基礎は、一体の鉄筋コンクリート造とし、特に耐力壁線直下の布基礎を島型や半島型にするのは好ましくない。なお、玄関などの出入口部分や床下点検孔などの個所で布基礎の立上り部分

に欠込みを行う必要がある場合でも、欠込み部分より下部の布基礎を連続させておくことが望ましい。

学会の指針・手引きの規定

木造住宅の基礎を設計する資料として㈳日本建築学会から「建築基礎構造設計指針」「小規模建築物基礎設計の手引き」「木質構造設計規準・同解説」「鉄筋コンクリート構造計算規準・同解説」の4つの規準・指針が発行されている。このなかで木造住宅の基礎に関しては、「小規模建築物基礎設計の手引き」(手引きと呼ぶ)が参考となる。

手引きは、木造を中心とした小規模な建物の基礎・地盤について、災害に対し安全を確保するよう、いわば設計の手引書的役割を果たすことを目標に作成された。手引きの基礎に関する検討では、木質構造設計規準や金融公庫仕様書の内容も一部取り入れられている。手引きでは、布基礎の設計上の注意点として、次のことが示されている［表5～7］。

①1階の外壁および内部の耐力壁の直下には必ず布基礎を設ける

②敷地内で支持地盤の深さが大幅に異なる場合には、異種基礎の組み合わせが避けられないこともある

③地業には一般に切込み砂利・粒度調整砕石が用いられる。つるはしで掘るような硬い地盤では、砂利地業を省略して地盤に直接コンクリートを打ってもよいが、地盤面がかく乱されないよう注意する

④根入れ深さH_1［表7の下図］は次のような事項を考えて決定する

・周辺の掘削や雨水の洗掘による地耐力の低下

・基礎直下の支持地盤の乾燥、または飽和による沈下、ふくれ上がり

・支持地盤の風化の進行

・植物の根やもぐらなど動植物の侵入

⑤基礎幅が各部で異なる場合でも、平屋部分と2階建て部分の2種類程度に統一する

⑥住宅など小規模の木造建物の基礎は、地盤が非常によい場合には無筋コンクリート造でもよい。しかし、不同沈下や地震・台風時の筋かいの引抜き力・圧縮力に対する抵抗力は、鉄筋コンクリート造がはるかに優れている。地耐力が50kN／㎡未満の軟弱地盤などの場合には必ず鉄筋コンクリート造とする。

表5 基礎の種別と適応条件(手引き)

基礎構法	地盤	適応条件
布基礎(無筋)	地耐力≧50kN／㎡	・住宅など小規模建築物で水平力の小さいとき
布基礎	地耐力≧30kN／㎡	・水平力の大きいとき(地盤の著しく軟弱な区域、強風のあたる場所など) ・耐力壁の壁倍率の大きいとき ・腰にブロックなどの立上がりのあるとき
偏心布基礎	地耐力≧30kN／㎡	・隣敷地いっぱいに基礎を設けるとき
地下室壁基礎	地耐力≧30kN／㎡	・地下階のあるとき
ベタ基礎	地耐力≧建築物自重	・地震時の液状化対策 ・地盤沈下による不同沈下対策 ・盛土・埋立て土の不同沈下対策
独立基礎	地耐力≧30kN／㎡	・独立柱(大黒柱)の基礎
杭基礎	地耐力不足のとき	・地震時の液状化対策 ・地盤沈下による不同沈下対策 ・盛土・埋立て土の不同沈下対策 ・隣地工事対策

表6 布基礎の標準寸法(手引き) (単位：cm)

B	12	15	25～36	45～60	70～80
b	12	15	12	15	20
t	—	—	12	15	20
H1	45以上				
H2	20以上				

表7 布基礎の幅(手引き) (単位：cm)

地域	建物規模	地耐力(kN／g)	基礎間隔(m) 2.7 荷重大	2.7 荷重小	3.6 荷重大	3.6 荷重小	4.5 荷重大	4.5 荷重小	5.4 荷重大	5.4 荷重小
一般地域	平屋	30	45	36	60	36	60	45	70	45
		50	25	25	25	25	30	25	36	25
		100	12	12	12	12	12	12	15	12
	2階建て	30	80	80	100	90	—	100	—	—
		50	45	45	60	45	60	60	70	60
		100	36	36	36	36	36	36	36	36
	小屋裏利用3階建て	50	60	60	70	70	80	80	100	90
		100	45	45	45	45	45	45	45	45
多雪地域(積雪1m)	平屋	30	70	70	90	80	100	90	—	100
		50	36	36	45	45	60	45	70	60
		100	36	36	36	36	36	36	36	36
	2階建て	50	60	60	70	70	80	80	100	90
		100	45	45	45	45	45	45	45	45
	小屋裏利用3階建て	50	70	70	90	80	—	100	—	—
		100	45	45	45	45	60	45	60	60

ここで、1. 荷重の大きさ　大：屋根瓦葺き(葺き土あり)
　　　　　　　　　　　　小：屋根厚型スレート
2. 腰にコンクリートブロックを積むときには、幅360㎜以上
3. 最小値は、住宅金融支援機構仕様書の最小値としている
4. 多雪地域は雪おろしを考慮

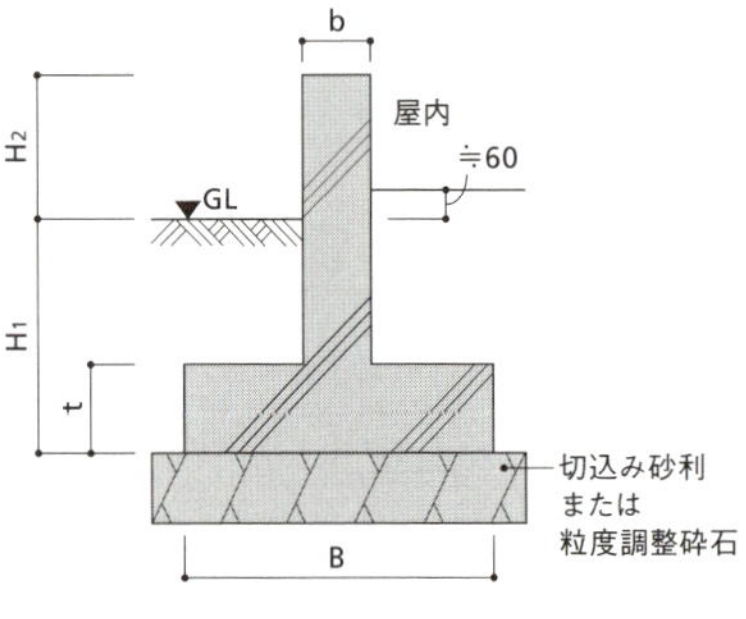

事例に学ぶ布基礎の設計ポイント

布基礎の設計例1

木造2階建ての一般的なプランをもつ住宅を例に、布基礎の設計とポイントについて述べる［図1］。

この住宅の特徴は、2階部分が1階の面積の約半分であり、また偏在して載り、かつ2階耐力壁線が1階耐力壁線にほとんど載っていない。一般地域にある瓦屋根の住宅で、地耐力50kN／m²の条件で建てられた。

ここでは荷重を細かく計算する設計を行わず、建基法とそのほかの簡易なスパン表［113頁参照］によって布基礎断面を設計する場合のポイントを示している。

(1)布基礎の設計

布基礎は、耐力壁の直下、主要な間仕切り壁および大黒柱のように大きな荷重を受ける下部に連続するように配置する。

布基礎の幅は、116頁表7により、一般地域、2階建て、基礎間隔4.5m、地耐力50kN／m²から60cmと求めることができる。下屋部分も安全側に同幅としてもよいが、和室の南側に面する基礎幅は、同表により平屋、基礎間隔4.5mから基礎幅を30cmとしてもよい。また、ダイニングの南側に面する基礎幅は、基礎間隔が6.3mあるが、荷重分布から当該基礎長さ3.6mを基礎間隔と考えてもよく、表から25cmと求めるこ

図1 布基礎の設計例1（平面図　S≒1：200）

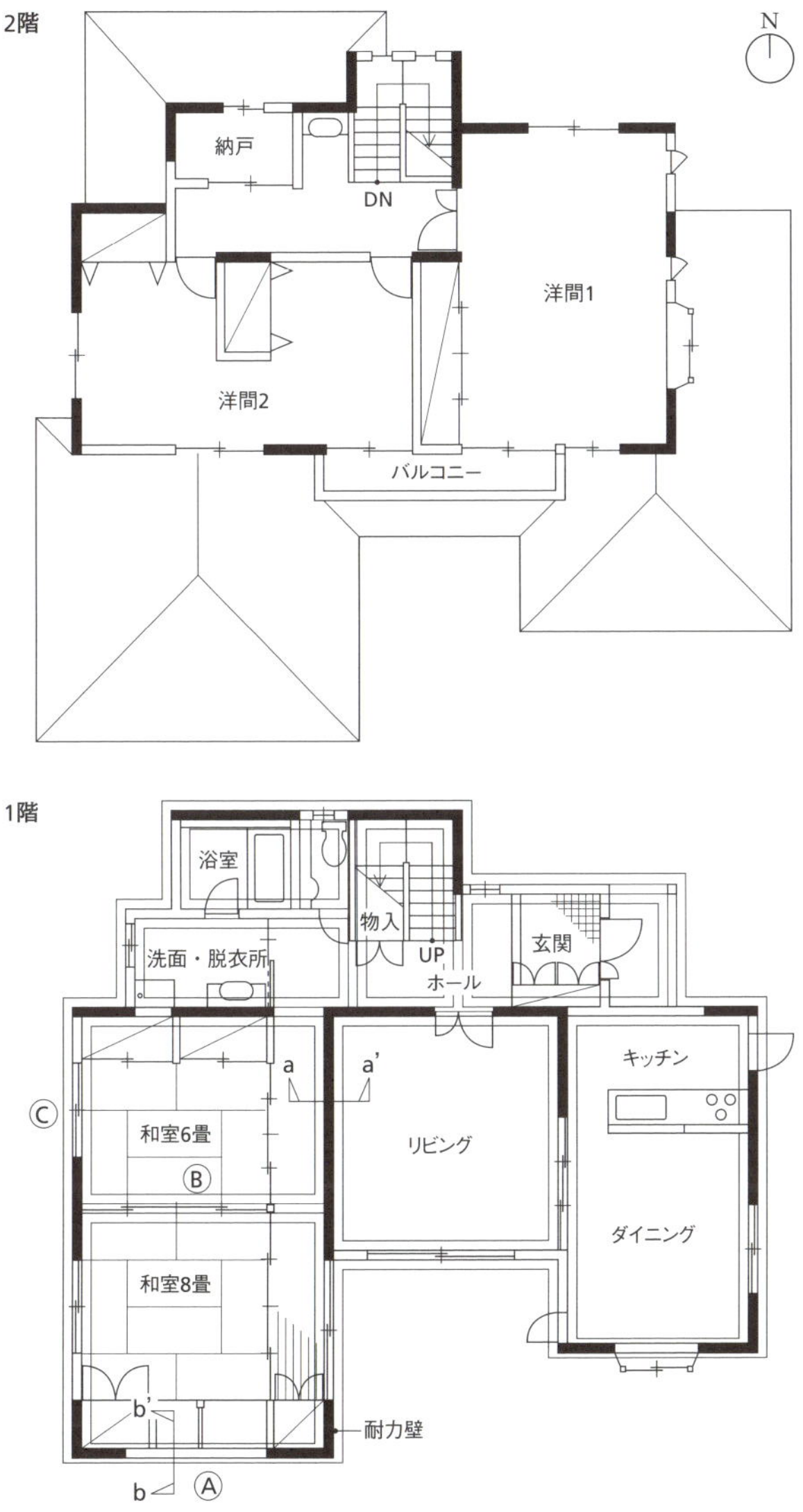

図2 基礎梁断面図

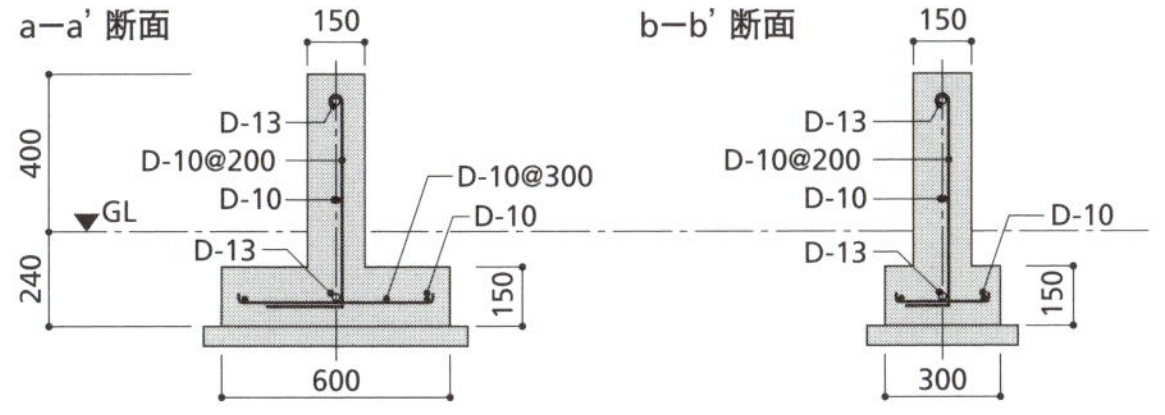

図3 基礎梁曲げモーメント図

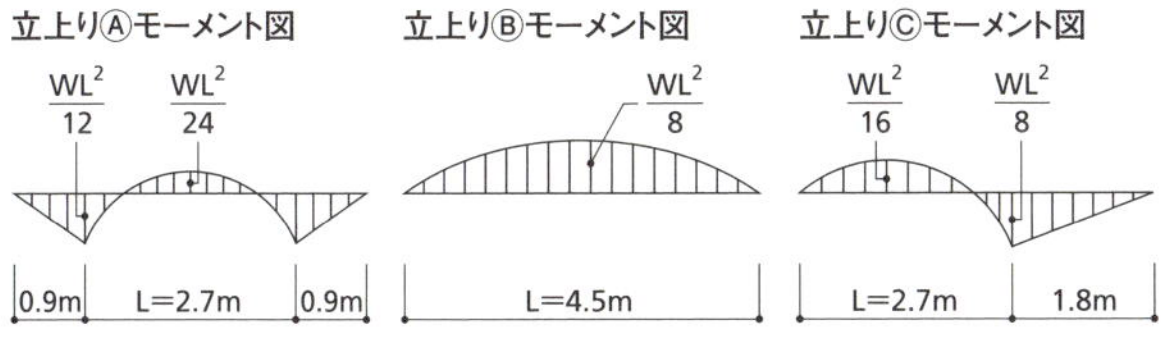

図4 布基礎の設計例2（平面図　S≒1：200）

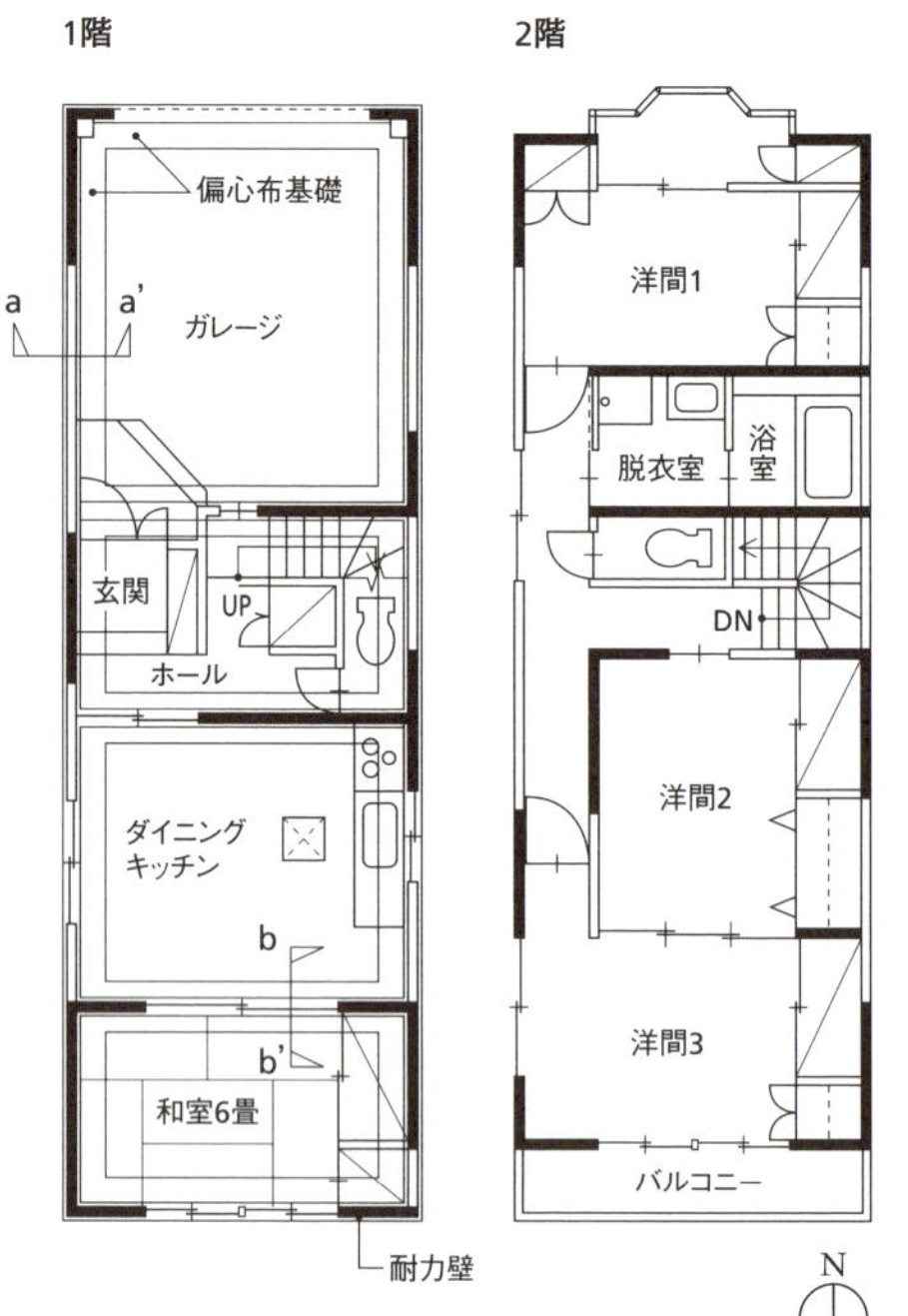

図5 偏心基礎の断面

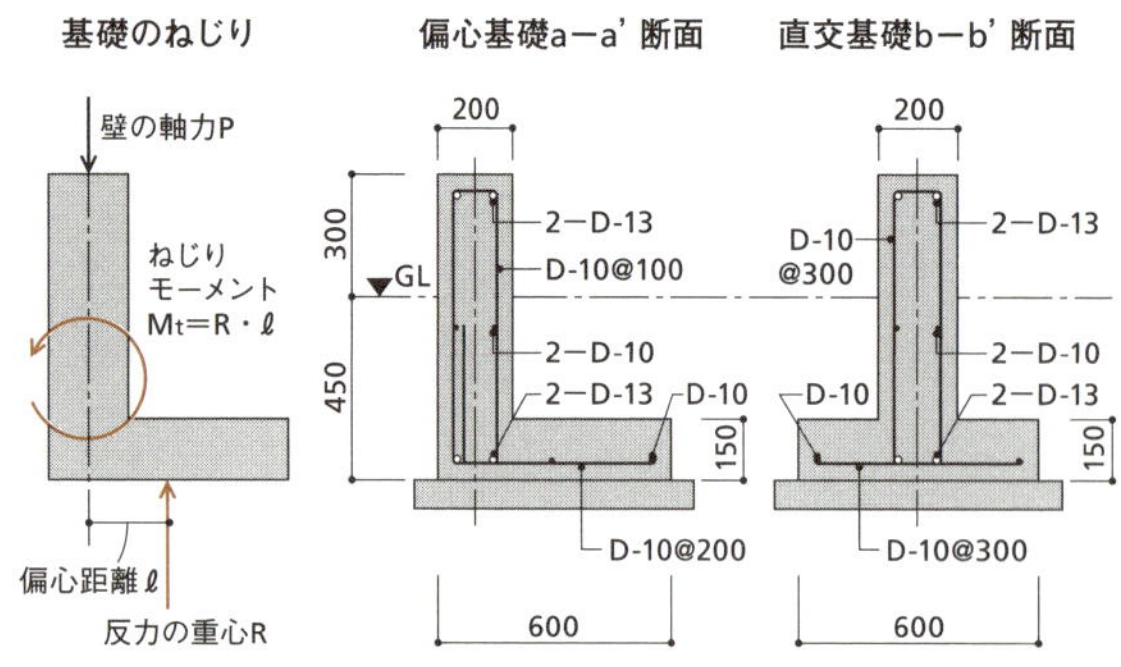

とができる。しかし、現場では基礎幅の種類を多くすると間違いのもととなりやすいため、和室南側に合わせ30cmとする。

なお、和室6畳間と8畳間の境に布基礎を配置したのは、2階部分の外壁が直上にあり、大きな荷重が集中するためである。

(2)基礎立上りの設計

基礎立上りの設計は、和室8畳南側Ⓐ、和室6畳間と8畳間の境Ⓑ、和室6畳西側Ⓒの例を示す。

和室8畳南側の立上りⒶは、両端に耐力壁があり両端固定支持となっている。立上りの長さ（スパン）としては、耐力壁の内法スパン2.7mをとる。

和室6畳間と8畳間の境の立上りⒷは、直交の立上りに支持される両端ピン支持であり、スパンは4.5mとする。

さらに、和室6畳西側の立上りⒸは、北側はピン支持、南側は耐力壁があるため固定支持となりスパンは2.7mとなる。

117頁図3にそれぞれの曲げモーメント図を示す。同一スパンであれば両端に耐力壁があるほうが応力は小さく、配筋も少なくなる。ここでWは、支配幅の単位荷重を示す。

(3)床下換気

床下換気孔は、スパンの長い立上りに設けるのは避け、耐力壁の直下中央、またはスパンの短い立上りに設ける。柱の配置などにも十分に配慮して、4m以内の間隔で有効な床下換気が行えるようバランスよく換気孔を設置する。

布基礎の設計例2

総2階建ての木造住宅で、いわゆる狭小間口の建築物である［図4］。

この住宅は、細長く狭い敷地に計画され隣地境界との余裕があまりない。布基礎を外壁心を中心に振り分けると、敷地境界のブロック塀の基礎などに当たり施工ができないおそれがあり、基礎を内側に寄せざるを得えず、基礎底盤の片側から立上りを設ける「偏心布基礎」となる。

偏心布基礎の基礎幅は、一般の布基礎と同様に求める。立上りの設計は偏心を考慮した設計となる［図5］。偏心布基礎は、壁の軸力が加わる方向と底盤の反力の中心が食い違う（偏心する）ため、立上り部分にねじりモーメントが働き、これに耐えるための配筋が必要となる。偏心布基礎のねじりモーメントはこれと直交する布基礎に曲げモーメントとなって作用するので、直交布基礎にも配筋が必要となる。ねじりモーメントは、直交基礎の間隔が広がると増加する。ねじり抵抗を増すには立上り部分の幅と高さを大きくすればよい。直交布基礎にもこれに応じた配筋が必要となる。

設計例の偏心布基礎は、立上り部分の主筋は上下とも2―D13の複配筋となるため幅は20cmとし、あばら筋はD10の10cmピッチの閉鎖型とする。偏心布基礎に床下換気孔の欠込みを設けるときには、ねじりモーメントが最も小さいスパンの中央に設け、その部分に補強筋を入れる。

なお、偏心布基礎については、㈳日本建築学会諸規準・指針・手引きに設計の要点が示してあるので参考にするとよい。

設計 10

べた基礎にかかる法律・基準の要点

表1 基礎構造（べた基礎）の規定（平12建告1347号）

基礎構造の種類	構造規定
べた基礎を用いた構造	・一体の鉄筋コンクリート造とすること ・土台の下には連続した立上がり部分を設けるものとする ・立上がり部分の高さは地上部分で30cm以上と立上がり部分の厚さは12cm以上と、基礎底盤の厚さは12cm以上とすること ・根入れ深さは、12cm以上とし、かつ、凍結深度よりも深いものとすること、その他凍上を防止するための有効な措置を講ずること ・鉄筋コンクリート造とする場合は、立上がり部分の主筋はD12以上、帯筋φ9、30cm間隔以下、底盤φ9、30cm間隔以下縦横、換気口を設ける場合はφ9の補強筋を配筋すること

表2 基礎構造の規定（旧公庫仕様書）

基礎構造の種類	構造規定
べた基礎を用いた構造	1. 一体の鉄筋コンクリート造とする 2. 地盤面からの立上がり部分の高さは地上部分で40cm以上とする 3. 立上がりの厚さは12cm以上とする 4. 基礎の寸法および配筋は、建設地の状況や荷重条件を個別に把握し、構造計算によって基礎の形状、鉄筋の配置方法などを決定し、その仕様を特記する

図1 べた基礎の例（スパン表による）

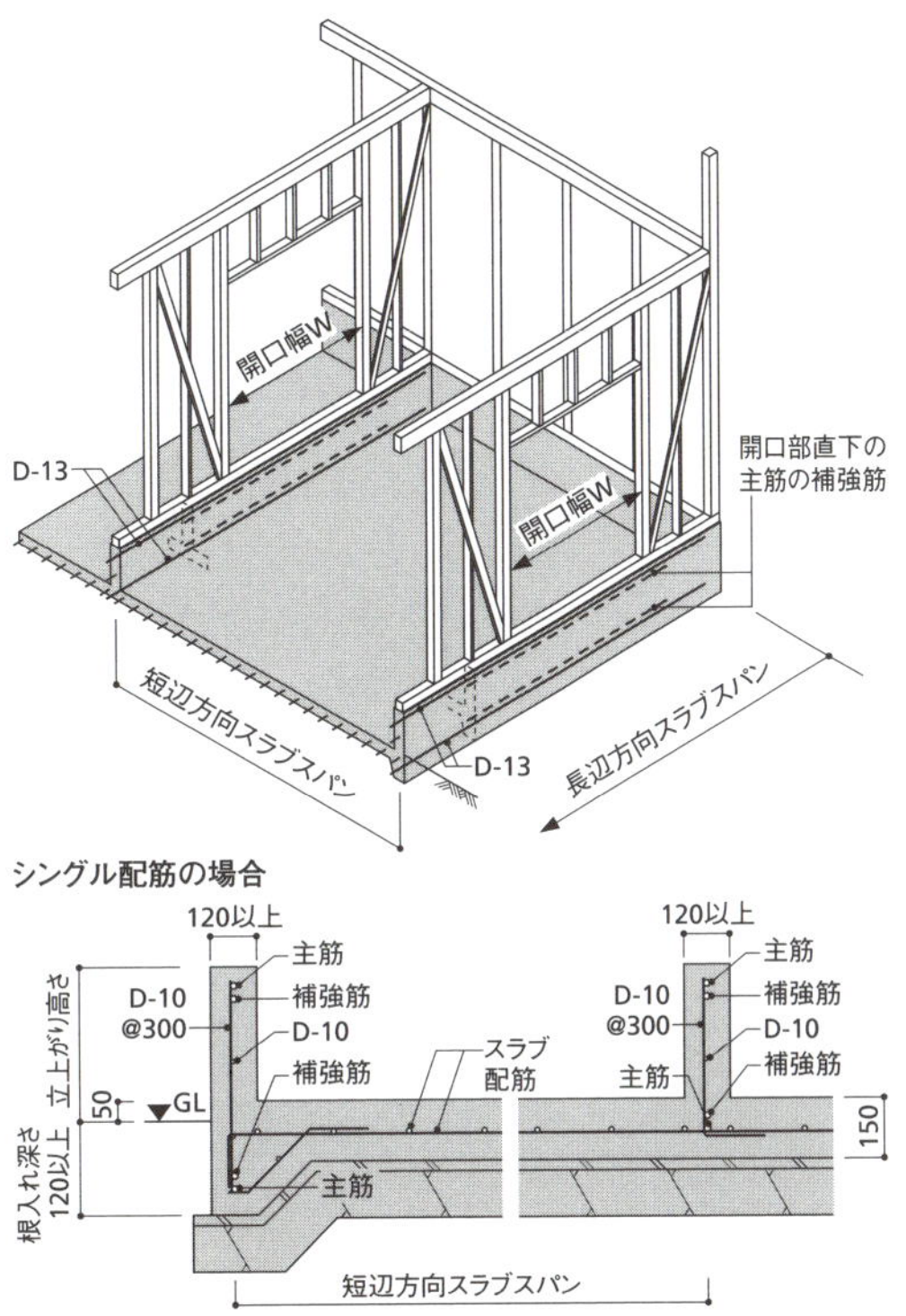

べた基礎については、建築基準法関連の規定については布基礎の場合と同じである［**表1**、**113～116頁参照**］。ただし、平12建告1347号において構造についての規定が定められているので留意していただきたい。

品確法施行令の規定

品確法の「構造の安定」のなかで、耐震・耐風・耐積雪等級を2以上とするためには、基礎・地盤の仕様を明らかにし、基礎の設計を行う必要がある［**図1**］。

また、性能表示で、すべての等級を1とする場合には、建築基準法の告示にもとづく仕様のチェックを行えばよい。表示方法、評価基準のイメージについては、布基礎と同じ考え方でよい［**114頁表3**］。

なお、㈶日本住宅・木材技術センターの「スパン表」では、次の条件でべた基礎の形状、基礎の配筋が示されている。

①対象住宅…平屋、2階建て
②基礎形式…べた基礎
③べた基礎の採用地域…一般地のみ
④べた基礎の根入れ深さ…12cm以上
⑤基礎の立上り…厚さ12cm以上、高さ30cm、40cmの2種類
⑥配筋形状：シングル配筋、ダブル配筋の2種類
⑦建物重量：屋根は日本瓦、外壁は鉄網モルタル仕上げ

公庫仕様書

住宅の基礎については、令38条3項と平12建告1347号に定められた値をもとにしている。

本仕様書では、基礎杭を用いた構造やべた基礎を採用する場合は、建設地の状況や荷重条件を個別に把握し、構造計算によって基礎の形状、鉄筋の配置方法などを決定し、その仕様を特記することとしている［**表2**］。

また、木造住宅の耐久性を保持するため、土台の高さを40cmと高くし、1階の床下地面は、建物周囲の地盤より5cm以上高くするように規定している。

換気孔は4mの等間隔で機械的に設けるのではなく、柱の位置などにも配慮したうえで4m以下の間隔で有効な床下換気が行えるようにバランス

図2 べた基礎の構造例（旧公庫仕様書）

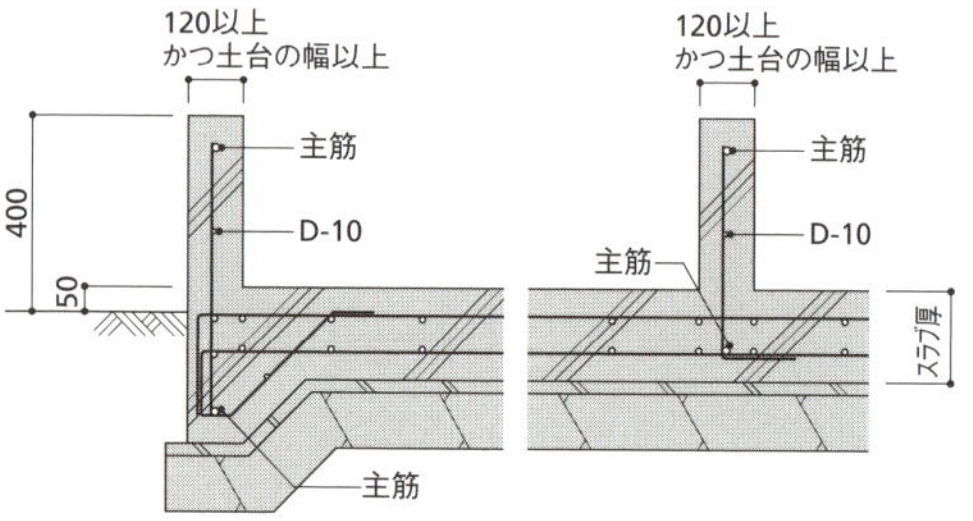

注1：ベタ基礎の寸法および配筋については、建設敷地の地盤状況を勘案のうえ、構造計算により決定すること
注2：1階の床下地面は、建物周囲の地盤より5cm以上高くする

図3 べた基礎の例（手引き）

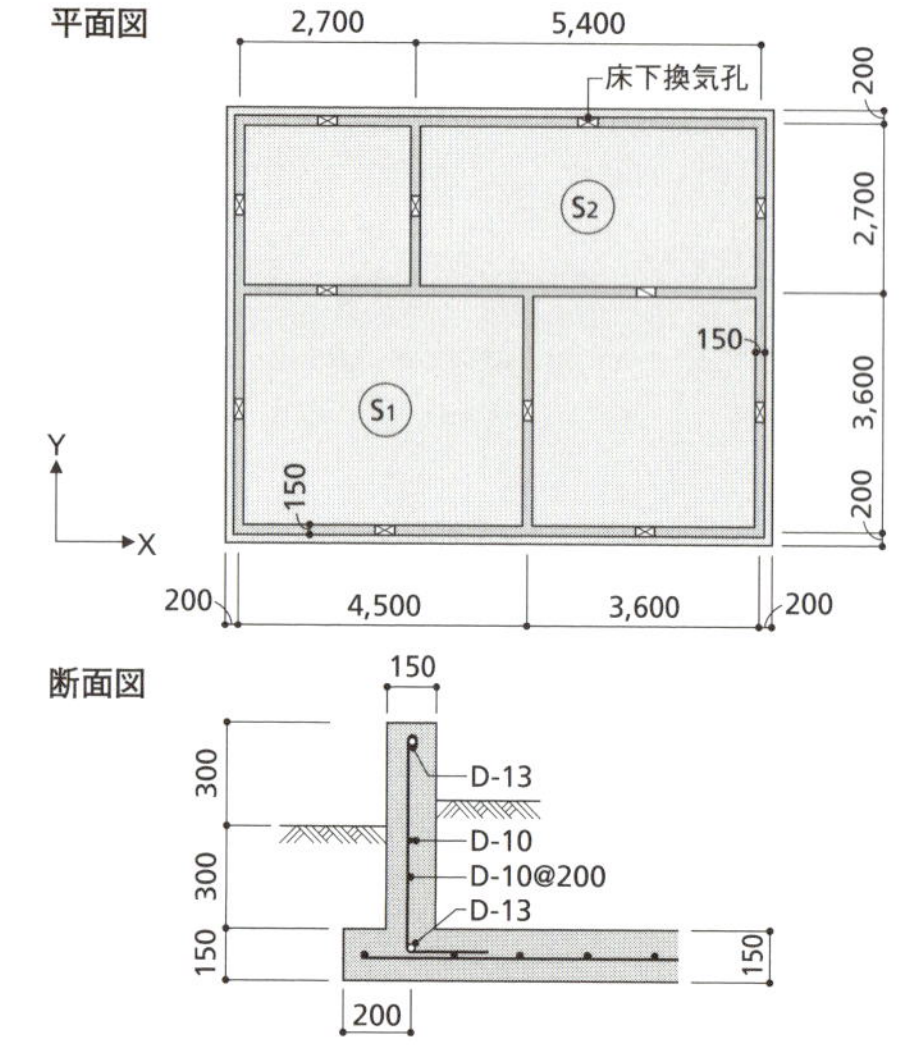

図4 土間コンクリートのベタ基礎への併用例（手引き）

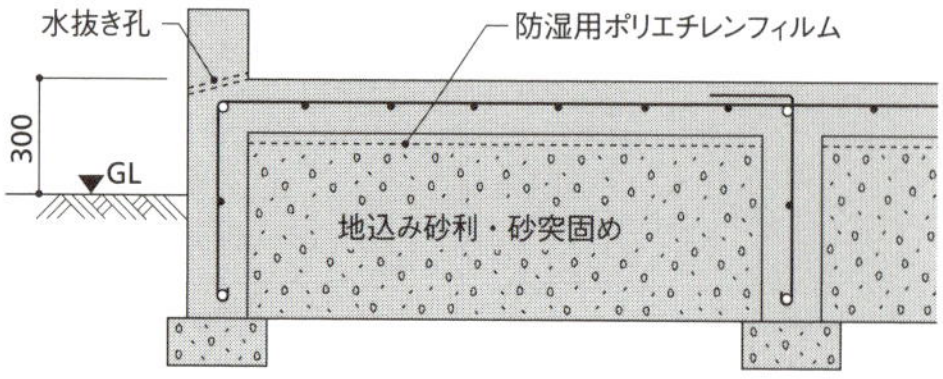

表3 べた基礎の標準配筋表（手引き）

<table>
<tr><th rowspan="2">短辺内法長さ
Lx（m）</th><th rowspan="2">上部構造重量
w（kN／㎡）</th><th colspan="3">長辺内法長さLy</th></tr>
<tr><th>Ly＝Lx</th><th>Ly＝1.5Lx</th><th>Ly＝20Lx</th></tr>
<tr><td rowspan="4">2.0</td><td>5.0</td><td rowspan="4" colspan="3">D10＠20cm</td></tr>
<tr><td>7.5</td></tr>
<tr><td>10.0</td></tr>
<tr><td>12.5</td></tr>
<tr><td rowspan="4">2.5</td><td>5.0</td><td rowspan="2" colspan="3">D10＠20cm</td></tr>
<tr><td>7.5</td></tr>
<tr><td>10.0</td><td rowspan="2"></td><td></td><td>D10＠15cm</td></tr>
<tr><td>12.5</td><td>D10＠15cm</td><td>D13＠20cm</td></tr>
<tr><td rowspan="4">3.0</td><td>5.0</td><td rowspan="3">D10＠20cm</td><td colspan="2"></td></tr>
<tr><td>7.5</td><td colspan="2">D10＠15cm</td></tr>
<tr><td>10.0</td><td rowspan="2">D13＠20cm</td><td></td></tr>
<tr><td>12.5</td><td>D10＠15cm</td><td>D13＠15cm</td></tr>
<tr><td rowspan="4">3.5</td><td>5.0</td><td rowspan="2">D10＠20cm</td><td></td><td>D10＠15cm</td></tr>
<tr><td>7.5</td><td colspan="2">D13＠20cm</td></tr>
<tr><td>10.0</td><td>D10＠15cm</td><td colspan="2">D13＠15cm</td></tr>
<tr><td>12.5</td><td>D13＠20cm</td><td colspan="2">D13＠10cm</td></tr>
<tr><td rowspan="4">4.0</td><td>5.0</td><td>D10＠20cm</td><td>D10＠15cm</td><td>D13＠20cm</td></tr>
<tr><td>7.5</td><td>D10＠15cm</td><td colspan="2">D13＠15cm</td></tr>
<tr><td>10.0</td><td>D13＠20cm</td><td rowspan="2" colspan="2">D13＠10cm</td></tr>
<tr><td>12.5</td><td>D13＠15cm</td></tr>
</table>

注：礎盤厚さ15cm、コンクリートFc18、鉄筋SD295、長辺・短辺とも同配筋とする
w＝5.0kN／㎡：一般地区の平屋
w＝7.5kN／㎡：一般地区の2階建て、多雪地区（積雪100cm）の平屋
w＝10.0kN／㎡：一般地区の3階建て［※］多雪地区の2階建て
w＝12.5kN／㎡：多雪地区の3階建て［※］
※は枠組工法により小屋裏を3階に利用したもの

よく配置することとし、その仕様を規定している。

学会の指針・手引きの規定

手引きから、べた基礎に関する特徴を抜粋する。

べた基礎は、地盤が著しく軟弱（地耐力30kN／㎡未満）の場合に用いられることが多い。べた基礎は、全体の剛性が高く荷重を分散させる効果があるので、地盤の不同沈下を低減して上部構造の損傷を防止する役割を果たす。しかし、べた基礎も全体が傾斜することに対しては抵抗力が少ない。このため、支持地盤が傾斜しているときや上部構造の荷重が著しく偏在しているときには、杭基礎などほかの工法を用いる。

地震時に液状化するおそれがある砂地盤においては、べた基礎は地中の有効応力を増すとともに、床下に砂が噴出するのを抑えるので、不同沈下を低減する効果がある。

べた基礎の礎版の配筋表を**表3**に示す。この表から礎版の厚さが15cm程度のとき、底面からのかぶり厚さを7cm確保すると鉄筋は版のほぼ中央に入ることが分かる。壁の下には礎版厚さと同厚以上の幅で、高さ45cm以上の基礎梁を通し、礎版の端部の曲げモーメントを受けもつ。礎版は外周の基礎梁中心から外側へ20cm程度もち出しておくのが望ましい［**図3**］。また、べた基礎の深さについては地表面から少なくとも30cm以上、一般には45cm以上としたい。

基礎の深さを大きくとることで、1階床と礎版との間の空間を物入れなどとして使うこともできる。1階床を全面土間コンクリート打ちとするときには基礎梁と一体打ちにしてべた基礎の礎版を兼ねることもできる。この場合に基礎梁の間は切込み砂利や砂で埋め戻し、十分に突き固める必要がある［**図4**］。

設計 11

事例に学ぶ べた基礎の設計ポイント

図1 設計例1の平面図（S≒1：150）

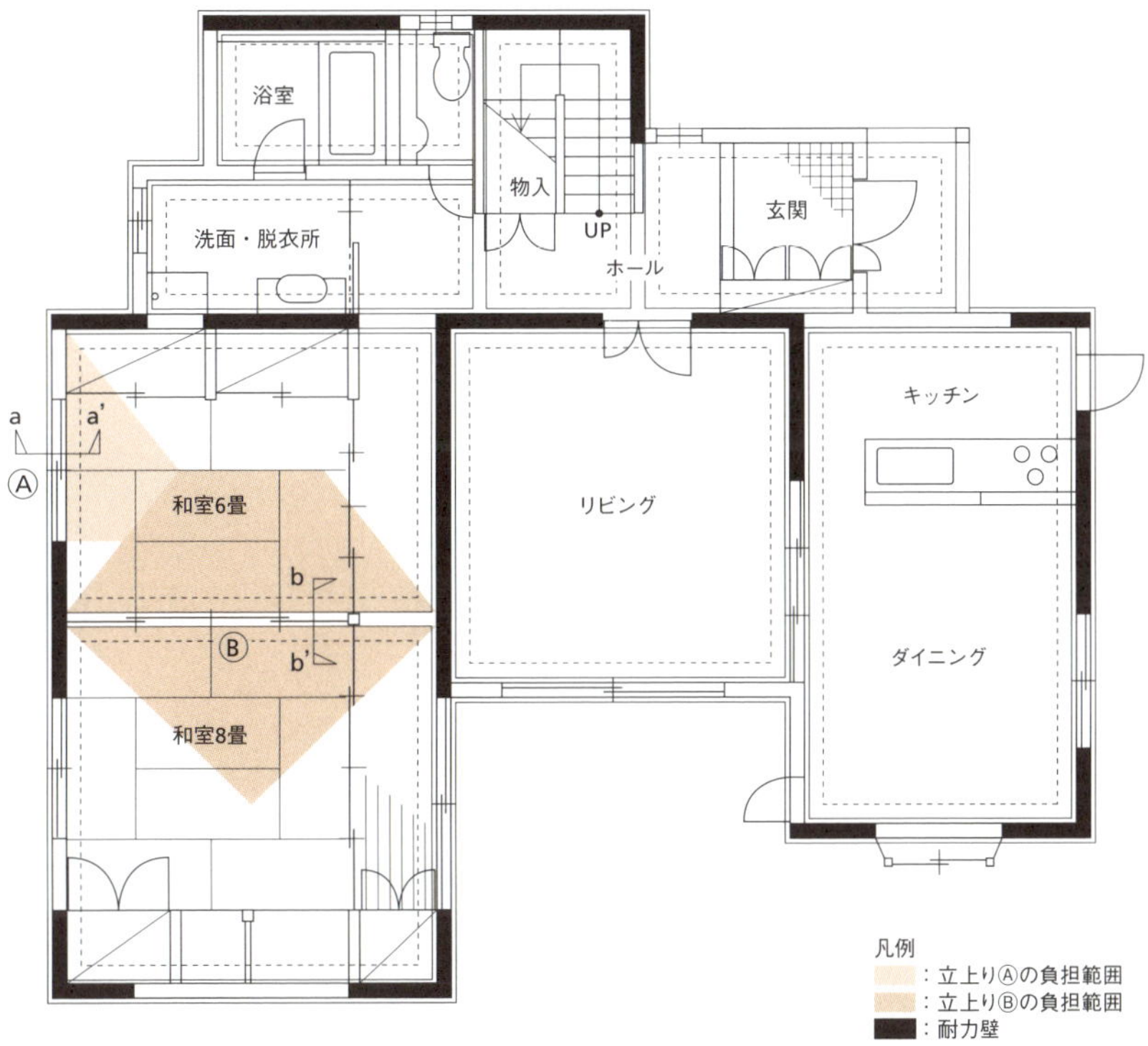

各種べた基礎の特徴

べた基礎は一体となった立上がりから上部荷重が伝達される。立上がりは耐力壁の直下、主要な間仕切壁や大黒柱のように大きな荷重を受ける下部に連続するように設け、べた基礎の形状が整形になるように配置する。

また、べた基礎は、その周囲の立上りに拘束された版として機能する。べた基礎の面積が大きい場合や、上部建物の開口部が大きい場合には、立上り部分への反力が大きくなるため、強度と剛性の高い地中梁が必要となる。

べた基礎の設計法にはいくつかの方法があり、その特徴を述べる。

(1)外周部のみ根入れを深くし、べた基礎部分は地上近くに置くタイプ

このタイプは、一般に多く用いられている最も簡便な方法である。土間スラブ部分をべた基礎としていることから、告示の「地盤面からの根入れ深さ12cm以上」を守らなければならない。立上りで区画される面積が小さく、地表面の地盤が軟弱でない場合には有効である［119頁図1］。

(2)外周部や内部の主要な立上りの下部の根入れを深くし、べた基礎部分は地上近くに置くタイプ

このタイプは、地表面の地盤の強度に信頼性がない場合、または、立上りで区画される面積が大きく、立上り部分に強度と剛性が必要な場合に用いられる。支持地盤に確実に荷重が伝達されるという布基礎の利点と、強度と剛性が高いというべた基礎の利点を備えている［122頁図2］。

(3)基礎の底面を全体に深くし、内部は埋め戻すか、床下収納などにするタイプ

このタイプは、支持地盤に確実に荷重を伝達できる。しかし、内部の埋め戻しの手間、湿気対策に問題がある［120頁図4］。

(4)べた基礎を1階床面に置き、その下部から、支持地盤までを地込み砂利、砂突き固めとするタイプ

このタイプは、地盤改良を行った地盤の上部にべた基礎を設ける考え方である。施工手順と砂の確実な突き固めの手間、木造住宅の1階床、土台、換気の処理などの問題がある［120頁図4］。

べた基礎の設計例1

木造住宅2階建ての一般によく見受けられる平面について、べた基礎の設計とポイントに関して述べる［121頁図1］。

この2階建て住宅の特徴は、2階部分が1階の面積の約半分であり、また偏在して載っている。そのため、2階耐力壁線が1階耐力壁線にほとんど載っていない。べた基礎は全体の剛性が高く、接地面積が大きいため、多少の不均等な荷重に対しても、不同沈下が生じにくく、本建物の基礎には適している。

一般的な住宅地域に建つ同事例は、荷重を細かく計算する設計を行わず、基準法、そのほかの簡易な「スパン表」［113頁参照］によってべた基礎断面を設計された。

本例では、べた基礎の大きな区画として和室4.5×8.1ｍ、居間4.5×4.5ｍ、ダイニング3.6×6.3ｍとなっている。このうち和室の区画が大きすぎるため礎盤が過大になり、また、2階の外壁線直下であることから、6畳間と8畳間の間に立上りを設けている。

(1)べた基礎の設計

べた基礎は、立上りによって囲まれた短辺長さと長辺長さによって、厚さと配筋が決まる。建物重量が均等に礎盤に分布されるという仮定から、礎盤が大きくなるに従い、厚さと配筋が増大する。

礎盤の設計には、短辺長さをスパンとする1方向版で厚さと配筋を決め、長辺方向も同一配筋とする簡易法と、短辺・長辺ともに考慮する2方向版で計算する方法の2つがある。礎盤が小さい場合には簡易法でもよいが、大きい場合には2方向版で設計しないと不経済になる。本設計例の礎盤は大きいため2方向版で設計を行い、厚さ20㎝とする。礎盤が隣のスパンに連続するか外端になるかの支持条件により応力状態が異なり、それに見合った配筋とする。

(2)立上りの設計

図2 設計例1の基礎立上り断面

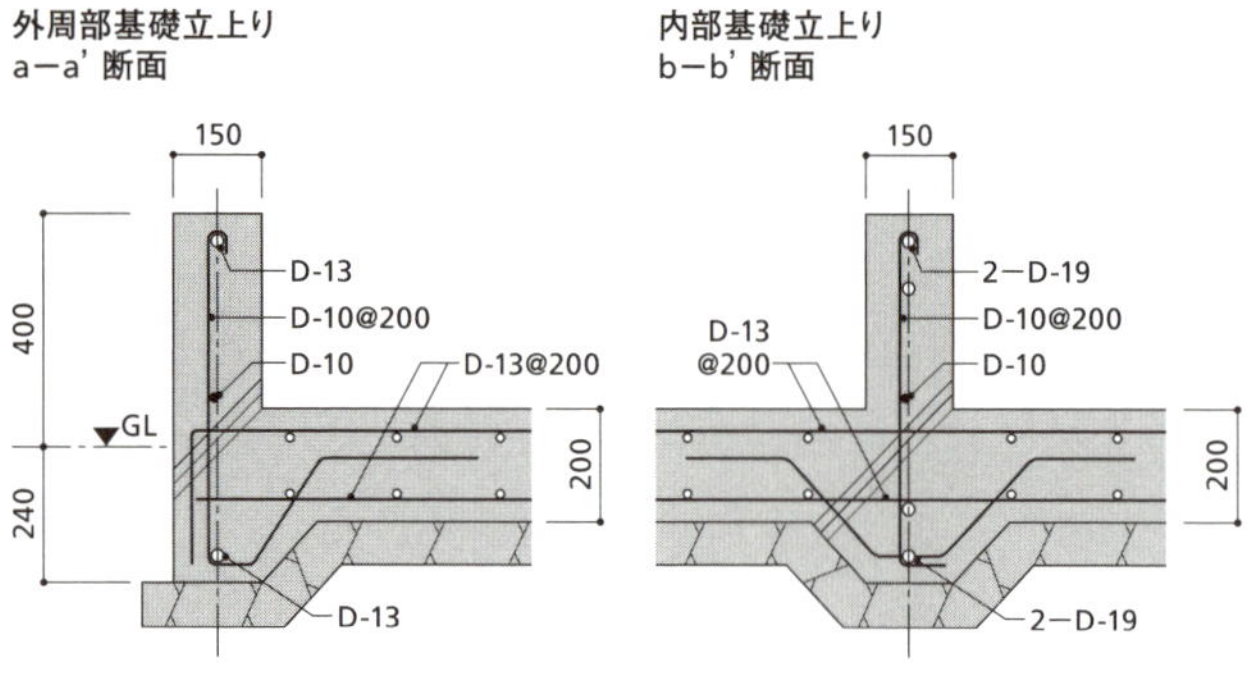

図3 設計例2の平面図（S≒1：150）

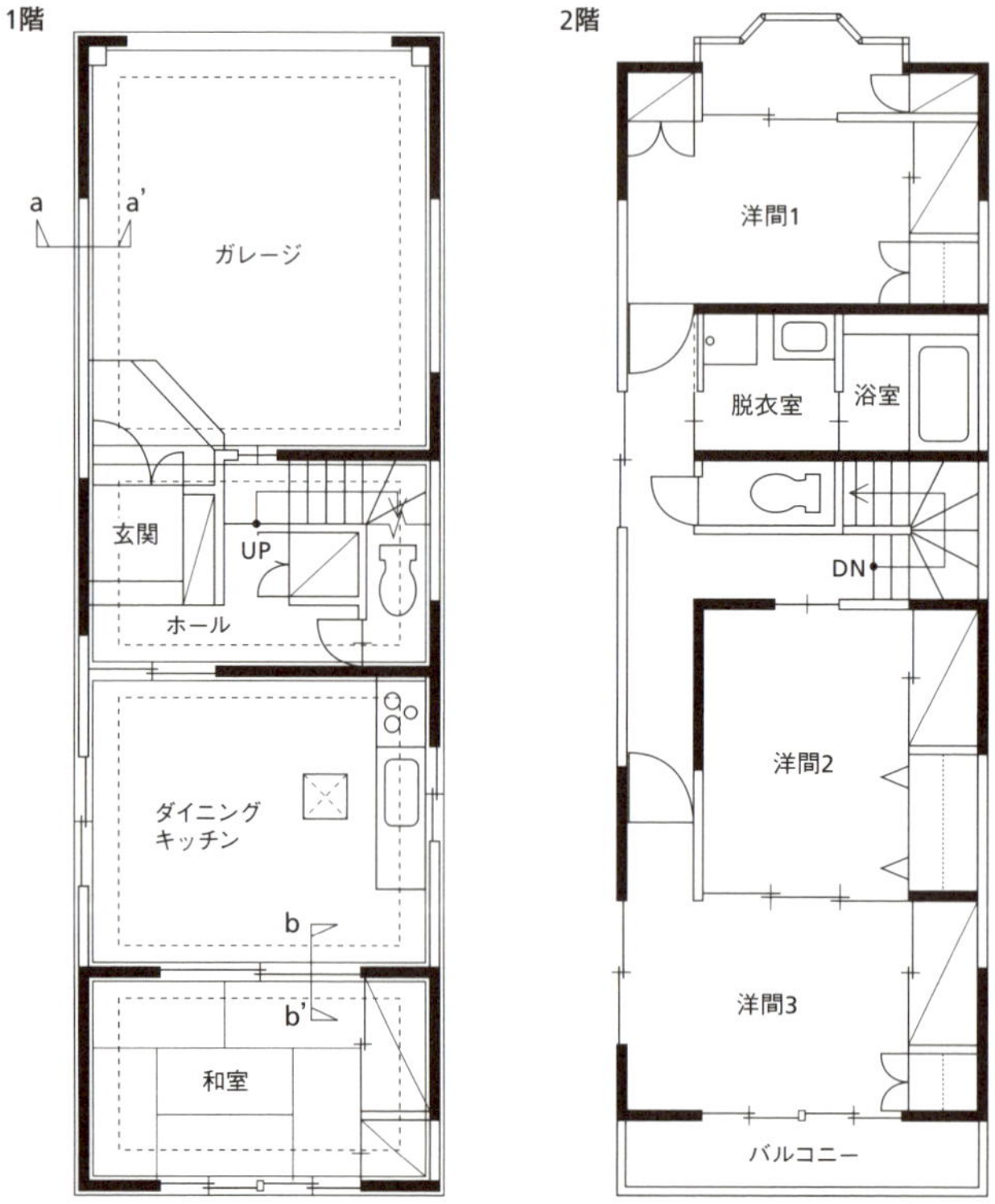

図4 設計例2の基礎立上り断面

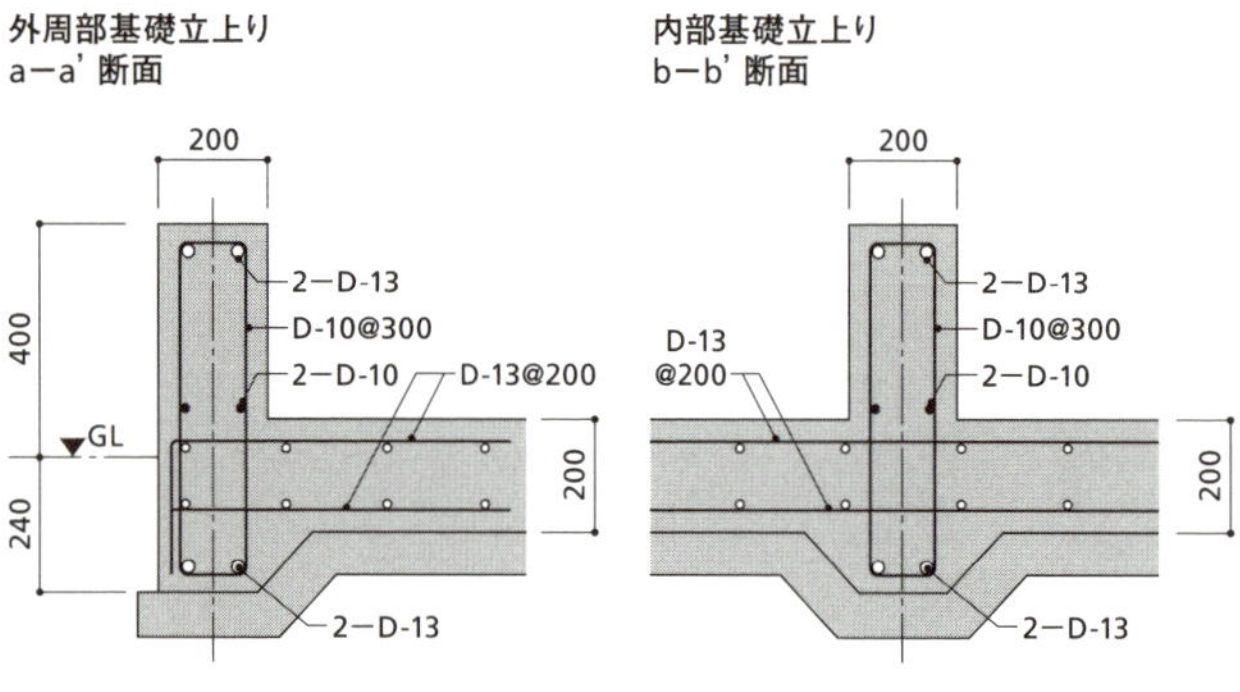

べた基礎の立上り（基礎梁）［図2］は、上部の荷重を礎盤に均等に伝達する重要な部位であり、強度と剛性が要求される。基礎梁の設計には、礎盤からの荷重の受け方で、対隣の地中梁までの半分までを支配幅とする簡易法と、事例のような亀の子状に区切った範囲を支配幅とする精算法がある。たとえば、和室6畳の西側の基礎梁a—a面は、簡易法では主筋は2—D13必要であるが、精算法では1—D13で済む。

(3) 換気孔と人通孔

基礎梁は、上部に大きな開口のある場合には大きな応力状態であり、それに見合った配筋となる。換気孔、人通孔は耐力壁直下あるいはスパンの小さな基礎梁に配置する。スパンの大きな基礎梁に設ける場合には、高さが10cm程度の換気孔であれば補強筋で済むが、人通孔の場合は欠損高さ分を基礎梁下部に付加するなどの対応が必要である。

べた基礎の設計例2

総2階建ての木造住宅で、いわゆる狭小間口の建物である［図3］。この住宅は、細長く狭い敷地に計画されている。べた基礎は外壁面から外側に基礎が出ないため、隣地境界との余裕がないこの建物には適切な基礎といえる。

(1) べた基礎の設計

礎盤は整形に区画するのが望ましい。この平面では、ガレージと玄関・階段室の境の壁が通っていないが、ガレージ部分の礎盤が大きいため、区画を整形にする必要から、基礎梁を階段室の耐力壁の位置で通す。

ガレージの礎盤は4.5×5.4mと大きく、3辺に連続スラブがないため3辺支持・1辺固定のスラブとなり、この条件から礎盤の厚さは20cm、配筋はD13@200のダブル配筋とする［図4］。隣接する階段室の礎盤は、大きさが小さいため、厚さを15cmにすることも可能であるが、南側に面積の大きなダイニングが続くことから、建築物全体の礎盤の厚さを20cmに統一する。

(2) 立上りの設計

布基礎では、立上りの設計は偏心を考慮した設計となるが、べた基礎ではその必要がない。ただし、本例のような1スパン基礎の場合、直交梁の端部での回転角によるねじれなどを考慮して、ねじれ耐力のある基礎梁とするとよい。

ガレージの北側入口の基礎梁は、地面から上部に立上りが取れないため、基礎梁を偏平な断面とするか、根入れを深くして基礎梁のせいを大きく取る必要がある。

図5 設計例3の平面図（S≒1：150）

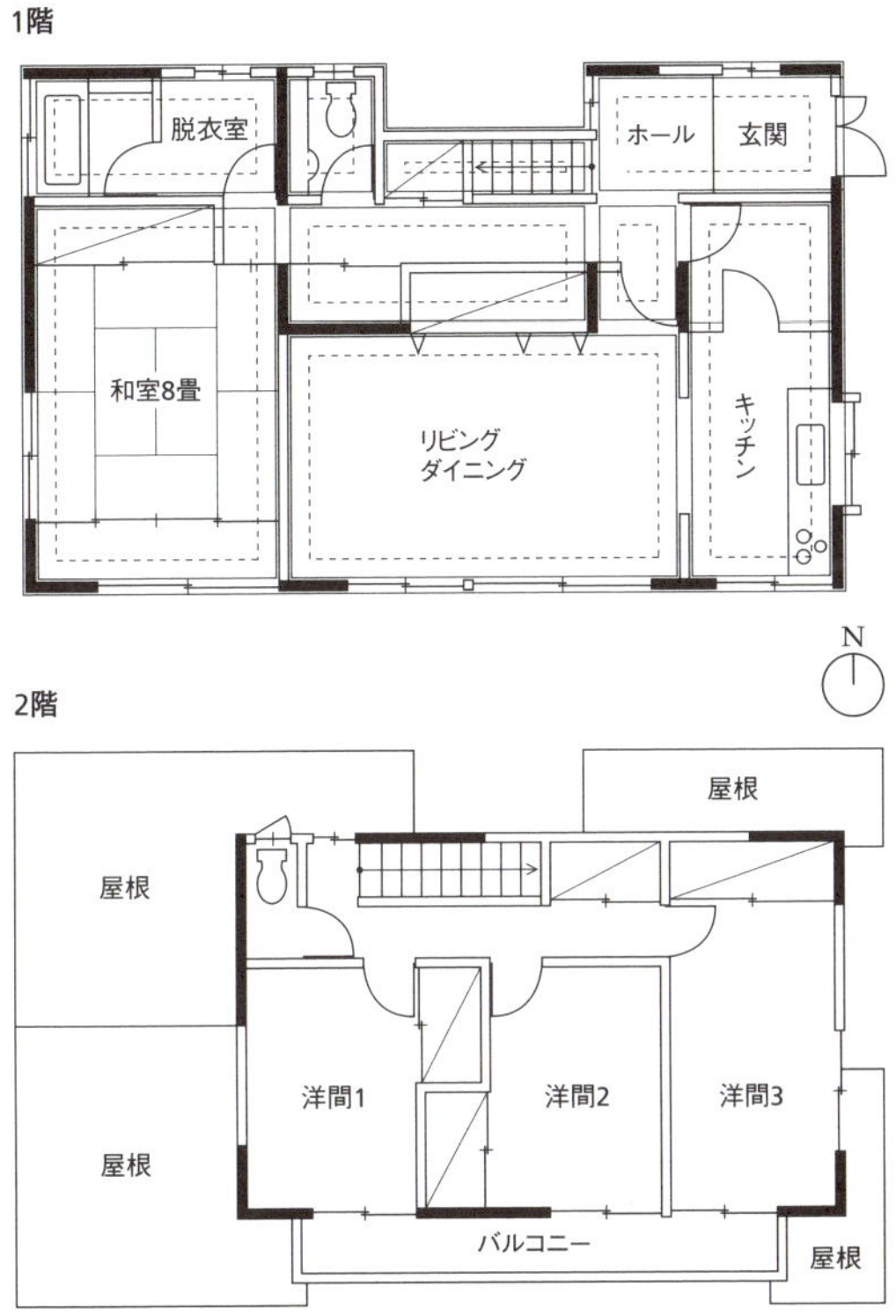

べた基礎の設計例3

2階建ての木造住宅で、2階部分が偏在して載り、2階耐力壁線が1階耐力壁線にほとんど載っていない［図5］。べた基礎は全体の剛性が高く、また、布基礎に比べ接地面積が大きいため不均等な荷重に対しても、不同沈下が生じにくく、本建物の基礎には適している。

(1) べた基礎の設計

1階の平面はほぼ整形であり、北側に面積の小さな玄関、浴室が計画されている。礎盤の大きさは、リビングの3.6×5.8mが最大で、礎盤の厚さは15cmとなる。

配筋はリビングのスラブは、南側が外端でほかの3辺が隣の礎盤と連続するため、3辺固定・1辺支持条件のスラブとなる。また、ほぼ同じ大きさの和室の礎盤は、2辺固定・2辺支持条件のスラブとなる。精算法では、配筋はD13@175シングルとなる。1方向スラブとする簡易法では、D13@125シングルとなり、精算した場合の1.4倍の鉄筋量となる。

(2) 立上りの設計

この平面では、リビングの南側の開口が4.5mと大きく、基礎梁の大きさはここで決められる。対隣間隔の半分を

表 水平～荷重時基礎梁の配筋表

①基礎梁断面12×54cm、15×54cm

1・2階の壁長さが同じ場合の重層耐力壁、階高は2.7mとする一般地域平屋建て、一般地域2階建て、多雪地域平屋建て(立上り高さは30㎝)

1・2階の壁倍率の合計 α	基礎梁のせん断力		基礎梁の主筋					
			壁長さ0.91m		壁長さ1.36m		壁長さ1.82m	
	Q (kN)	τ (N/㎟)	M (kN・m)	主筋	M (kN・m)	主筋	M (kN・m)	主筋
0.5	2.1	0.04	1.9	1-D13	2.9	1-D13	3.8	1-D13
1	4.2	0.09	3.8		5.7		7.6	
1.5	6.4	0.13	5.8		8.7		11.6	
2	8.5	0.17	7.7		11.6		15.5	
2.5	10.6	0.21	9.6		14.5		19.3	1-D16
3	12.7	0.26	11.6		17.3	1-D16	23.1	
3.5	14.8	0.3	13.5		20.2		26.9	2-D13
4	16.9	0.34	15.4	1-D16	23.1		30.8	2-D16
4.5	19.1	0.39	17.4		26.1	2-D13	34.7	
5	21.2	0.43	19.3		28.9		38.6	
5.5	23.3	0.47	21.2		31.8	2-D16	42.4	
6	25.4	0.51	23.1		34.7		46.2	
6.5	27.5	0.56	25	2-D13	37.5		50.1	2-D19
7	29.6	0.6	26.9		40.4		53.9	
7.5	31.8	0.64	28.9		43.4		57.9	
8	33.9	0.69	30.8	2-D16	46.2		61.7	
8.5	36	0.73	32.8		49.1	2-D19	65.5	
9	38.1	0.77	34.7		52		69.3	
9.5	40.2	0.81	36.6		54.8		73.2	
10	42.3	0.86	38.5		57.7		77	

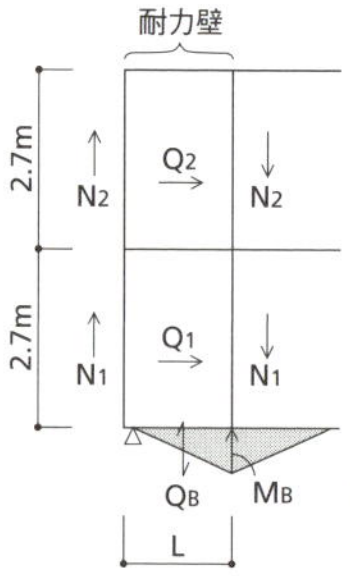

2階 $Q_2=\alpha_2\times1,960\times L$
$M_2=0.8\times2.7\times Q_2$
$N_2=M_2/L$
$=\alpha_2\times1,960\times0.8\times2.7$

1階 $Q_1=\alpha_1\times1,960\times L$
$M_1=M_2+0.8\times2.7\times Q_1$
$=(\alpha_2+\alpha_1)\times1,960\times L\times0.8\times2.7$
$N_1=N_2+\alpha_1\times1,960\times0.8\times2.7$
$=(\alpha_2+\alpha_1)\times1,960\times0.8\times2.7$

基礎梁
$Q_B=N_1$
$=(\alpha_2+\alpha_1)\times1,960\times0.8\times2.7$
$M_B=Q_B\cdot L$
$=(\alpha_2+\alpha_1)\times1,960\times0.8\times2.7\times L$
$=M_1$

凡例
α_1、α_2 ：1、2階の壁倍率
M_1、M_2 ：耐力壁の転倒モーメント
N_1、N_2 ：転倒モーメントによる柱軸力
Q_B ：基礎梁のせん断力
M_B ：基礎梁の曲げモーメント

②基礎梁断面12×64cm、15×64cm

1・2階の壁長さが同じ場合の重層耐力壁、階高は2.7mとする一般地域平屋建て、一般地域2階建て、多雪地域平屋建て(立上り高さは4㎝)

1・2階の壁倍率の合計 α	基礎梁のせん断力		基礎梁の主筋					
			壁長さ0.91m		壁長さ1.36m		壁長さ1.82m	
	Q (kN)	τ (N/㎟)	M (kN・m)	主筋	M (kN・m)	主筋	M (kN・m)	主筋
0.5	2.1	0.04	1.9	1-D13	2.9	1-D13	3.8	1-D13
1	4.2	0.07	3.8		5.7		7.6	
1.5	6.4	0.11	5.8		8.7		11.6	
2	8.5	0.14	7.7		11.6		15.5	
2.5	10.6	0.18	9.6		14.5		19.3	1-D16
3	12.7	0.21	11.6		17.3		23.1	
3.5	14.8	0.25	13.5		20.2	1-D16	26.9	
4	16.9	0.28	15.4		23.1		30.8	2-D13
4.5	19.1	0.32	17.4		26.1		34.7	
5	21.2	0.35	19.3	1-D16	28.9		38.6	2-D16
5.5	23.3	0.39	21.2		31.8	2-D13	42.4	
6	25.4	0.42	23.1		34.7		46.2	
6.5	27.5	0.46	25		37.5	2-D16	50.1	
7	29.6	0.49	26.9		40.4		53.9	
7.5	31.8	0.53	28.9		43.4		57.9	
8	33.9	0.57	30.8	2-D13	46.2		61.7	2-D19
8.5	36	0.6	32.8		49.1		65.5	
9	38.1	0.64	34.7		52		69.3	
9.5	40.2	0.67	36.6		54.8		73.2	
10	42.3	0.71	38.5	2-D16	57.7		77	

③基礎梁断面12×75cm、15×75cm

1・2階の壁長さが同じ場合の重層耐力壁、階高は2.7mとする一般地域2階建て、多雪地域2・3階建て(立上り高さは30㎝)

1・2階の壁倍率の合計 α	基礎梁のせん断力		基礎梁の主筋(基礎梁断面12×75)					
			壁長さ0.91m		壁長さ1.36m		壁長さ1.82m	
	Q (kN)	τ (N/㎟)	M (kN・m)	主筋	M (kN・m)	主筋	M (kN・m)	主筋
0.5	2.1	0.03	1.9	1-D13	2.9	1-D13	3.8	1-D13
1	4.2	0.06	3.8		5.7		7.6	
1.5	6.4	0.09	5.8		8.7		11.6	
2	8.5	0.12	7.7		11.6		15.5	
2.5	10.6	0.15	9.6		14.5		19.3	
3	12.7	0.18	11.6		17.3		23.1	1-D16
3.5	14.8	0.21	13.5		20.2		26.9	
4	16.9	0.24	15.4		23.1	1-D16	30.8	
4.5	19.1	0.27	17.4		26.1		34.7	2-D13
5	21.2	0.3	19.3		28.9		38.6	
5.5	23.3	0.33	21.2		31.8		42.4	
6	25.4	0.36	23.1	1-D16	34.7		46.2	2-D16
6.5	27.5	0.39	25		37.5	2-D13	50.1	
7	29.6	0.41	26.9		40.4		53.9	
7.5	31.8	0.45	28.9		43.4		57.9	
8	33.9	0.47	30.8		46.2	2-D16	61.7	
8.5	36	0.5	32.8		49.1		65.5	
9	38.1	0.53	34.7		52		69.3	
9.5	40.2	0.56	36.6	2-D13	54.8		73.2	2-D19
10	42.3	0.59	38.5		57.7		77	

支配幅とする荷重で計算しても、基礎梁の大きさは15×64㎝でよく、立上りの鉄筋は2―D13となる。2―D13の配筋方法は、**119頁図1**の立上りの断面図のなかで主筋D13の下部に、補強筋D13が追加される。このように、スパンの大きな基礎梁では、標準的な立上がりの配筋に鉄筋が追加されるかたちとなる。

水平荷重時―基礎梁の検討

基礎梁は、地震時や暴風時に耐力壁の回転による軸力を受ける。特に建築物隅角部にある耐力壁直下の基礎梁は、片持ち梁のように持ち上げる力が加わる。このように基礎梁は、建物重量による鉛直力だけでなく、水平力の検討も必要となる。

この力は、略算的には柱脚接合金物の接合倍率から求める。精算は、耐力壁の負担せん断力に階高を乗じて転倒モーメントを求め、耐力壁の長さで割れば引抜き力が求まる。この際、外周壁は、床、梁の曲げ戻し効果を考慮し、転倒モーメントを0.8掛けする。また、耐力壁に連続する開口直下の基礎梁では鉛直応力も加算する。

なお、この検討方法は、べた基礎だけでなく、布基礎でも共通である。**表**に配筋表の例を示す。

設計⑫

上部構造から考える基礎設計のポイント

上部構造から伝わる3つの力

上部構造から土台を介して基礎へ伝わる力には

①長期荷重・雪荷重などによる鉛直力
②地震荷重・風荷重などによる鉛直力
③地震荷重・風荷重などによる水平力

などがある［図1］。

①の力は柱から土台へ圧縮力として働き、土台から基礎へ流れる。柱に接する部分の土台のめり込み強度や、土台と基礎が直接接していない場合（基礎パッキンなど）には、土台の曲げ強度などを検討することとなるが、通常の場合、特に問題となることはない。

②の力は柱から継手金物を介して土台に伝わり、土台からアンカーボルトを介して基礎に伝達される。引抜き力に対して、継手金物およびアンカーボルトの設計が要求される。

③の力は耐力壁（筋かい・構造用面材など）から継手金物を介して土台へ流れ、土台からアンカーボルトを介して基礎に伝達される。土台の側面抵抗［図2］やアンカーボルトのせん断耐力の検討が要求される。

そして、①の力によって建物全体が沈下しないように、②の力によって建物全体が回転・転倒しないように、③の力によって建物全体が水平移動しないように基礎を設計しなければならない。

土台とアンカーボルトの考え方と役割

木造住宅において土台を設置するようになった経緯は不明である。

城郭建築には格子状に土台が設けられ建物重量を分散させていることが知られているが、現在の木造住宅の土台との関連は解明されていない。明治時代に導入された洋風住宅の影響が大きいという説もあるが、これも不明である。歴史的には不明だが、現在の在来木造住宅には必ず土台が設けられている。

力の流れだけを考えれば、柱を直接基礎へ緊結するほうが明快である。基礎の上に土台を置き、その上に柱を立てることは、やや力の流れを複雑にさせてしまう。柱に引抜き力が発生した場合、柱から一度土台を介して基礎へ力が伝わることとなり、柱から直接基礎へ力が伝わらず、間接的な力の伝達となっている。また、柱と土台とは継手金物で、土台と基礎とはアンカーボルトでそれぞれ接合されているので、複雑な力の流れになっている。

このように力学的にはデメリットになるが、木造工法としてはいくつかのメリットがある。たとえば、①1階の柱脚レベルが容易に揃えられる、②柱脚が容易に固定される、③1階の各柱の足元が連結され強固になる、などの点である。

アンカーボルトの配置計画

アンカーボルトは、地震荷重や風荷重による引抜き力（土台の浮き上がり防止）やせん断力（土台の水平移動防止）を考慮して、配置計画を検討しなくてはならない。以下に土台などにかかる力から配置計画のポイントを解説

図1 上部構造から基礎へ伝わる力

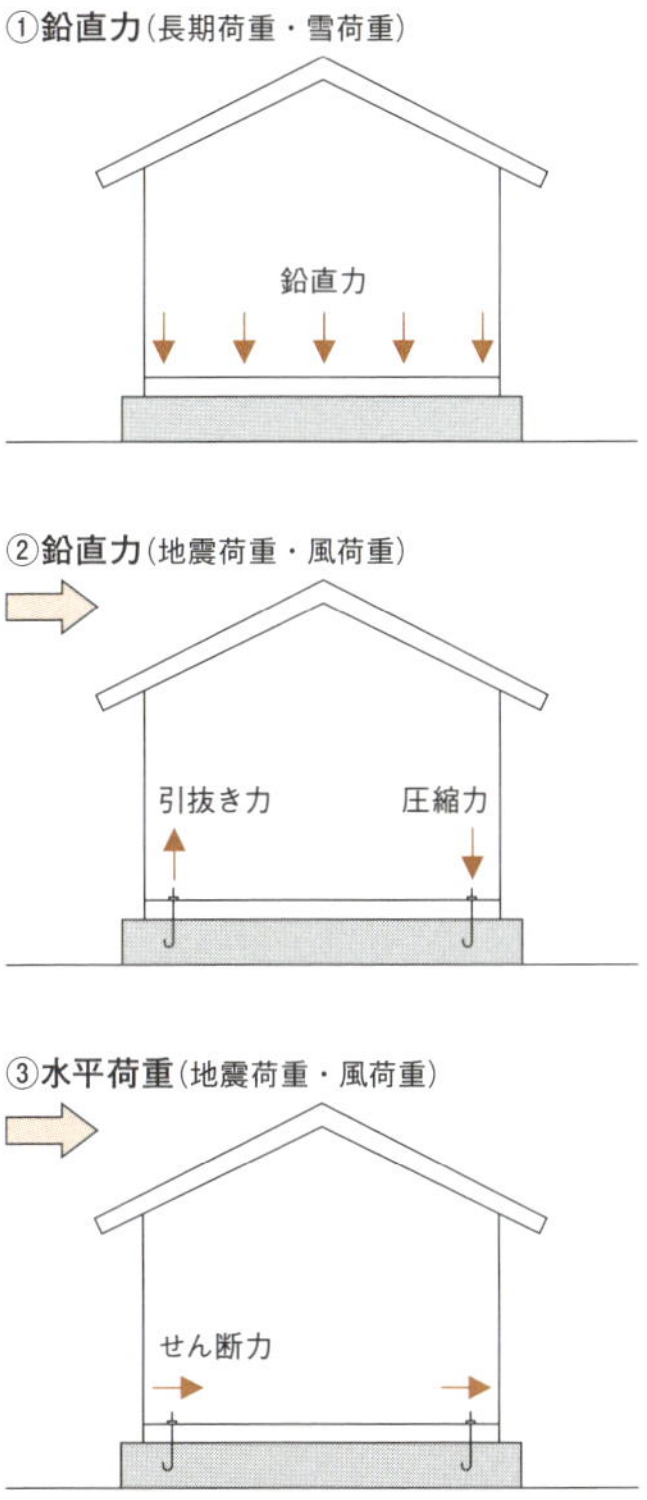

図2 土台の側面抵抗

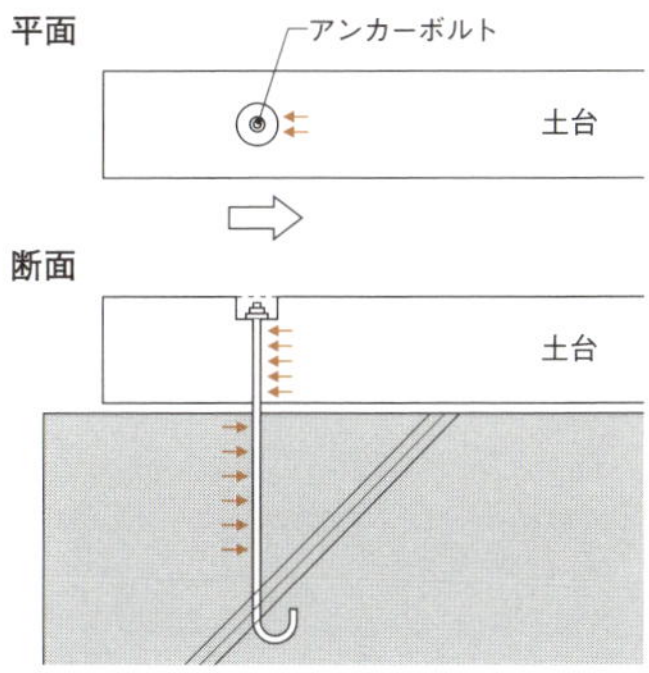

する。

(1)**引抜き力に対する配置個所**

①耐力壁（筋かい、構造用面材）の両端の柱の下部に設ける。地震荷重や風荷重により、耐力壁に引抜き力と圧縮力が発生する。引抜き力により土台が浮き上がらないようにアンカーボルトを設ける［**図3**］。地震荷重や風荷重は左右交互に加わるので、耐力壁の両側にアンカーボルトを設置することになる

②15kN以上のホールダウン金物を設けた場合、その近傍の土台に設ける。柱が直接ホールダウン金物用アンカーボルトで基礎に緊結されている（土台は貫通しているだけで、固定されていない）ので、土台を基礎と結合させるために、アンカーボルトを設ける［**図4**］

(2)**せん断力に対する配置個所**

耐力壁の配置されている耐力線上に、耐力壁が負担するせん断力に見合った耐力のアンカーボルトを設ける［**図5**］。

耐力壁が負担するせん断力は、耐力壁下部の土台からアンカーボルトのせん断耐力（土台側面抵抗、［**125頁図2**］）を介して基礎へ伝達される。そのため、所定のアンカーボルト本数が必要となる。

ここで耐力壁と必要本数の早見表［**表**］を示す。この表はアンカーボルトの土台側面抵抗のみを考慮し、長期荷重による土台下面の摩擦抵抗を無視している（安全側となる）。

(3)**そのほかの力に対する配置個所**

①土台端部に設ける。土台端部の浮き

図3 アンカーボルトの位置

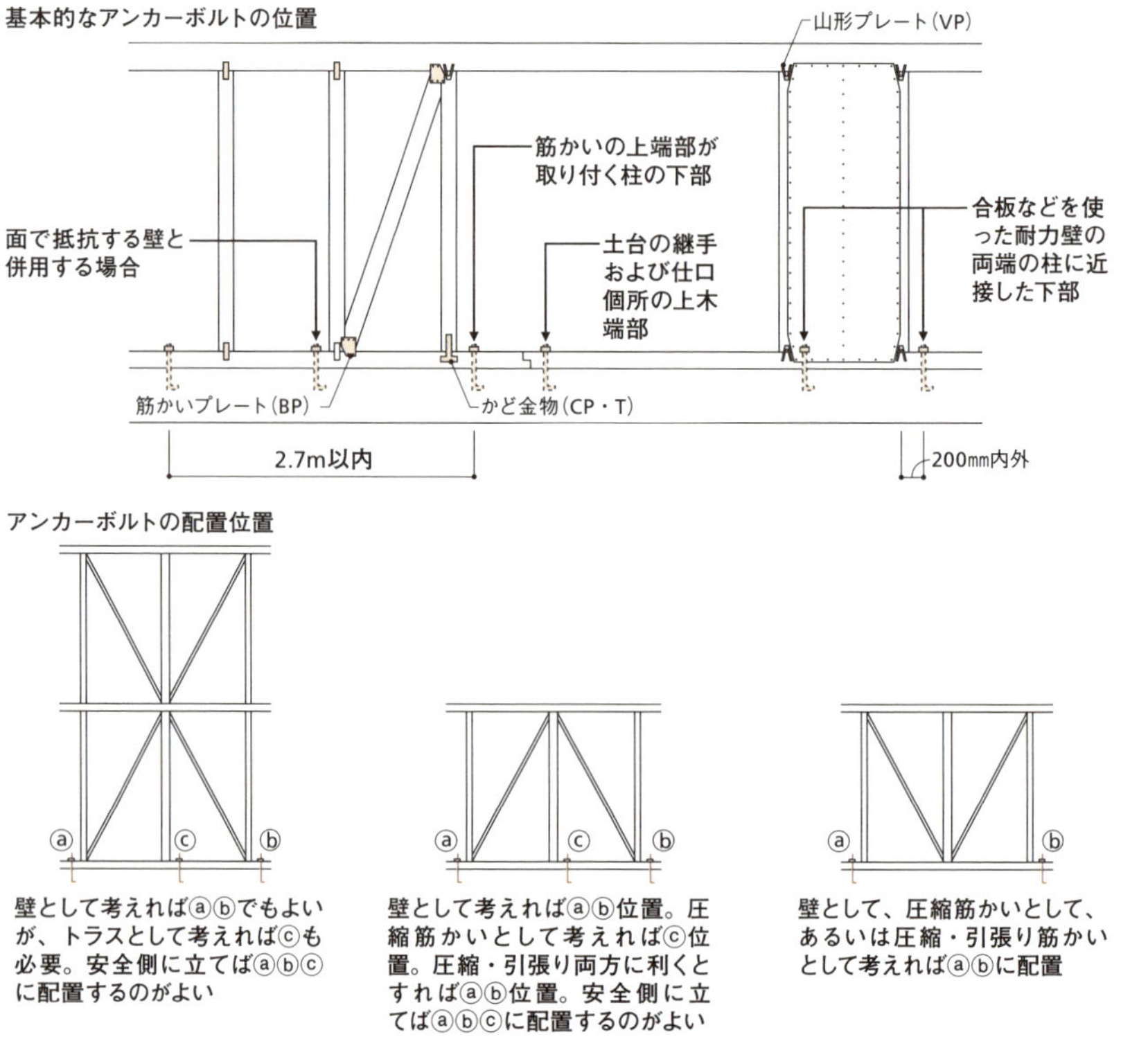

壁として考えればⓐⓑでもよいが、トラスとして考えればⓒも必要。安全側に立てばⓐⓑⓒに配置するのがよい

壁として考えればⓐⓑ位置。圧縮筋かいとして考えればⓒ位置。圧縮・引張り両方に利くとすればⓐⓑ位置。安全側に立てばⓐⓑⓒに配置するのがよい

壁として、圧縮筋かいとして、あるいは圧縮・引張り筋かいとして考えればⓐⓑに配置

図5 せん断力に対するアンカーボルトの配置

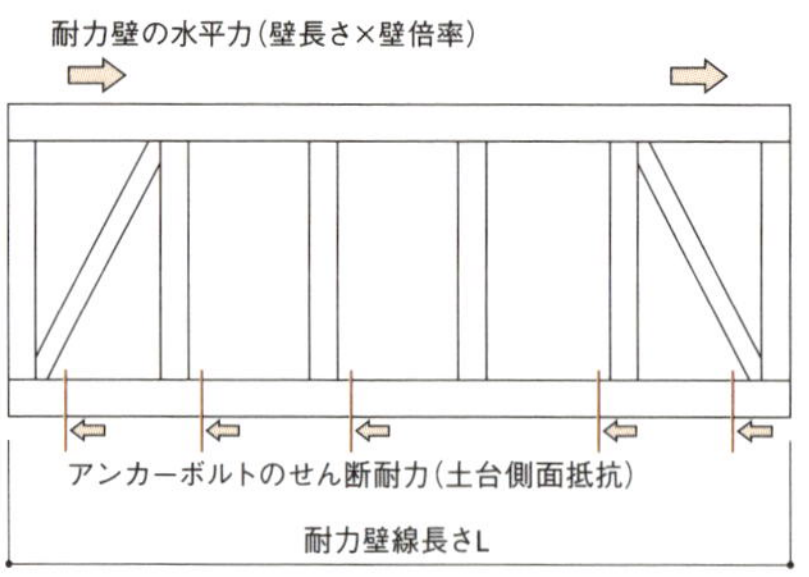

アンカーボルトのせん断耐力＞耐力壁の水平力、となるように耐力壁線長さLのなかに、アンカーボルトを配置する

図4 木造住宅用接合金物の使い方

・基礎への埋込み長さは360㎜以上とする
・引寄せ金物を筋かい端部の上に取り付ける場合は、必要な埋込み長さを確保して、長めのアンカーボルトを用いる

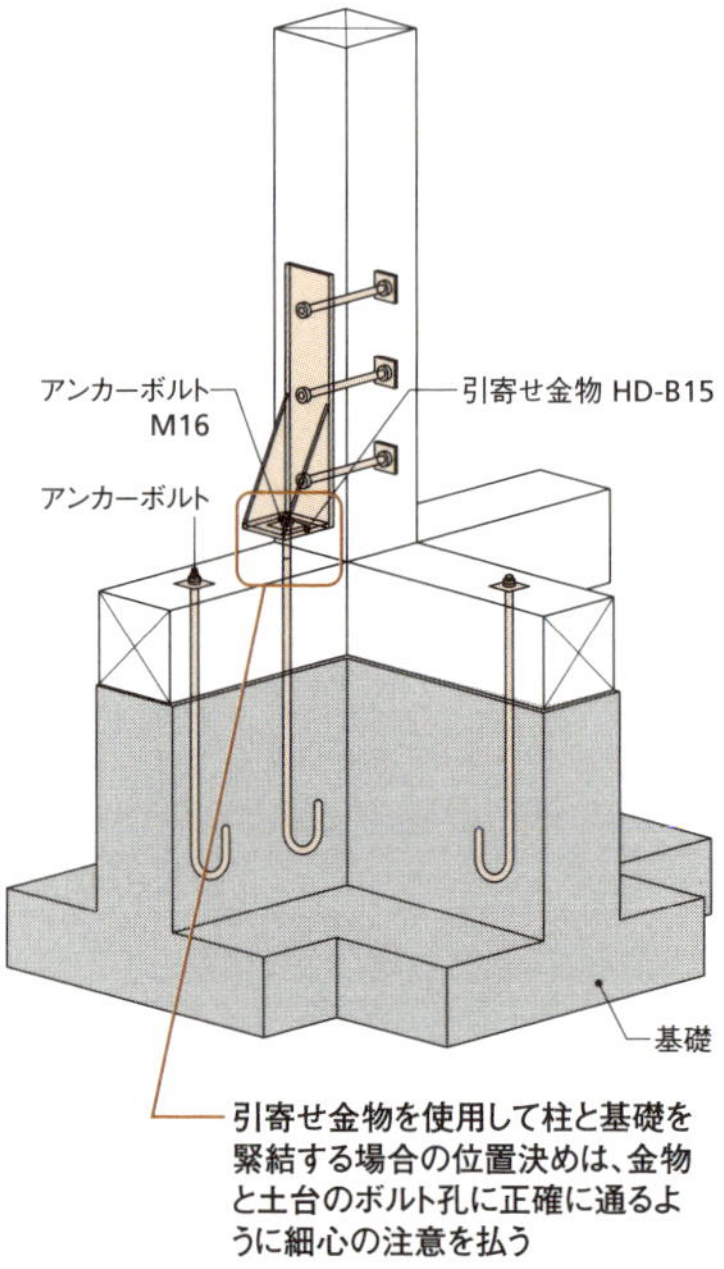

表 耐力壁とアンカーボルト必要本数の早見表

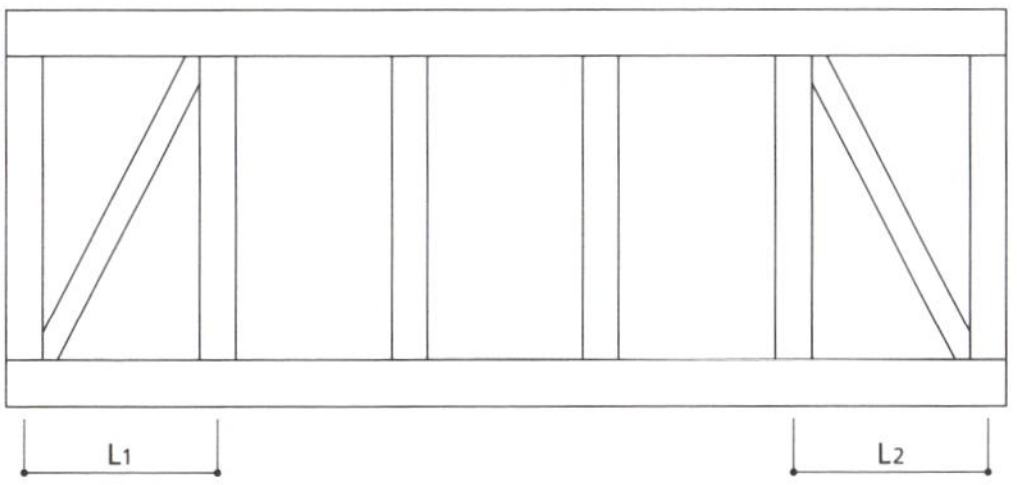

有効壁長さ$L_e=\beta_1\times L_1+\beta_2\times L_2$

β_1、β_2：壁倍率

アンカーボルトはM12とする

土台は105㎜角とする

1.96Le＝5.32 NAB +1.57Bm・h × 0.3

NAB：アンカーボルト必要本数

1.57Bm・h × 0.3：鉛直荷重による土台下面の摩擦抵抗0とする（安全性）NAB＝0.37Leとなる

表①

筋かい断面・壁倍率	90×30	1.5	—	—	—	—	—	—	—	—	—	—	—	—	—
筋かい長さ(m)	0.91	1.37	1.82	2.28	2.73	3.19	3.64	4.10	4.55	5.01	5.46	5.92	6.37	6.83	7.28
有効壁長さLe(m)	1.37	2.05	2.73	3.41	4.10	4.78	5.46	6.14	6.83	7.51	8.19	8.87	9.56	10.24	10.92
アンカーボルト必要本数NAB	1.0	1.0	2.0	2.0	2.0	2.0	3.0	3.0	3.0	3.0	4.0	4.0	4.0	4.0	5.0

表②

筋かい断面・壁倍率	90×45	2.0	—	—	—	—	—	—	—	—	—	—	—	—	—
筋かい長さ(m)	0.91	1.37	1.82	2.28	2.73	3.19	3.64	4.10	4.55	5.01	5.46	5.92	6.37	6.83	7.28
有効壁長さLe(m)	1.37	2.73	3.64	4.55	5.46	6.37	7.28	8.19	9.10	10.01	10.92	11.83	12.74	13.65	14.56
アンカーボルト必要本数NAB	1.0	2.0	2.0	2.0	3.0	3.0	3.0	4.0	4.0	4.0	5.0	5.0	5.0	6.0	6.0

表③

有効壁長さLe(m)	1.00	2.50	4.00	5.50	7.00	8.50	10.00	11.50	13.00	14.50	16.00	17.50	19.00	20.50	23.00
アンカーボルト必要本数NAB	1.0	1.0	2.0	3.0	3.0	4.0	4.0	5.0	5.0	6.0	6.0	7.0	8.0	8.0	9.0

例：筋かい90 × 45　L1＝0.91　Le1＝0.91 × 2.0＝1.82m
筋かい90 × 30　L2＝1.82　Le2＝1.82 × 2.0＝3.64m
Le＝1.82+3.64＝5.46m→5.50mとする。（表③）よりLe＝5.50mの欄から、NBA＝3本となる

図6 土台直交・端部・継手部などのアンカーボルトの配置

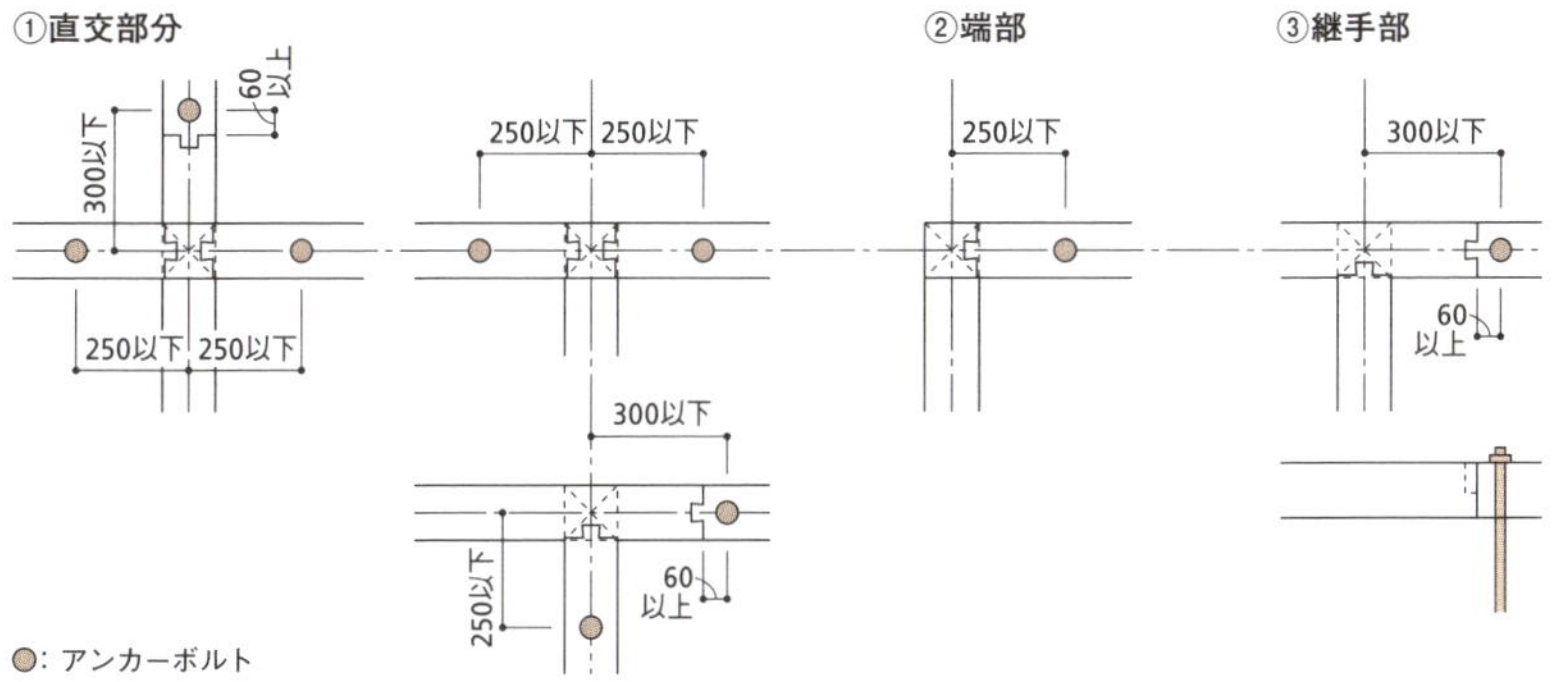

●：アンカーボルト

上がりや滑りなどの防止のために配置する［図6②］

②土台継手部の雄木（上木）側に設ける。土台継手の浮き上がりや滑りなどの防止のために配置する［図6③］。雌木（下木）側に取り付けると、雄木だけが浮き上がるおそれがあるので、必ず雌木側に設ける

③土台直交部の雄木に設ける［図6①］。理由は前記と同様である

④そのほかの部分においては、アンカーボルト設置個所から2.7ｍ以内の部分に設ける

上部構造と基礎の関係

基礎は、上部構造（土台から屋根までの木造本体部分）から伝わる力を安全に地盤へ伝えることと、地盤から伝わってくる地震振動に対して強固であることが必要とされている。

上部構造から伝わる力とは、長期荷重や積雪荷重による鉛直力や地震荷重や風荷重の水平力による鉛直力やせん断力である。それらを安全に地盤へ伝えるためには、強固な基礎が必要となる。

木造における上部構造の設計においては、耐力壁（筋かい、構造用面材など）の量（壁量）や偏心率、継手金物などの検討がされているが、必ずしも基礎との関連については、検討されていないことが多い。

たとえば、耐力壁からの引抜き力に偏心率の割増係数を掛けた基礎梁の検討、換気孔による断面欠損の基礎梁、出入口などのせいの小さい基礎梁の検討などは一般的には行われていない。それらは必ず検討されなければならないのだが、各住宅ごとにその都度構造計算するのは、経済性からいっても現実的ではない。

そこで、標準的な上部構造に対する標準的な基礎形状をあらかじめ設計しておき、通常はそれを採用することでよいこととする考え方が発生する。これは、住宅金融支援機構の「木造住宅工事仕様書」も同様である。

［佐久間順三］

基礎⑬

地震被災住宅に学ぶ基礎設計の問題点

図1 床の傾斜・柱の傾斜現況図

平面図(S=1：150)

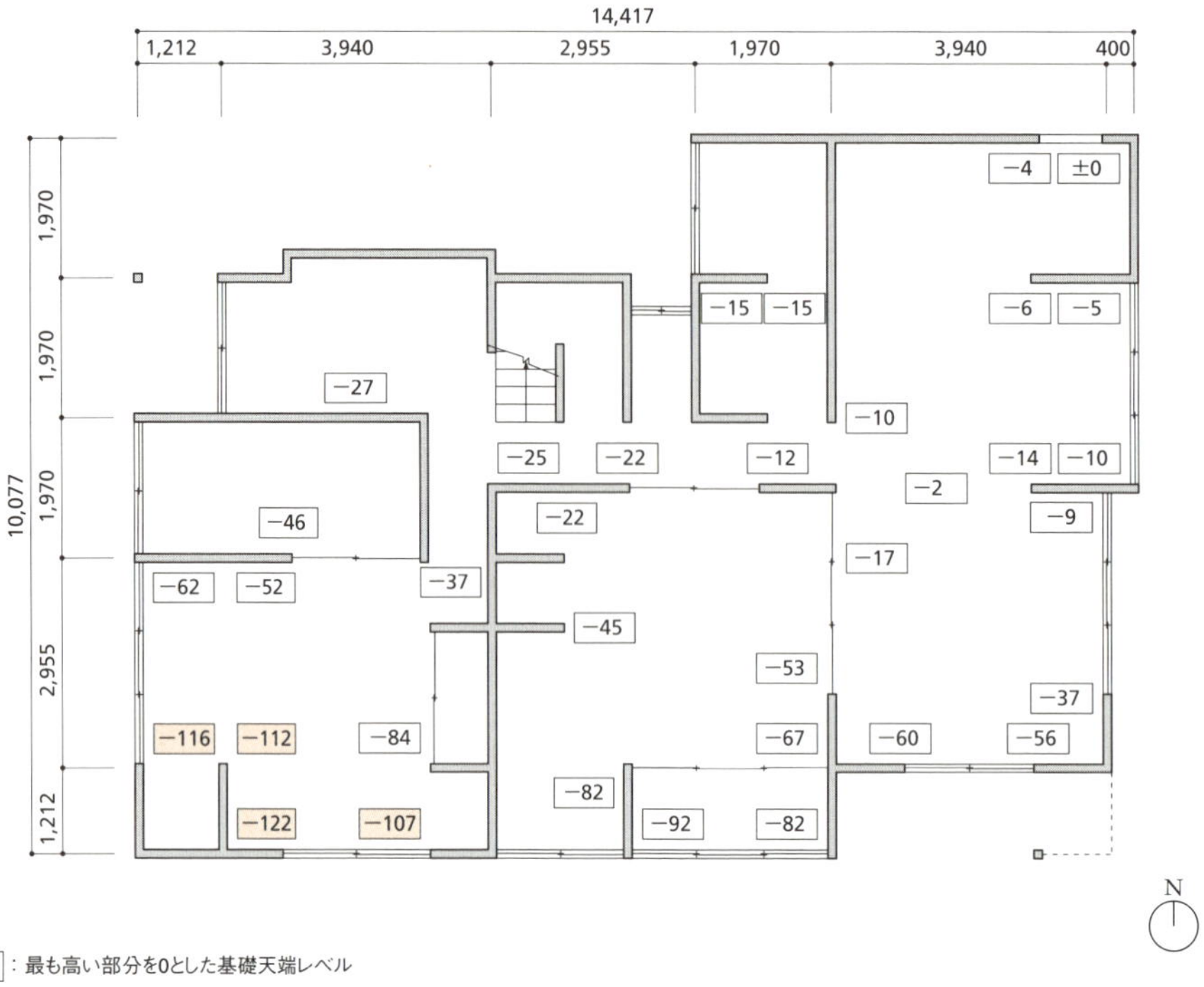

−62 ：最も高い部分を0とした基礎天端レベル

鳥取県西部地震における布基礎の不同沈下の例

地震で被災した住宅を見ると、地震により地盤・基礎がどのような影響を受けるのかが分かり、基礎設計で注意すべき点が見えてくる。

ここに紹介するのは、2000年に(独)住宅金融支援機構の高耐久仕様によりつくられ、その6カ月後に鳥取県西部地震に被災し、不同沈下してしまった事故例である［図1］。

この住宅の敷地は約10m厚の砂地盤の上にある。近年は畑として利用されていたが、木造2階建ての建築を計画し、道路より60cm程度低い地盤の上にまさ土［※］で埋土し建築したものであった。埋土による敷地は、途中までがコンクリート製の土留で、途中からはブロックによる土留で囲まれていた。不同沈下の理由または状況を整理すると、下記のようになる［図2］。

不同沈下の原因

①地盤の締め固めもせずに埋土が行われていた

②土留の剛性不足、特に建物からはずれる南側の部分からブロックが使用され、片持ち状態になった土留が大きく、約36cm程膨らんだ

③南側土留が膨らみ、建物も南西方向へと傾いた（最大145mmの不同沈下を生じた）

④布基礎の連続性が各所（A・C・D・E）で欠落している

⑤Bの部分では半島型基礎の形状になっている。壁面の残留変形も1／50と、住宅全体のなかで最も変形が大きくなっていたことから、地震力も大きくなり変位が最も大きくなったと推測できる

⑥基礎の各部に不同沈下によるクラックが生じている。特に東側の基礎形式では、Dの部分がつながっていないことから、基礎の剛性が大きく低下している

⑦片持ち状の基礎部分（F）では端部が跳ね上がり、床がむくんだ

図には示されていないが、基礎の四隅の底部には手が差し込める程度の隙間が生じていた。埋土の締め固めに問題があったようだ。

［保坂貴司］

※：主に関西以西の山などに広く分布している花崗岩が風化した土壌

図2 基礎・土留の状態

平面図(S=1：150)

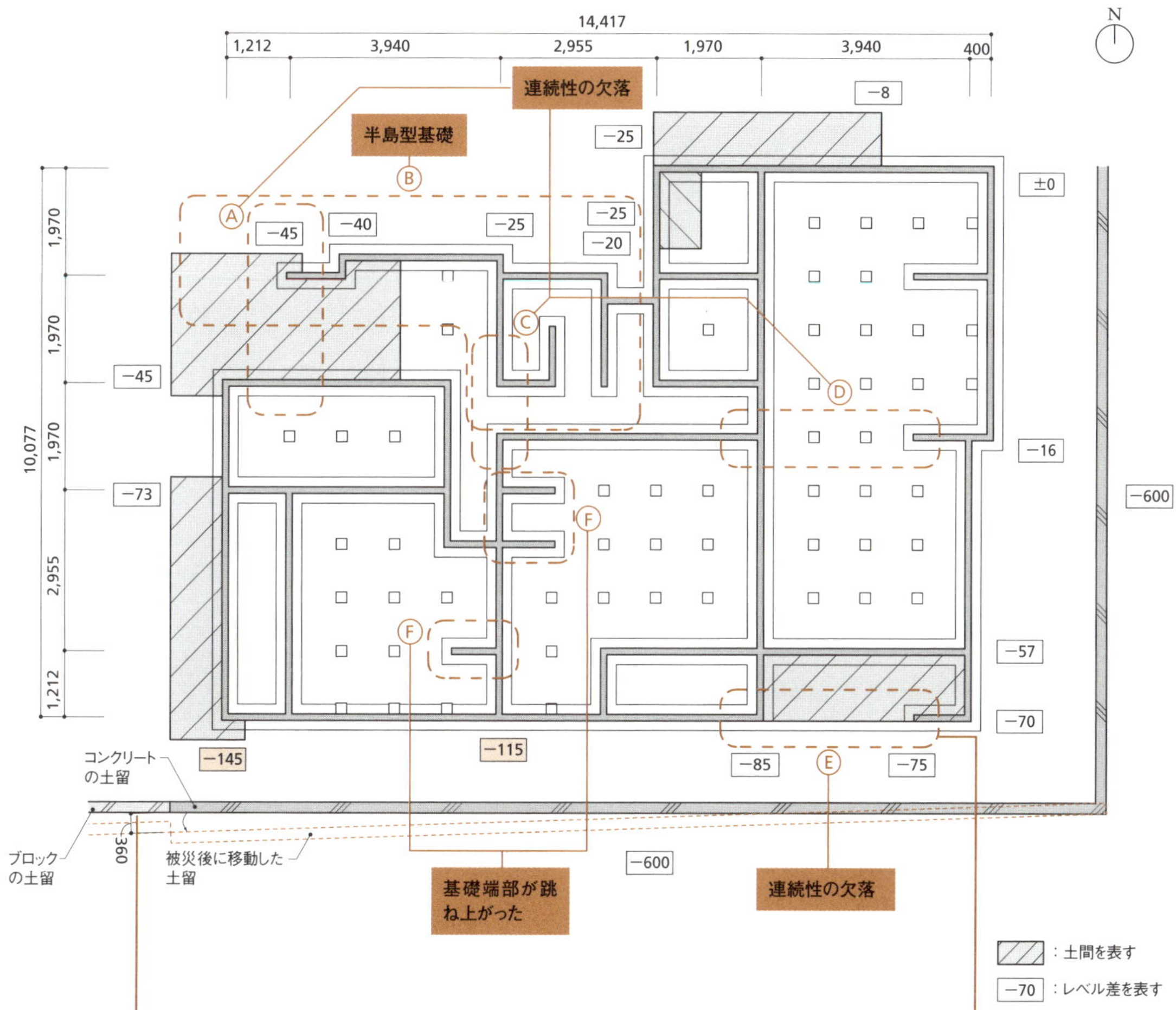

写真1　土留が外側に膨らんでいる。人が立っているあたりから土留はコンクリート製からブロック製へと切り替わっている

写真2　土留の内側の地盤にひび割れが生じて、基礎の姿が見えてしまっている

設計 14

不同沈下を回避する適切な地業方法

図1 不適切な地業が原因で基礎が破断した例

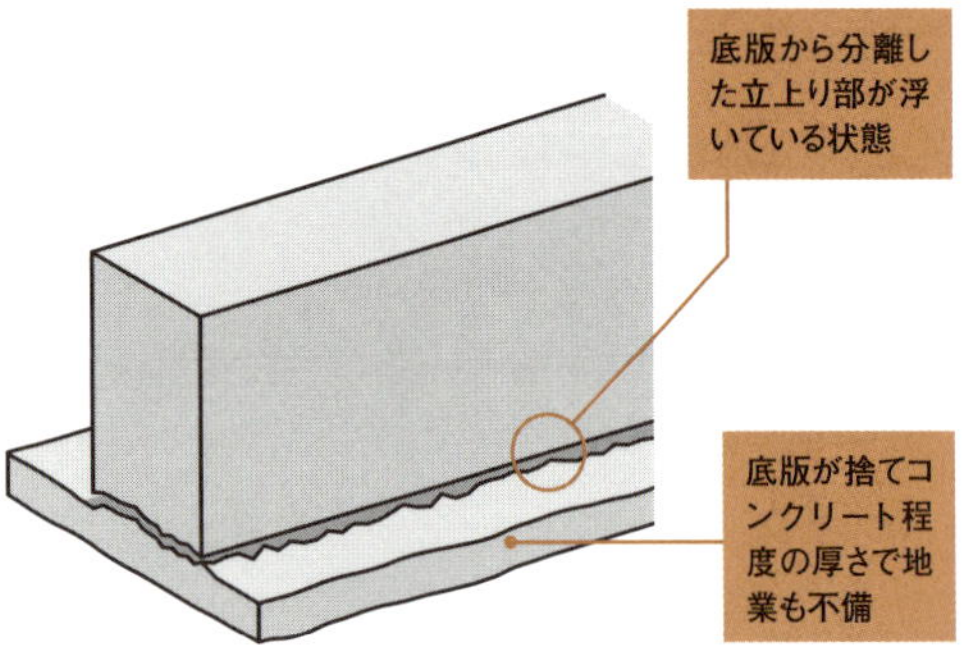
底版から分離した立上り部が浮いている状態
底版が捨てコンクリート程度の厚さで地業も不備

地業が行われず、その部分が沈下し、底版部分と立上りが破断した基礎（無筋もその原因）

図2 地盤にふさわしい地業を行う

①一般的な地業

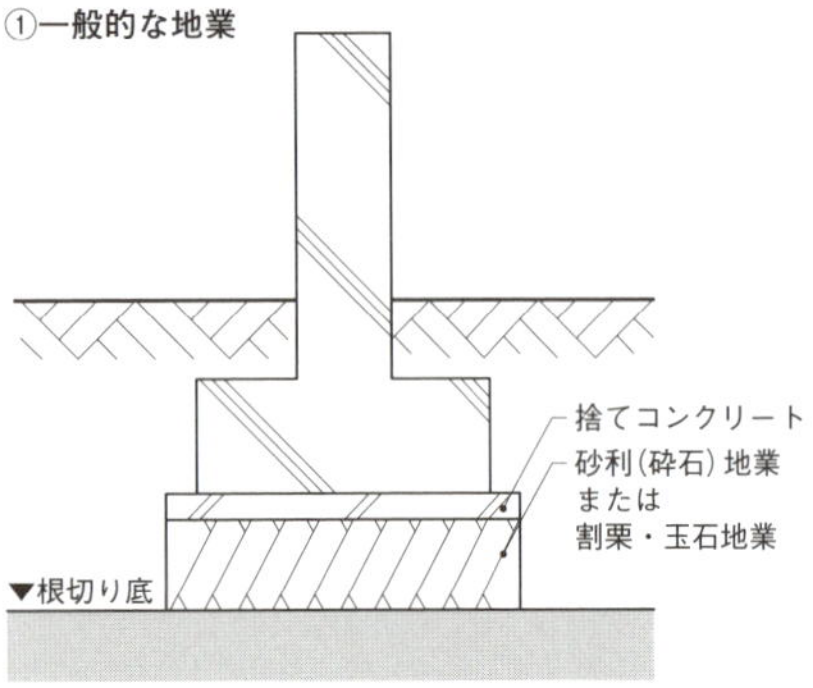
捨てコンクリート
砂利（砕石）地業
または
割栗・玉石地業
▼根切り底

地盤が関東ローム層のため、砂（細かい砂利）で地業している

②ローム層の地業

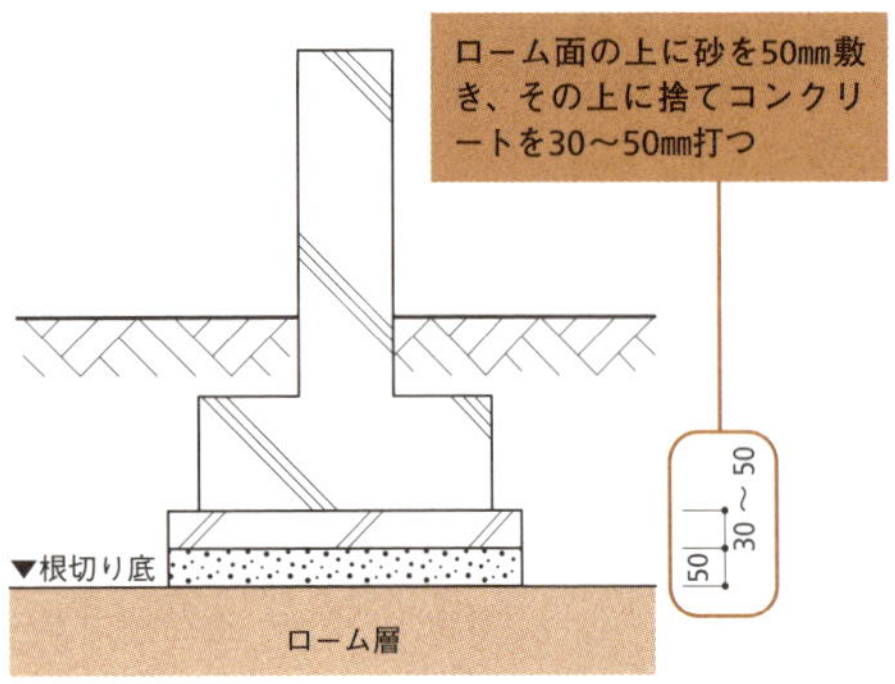
ローム面の上に砂を50㎜敷き、その上に捨てコンクリートを30～50㎜打つ
50
30～50
▼根切り底
ローム層

③ローム層で余掘りしたときの対処

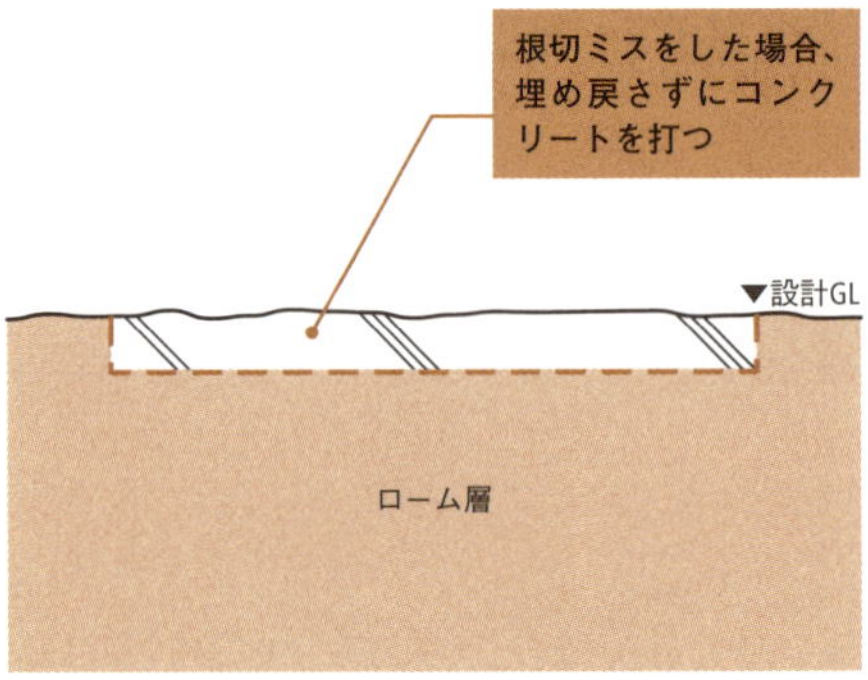
根切ミスをした場合、埋め戻さずにコンクリートを打つ
▼設計GL
ローム層

ローム層は埋め戻さない

地業は、基礎の底版下を締め固めるとともに安定させる目的がある。しかし、地業に不備があると、不同沈下を引き起こす場合もある［図1］。

木造住宅の基礎は直接基礎を表層につくるが、表層地盤が埋土だったり、計画する木造基礎より厚くガラが埋められているケースが多いため、表層だけでなく地盤下の調査と地業が問題になってくる。手探りでできる限り正確に地盤状況を把握し、その状態によっては採るべき地業方法を変える必要がある［図2］。関東ローム層が直下の場合には、余掘りを埋め戻すことのないよう注意しなければならない。ローム層とは、1.8万年以上前の火山灰の推積層である。乱してしまうと、本来の地耐力より低下する。したがって、余掘りした場合にはそのままの状態を保ち、地業を行う。地業は砂利、砂を敷きランマーなどで加圧しない。

地盤の土質が粘土やシルトの成分が多い場合には、割栗石を厚めに入れ締め固める必要がある。

［保坂貴司］

Topics

地業の重要性を認識する

木造住宅なら十分に対応

沈下を防ぐ最も基本的な方法は適正な地業である。地盤補強工事などの沈下対策に比べれば大きな効果は期待できないが、小規模建築であれば、大半の地盤は地業で対応できることが多い［写真3・4］。

地業の第一歩は、砕石を敷き並べる床付け面までを掘削することである。このとき、布基礎であれば基礎通りに沿って筋掘りをすることになるが、脇へよけた土が再びこぼれ落ちてこないよう離れた場所にまとめる工夫が重要である。均しコンクリートや底版の捨てコンを打った後に土がかぶってはコンクリートの品質にかかわる。べた基礎では、掘削した土を場外搬出することが多いものの、基礎通り外周部内側が斜めのハンチになっているので、土がずり落ちてきやすいのが難点である。

かつては、割栗石を地盤に突き刺さるよう小端立てにして敷き並べることが多かった。割栗石が互いに密に接触することで、一体の盤として基礎を安定させるのである。その役目が近年、砕石に取って替わられた。

現在でも、砕石を隙間なく平滑に並べ転圧をかけることで砕石が噛み合うことの意味は変わらない。転圧は80kgfランマー（タンパー）［写真1］を用いる。

写真1 ランマー（タンパー）

写真2 コンパクター

ハンドリングしやすいからといって軽めの60kgfランマーでは効果が薄い。同一個所を6回程度（つまり3往復）走行するが、最後の走行時に目潰し砂利（切り込み砂利）を撒いて砕石の隙間を埋めるのが理想である。プレートまたはコンパクター［写真2］は、敷き均しのための機械であって、締め固め効果は期待できない。

転圧には細心の注意を怠らない

乾いた砂などは「水締め」といって意図的に湿らせるのだが、降雨時や雨後の転圧はできるだけ避けるべきである。地盤は締まるどころか、かえって劣化するおそれがある。

土にはそれぞれに締め固めのための適正含水比があり、粘土の場合はおおむね乾いた状態で転圧をすべきである。高台の台地や丘陵地に堆積しているロームは特殊な土で、小規模建築の格好の支持地盤となる一方で、保水性があるため意外に含水比が高く、転圧しすぎると、中から水がしみ出てきて泥ねい化してしまう。天然自然の良質の土が「過転圧」によって劣化するので注意が必要である。

また、ロームの表面を覆っていることが多いこげ茶色の「黒ボク」と呼ばれるフカフカの土についても同様のことがあてはまる。黒ボクが根切り底に残っている場合には、切り込み砂利を撒きながら軽く押し込む感じで沈めた後、通常の砕石地業を行うのがよい。

［高安正道］

写真3 ランマーによる転圧

写真4 砕石地業工事

不同沈下しない地下車庫のつくり方

図 地下車庫を設ける場合の問題点と対策

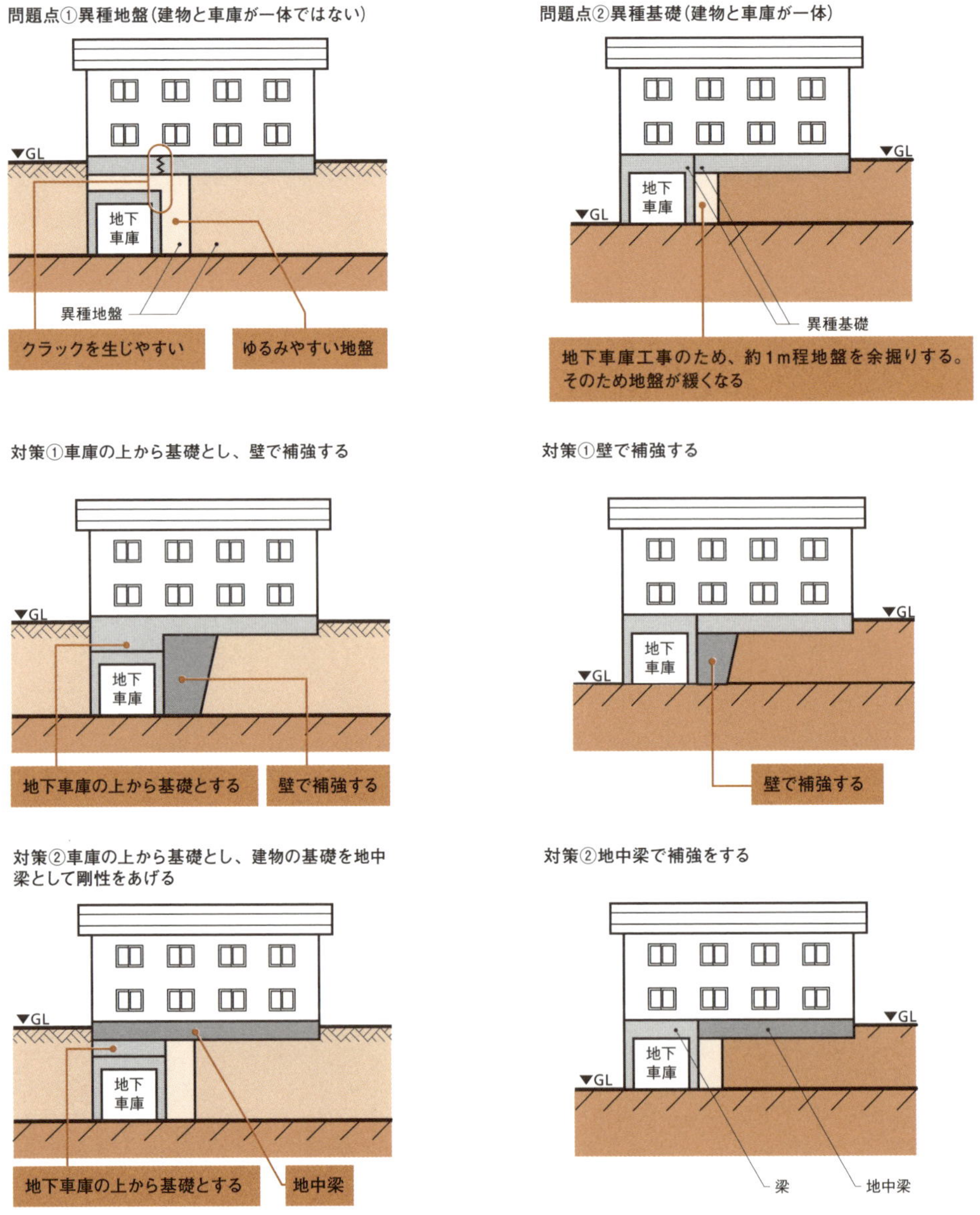

問題点①異種地盤（建物と車庫が一体ではない）

問題点②異種基礎（建物と車庫が一体）

対策①車庫の上から基礎とし、壁で補強する

対策①壁で補強する

対策②車庫の上から基礎とし、建物の基礎を地中
梁として剛性をあげる

対策②地中梁で補強をする

異種基礎接合部を補強する

木造住宅の基礎設計で大切なことの1つに、異種基礎を避けることがある。異種基礎にすると、建物の沈下の仕方が一様でなくなるため、建物が不同沈下することにつながる。そして異種基礎の接合部に大きな負担が生じることになる。

しかし、やむを得ず異種基礎を選択しなければならないときがある。たとえば木造住宅の一部に地下車庫のある木造住宅の場合である。1つの例を挙げると、RCの壁構造でつくった地下車庫部分の基礎はべた基礎、そして住宅部分はその車庫に布基礎で連続させる。剛性の高い構造の基礎と剛性の小さい基礎が接合され場合は、当然不同沈下、基礎に構造クラックの発生ということが考えられる。さらに、地下車庫の廻りは型枠工事などを行う都合上、地盤を「余掘り」する必要があり、その部分の地盤が緩くなっている。これを防ぐためには、図のとおり、異種基礎接合部分の剛性を高める補強をする必要がある。

［保坂貴司］

Topics

地下水のトラブルを避ける地下室のつくり方

地下水位に注意

地盤を掘削すると水が湧いてくるような土地、地下水位が浅い場所、すなわち低地で地下室を計画するのは、慎重に判断したほうがよい。通常、根切り深さは3.5ｍ程度であるが、これよりも地下水位が深いことが地下室の理想である。

ＲＣ造の建築確認申請においては、構造計算書を作成する際の土質の諸定数をボーリング・標準貫入試験の結果から求めるように指導されるのが一般的である。

その際地下水位も計測されるが、実施時期によって水位が変動するので注意が必要である。雨季には1.5〜3ｍ程度も水位が上昇するので、ボーリング試験を計画段階の冬場に実施し、着工が梅雨の前後となる場合が特に要注意だ。予想を超える水が湧いて土が泥ねい化し、思うように掘削できないばかりか、応急的に釜場を掘って水中ポンプで排水をしたところ、隣接する地盤の地下水まで引き込み、隣家が不同沈下する事態となることもある。水位が浅い場所では、簡易的な土留ではなく、腹起こしや火打ちで補強し、しかも止水に配慮した鋼矢板の山留が必要である。鋼矢板は基本的に引き抜くことをせずに埋め殺しとし、地盤が緩むことを防止する。

地下水位が地下室の床スラブよりも浅い湿潤な土地では、地下室の防湿も重要な課題である。スラブの壁を（できれば床も）外防水とし、壁と床の打継ぎ部分には伸縮目地や止水板を入れる。スラブの内側に防水コートを塗布することも忘れてはいけない。躯体の外側の根もとには、砂利で透水層を設け、そのなかに透水管を仕込むことで、地下水がコンクリート躯体に到達する前に吸水することができる［図2］。網状に孔が開いた透水管（ドレーンパイプ）は集水桝に落とし込み、ポンプアップする。不織布製の透水マットで透水層をくるめば、管が土で目詰まりすることがない。

半地下の車庫

近年、各地でゲリラ豪雨が多発している。排水能力を超えた雨水が下水管に集中することで起こるのが都市型内水氾濫である。下水管から排水されるはずの雨水が、逆にマンホールからあふれ出し、半地下車庫がプールのように浸水する事故が増えている。高台から下水が集まってくる斜面の裾地や窪地、前面道路に管径の大きな下水管が埋設されている場所が被害に遭いやすい。

浸水を防止するには、半地下車庫のスロープ手前を盛り上げ、冠水した道路から流れ込もうとする水を下流側に誘導するだけでも効果があると思われる［図1］。

［高安正道］

図1 半地下車庫の断面

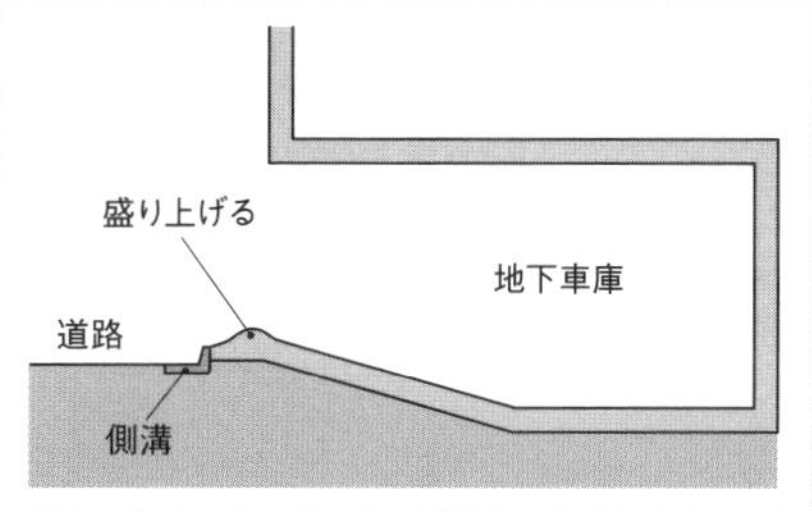

図2 地下水への対処法

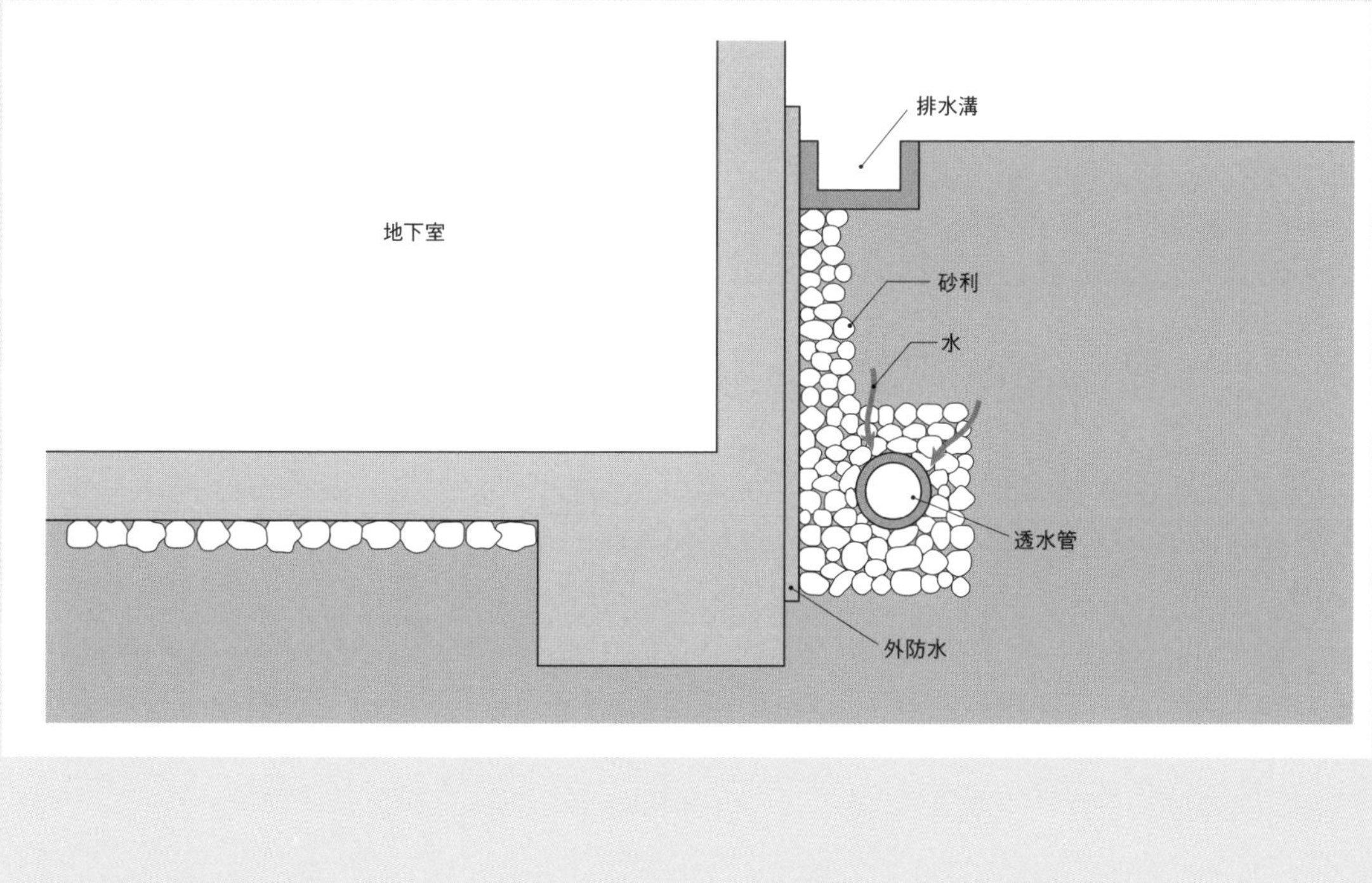

設計16

地形・地質で基礎形式が分かる

地形から考える基礎設計を

筆者はこれまでに600件程度の新築・既存建物の調査に携わってきた。その経験から、敷地の地形から地質を想定して、それをもとに基礎形式を検討している。地盤調査はその根拠を確認するために行うものである。

地盤調査は、基礎形式がイメージできないと、適切な調査方法を選択しにくい。たとえば、基礎杭が予測されるような地形の敷地では、SWS試験を選択しても意味がない。地形から地盤の特徴を想定し、そこから基礎計画を選定できるようになると、地盤調査計画をスムーズに行うことができる。

表1は、筆者の経験を踏まえ、地形を意識した基礎形式の選定の流れを簡単にまとめたものである。地形を大まかに分類すると、丘陵地か低地となるので、まずはその2つの地盤の特徴を知り、考えられる基礎形式を理解しておけばよい。

表2は、想定できる地盤の特徴に応じた基礎形式および基礎設計のポイントをまとめたものである。［保坂貴司］

表1 地形・地質で選ぶ基礎形式チャート

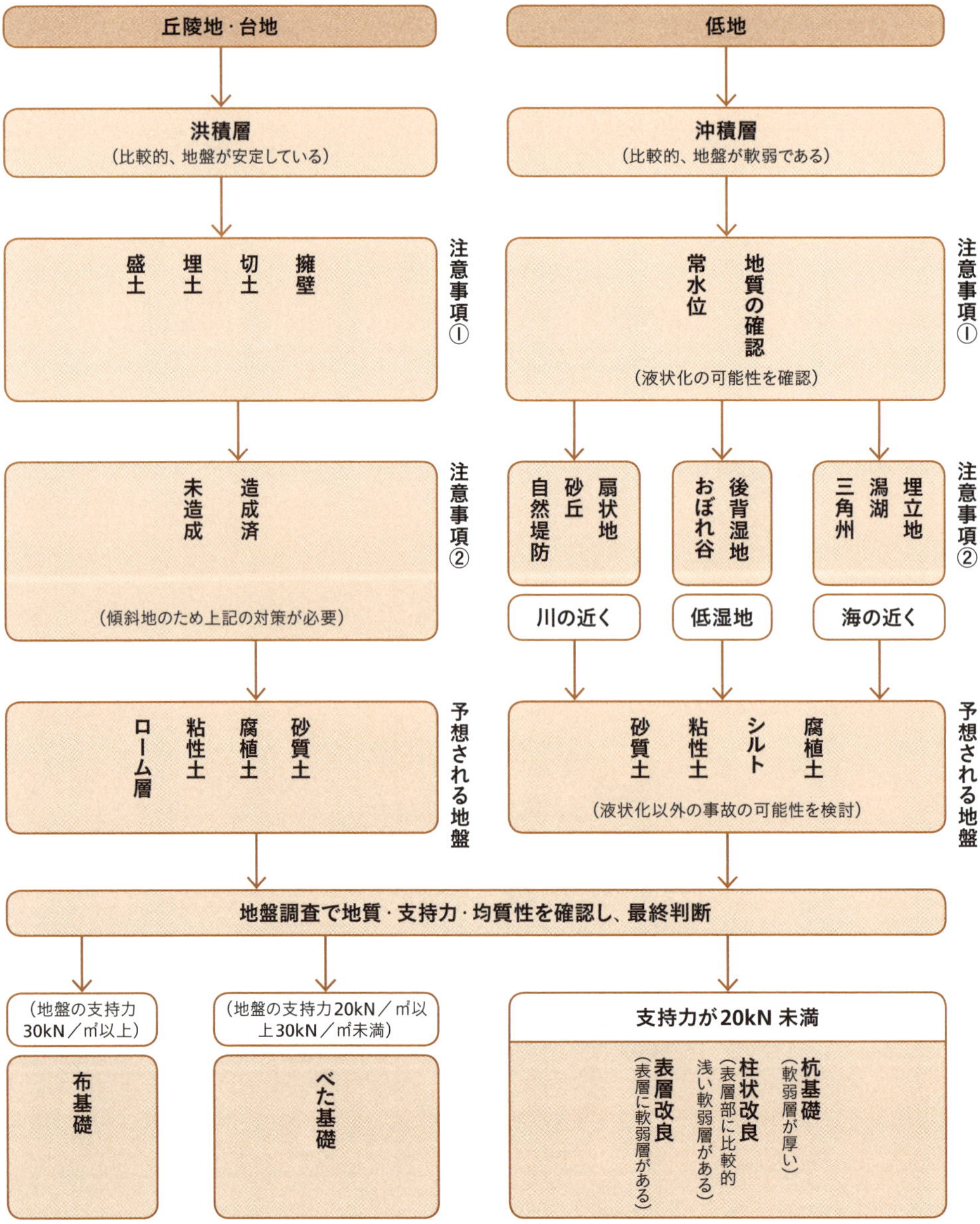

表2 地盤の特徴から選ぶ基礎形式のポイント

	布基礎			べた基礎	杭基礎		地盤改良		異種基礎	主たる検討
	深基礎	底盤	地中梁（剛性）		支持杭	摩擦杭	柱状改良	表層改良		
1. 比較的地盤がよい		○（普通）	○（普通）	○						地耐力30kN以上の確認
2. 傾斜地	○	○		○				○		敷地内に地耐力の差があるかどうか（立面上のバランス、不同沈下に注意）
3. 切土と埋土	○（埋土が一部の場合）	○（埋土が一部の場合）	○	○（剛性）				○		地耐力差に注意（基礎の剛性を高め、不同沈下に注意）
4. 下部に自沈層			○				○	○（浅い場合）		自沈層の調査 地盤改良の検討
5. 擁壁部の埋め戻し			○		○		○（深い場合）	○（浅い場合）	○	擁壁の調査（不同沈下に注意）
6. 地下車庫（高低のある基礎）	○	○	○	○					○	異種基礎の境界部の検討
7. 複雑な平面			○	○						基礎伏図の検討（バランスに注意）
8. 水田跡の埋土	○						○	○		埋土の種類と深さ 地盤改良の検討
9. 埋設谷			○		○（深い場合）		○		○	地形の検討 杭基礎の検討
10. 深い沖積層			○		○	○（深い場合）				支持杭・摩擦杭の検討 沖積層の深さ
11. 締まっていない埋土	○	○	○	○			○	○		地耐力、埋土の深さ 地盤改良の検討
12. 液状化のおそれのある場合			○		○					液状化の検討（砂質・砂質層の深さ、水位） 基礎の剛性 柱状改良、支持杭

注：カッコ内は特に検討したいこと、または条件の補足

Topics

ガラが埋まっている場合の対処法は?

ガラや産業廃棄物に要注意

数多くの地盤調査データを見てきて思うのは、地盤が軟弱な低地に産業廃棄物やガラが埋まっていることが多いということである。地盤が堅固な高台で、わざわざ穴を掘り、残土の運搬、処分費をかけてまでゴミを埋めるということはしないが、狭い谷地や窪地であれば、ダンプカーから一気に投棄し、地表面だけ普通の土で被覆してしまうことで廃棄物の処分費用が浮いてしまうのである。特に1970年に産業廃棄物処理法が制定され、1998年ころからマニフェスト伝票によって追跡できる仕組みが義務化される以前の造成地は要注意である。

品確法の制定によって建物の瑕疵が問われることになった一方で、造成の品質確保と性能表示が野放しであるために、建築物の設計者と施工者ばかりに責任が集中しているように思うのは筆者だけであろうか。宅地造成業者やそれを仲介する不動産業者が、施工図面や写真、重要事項説明の詳細を記録として残すような制度をもって初めて住宅の品質確保が十分なものとなると確信する。

地中に異物が埋設されていることが分かるのは、ほとんどの場合、着工後の根切り工事に入ってからである[写真]。請負額が確定した後に撤去費用を捻出するのでは遅いが、たとえば、建物解体時に予定外の異物が出てきたことを報告するようあらかじめ解体業者に依頼しておくとか、着工前(あるいは既存建築物解体前)に実施されることが多い地盤調査の時点で、ガラがありそうだとの予見をもつことが重要である。地盤調査報告書に、貫入時の感触として「ガリガリ」と記載があるようなものが怪しい。

地業の前に隙間をふさぐ

ガラが地表から2mくらいまで埋まっている場合は、できるだけ除去し、良質の砂利と置換して締め固めるのが望ましいが、それ以上の深さとなると、掘削するにも事前に山留が必要となる場合や、住宅密集地での作業性の問題からすべてを除去できないこともある。

ひと抱えもある大きなガラが基礎に接触すると、テコの支点として作用し、基礎を破損・変形させるおそれがあるので、地表に突出しているものについては除去し、それ以外は砕石大にまで粉砕したうえで、敷き均すのがよい。

また、無造作に放り込まれたガラには隙間が多く、地表の土が雨水とともに流れ込んで地面が陥没することがあるので、地業の前に、切込み砂利や砂をまいて隙間をふさいでおくことも重要である。

この一連の作業は解体業者、地盤調査会社、基礎工事業者との密接な情報交換があって初めて可能なことであるが、「造成の品確法」が成立していない現在、自主的な防衛手段として工夫する余地が残されているだろう。

[高安正道]

写真 地盤の異物となるガラ

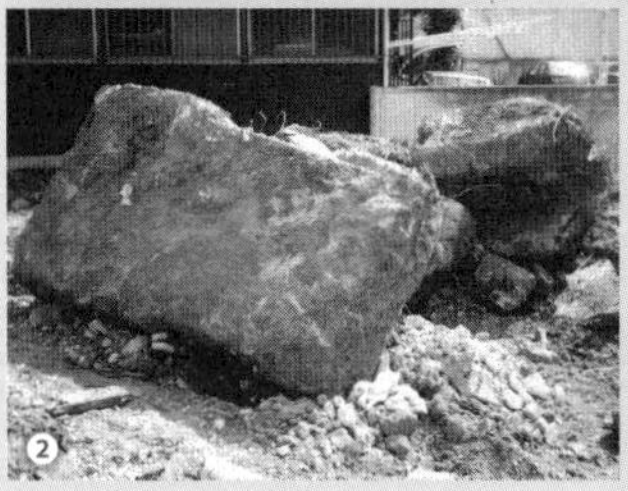

①②③地上に表出、あるいは掘り出されたガラ

Topics

埋設物や室（むろ）、防空壕がある場合は?

残存する井戸・浄化槽

地中には実にさまざまな異物が埋設されているが、既存家屋がある建替え住宅では、かつて使われていた井戸、浄化槽、集水枡などが除去されずに残存していることがある［図］。これらが基礎の直下に不連続に接触すると、テコの支点として作用するばかりか、地震時に特異な振動を起こして基礎を損壊する可能性もある。

対処方法としては、なるべく解体除去するのが安全であるが、掘込み式の井戸など完全に撤去できない物については、基礎と干渉しないよう頭部をはつり、土の流入を防ぐため蓋をして密閉したうえで、山砂と砂利で埋め戻すのがよい。はつる深さは、建物が沈下した場合や地震時の突き上げを考えて50㎝程度は必要であろう。コンクリート製の浄化槽も解体するのが困難であるが、残存させるのであれば、井戸と同様に側壁をはつることで基礎に接触しないよう配慮することと、雨水が溜まらないよう底に数個所の水抜き穴をあけ、なかには山砂を詰めて埋め戻す。

地下壕と室

ガラ、産業廃棄物が、地盤の軟弱な低湿地を埋め立て、しかも堅牢な地盤に見せかけるために不法投棄されたのに対し、地盤が良好だからこそ残存しているのが、防空壕と室である。地中を掘り進んで空洞化するには、まず孔壁が崩れてくる場所では作業ができない。さらには湿潤な土地では水がしみ出して水没してしまうおそれがある。したがって、防空壕や室は、地盤が乾燥し堅固な土地に多い。台地の端部や丘陵地の斜面で、横穴を掘りやすい場所、あるいは台地の上から、まず人ひとりが入る程度の竪穴を垂直に数m掘った後、水平に空洞を広げ、むき出しの土の壁が崩落しない場所が好適地となる。

防空壕は戦時中に空爆の標的となった軍事施設周辺に多く、東京都、神奈川県、千葉県の一部などでは、ウド栽培のための室が残存する。

地下数m下、人が中腰で立てるほどの高さの空洞は、地盤が良好なだけに、現状で自立しているものもあるが、地盤調査の時点で発見されれば、そのまま放置しておくわけにはいかないだろう。地震で落盤する可能性がないとも限らない。調査の測点数を追加して範囲を特定し、バックホーでオープンカットした後、山砂と砂利で数十㎝ずつ転圧しながら盛り上げていくか、エアーモルタル［※］を圧送して空洞を充填する方法がある。

［高安正道］

図 地中に残っている物の例

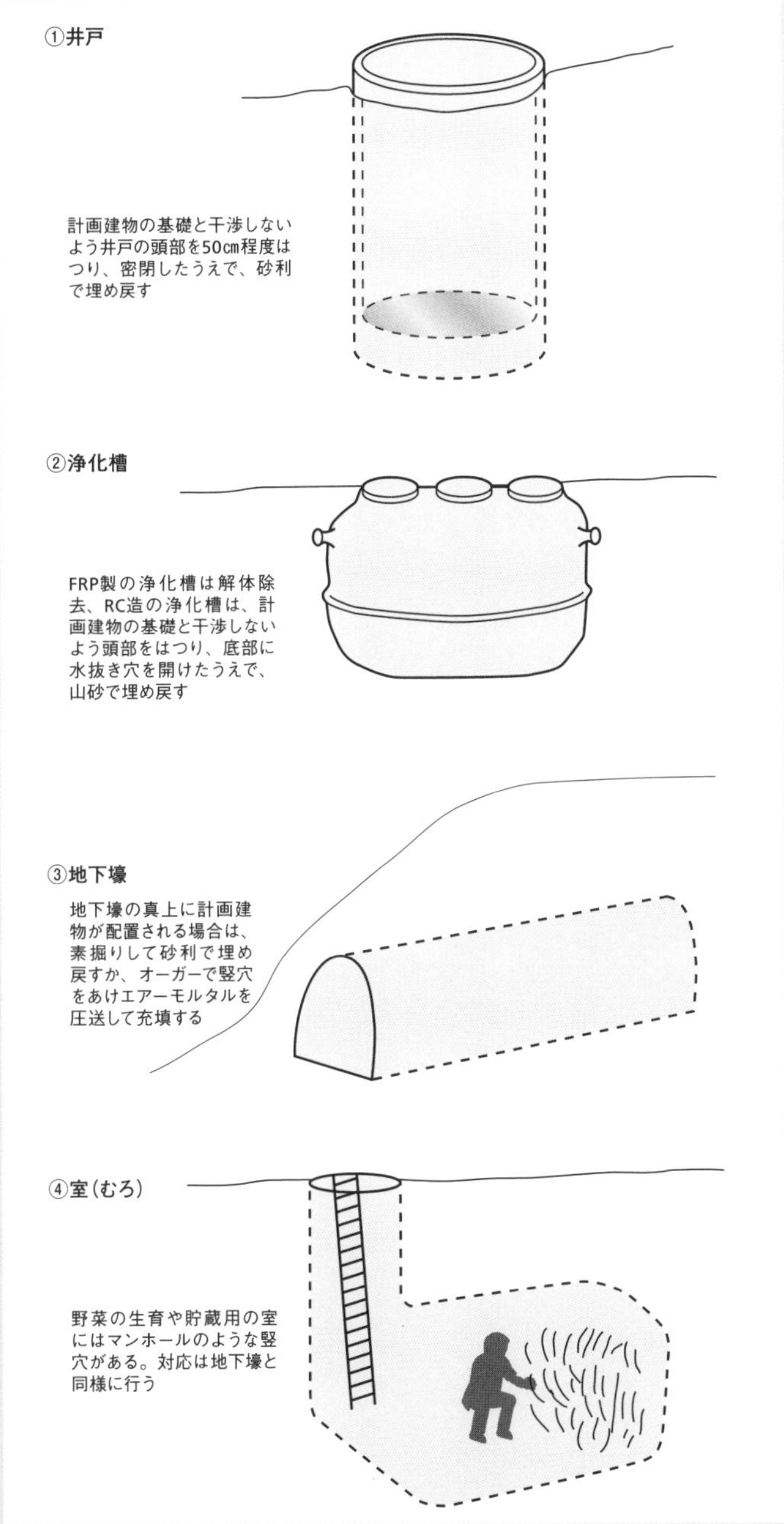
①井戸
計画建物の基礎と干渉しないよう井戸の頭部を50㎝程度はつり、密閉したうえで、砂利で埋め戻す
②浄化槽
FRP製の浄化槽は解体除去、RC造の浄化槽は、計画建物の基礎と干渉しないよう頭部をはつり、底部に水抜き穴を開けたうえで、山砂で埋め戻す
③地下壕
地下壕の真上に計画建物が配置される場合は、素掘りして砂利で埋め戻すか、オーガーで竪穴をあけエアーモルタルを圧送して充填する
④室（むろ）
野菜の生育や貯蔵用の室にはマンホールのような竪穴がある。対応は地下壕と同様に行う

※：発泡剤を混和した流動性の高いモルタル

設計 17

地盤補強工法の選び方とコスト

図 SWS試験の貫入抵抗値(Nsw)による基礎形式の選定例

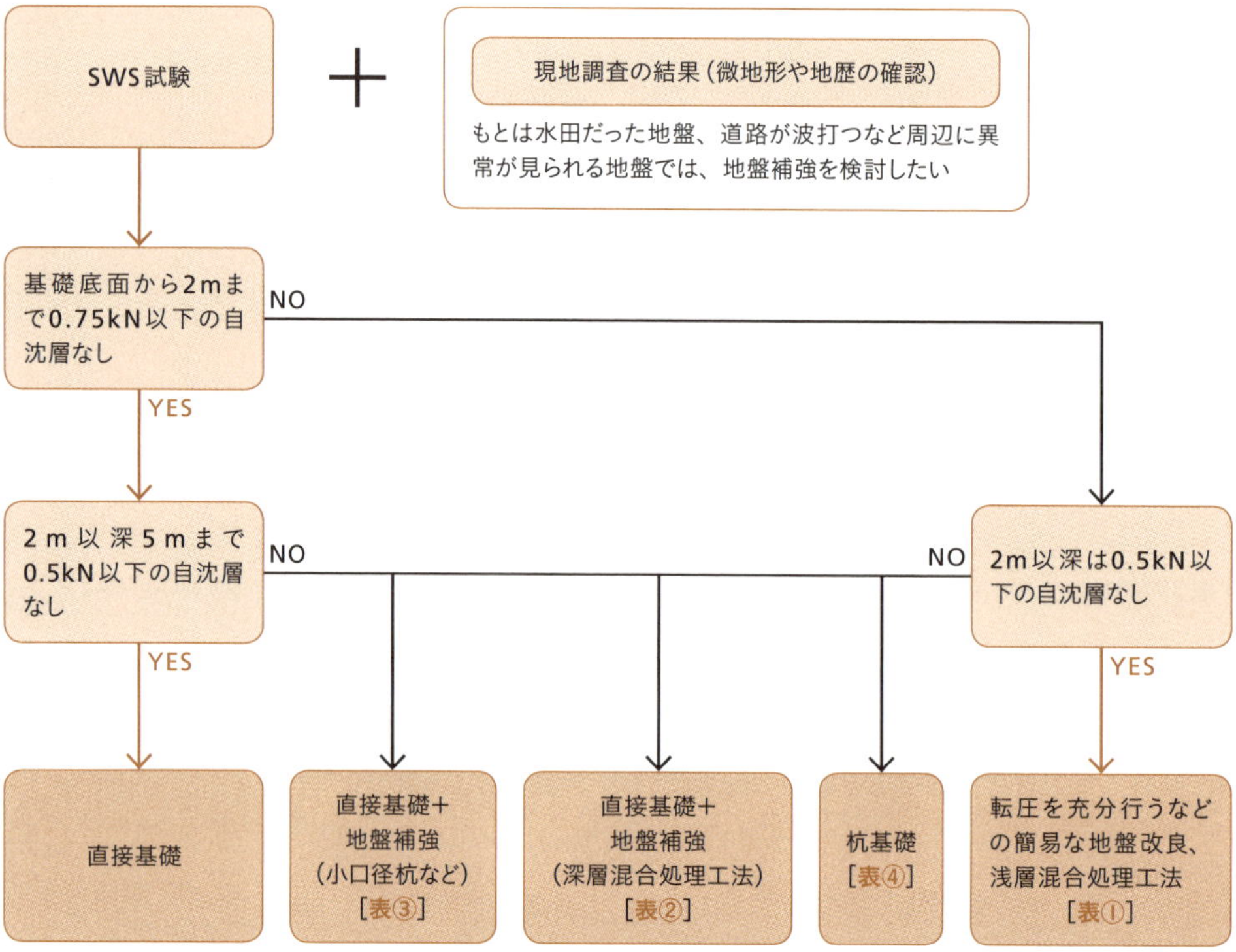

注:『小規模建築物基礎設計指針』(日本建築学会)に掲載されている図をもとに作成

試験結果だけで判断しない

一口に地盤補強といっても、鋼管杭や柱状改良、表層改良、そのほか最近では審査機関の評価を得た多くの工法が生まれている。㈳日本建築学会では、SWS試験結果をもとに地盤補強の選定の目安を示している［図］。

ただし、SWS試験結果のみの資料だけに頼ると、地盤補強が必要にもかかわらず必要なしと判定を誤るおそれがある。たとえ試験結果が基準を満たすものであっても、もともと川・水田などであった敷地では、なんらかの補強が必要であろう。

地盤補強工法の最も適切な選択方法は、地形を観察することである。そのためには、近隣の建物の基礎の種類や地盤の状況を観察する必要がある。設計者は、すべての調査を地盤調査会社に託すのではなく、本来は自らが現地を観察することが基本である。それが無理なら、現地の写真を送ってもらい、SWS試験結果と対比しながら基礎の選定を行いたい。詳細な設計はその後である。この方法であれば、少なくとも大火傷することはない。

地盤補強工事のコスト

たとえば建築面積50㎡程度の木造2階建て住宅において、地盤補強を実施する場合、表内「コストの目安」のような価格が一般的なようである。鋼管杭工法が最も高く、柱状改良工法がそれより10万円程度安い。表層改良工法は、さらに柱状改良工法より20万円程度安い。また、最も高い鋼管杭工法で、最高価格でも100万円程度である。これは、おそらく、建築主が払える金額が100万円以下であるところから落ち着いた金額なのであろう。

ただし、ここで注意しなければならないのは、鋼管杭のコストが高いのなら、性能も鋼管杭が最も優れていると錯覚してしまうことである。杭は本来、周面の摩擦力によって支持されるのが理想である。したがって、杭長が3m以下のものや地盤沈下地帯で支持杭形式にすると、かえって浮き上がる［※］。また、基礎に亀裂が発生することがある。そのような地盤では、柱状改良のほうが向いている。［藤井衛］

※:建物が浮き上がるのではなく、地盤が下がっても杭の先端が建物を支えていることによる相対的現象

表 小規模建築物を対象とした主な地盤補強工法の比較

①表層改良(浅層混合処理工法)

地盤の表層部に軟弱層（N値3未満）がある場合に、固化材(石灰系・セメント系)と現地盤土を混合攪拌し、化学反応および転圧／締め固めにより地盤を改良することで支持力を上げ、沈下抑制を目的とする工法

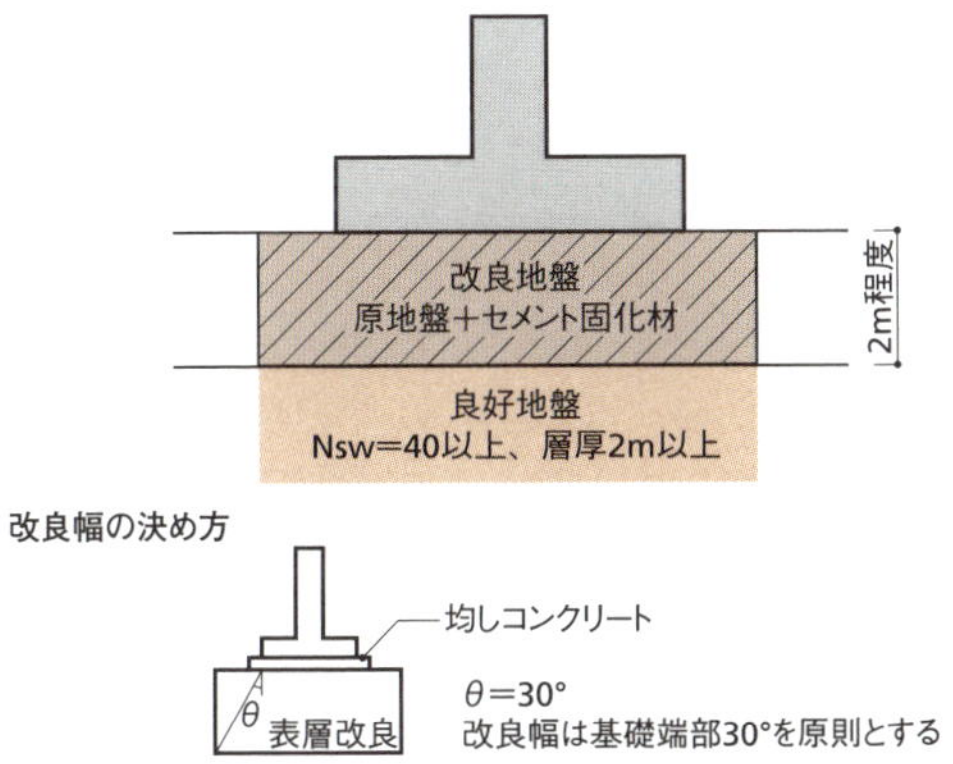

適用地盤
軟弱地盤がGL－2m以浅に分布している地盤。ただしGL－2m以深で圧密沈下の可能性がある地盤、pH≦4.0の地盤、伏流水がある地盤、産業廃棄物などが堆積している地盤には適用できない

コストの目安	
最低価格	40万円
最大価格	60万円
備考	深さ2mとして

②柱状改良(深層混合処理工法)

地盤を掘削し、セメント系固化材(セメント固化材に水を加えスラリー状にしたセメントミルク）を注入して、地中に柱状の強固なコラムをつくり、先端面積と摩擦力で建物を支える。柱の直径は500～600㎜

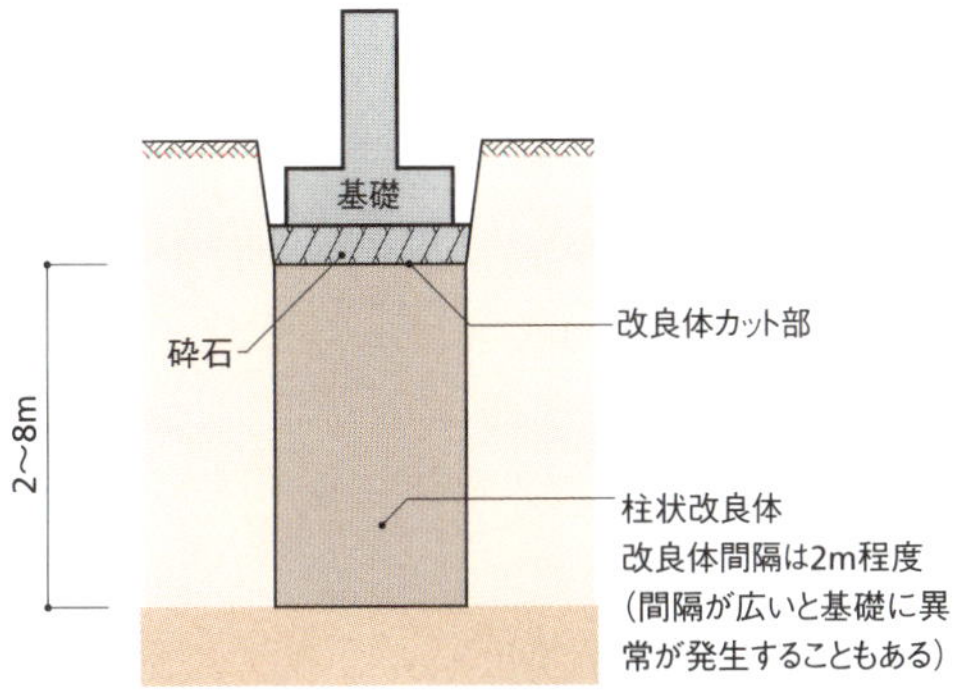

適用地盤
軟弱地盤の層がGL－2m～－8mに分布している地盤に適用。換算N値で自沈荷重Wswが500N未満の地盤や、含水費が高くピート層が存在する地盤は適用できない

コストの目安	
最低価格	60万円
最大価格	80万円
備考	長さ6m、25本として

③鋼管杭工法

軟らかい地盤を補強して建てるのではなく、深部の硬い地盤まで届くように鋼管を挿し込んで、先端面積で建物を支える工法。鋼管の直径は100～300㎜で小口径鋼管杭工法とよばれる

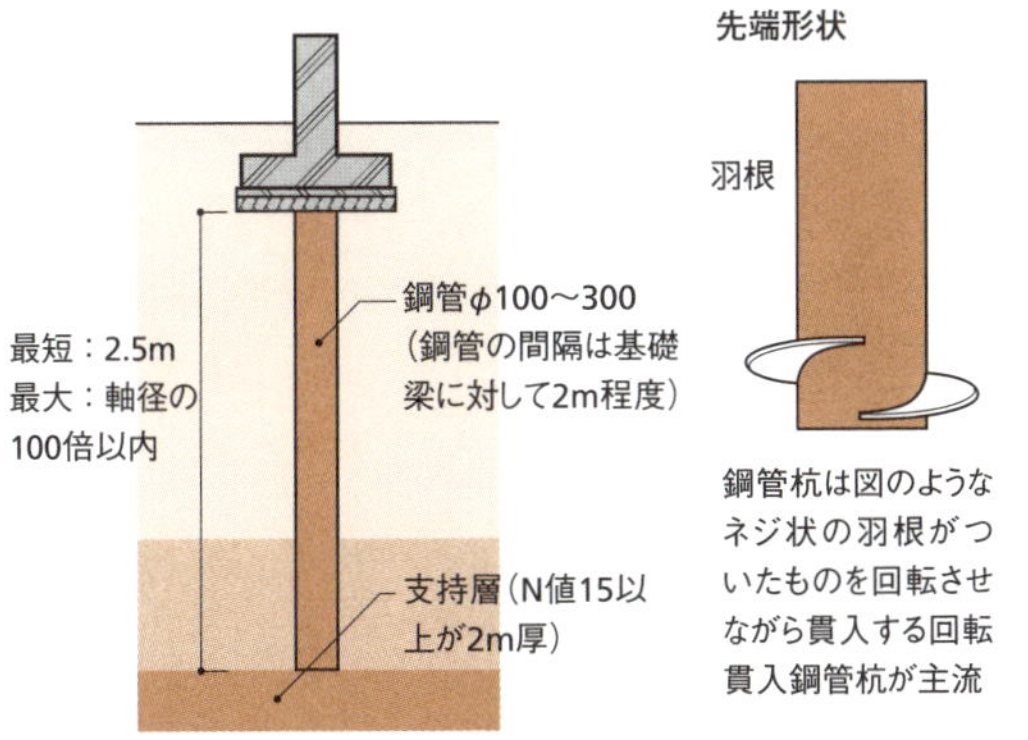

適用地盤
鋼管杭の支持地盤となるのはN値10以上で、2m以上続く層。支持地盤を確認するためには原則標準貫入試験が必要

コストの目安	
最低価格	70万円
最大価格	90万円
備考	長さ6m、25本として

④RES-P工法

軟弱地盤中に一般構造用炭素鋼鋼管で径48.6㎜のパイプを貫入し、パイプ周面の摩擦力とパイプ先端の支持力および地盤の地耐力などの複合作用により、地盤の支持力増加と沈下低減を図る工法

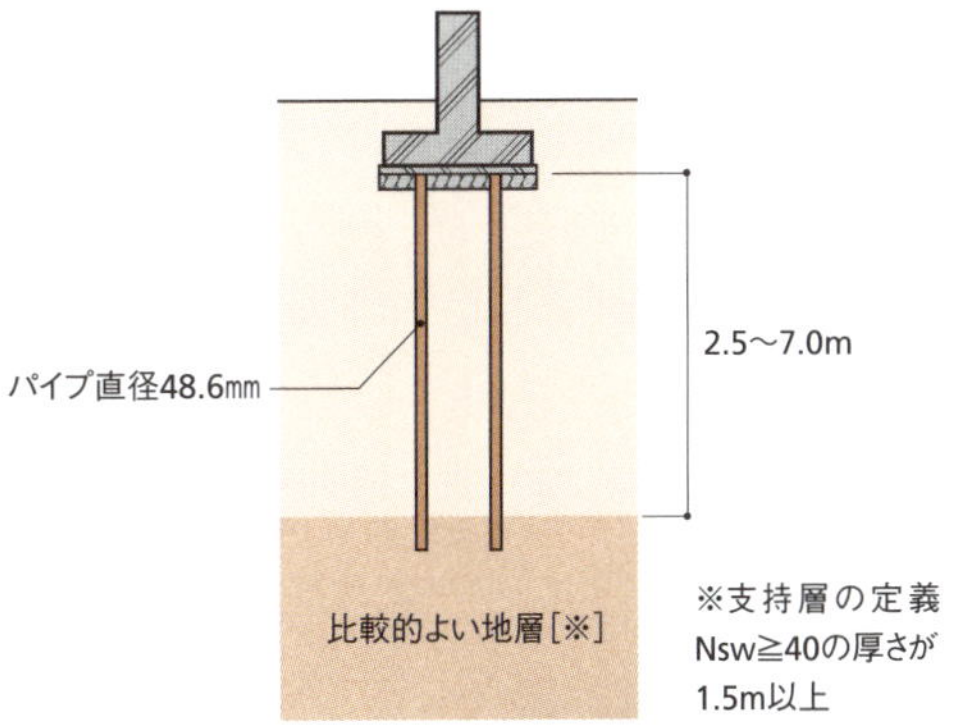

適用できない地盤
基礎底面から2m以深までの地盤の平均長期許容支持力が30kN/㎡以上の地盤土質のほとんどが粘性土である場合や、ピート層、ゆるい砂地盤で液状化の可能性がある地盤に適用できない

コストの目安	
最低価格	60万円
最大価格	80万円
備考	長さ7m、100本として

設計 18

地盤補強工事のトラブル対策

図1 連絡ミスによるトラブル例

①補強工事会社と基礎業者の連絡ミス

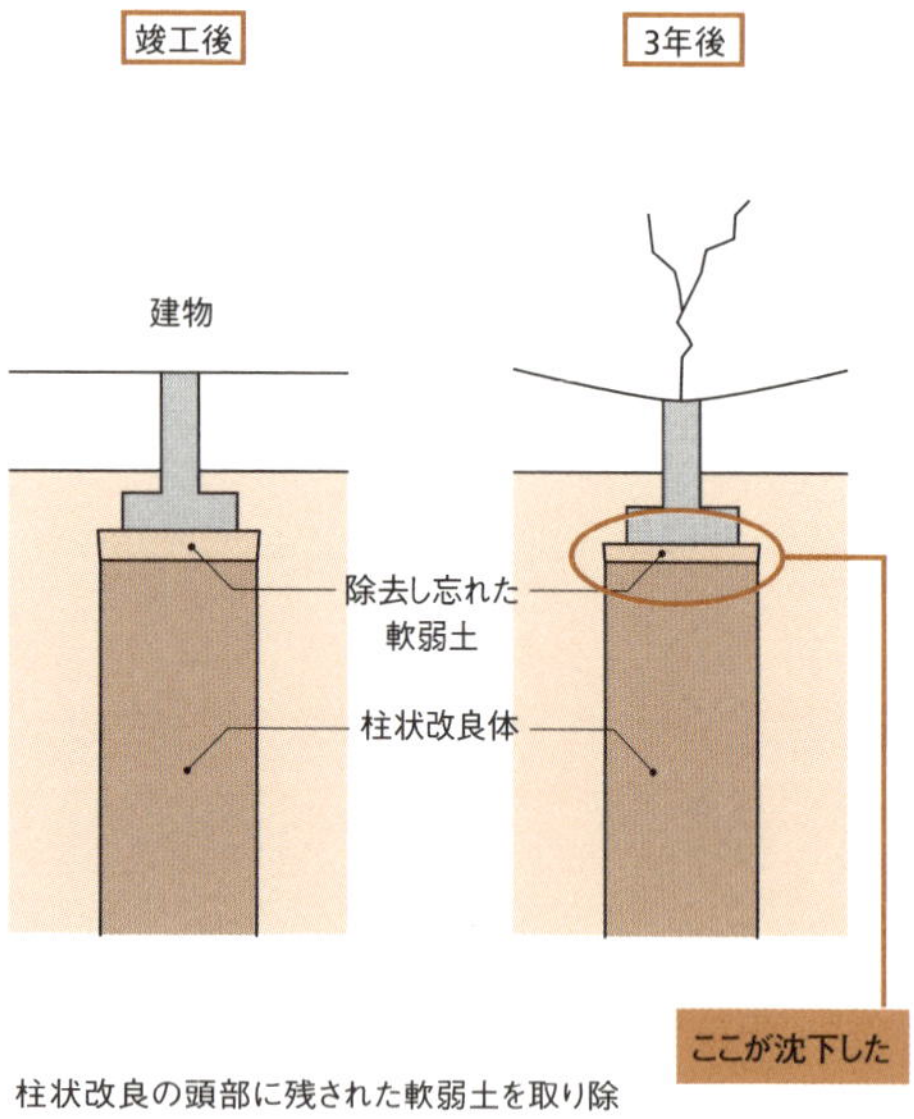

柱状改良の頭部に残された軟弱土を取り除かずに基礎を施工してしまったため、その部分の土が沈下して建物が不同沈下した

②設計者と不動産業者の連絡ミス

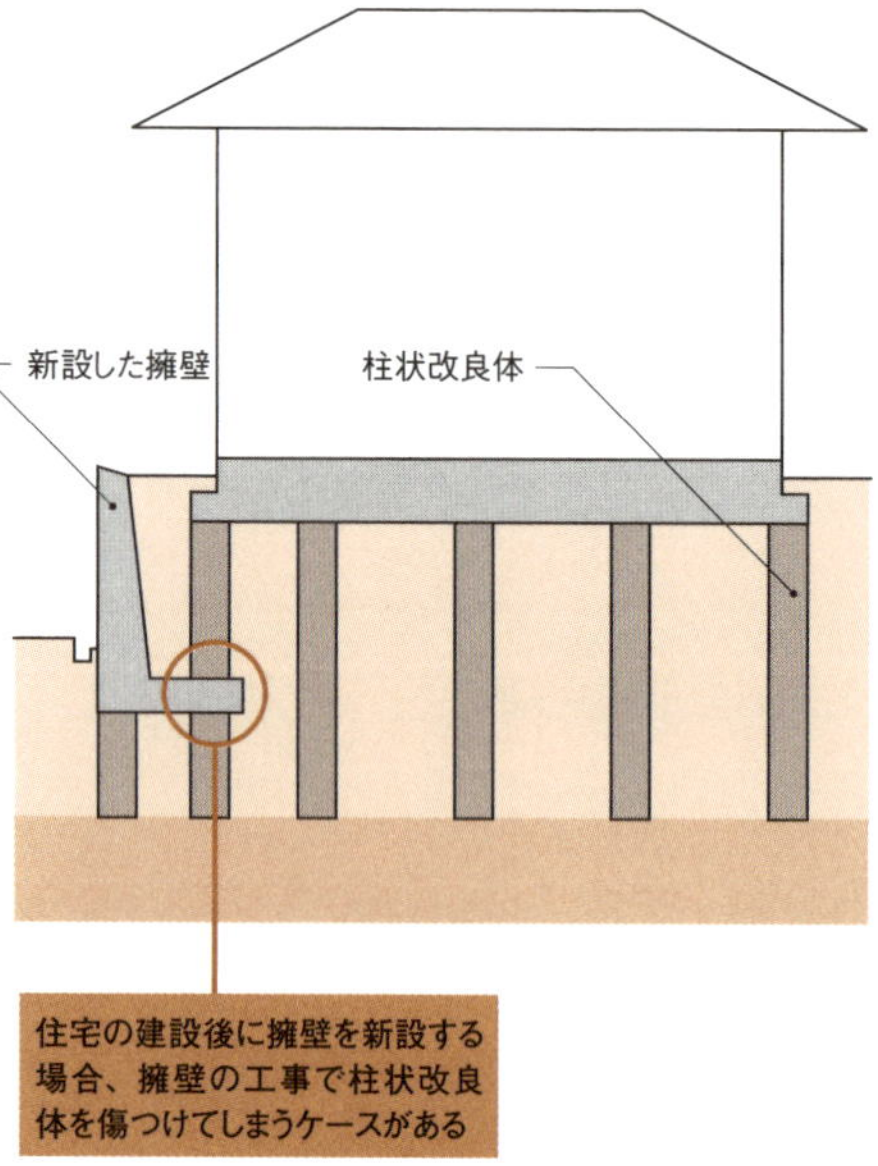

地盤補強工事の後に擁壁を新設する場合は、擁壁工事が地盤補強部分に支障をきたすことがないか事前に確認が必要

連絡ミスがトラブルの原因に

地盤補強工事をめぐるトラブルとしてよく耳にするのは、次の4つである。

(1)柱状改良体をきちんと施工したにもかかわらず、基礎施工会社が改良体の頭部位置をずらしたり、地盤改良の知識をもたないため、改良体頭部の軟弱土をそのまま残して基礎を施工してしまい、竣工時から不同沈下がゆっくりと進行し、3年後に改良体の位置から上部に縦方向のひび割れが発生するケース［図1①］。

(2)たまたまSWS試験では見抜けなかったガラが地盤内に点在し、ガラの撤去費用が地盤補強工事費に上乗せされ、予期せぬ出費が発生するケース。

(3)擁壁のない状態で地盤補強工事がなされてしまい、その後、擁壁を宅地に取り付ける際に、柱状改良体を傷めてしまうケース［図1②］。

(4)建築主と坪単価で建物総費用の契約をしたが、その後SWS試験で地盤補強工事が必要と分かったが、建築主が納得しないケース。

以上は氷山の一角である。結局は設計者側の建築主への説明不足あるいは地盤に対する知識のなさからきた設計監理の不履行によるものが多く、裁判では「注意義務の怠慢」という一言で片づけられる。

トラブルの対策

(1)のケースのように、基礎施工者のなかに、柱状改良工法の何たるかをまったく理解していない者がいると、このような悲劇が起こる。柱状改良体と基礎がつながっていないと上から伝達される力が改良体に伝わっていかない。このことは極めて単純な力の流れの話であるが、基礎施工者から見れば、ただ単に基礎をつくることのみが与えられた業務範囲であるから、自分の義務さえ果たせばよいと思ってしまう。本来、設計者が基礎施工者に柱状改良工法の支持機構を十分理解させておくことが必要である。筆者から言わせれば、それなら、最初から基礎費用も含めて地盤改良会社に施工管理も兼ねて任せてしまうのも一考かと思う。優れた地盤改良会社は構造計算も可能であるし、品質管理手法も有している。いわゆる地盤調査・改良業者というより、コンサルタントとしての機能も有している。

(2)のケースではSWS試験を実施すれば、少なくともガラがあるかどうかは予想がつく。めったにないことであるが、悪質な造成会社は、敷地を造成上のゴミ捨て場にして、最後に土で覆って知らぬ顔をしている。不同沈下の原因が局所的なガラの存在が原因であっても、それを見抜けなかった地盤調査会社に責任をなすりつけるケースも裁判で見受ける。ガラの存在が予期される地盤では、基礎の選定を間違えないよう、あるいはガラを最初から撤去するために、SWS試験以外の試験も実施して地盤の正確な状態の把握に努めるべきである[※]。後々のつけ(補修)が設計者側に回ってこないよう、このような地盤の調査には十分な費用をかけたい。

(3)のケースは、建物は設計事務所、宅地は不動産屋と、仕事が分離されているところから起こるトラブルである。仮に建物に不同沈下が発生しても、それが擁壁工事によるものなのか、改良体の強度がなかったためか判断がきわめて難しい。予防策としては、お互いの連絡を密にするしかない。

(4)のケースは、明らかに建築主への説明不足である。地盤調査の結果次第では、地盤補強工事が必要である旨を説明しておく必要がある。そのためには、設計者は敷地周辺の異常を確認したり、微地形区分から補強工事の可能性を有する地盤かどうかの知識はもって少なくとももらいたい。裁判で、基礎の欠陥が争われている事件でも、よくよく聞いてみると、建築主が設計者に問いかけた疑問に答えられなかったところから不信感をいだき、それが基礎の欠陥にまで発展したケースは筆者のこれまでの経験では1つや2つではない。そのほか、よくある地盤補強の施工トラブル、地盤に適さない補強工事を選択してしまったケースについて**表・図3**で紹介する。 [藤井衛]

図2 地盤補強・基礎施工の分業による連携ミスを防ぐ

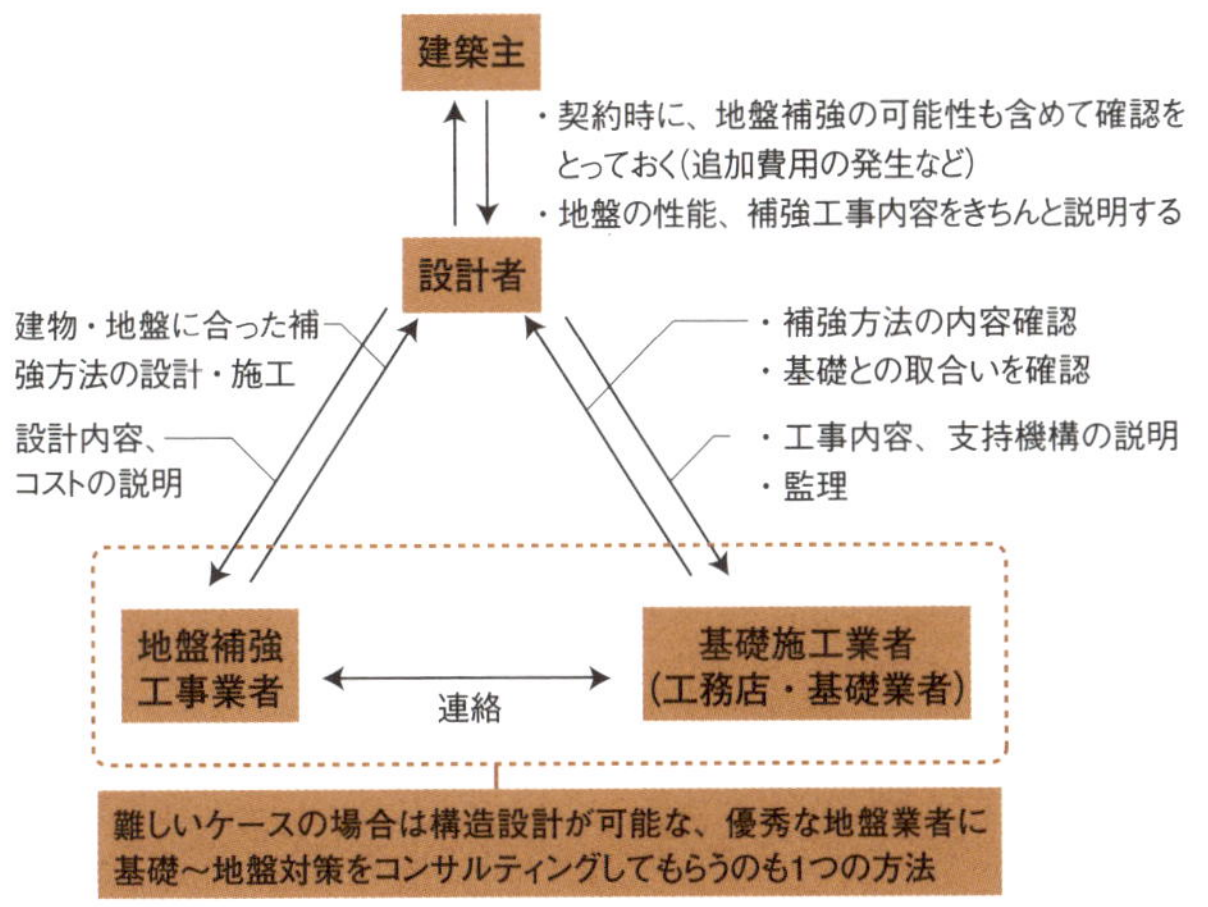
建築主
・契約時に、地盤補強の可能性も含めて確認をとっておく(追加費用の発生など)
・地盤の性能、補強工事内容をきちんと説明する
設計者
建物・地盤に合った補強方法の設計・施工
設計内容、コストの説明
・補強方法の内容確認
・基礎との取合いを確認
・工事内容、支持機構の説明
・監理
地盤補強工事業者
連絡
基礎施工業者(工務店・基礎業者)
難しいケースの場合は構造設計が可能な、優秀な地盤業者に基礎〜地盤対策をコンサルティングしてもらうのも1つの方法

表 地盤補強でよくある施工不良

工法	トラブル内容	考えられる要因
表層改良	固化材が膨張してしまった	固化材が不良品。または使用する固化材の量が多すぎた(固化材はもともと膨張する性質をもつ)
	改良部分の硬化不良	固化材と地盤の土との攪拌不足 固化材と地盤の土が表層改良に適していなかった 転圧不足
柱状改良	柱状改良体の硬化不良	地盤の土が柱状改良に適していなかった(腐植土、砂地盤、改良部分に地下水が流れている地盤、産業廃棄物が埋められた地盤など)
		施工時の攪拌不足
		硬化状態の確認不足
鋼管杭工法	鋼管杭が折れてしまった	継手部分の溶接ミスなど

図3 地盤に適さない補強を行ったケース

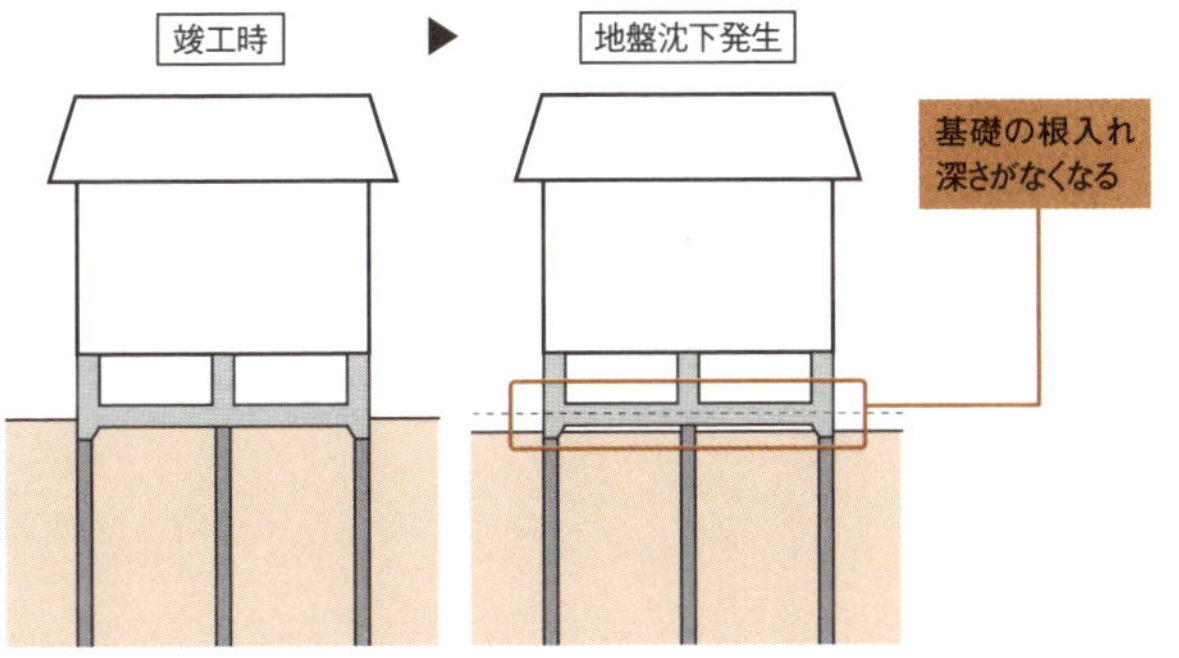
竣工時
地盤沈下発生
基礎の根入れ深さがなくなる

地盤沈下地帯で鋼管杭を施工すると、地盤沈下時に建物が浮き、基礎と地盤の間に隙間が生じる現象「浮き上がり現象」が発生するケースがある

※:SWS試験には限界があるので、他の調査で補完する必要がある

設計 19

それぞれの地盤補強工事のメリットとデメリット

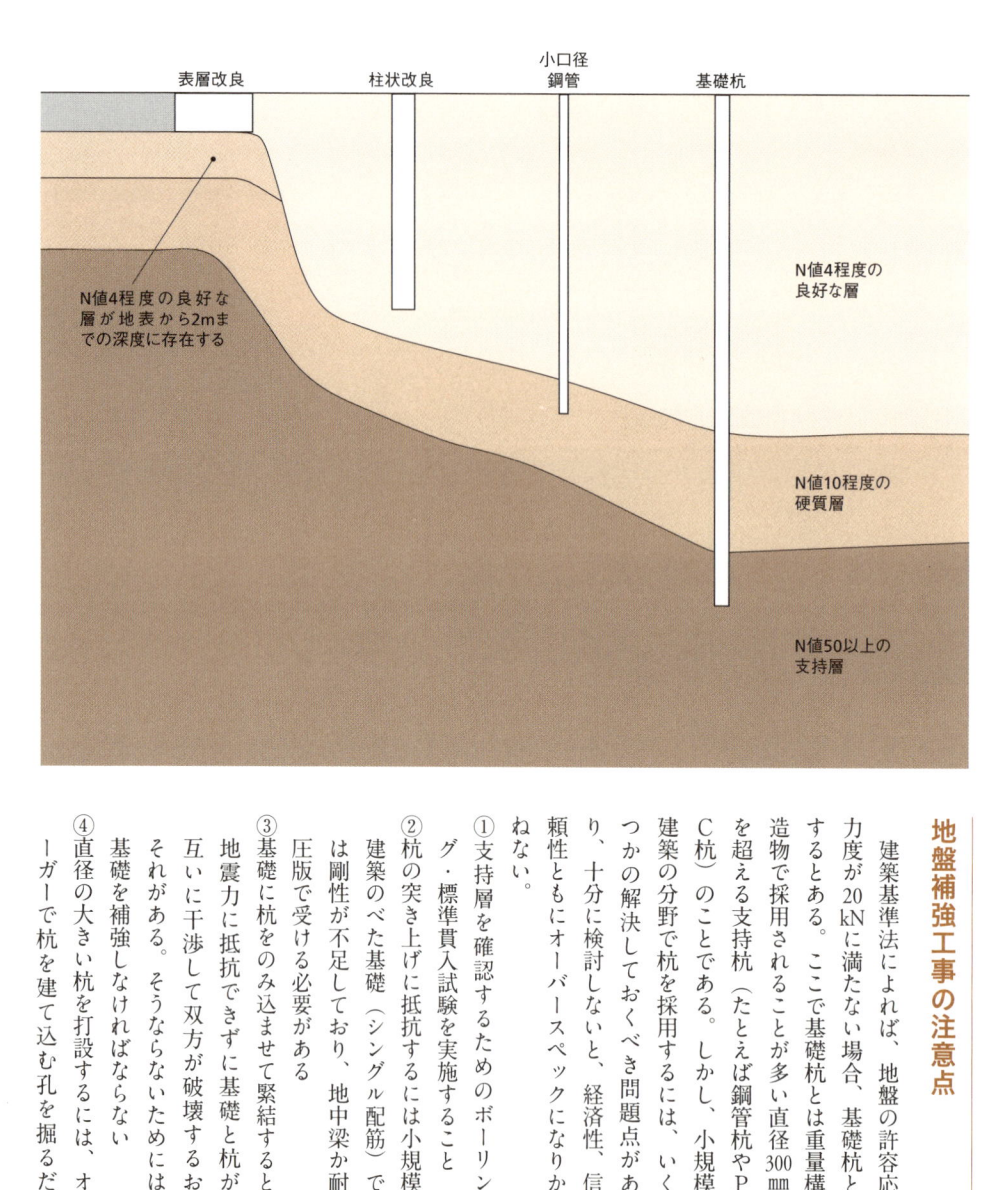

図1 基礎杭と地盤補強工事

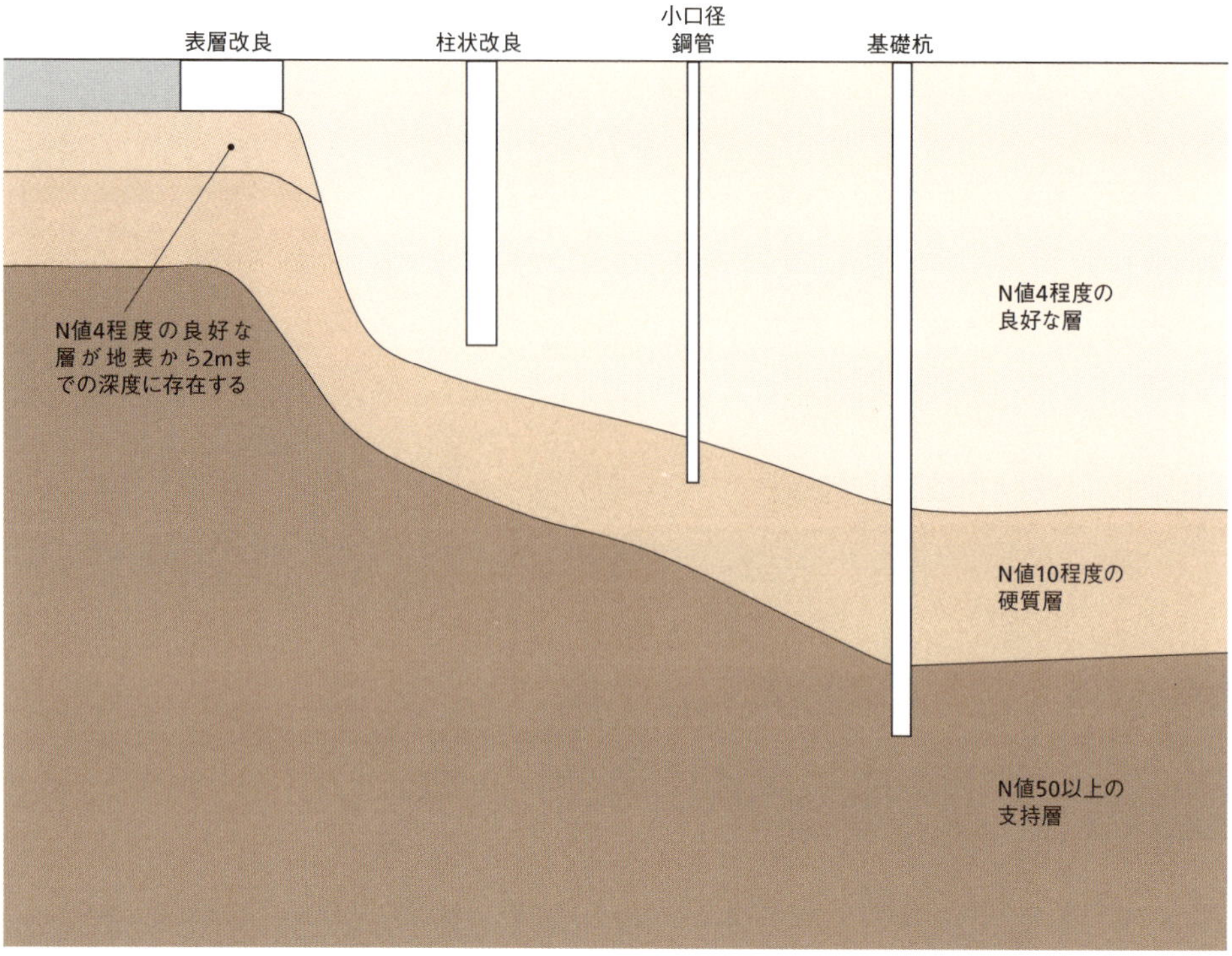

地盤補強工事の注意点

建築基準法によれば、地盤の許容応力度が20kNに満たない場合、基礎杭とするとある。ここで基礎杭とは重量構造物で採用されることが多い直径300㎜を超える支持杭（たとえば鋼管杭やPC杭）のことである。しかし、小規模建築の分野で杭を採用するには、いくつかの解決しておくべき問題点があり、十分に検討しないと、経済性、信頼性ともにオーバースペックになりかねない。

①支持層を確認するためのボーリング・標準貫入試験を実施すること

②杭の突き上げに抵抗するには小規模建築のべた基礎（シングル配筋）では剛性が不足しており、地中梁か耐圧版で受ける必要がある

③基礎に杭をのみ込ませて緊結すると地震力に抵抗できずに基礎と杭が互いに干渉して双方が破壊するおそれがある。そうならないためには基礎を補強しなければならない

④直径の大きい杭を打設するには、オーガーで杭を建て込む孔を掘るだけの大型重機が必要であるが、狭小な宅地では、施工機が進入することすらできない

では、地盤の強度が20kNに満たない軟弱地盤での対処方法をどうするのかというと、小規模建築の沈下対策として普及している「地盤改良工法」と「小口径鋼管」を採用するのが常套的な手段である［図1］。

これらの地盤補強工事は、建築基準法上では、あくまでも地業の一種であって基礎杭ではないことに注意したい。地盤が補強されれば、許容応力度は20kNを超え、布基礎やべた基礎の採用が可能となるという解釈である。

小規模建築の軟弱地盤対策としては地盤補強工事が最適といってよい。設計にあたってはスウェーデン式サランディング試験を実施すれば間に合う。基礎には緊結させず、地盤補強工事の頭部は基礎根切り底で仕上げる。

配置は、基礎梁立上り部分の直下とするという制約はあるが、地中梁を設ける必要がない［※］。改良体や鋼管のピッチは、基礎の剛性を勘案して決定され、通常は、基礎がたわまない程度

※：シングル配筋の土間コンクリート部分には打設しない

の間隔（約2ｍ）で施工する。施工機は大型トラックで運搬するものの、建設地近くで降ろし、宅地までは自走させる。施工機は中型の乗用車が通行できる程度の搬入路を確保すれば十分である。

地盤改良工法とは

地盤改良はセメント系の固化材を軟弱な土壌と混合攪拌して固形化し、沈下そのものを抑止してしまう工法である。通常のポルトランドセメントは骨材が砂と砂利であり、土と混合しても固化しないが、セメント系固化材は骨材が土であっても固化する特殊セメントである。もともとは港湾の護岸や大規模土木の現場などで使われていた深層混合処理工法（ソイルセメントコラム）を小規模建築用に転用したものである。

軟弱層の分布深度によって柱状地盤改良と表層地盤改良の2種類の工法がある。

①柱状地盤改良工法［写真1］

基礎梁の直下に、梁がたわまない程度の間隔（約2ｍピッチ）で円柱状の改良体（一般的には直径600㎜）を形成する工法である。

先端に櫛型の突起（攪拌翼）を付けた中空のロッドを地盤に垂直に押し込み、水に溶いたセメント系固化材（スラリー）を中空ロッドにポンプで圧送すると、地中に噴出されたスラリーが回転する攪拌翼によって土と混練される。土は地上に一切引き上げず、ロッドを繰り返し上下させることにより土と固化材が均一になじめば、地中に円筒形の改良体（硬くなった土）が形成される。

施工期間は長くても数日であることが多い。固化は施工初日から始まり、施工後3日ほどで所定の70％程度の強度が発現する（本来の強度は材冷4週間で達成）ので、地盤改良工事の翌日には根切り工事のためのバックホーが乗り入れても差しつかえない程度には硬化している。地盤改良工事の最終段階で、硬化し始めた改良体頭部を基礎の根切り底に合わせて削り取るので、基礎工事業者の掘削に支障がない。頭部にはアンカーとなる鉄筋は入れず、基礎と緊結することはない。改良体を基礎にのみ込ませると、地震時に改良体と基礎が干渉し合い互いを破壊するおそれがあるためである。

この工法の最大の利点は、スウェーデン式サウンディング試験のデータをもとに設計ができるということである。換算N値15程度までしか貫入できないSWS試験では先端の支持層確認に不安があるが、直径が600㎜と大きい改良体は、その周面に発生する摩擦力によって建物荷重を支えるため、先端は換算N値4程度で止めることができる。

現場造成である地盤改良は、地層が勾配をもっている場合や、盛土と切土が混在している地盤などに現場で随時適応できるのも長所である。

その反面、地盤改良に不向きな土質（セメントの強度が発現しにくい酸性土壌や攪拌が効率良く行えないロームなど）が堆積しているときには、設計・施工に工夫が必要である。

②表層地盤改良工法［写真2］

セメント系固化材を使うのは柱状地盤改良工法と同じであるが、表に示すように地盤改良の形態には大きな違いがある。軟弱地盤が浅い深度までしか堆積していないにもかかわらず、基礎

写真1 柱状地盤改良工事

①柱状地盤改良の施工機
②直径600㎜の改良体頭部。硬化が始まった時点で頭部を基礎底部レベルまで削り取る
③地中で吐出した固化材のスラリーが地上まで上がってきた様子
④ロッドの先端から固化材のスラリーを吐出しながら攪拌翼で土と混合する

写真2 表層地盤改良工事

①セメント系固化材を粉体のまま地盤に散布する
②攪拌後、振動ローラーで十分に転圧する
③バックホーで固化材と土を混合攪拌している様子
④表層改良の仕上がり状況。べた基礎外周部の根切り底に合わせて段差を付けている

表 表層地盤改良

工法	改良対象の軟弱層の層厚	建物を支持する形態	セメント系固化材
表層地盤改良工法	地表－2m付近までの軟弱層	建物直下の1階の建築面積よりもひと回り大きい範囲を改良（面で支える）	バックホーで粉体のまま攪拌
柱状地盤改良工法	地表－8m付近までの軟弱層	基礎梁に沿って2m程度の間隔で摩擦杭的に支える（点で支える）	水に溶いたスラリーを土中で吐出しながら攪拌

根切り底の砕石を入念に転圧しても、転圧の効果が期待できないような深度に軟弱層が残存してしまうような場合に、表層地盤改良工法が採用される。

表層地盤改良では、建築面積よりもひと回り大きい範囲で、基礎底面全体に固化材を散布して土と混合攪拌することにより、地盤の強度を上げ、建物の沈下を防止する。バックホーのバケットで繰り返し土と固化材をかき混ぜ、振動ローラーで転圧を行うと、数時間後には硬化が始まっていることが現場を歩く靴底から実感できる。

固化材は粉体のまま使用するので、バケットにこびり付いて混合不良となることがなく、現場が泥濘化することもない。固化材は土中の水分を吸収し、セメント同様に水和反応を起こして硬化するので、水で溶いてスラリー状にする必要がないのである。

この工法の成否は、バックホーでいかに丁寧に攪拌できるかにかかっており、握りこぶし大以下の土塊までかき混ぜないと強度にムラができてしまう。コンクリートの中性化を検査する際に用いるフェノールフタレイン溶液を改良土の断面に噴霧し、セメントが水和反応を起こす際のアルカリ性を示す赤紫色が一様に浮き出ていれば攪拌が均質であると確認できる。

転圧も重要で、混合攪拌から数時間以内に振動ローラーを繰り返し往復させる。転圧効果は厚さ500mm程度までなので、改良厚が1mであれば、1層目と2層目に分けてそれぞれ攪拌と転圧を行う必要がある。

表層改良は基礎根切り底までの地表近くの土をあらかじめすき取って脇に仮置きするので、基礎工事や配管工事の支障とはならない。改良天端はかなり硬くなるので、砕石を敷かずに均しモルタルだけで基礎を接地させることも可能である。

注意しなければならないのは、どしゃ降りの降雨時には施工が困難となることと、水が湧いてくるような低湿地および酸性土壌の有機質土が分布していることが分かっている場所での採用を避けることである。地盤調査結果を丹念に解析することができ、周辺の地盤について豊富な知識をもっている地盤業者であれば、柱状改良などの別の工法に切り替えて提案してくるはずである。

小口径鋼管工法は杭的地業

小口径鋼管工法［写真3］は、杭的地業の一種である。基礎杭の直径が300mmを超え、肉厚が6mm以上あるのに対し、小口径鋼管の直径は114・3、139・8、165・2mmの3種類で、肉厚はいずれも4・5mm以上である。材質は構造用炭素鋼鋼管で、基礎杭と何ら変わりはないのだが、建築基準法においては基礎杭でなく、杭的地業として扱われる。鉄筋で基礎と緊結して一体化させることもない。

直径が大きくなれば、それを堅固な地層にまで根入れできるだけの大トルクの施工機が必要になり、小規模建築の現場には搬入することができなくなるという事情から、口径の小さい鋼管が採用されるようになった。建物荷重を途中の軟弱層に伝えないよう、鋼管を介して堅固な地層まで到達させ、鋼管先端の支持力で建物の沈下を防止する。

住宅密集地では、騒音防止のため打撃による貫入はできないので、油圧で圧入することになる。基礎梁の直下に配置するが、ピッチは基礎梁の剛性強度に制約されているので、柱状地盤改良と同様に約2m間隔である。堅固な地層が深い深度にある場合は、継手溶接を行い、数本の鋼管を連結するが、その際は座屈してしまわないよう鋼管径の100倍までを限度とした設計が行われる。

この工法の特徴は、工場生産されている鋼管の品質が一定ということであ

写真3 小口径鋼管工事

①現場に搬入された小口径鋼管
②鋼管を油圧で圧入する様子
③鋼管の先端。回転しながら圧入するためのらせん状の拡底翼が溶接されている
④鋼管の鉛直性を目視と水準器で確認する

図2 使用してはいけない場合の例

①地中に障害物がある

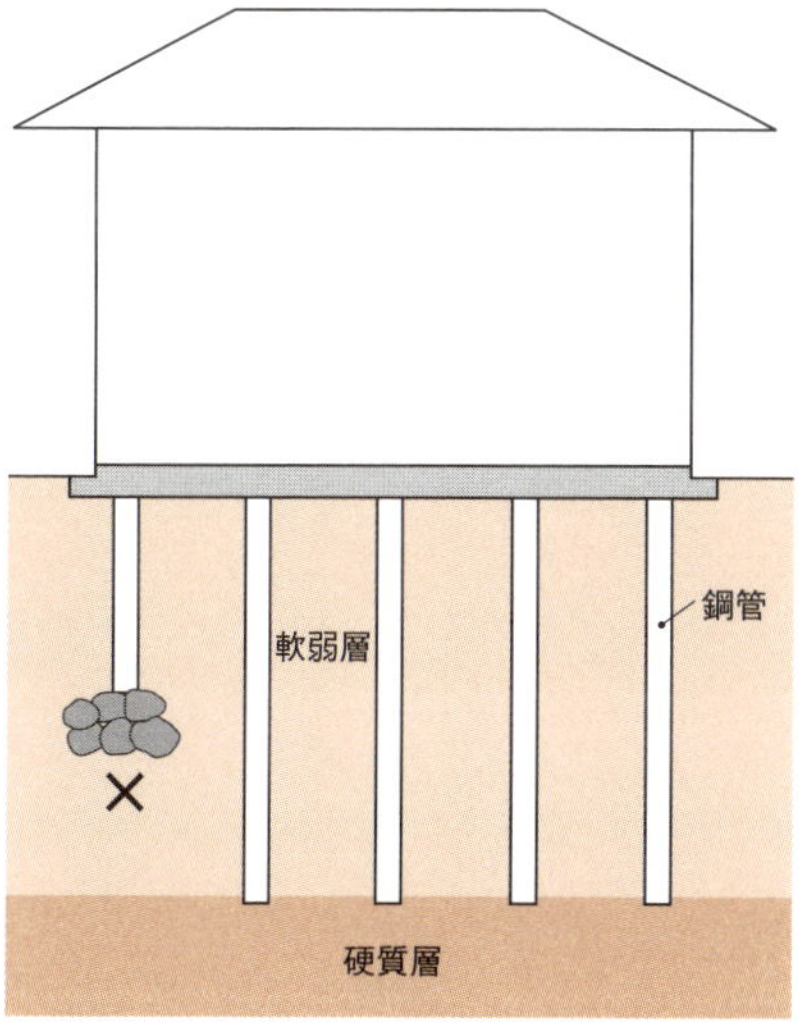

地中の障害物により、鋼管の高止まり、変形の可能性がある

②中間層を打ち抜く

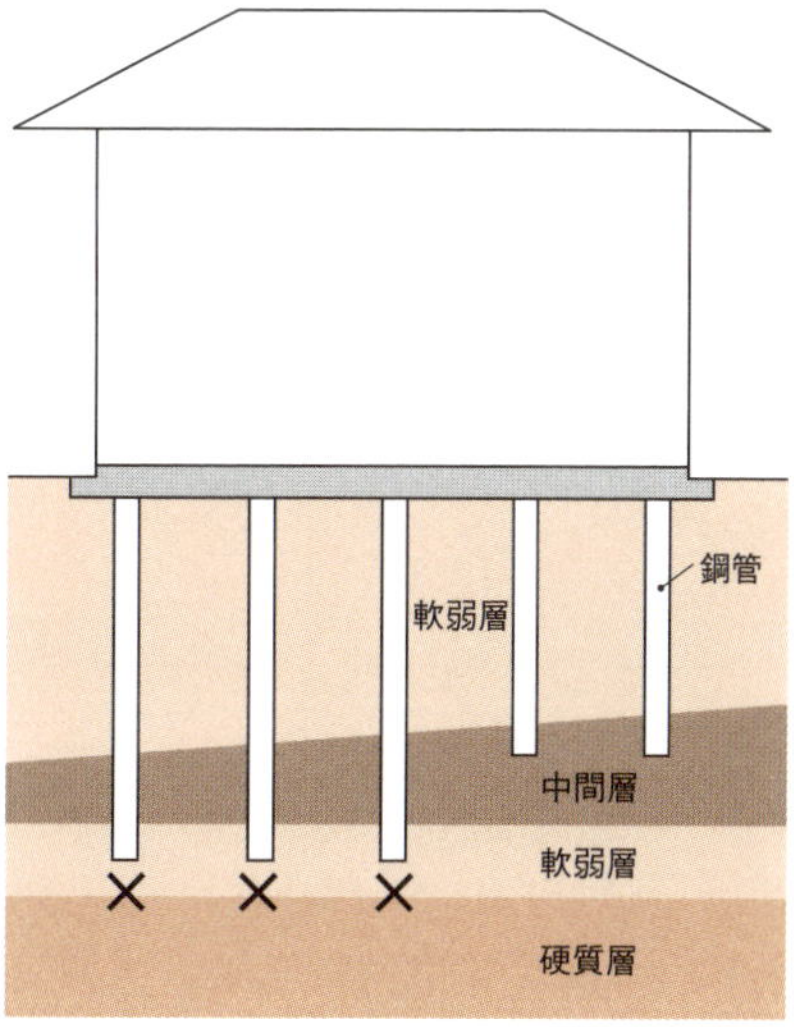

薄い中間層を打ち抜いてしまう

る。現場の土を使って固化させなければならない地盤改良工法は、土質によって適用できないことがあるのと対照的である。

鋼管は、先端が閉塞されておらず、内側が中空であり、圧入する際に土が入るので、地表面が盛り上がることもなく、現場がきれいに仕上がるという側面もある。

小口径鋼管工法で最も注意すべき点は、先端地盤の確認である［図2］。SWS試験で測定できるのは換算N値で15程度までであり、貫入が止まった深度に硬い地層があるらしいということは分かっても、その堅固な地層が安定して連続しているかどうかまでは分からないのだ。

小口径鋼管の設計にあたっては、原則としてボーリング試験を実施し、SWS試験の結果を参照する場合においても、換算N値で10程度が2m以上連続することが、近傍のボーリング柱状図で裏付けられなければならない。このチェックを省略してしまうと、硬いはずの地盤を打ち抜いて鋼管長が足りなくなり、急きょ鋼管を追加発注する事態を招くことさえある。継ぎ足すことで新たに堅固な地層が見つかればよいが、なければその鋼管は意味をなさない。

［高安正道］

Topics

既存の擁壁がある敷地で気をつけたいこと

擁壁高が2m以上ある

隣地、または前面道路が建築予定地よりも低くなっており、その境界沿いに擁壁がある場合、注意しなければならないことがある。

隣地（道路）との間に高さ2m以上の擁壁があるとき、建築基準法および宅地造成等規制法（宅造法）により「工作物確認申請」を提出し、造成工事完了後は完了検査済み証が発行されていなければならないので、土地を売買した不動産業者に尋ねるか、管轄の役所の開発課などに問い合わせることが必要となる［表］。検査済み証が見当たらない擁壁については、法的規制を逃れるために、正規の構造計算が行われていないことが多い。本来は実施しなければならない擁壁下部の地盤調査や杭工事を省略したり、背面の土圧に抵抗するだけの躯体の形状になっていなかったりする。ずさんな事例としては、擁壁高を意図的に1.8mに抑え、後からコンクリートブロックを積み増して盛土をかさ上げする宅地もある。

このような疑いのある擁壁に近接して建物を配置する際には、建物荷重が擁壁を押して前面に滑り出したり、地震時に擁壁が転倒、または破壊することなどを想定した対策が必要となる。擁壁に負担をかけないよう、基礎の根入れを深くするか、建物を地盤改良や小口径鋼管で支持するなどの対策を講じることが多い。

擁壁の健全性を検証する

既存の擁壁が劣化していないかどうか、目視で点検することが重要である。点検のポイントとして、ひび割れ、伸縮目地のずれ、はらみ（膨らみ）に注意する［図］。ひび割れがあるのは論外であるが、擁壁に目を近づけ擁壁の延長方向を見たときに、擁壁が外側に膨らんでいるのであれば、背面の土圧によって押されている証拠である。

このような擁壁は、建替えるか、内側に防護壁を新たに設けるなどの対策が必要となる。

非常に危険な擁壁

宅造法の規制を逃れるために構造や材質の異なる擁壁を2段、3段と積み重ねてあるような既存の擁壁、3㎡に1個所以上設けるべき水抜き穴のない擁壁は非常に危険である。擁壁には土圧ばかりでなく、集まってくる雨水がダムのように貯まり、大きな水圧となって作用するので、流入してくる雨水を速やかに下方へ逃がしてやらなければならない。通常は塀などに使われるコンクリートブロックを3段（60㎝）以上積むのも、違法ではないが危険である。

［高安正道］

表 宅造法により都道府県知事等の許可が必要となる造成工事［※］

1	切土で、高さが2mを超える崖（30°以上の斜面）を生ずる工事
2	盛土で、高さが1mを超える崖を生ずる工事
3	切土と盛土を同時に行うとき、盛土は1m以下でも切土と合わせて高さが2mを超える崖を生ずる工事
4	切土、盛土で生じる崖の高さに関係なく、宅地造成面積が500㎡を超える工事

※：建築基準法においては盛土・切土にかかわらず高さ2m以上の擁壁について規定がある

図 危険な擁壁の例

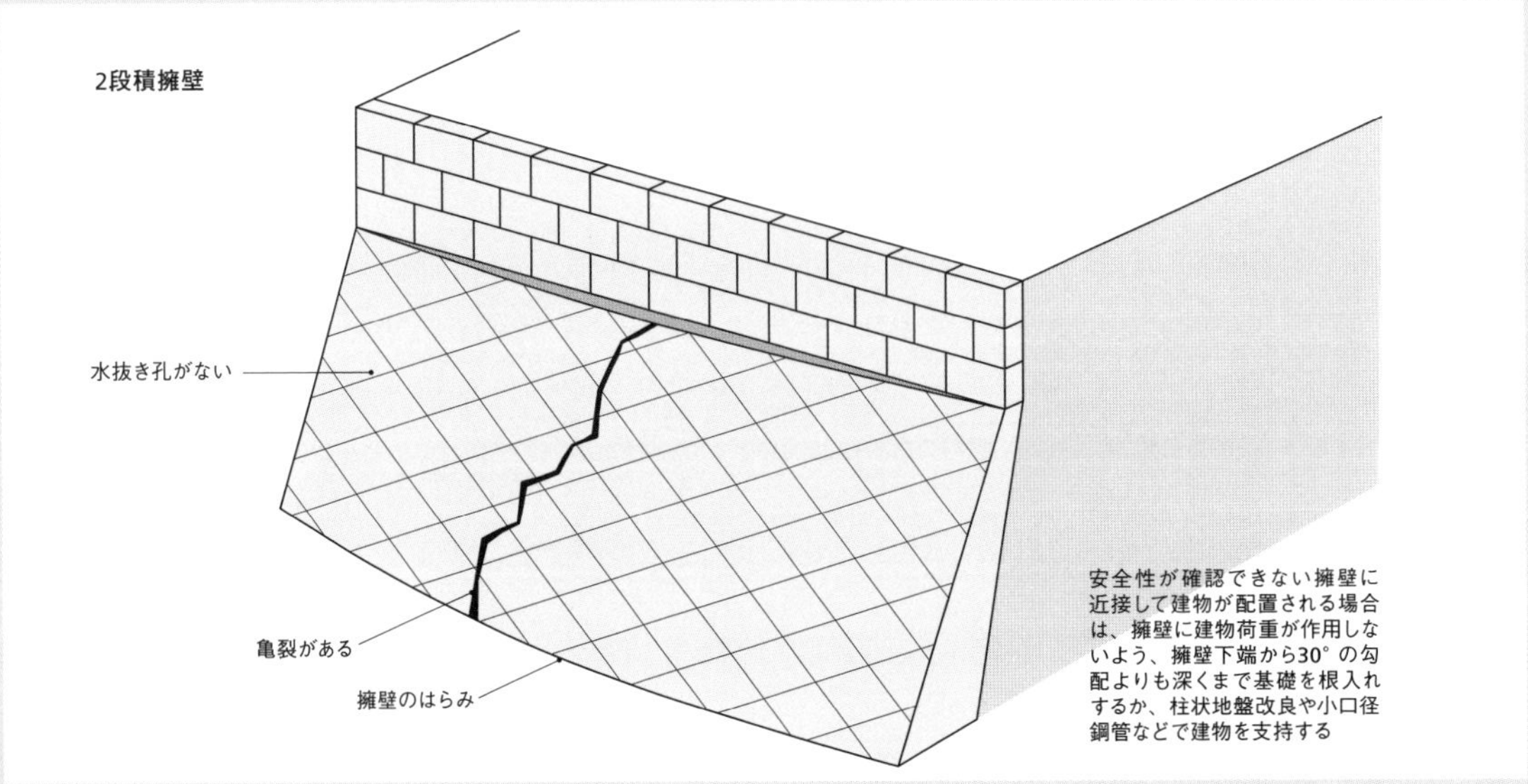

2段積擁壁
水抜き孔がない
亀裂がある
擁壁のはらみ
安全性が確認できない擁壁に近接して建物が配置される場合は、擁壁に建物荷重が作用しないよう、擁壁下端から30°の勾配よりも深くまで基礎を根入れするか、柱状地盤改良や小口径鋼管などで建物を支持する

Topics

斜面に擁壁を新設するときの注意ポイント

主な擁壁は2種類

　起伏の激しい丘陵地や台地の端部など高台から低地に向かう斜面では、擁壁を築造することによって平坦な宅地を造成する必要がある［図］。

　戸建住宅で採用される擁壁のほとんどは間知ブロック擁壁（練積み造擁壁）［写真1］かRC造L型擁壁（片持ち梁式擁壁）の2種類である［写真2］。

　間知ブロック擁壁は、斜面に持たせかけるようにして1辺30cm程度の四角錐に成形したコンクリートブロックを縦に積み重ね、目地にモルタルを練り込んで一体化させた擁壁で、地盤が比較的堅固な切土主体の造成で用いられることが多い。

　RC造L型擁壁は、断面がアルファベットの「L」字型をしており、垂直な縦壁と水平な底版によって構成される。その構造上、底版を打設するための平坦な床付け面を必要とし、仕上げに盛土で埋め戻すので、必然的に盛土主体の軟弱地盤を抱え込むことになる。ちょうど、空のままでは指で押すだけで倒れてしまうブックエンドが、本を載せるとその重みで本を支える原理と同じで、底版に土が載ることで土留の機能を果たす。現在、土地をより有効に利用できるL型擁壁が主流になりつつある。

　擁壁は堅固な地盤に直接載せるのが基本であるが、RC造L型擁壁の場合、高さ1mで50kN／㎡、高さ2mで80kN／㎡もあるため、そのまま支持することができる地盤はめったにはない。そこで地盤調査を実施し、支持杭の必要性を検討することが重要である。高さが2mを超える擁壁では、「工作物確認申請」の際にボーリング・標準貫入試験を実施するよう役所から指導されることが多い。

排水のことも入念に検討

　擁壁は地中に埋設された一種のダムのように機能し、背後から流入してくる雨水と地下水を堰き止めてしまう。溜った水は水圧を発生させて擁壁を押すのだが、これが土圧よりも大きい。擁壁内が貯水槽のようにならないために、流入してくる水は速やかに下方に排水しなければならない。宅造法では3㎡に1個所以上の水抜き穴（直径75㎜以上）を設けることが義務づけられている。

　特に注意しなければならないのは「集水地形」と呼ばれる場所で、同じ斜面でも尾根筋では水が下方に散逸するが、沢筋ではたとえ晴天であっても周囲から水が集まってくるので、排水機能が重要となる。ひな壇状の造成地でも斜面の裾地に位置する宅地ほど水が集まりやすい。

［高安正道］

写真1 間知ブロック擁壁

写真2 RC造L型擁壁

図 斜面地の擁壁

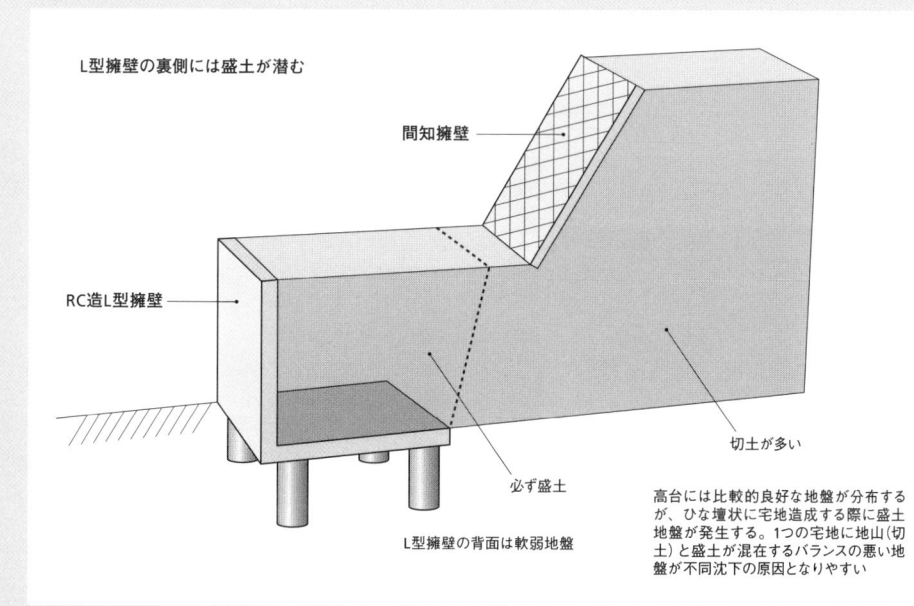

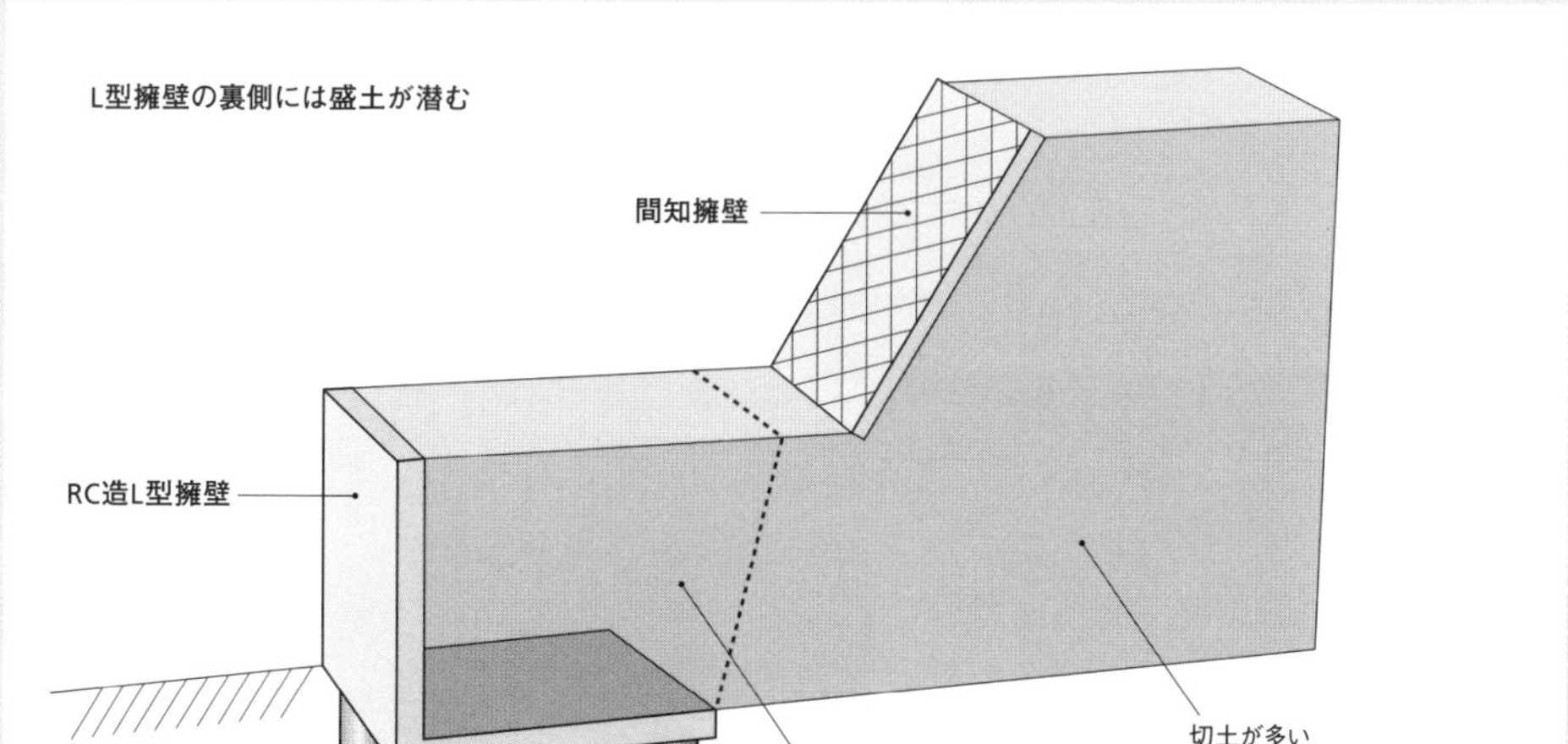
L型擁壁の裏側には盛土が潜む
間知擁壁
RC造L型擁壁
切土が多い
必ず盛土
L型擁壁の背面は軟弱地盤
高台には比較的良好な地盤が分布するが、ひな壇状に宅地造成する際に盛土地盤が発生する。1つの宅地に地山（切土）と盛土が混在するバランスの悪い地盤が不同沈下の原因となりやすい

設計 20

地盤改良と基礎補強で不同沈下を補修

不同沈下の原因

地盤はいろいろな物質が混ざり、極めて不均一な性質をもつ。まして表層部分はなおさら不均質であり、地盤の許容支持力を調べるのも難しい。もちろん地形、地質などにも左右される。砂質、粘土質など土質によっても沈下の傾向は異なり、軟弱な地層が厚ければ沈下はなかなか止まらない。

また、下部の硬い地層に不陸があると、上部にある軟弱な地層は不均一に沈下する。このような敷地に木造住宅を建てると不均一に沈下する。これが不同沈下である。もちろん地盤だけではなく、その上に載る建物のバランスの影響も、不同沈下の原因、拡大を招く。

木造住宅が傾斜すると、建具の開閉の不具合、基礎のクラック・床の傾斜、排水管の逆勾配による逆流などさまざまな障害が起きる［表］。

不同沈下した木造住宅を補修するには、まず地盤調査から始め、地盤の状況をつかんでおく。次に、建物内部でレベル測定を行う。沈下が周流している個所が見えてくるので、その部分の仕上げをはがし、沈下の原因を探るとともに地盤の検討を行う。同時に、建物外周部もチェックし、基礎の仕様や、基礎にクラックが入っているかどうか、またその位置、クラックの大きさなどを記録する。クラックが集中しているところほど、建物の沈下量が大きくなることが考えられる。

地盤と建物の両方に対処が必要

不同沈下の原因は、図1に示したとおり、「基礎の問題」「建物上部の問題」「地盤の問題」に大別することができる。補修などの対策は、この問題に適したものを選定する。沈下した住宅を持ち上げるには、基礎が強くなければ難しい。しかし、補修を必要とする多くの古い住宅は、無筋であったり、ベースがない基礎であるため、基礎の補強が必要になる。

基礎は、そのつくりにもよるが、多くは増し打ち補強とするケースが多い［図2］。既設基礎の表面を目荒らしし、コンクリートの付着性を高めてからアンカーを打ち、そこに鉄筋を組

表 傾斜角と機能的障害程度の関係

傾斜角	障害程度	区分
3／1,000	品確法技術的基準レベル-1相当	1
4／1,000	不具合が見られる	
5／1,000	不同沈下を意識する	2
	水はけが悪くなる	
6／1,000	品確法技術的基準レベル-3相当	
	不同沈下を強く意識し申し立てが急増する	3
7／1,000	建具が自然に動くのが顕著に見られる	
8／1,000	ほとんどの建物で建具が自然に動く	4
10／1,000	排水管の逆勾配	
17／1,000	生理的な限界値	5

出典：小規模建築物基礎設計指針(日本建築学会)

不同沈下により、排水管が逆勾配になった。配管と枡の補修が必要となる

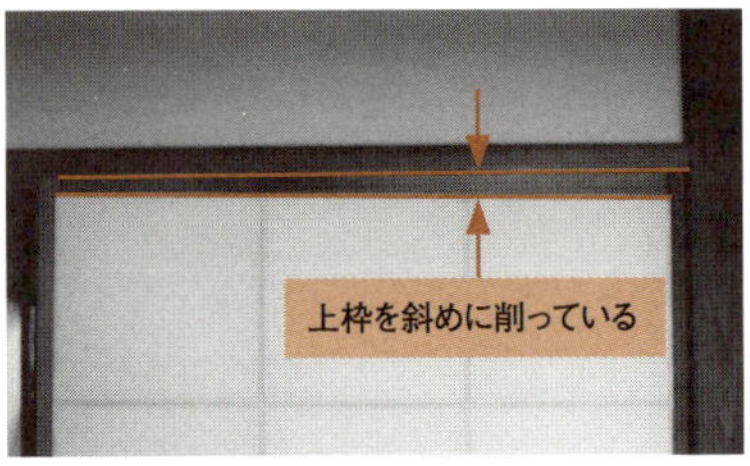

建物が傾いたため、上枠を削って開閉をスムーズにした障子

図1 不同沈下の原因ごとに適した補修を考える

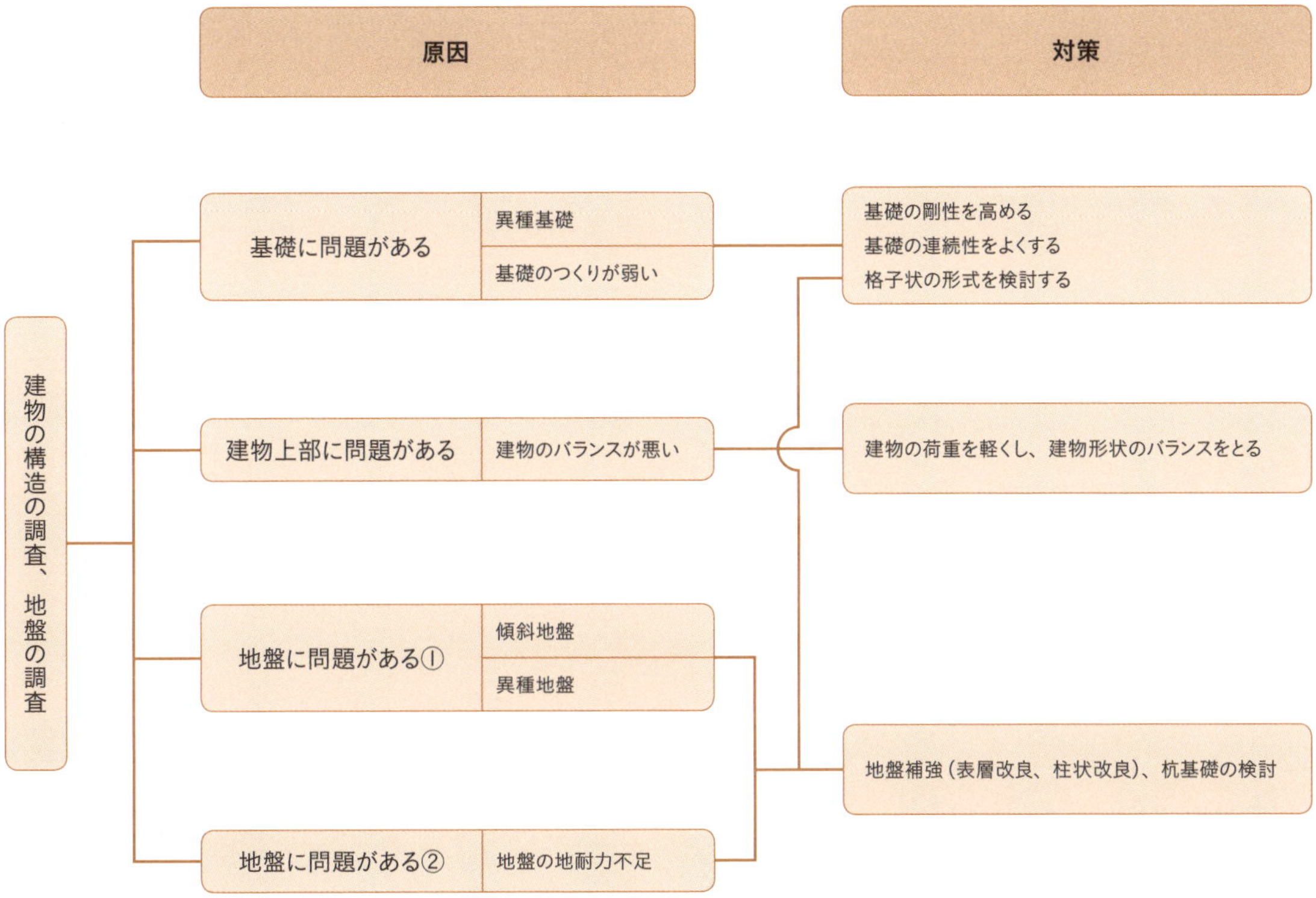

原因
対策
建物の構造の調査、地盤の調査
基礎に問題がある
異種基礎
基礎のつくりが弱い
建物上部に問題がある
建物のバランスが悪い
地盤に問題がある①
傾斜地盤
異種地盤
地盤に問題がある②
地盤の地耐力不足
基礎の剛性を高める
基礎の連続性をよくする
格子状の形式を検討する
建物の荷重を軽くし、建物形状のバランスをとる
地盤補強（表層改良、柱状改良）、杭基礎の検討

図2 基礎の増し打ち工法

断面図（S=1：8）

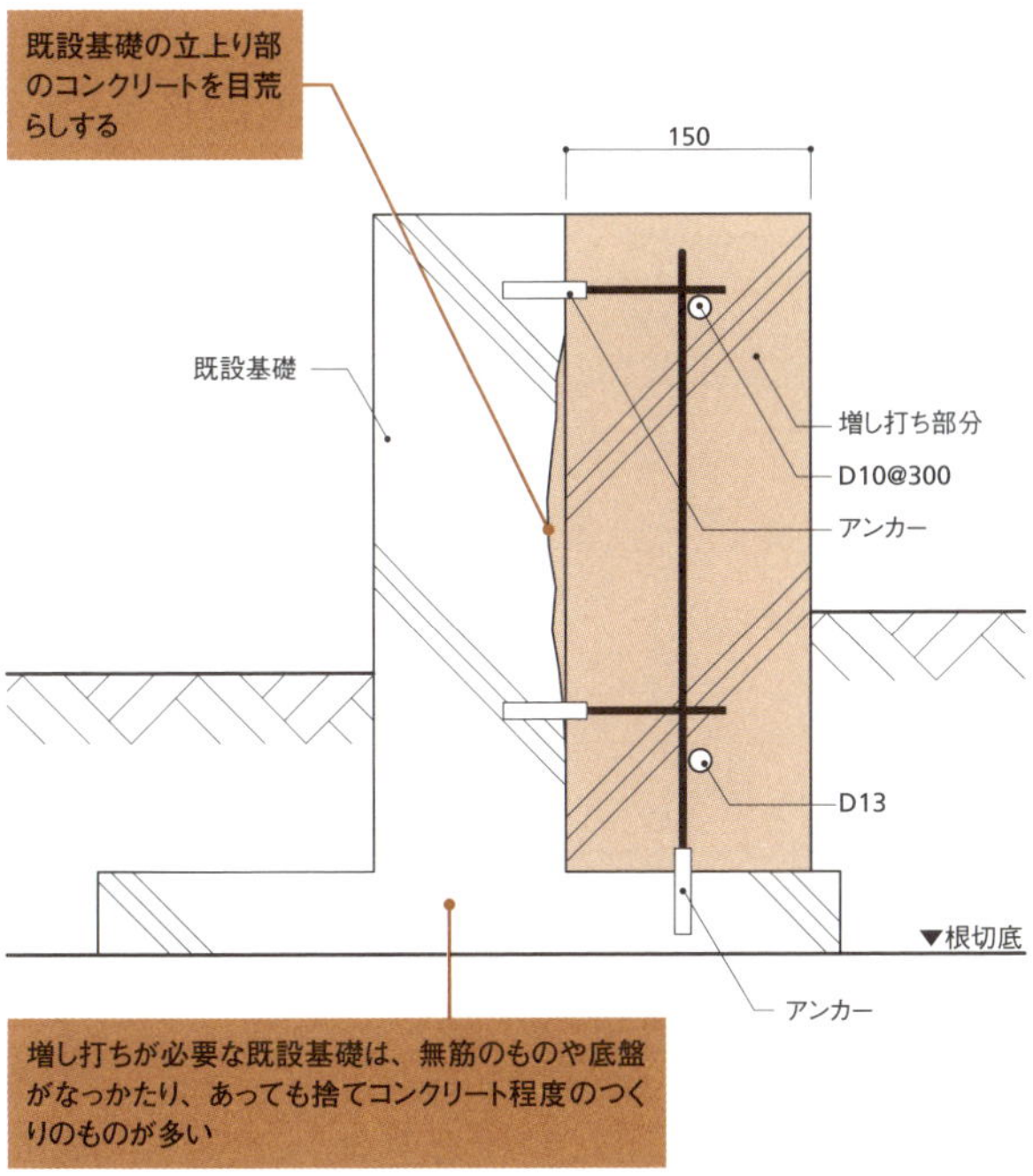

既設基礎の立上り部のコンクリートを目荒らしする
150
既設基礎
増し打ち部分
D10@300
アンカー
D13
▼根切底
アンカー
増し打ちが必要な既設基礎は、無筋のものや底盤がなかったり、あっても捨てコンクリート程度のつくりのものが多い

増し打ち工法で補強した基礎の事例（左図のように外壁側から鉄筋を組み、基礎を増し打ちしようとしているところ）

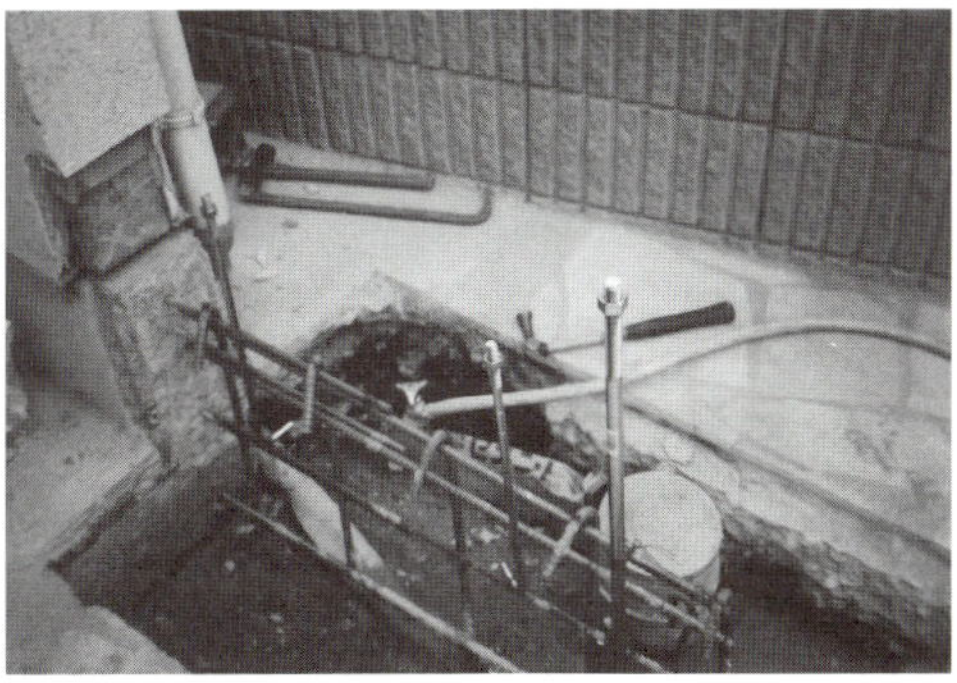

増し打ち工法で補強した基礎の事例（ピロティの独立柱［半島型基礎］をつなぐように布基礎を設け、既存部と連結させる）

図3 沈下の状況

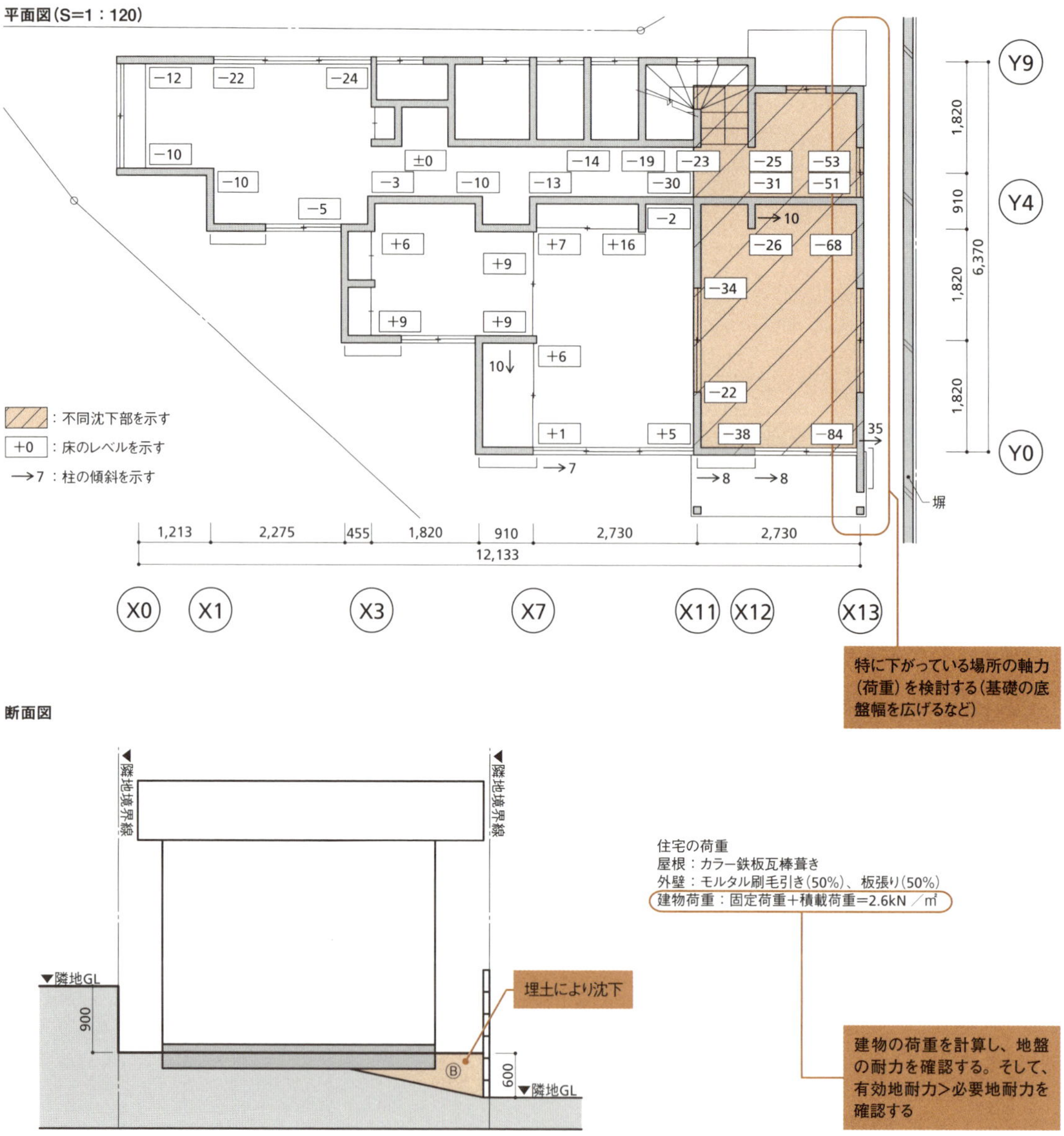

み、コンクリートを打つ。

不同沈下の補修事例

この建物は、1969年に建てられた木造2階建てで、現在の建築主が'77年に中古住宅として取得したものである。その時すでにX11〜X13部分にて約60㎜程不同沈下していたという。そこで取得後ジャッキアップをしたが、その後も徐々に沈下が進んだ。

新築も考えたが、前面道路の幅員がせまく、再建築が不可能なことが分かり、リフォームを行うしか手段が残されていなかった。

地盤調査の結果、表層が砂地盤であり、東側隣地とは60㎝の高低差がある。Bの部分はそのため埋土したものので、この地盤が沈み不同沈下の原因となった。そのため平面図でも示しているように84㎜の不同沈下が見られる。合計で約150㎜沈下したことになる。

対策として、後からの埋土部Bを人力で取り除き、ポルトラントセメントを混合し締め固め、地盤改良を行った。その後X13通りの内側に基礎の増設補強を行い、2重壁とし、既存の壁のジャッキアップをしつつ増設壁と接合し、木造軸組部の補強を行った。以後4年経過するものの、沈下は見られない。

［保坂貴司］

図4 補修の内容

平面図(S=1：120)

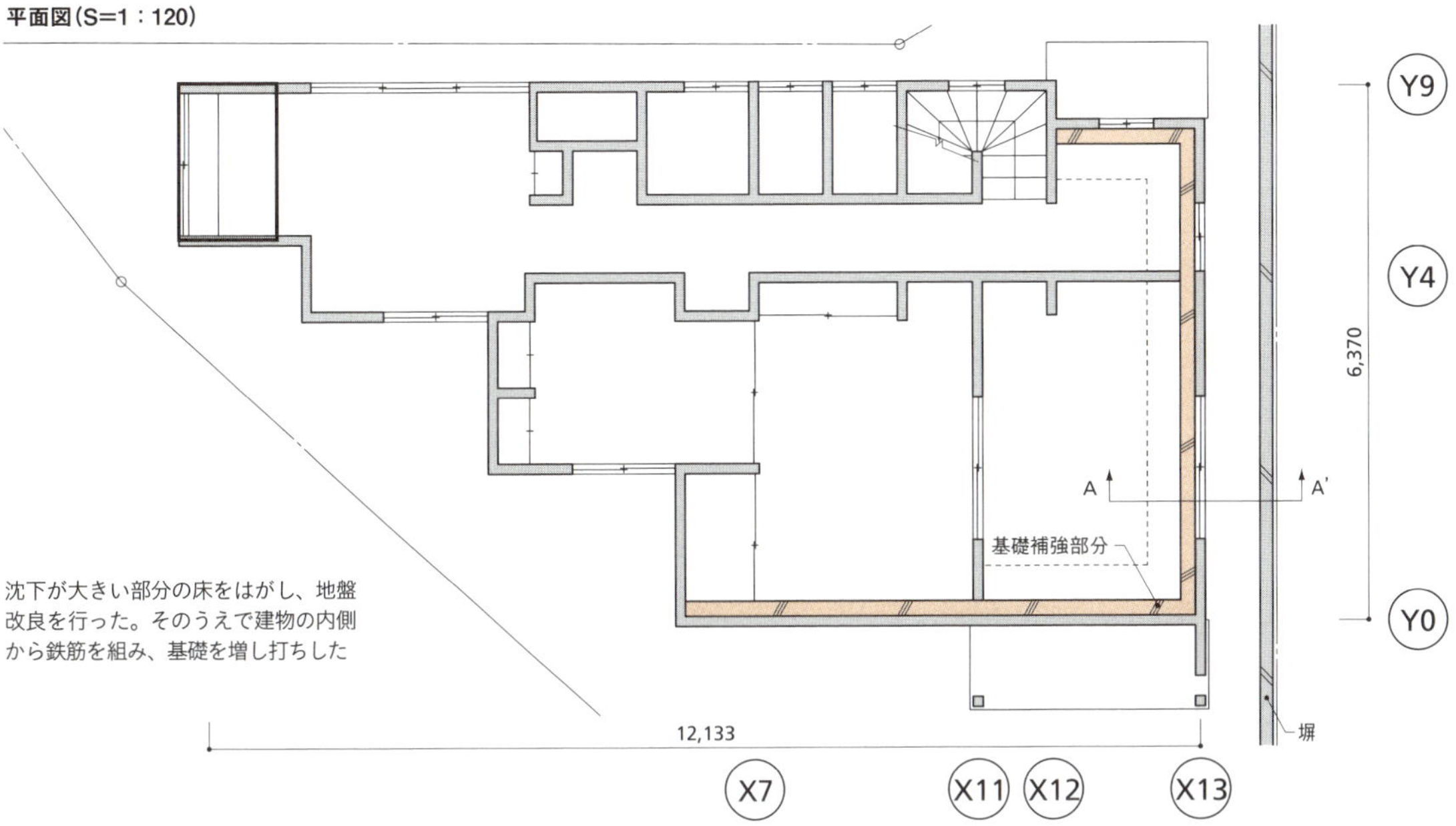

沈下が大きい部分の床をはがし、地盤改良を行った。そのうえで建物の内側から鉄筋を組み、基礎を増し打ちした

A－A' 部分断面図(S=1：20)

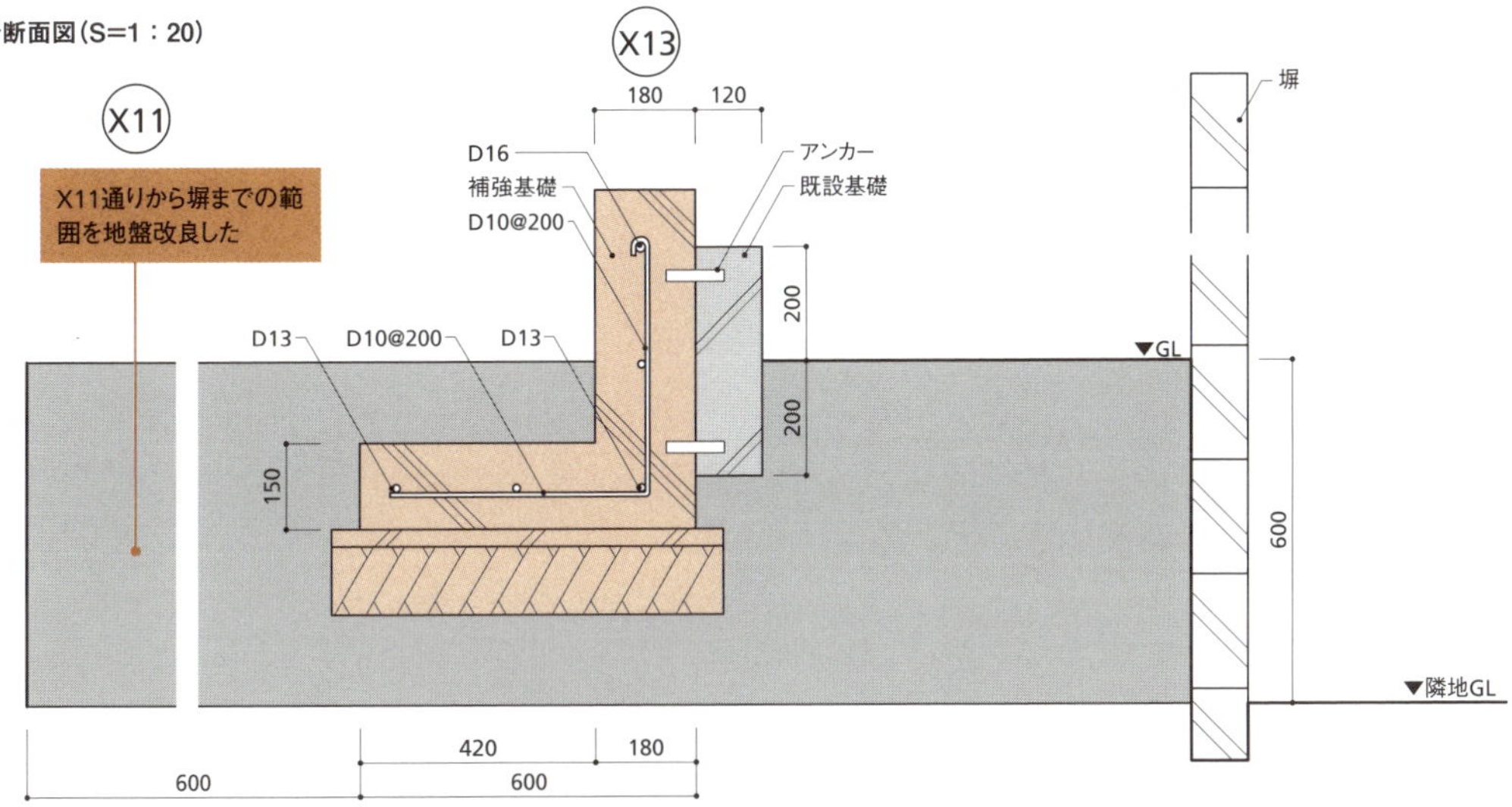

不同沈下部分（補修前）。建築主が住宅取得後に行った改修は、基礎上にパッキンを置いてジャッキアップしたもの

既設基礎はベースがつくられていなかったため、建物の内側からL字型の基礎を増し打ちした

監理❶ 正しい配筋工事の進め方

前段階のチェックポイント

根切り、地業工事が終了し配筋工事にかかる前に、地墨のチェックが必要である。

配置の確認は地縄で確認済みと思って、基礎コンクリート打設前に建物の配置などを確認する監理者がいるが、チェックして問題があったときに対処をするのでは遅い。地縄はだいたいの目安であり地墨とは精度が異なる。後述する基礎の天端墨にもかかわってくるため、この点には十分注意するようにしたい。

また、地墨に間違いがなければ、後に手直しをする確率が極端に減少するため、その意味において捨てコンクリートは必要である。ときどき現場で、捨てコンを省いて施工したいという相談をされることがあるが、精度の高い施工のためには不可欠だ。

さらに、配筋工事にかかる前に、配筋図（施工図）によるチェックをしておきたいが、木造建築物の施工においては施工図が提出されないことが多い。監理者としては無理矢理にでも施工図を提出させたいところだが、コスト、業者との関係などを考えると難しい。ならば施工業者と設計図書上で綿密な打ち合わせをするしかない。

できれば、現場管理者と鉄筋業者と監理者の3者で打ち合わせを行いたい。ポイントは実際の施工者（ここでは鉄筋業者）を省かないことである。これはすべての監理に共通することでもあるが、ダイレクトでないと正確に伝わらないことがあるし、現場管理者は職人ではないため、施工性も含め、個々の詳細は分からないときがある。また、現場管理者は監理者との立場上、あまり詳細な質問ができにくい事情もある。

このような手順を踏めば、まず大きな間違いは起こらないだろう。後は適宜現場に通い、チェックをするだけである。

打設回数は1～2回

続いて、具体的にいつ、どの部分をチェックすればいいか、そのポイントを挙げる。

打ち合わせでは、コンクリートの打設回数について確認をする。一般的な木造建築物の基礎においては1～2回が適当だろう。1回の場合は、吊り型枠を施工する前に現場に行く。打設回数が2回の場合はベース配筋が終了したときに現場に行き、立上り部分の配筋が終了したときにもう一度現場に行く。この場合も同様に、その型枠施工前にチェックを行うこととする［写真1］。

よく、型枠が施工されていないとかぶり厚さなどがチェックできないという監理者がいるが、地墨があるのでおおよその検討がつくだろうし、もしかぶり厚さが不足しそうな部分があったとしても、十分なかぶり厚さを確保するよう指示しておけばよい。いずれにしても型枠施工前ならば、簡単に手直しができる。型枠施工後では鉄筋を寄せようとしたとき型枠自身が移動してしまい施工精度が悪くなってしまうからだ。

当然のことであるが、コンクリート打設前に最終チェックは必要である。配筋検査時に指示した内容が是正されているか、コンクリートのかぶり厚さ、鉄筋洗い（鉄筋が泥まみれでは鉄筋とコンクリートの付着が不足するため）、打設部分の清掃状況、型枠などをチェックしておきたい。

鉄筋の加工寸法のチェック

次は鉄筋の加工についてである。これは木造建築物に限らずすべての建築物に共通していることだが、鉄筋の加工が正確に行われていれば、後は組立て作業だけである。多くの間違いは、鉄筋の加工寸法の間違いで、組み立てたときに定着長さなどの不足となって表れる。

よって、開口部の開口補強筋の定着

写真1 配筋チェックの様子

型枠施工前に配筋をチェックする

はどの部分から定着長さになるのか、形状はどんな形状か、出隅、入隅の補強筋はどのように補強するのかを打ち合わせによって定めておく必要がある［写真2］。

また、ベース筋の短辺、長辺を確認することを忘れてはならない。まれに逆になっている場合があるので十分な注意が必要だ。構造図、標準図があるからといって打ち合わせを省略する監理者もいるが、職人のなかには標準図を見ない人もいるので注意が必要である。

ほとんどの監理者は配筋検査を1回で済ませるようだが、1回では満足のいく監理は難しい。必要とあれば何回も現場に足を運び、職人さんと一緒に鉄筋を組むぐらいの気持ちが必要だ。すると、鉄筋のマークを見ただけでメーカーの区別もつくようになるし、ミルシートを提出されたときにチェックをすることができる。

立上り幅の設計

構造的に基礎の立上り部分は地中梁だと考えているが、主筋を拘束するような配筋（鉄筋加工）をしないことが見受けられる［図①］。RC造だとせん断補強筋は主筋を巻き込んで拘束する。この考え方が木造建築物の基礎に適用するかどうかは設計者の判断となるが、筆者は上部が木造だから別扱いするのではなく、あくまでもRC造と同じだと考え、図②のように設計している。だが、この設計も完璧ではない。

なぜなら竪筋をD10としコンクリートかぶり厚さを両サイド40㎜、先端フック内径3×10㎜とすると、基礎の立上り幅が合計で130㎜となり、竪筋が13㎜だと合計で145㎜必要になる。しかし、この数値は机上の数値で、実際は主筋などの重ね継手や、施工誤差を考えるともう少し余裕が必要になる。筆者の設計では竪筋にD13を使用することが多く、立上り幅が150㎜を超えてしまい、コストに影響する。よって、苦肉の策として竪筋先端のフックを傾けることとし、立上り幅を150㎜にしている［図③、写真3］。

こうして、かぶり厚さを確保し、主筋を拘束することが可能となるが、現場からの苦情が絶えないのが現状である。しかし、施工者には先端フックの重要性を説明して、協力していただいている。この方法が100％とはいえないかもしれないし、むろん確認申請や特定行政庁の検査では先端フックは要求されないが、よりよい建築物を建てる意味ではこのような手法もあると考えている。

［水野政博］

写真2 組立ての確認

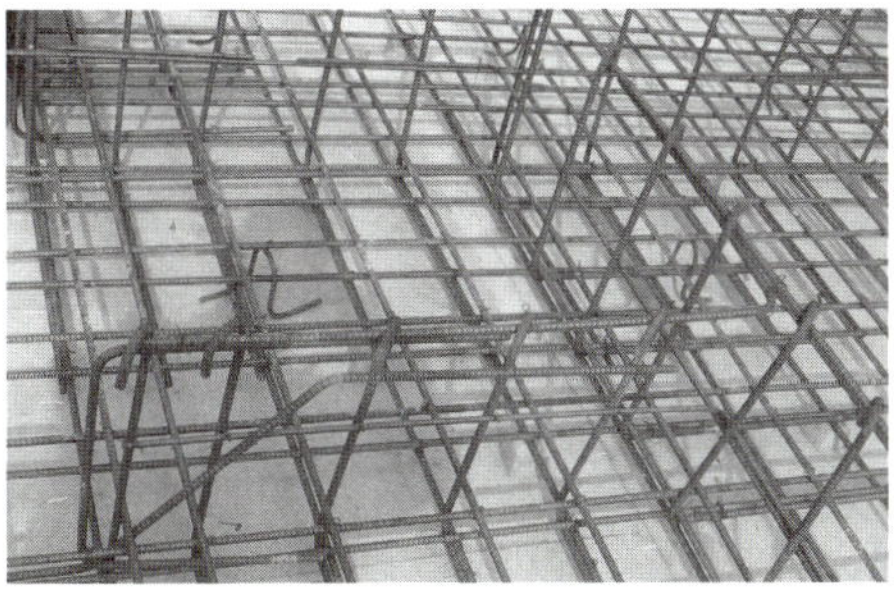

開口補強筋は入っている（鉄筋加工は正しい）が組立て時に定着が取れていない

写真3 先端フックを設けた基礎立上り

先端フックが付けられているが曲げ部分からの4dが不足している。このことは構造的知識がなければ分からない

図 基礎立上り部分断面図

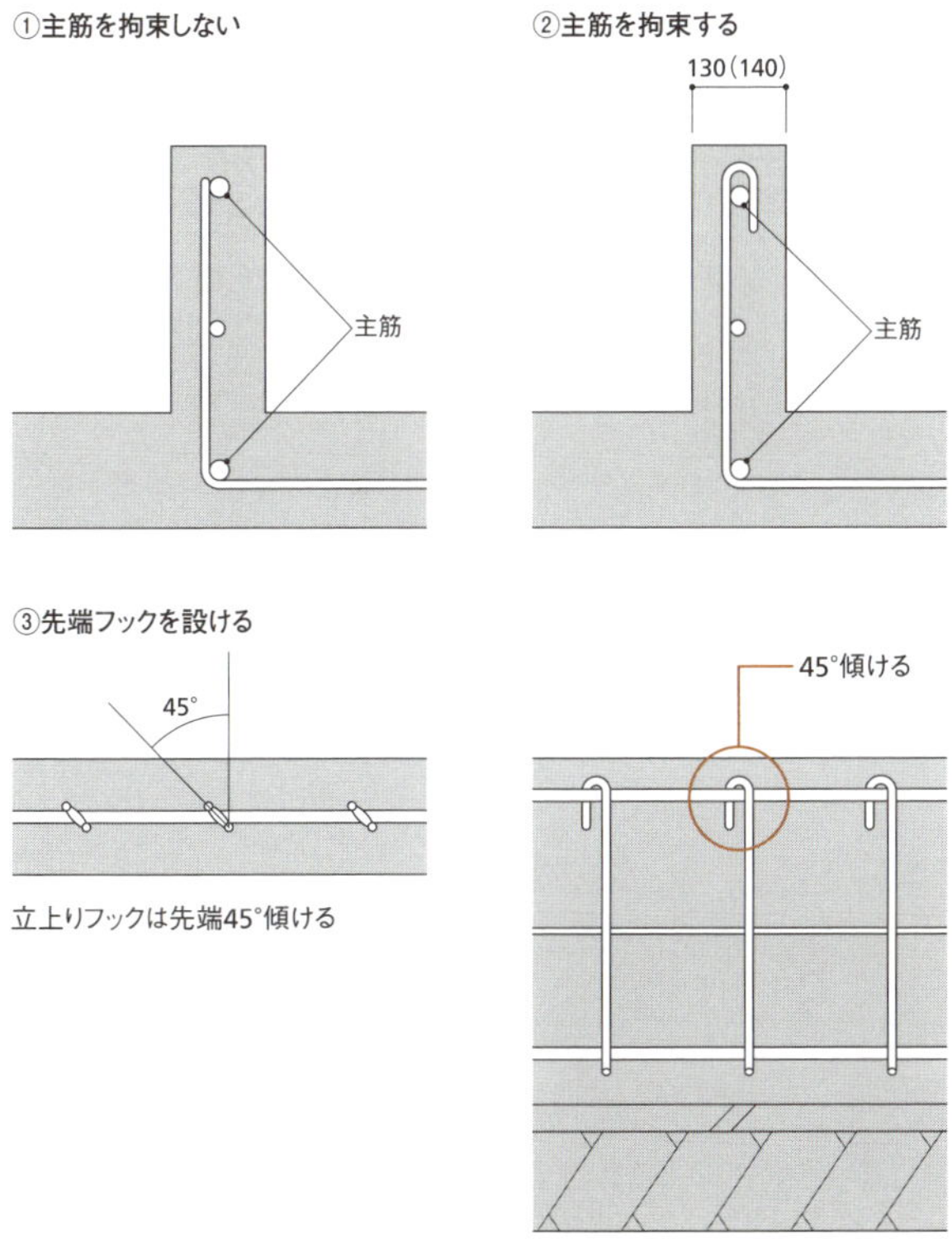

Topics

組立て鉄筋の特徴と設計の要点

フックとかぶり厚さの問題

　鉄筋のスターラップの端部には、強度を考えるとフックを設けることが望ましいが、この場所にフックを設けるとかぶり厚さが不足してしまう［図1］。ただし、建築基準法施行令第73条第1項によって、異形鉄筋の場合、フックを設けなくてもよいこととなっている。そのため、近年はフックを設けず、スターラップと主筋を溶接して、かぶり厚さを確保することが多くなっている［図3］。

　この手法を広めた要因の1つが、「組立て鉄筋」である。工場で事前に組まれた製品鉄筋である組立て鉄筋は、先の条項を満たしており、施工の簡略化や施工精度の向上といったニーズもあって、基礎の施工現場で急速に普及している。

「スーパーベース」の特徴

　初めて商品化された組立て鉄筋は「スーパーベース」（林精工）である［図2］。1984年に㈶日本建築センターにおいて、初めて組立て鉄筋の評価が行われ、スーパーベースが評価第1号となっている。評価内容は、①スポット溶接とフックとが同程度の付着強度を有し、②住宅金融支援機構の木造住宅工事仕様書の基礎と同等の強度が確保されている、というものであった。

　スーパーベースの特徴は、①スターラップ端部を主筋にスポット溶接し、フックを省略、②鉄筋加工をすべて工場で行っている、③立上り部分と底盤部分とを、自由に回転できるように連結しユニット化しているなどで、定尺でつくられたユニット間を、現場で継手鉄筋を添えて結合する。

　木造基礎の鉄筋工事は、専門職の鉄筋工が行わず、工事費の安い不慣れな鳶・土工などが、不適切な配筋工事を行うことが多かった。スーパーベースは、レベルの低かった基礎配筋工事のレベルアップに一定の貢献をした。その後、改良型の「ユニベース」（シラコ）や「ビックベース」（昭和産業）が世に出され、一気に組立て鉄筋が普及していった［表］。

溶接の考え方

組立て鉄筋の性能を左右するスターラップと主筋とを接合するスポット溶接は、主に機械製作において採用されている溶接方法が用いられており、スターラップと主筋を重ねておき、両端から電極で押し付けながら、

図1 スターラップ端部のフックとかぶり厚さ

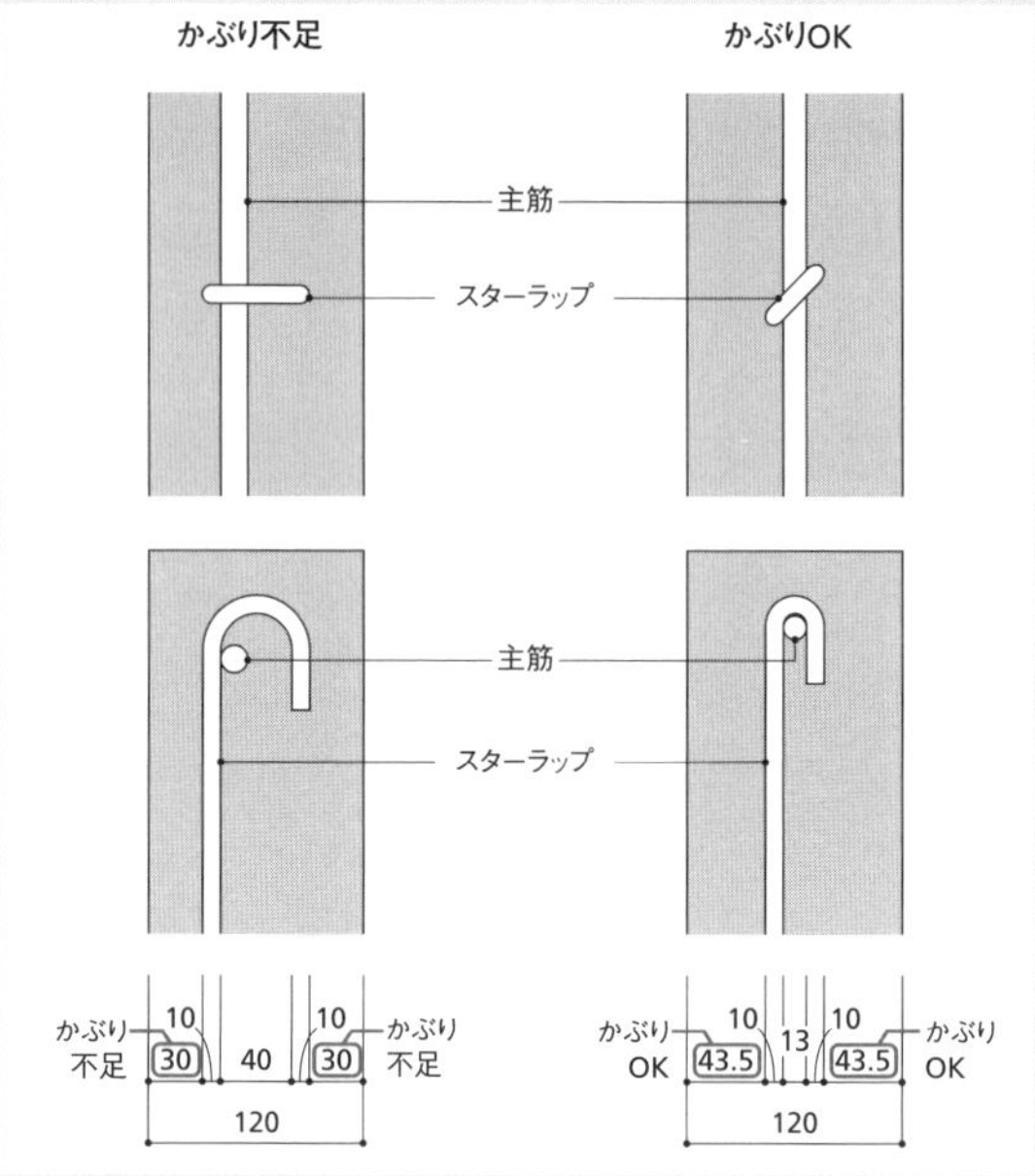

図2 スターラップと主筋を溶接する方法

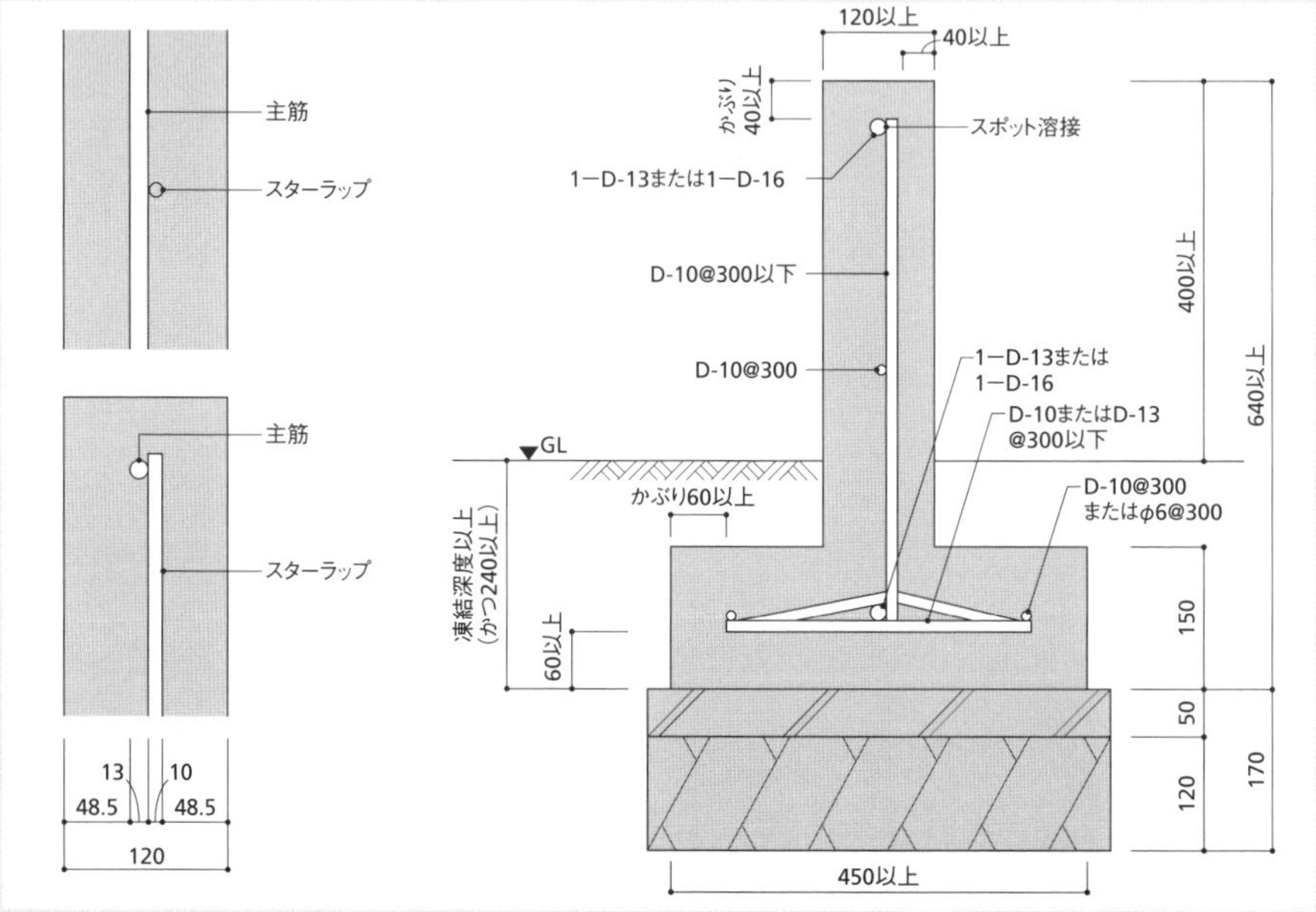

図3 べた基礎用のスーパーベースの仕様

適用範囲

スーパーベースを使用できる建築物
(イ)工法：木造(在来軸組構法・枠組壁工法)
(ロ)階数：2階以下
(ハ)地盤：長期許容地耐力20kN／m^2以上
(ニ)積雪量：垂直最深積雪量150㎝以下
(ホ)軸組壁倍率：5.0以下

鉄筋加工・その他

1. 鉄筋の折曲げ

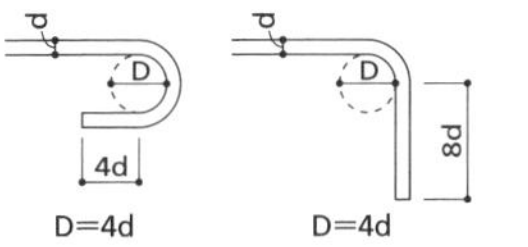

2. 定着・重ね継手長さ
45d以上

3. かぶり厚さ

立上り部分	地上部分	40以上
	土に接する部分	40以上
底盤部分		60以上

組立て鉄筋の配筋(外通り用)

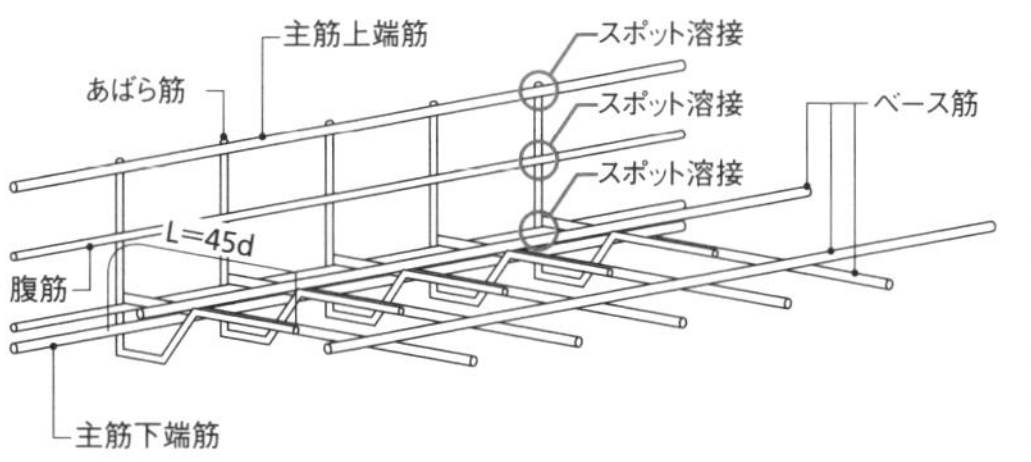

組立て鉄筋姿図(内通り図、S=1：10)

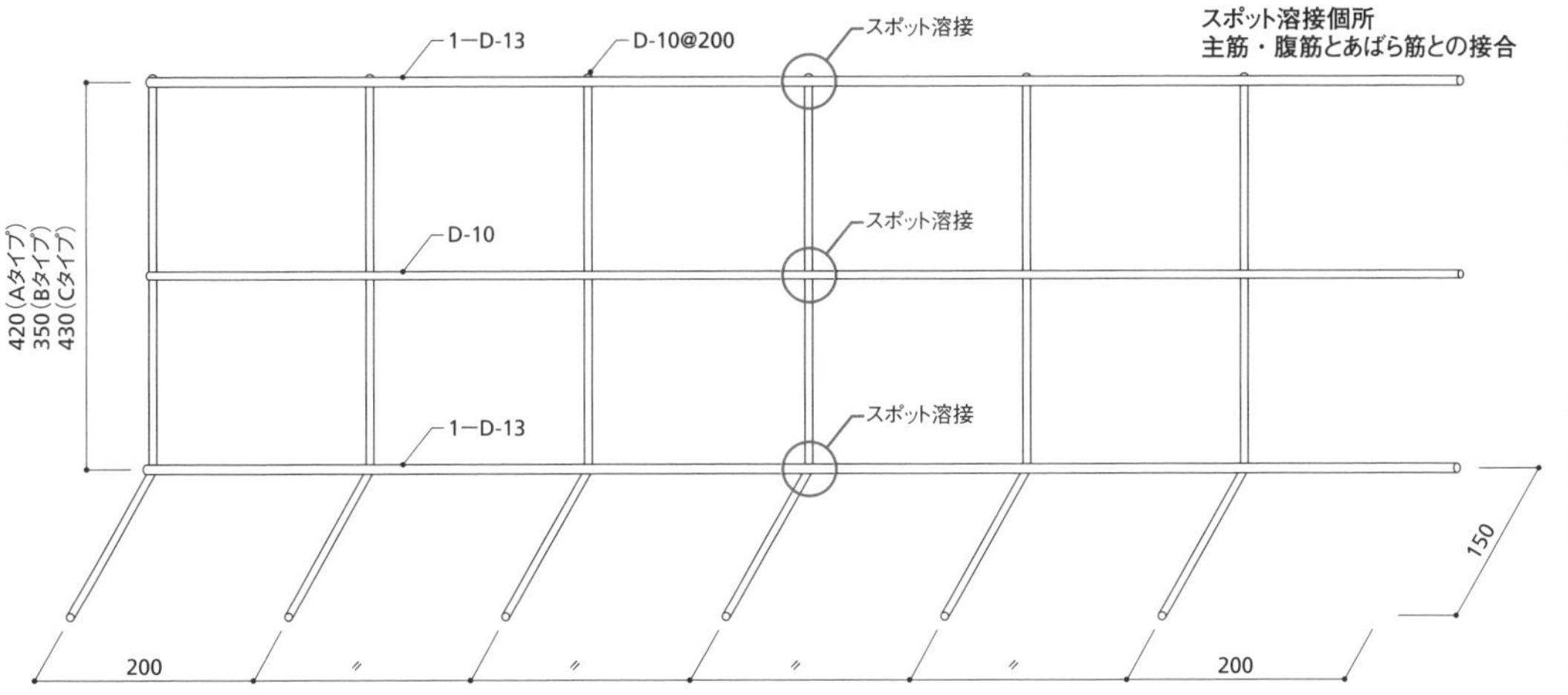

表 日本建築センター評定を取得した組立て鉄筋一覧(抜粋)

件名	申込者名	概要
ユニベース	シラコ	組立て鉄筋(布基礎、べた基礎立上り部分)
スーパーベース	林精工	〃
TSベース	テザック	〃
NEW・ベース	秋田新産線材	組立て鉄筋(布基礎)
エッチアイ・ベース	メークス	〃
ビックベース	昭和産業	組立て鉄筋(布基礎、べた基礎立上り部分)
ミレニアムベース	札幌山水	組立て鉄筋(補強筋考慮型)
創桐 住宅用ユニットプレ鉄筋	創桐	組立て鉄筋(布基礎、べた基礎立上り部分)
ユニット鉄筋「鉄ちゃん」	木下工業	〃

高圧電流を流し、電気抵抗熱によりスターラップと主筋の両方を溶け込ませて溶着する。溶接電流が高すぎると、電気抵抗熱が高くなりすぎ、鉄筋が融解し断面欠損が生じてしまう。溶接電流が低すぎると融解せず、うまく溶着しない。また、両側からの圧力が大きすぎると両鉄筋が凹みすぎ、圧力が小さいと溶着しない。溶接電流をストップした後、圧力を即座に解除すると鉄筋が変形するので、一定の時間を保持する必要がある。それらを管理するのは非常に難しいため、十分な経験が必要とされている。

スポット溶接個所のせん断強度は、おおむねスターラップの短期許容引張り力の1／3以上、2／3程度としている。これは、フック個所が付着強度の1／3程度を負担しているという考えにもとづいている。ただし、スポット溶接により、主筋がいわゆる焼入れ状態になっており、引張り力に対して脆性的な破断をするおそれがあることから、㈶日本建築センター評定取得品は、適正なスポット溶接条件が設定され、溶接後も、溶接前の母材の規格値（強度・伸び）以上となるように管理されている。

設計時では、立上り部（梁となる部分）の許容せん断力の計算には、スターラップを算入せず、コンクリート断面のみで計算する。つまり、スターラップは余力としておくことになる。ただし、180°フックを設けたスターラップを用いた場合や、スポット溶接のせん断強度をスターラップ母材の引張り強度以上とした場合（溶接部では破断しないこと）は、算入してもよいこととなっている。

[佐久間順三]

監理 ②

基礎型枠工事のポイント

木造建物の基礎における型枠工事は、配筋の後、一般のRC造などと同様、図1のような工程で進行する。ここでは、打継ぎを行わない一体型基礎と、打継ぎを行う（2回打ち）基礎［図2］の施工ポイントについて述べる。

一体型基礎施工の難しさ

ベース（基礎）コンクリートと立上りコンクリート打設を1回で施工する一体型基礎が近年増えてきている。確かにコンクリート打設回数を1回にすることで、ポンプ車の手配、打設手間も1回で済ますことができるし、コストもより抑えられるだろう。また、ほかのRC、S造と違い、木造建物の基礎は図3に示すような複雑な力を受けるため、構造的なことだけを考えるとするなら、できればベースコンクリートと立上りコンクリートは一体にしたい。

しかし、厄介なのは吊り型枠の施工である。吊り型枠は浮いているため、基礎の天端レベルが決まりにくく、打設状況によっては水平方向にも移動してしまう。しかも、この移動が後にアンカーボルトやホールダウン金物の位置ズレを引き起こす。

図1 型枠工事の流れ

配筋

↓

①型枠の建て込み

片面よりせき板を立て、パッキンなどでレベルを調整しながらコンクリート釘などで打ち込む

↓

②セパレータを差し込む

セパレータを差し込み、フォームタイで締め付ける。その後、もう一方のパネルを建て、フォームタイを締めて鋼管でパネル同士を緊結する。隅部でセパレータが使えない場合は角締め（チェーンやターンバックルを用いて補強すること）を行う

↓

③通りを出す

建て込み後、肩上（通り芯の上）に水糸を張って通りを出す

↓

コンクリート打設

また、型枠の上下方向の移動はレベル墨の移動となり、レベラーなどを墨通りに流し込むとレベル差がかなり生じる。かといってコンクリートを打設した後にレベル墨を出そうとしてもコンクリートが固まらないことには不可能であり、逆にコンクリートが固まってからではレベラーの接着力が弱くなるので問題である。

実際のところ監理者としては、移動しないように型枠の固定を指示するのが精一杯で、施工が困難なうえに精度も悪くなる工法である。このような施工精度に関する問題は、特に夏季にたくさん発生する。

このような状況では、モルタルによる天端均しも有効である。布基礎・べた基礎、いずれも型枠を取り外し、内部を整地、転圧した後、天端に定規を固定して金ゴテで水平に均す。

また、セルフレベリング剤を流し込んで、天端均しをすることも多い。この場合は、型枠がある状態で施工を行うのが望ましい。まず、型枠の継手部分に隙間があるかどうかを確認し、ある場合はシーリング処理を施す。その後、鋼製型枠の場合、マグネットを型枠内に調整して設置し、マグネットの下端に合わせてセルフレベリング剤を流し込む。その際、天端のゴミやレイタンスなどを除去してから流し込むようにする。

これらの方法をよく考え、施工業者と知恵を出し合いながら現場監理につとめていきたい。

2回打ち施工の注意

一方、ベースコンクリートと立上りコンクリートを分けて打継ぎを行う2回打ち基礎の場合は、1回打ちに比べて、型枠の形状が単純で、施工もやりやすい。

まず、ベースコンクリート枠を組み立て、天端の墨を出してから生コンを打設する。ベースコンクリートの高さ精度は、後の型枠組立て精度に大きく影響するので注意が必要だ。

その後、配管スリーブを傷めないようベース部分の型枠をはずし、ベースの上に立上り型枠の面墨を出す。そして立上り部分の枠を組み、コンクリートを打設する。

図2 一体型基礎と打継ぎ基礎

①一体型基礎

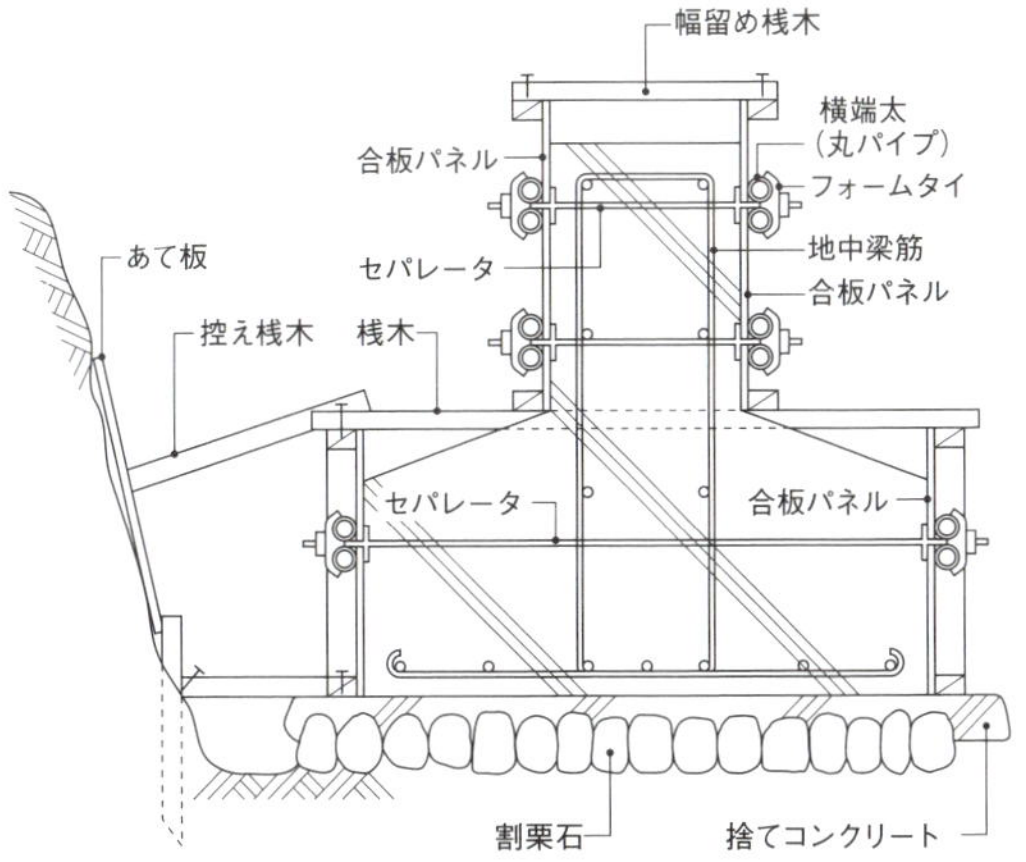

一体型基礎は、近年増えてきている方法で、手間やコストを抑えられるだけでなく構造上も望ましいが、吊り型枠の施工を行う際には、天端レベルが決まりにくいため施工精度に問題が起こりやすい。型枠の固定に注意が必要である。一方の打継ぎ基礎（2回打ち基礎）は、型枠の形状が単純であり施工性が高い

②打継ぎ基礎（2回打ち基礎）

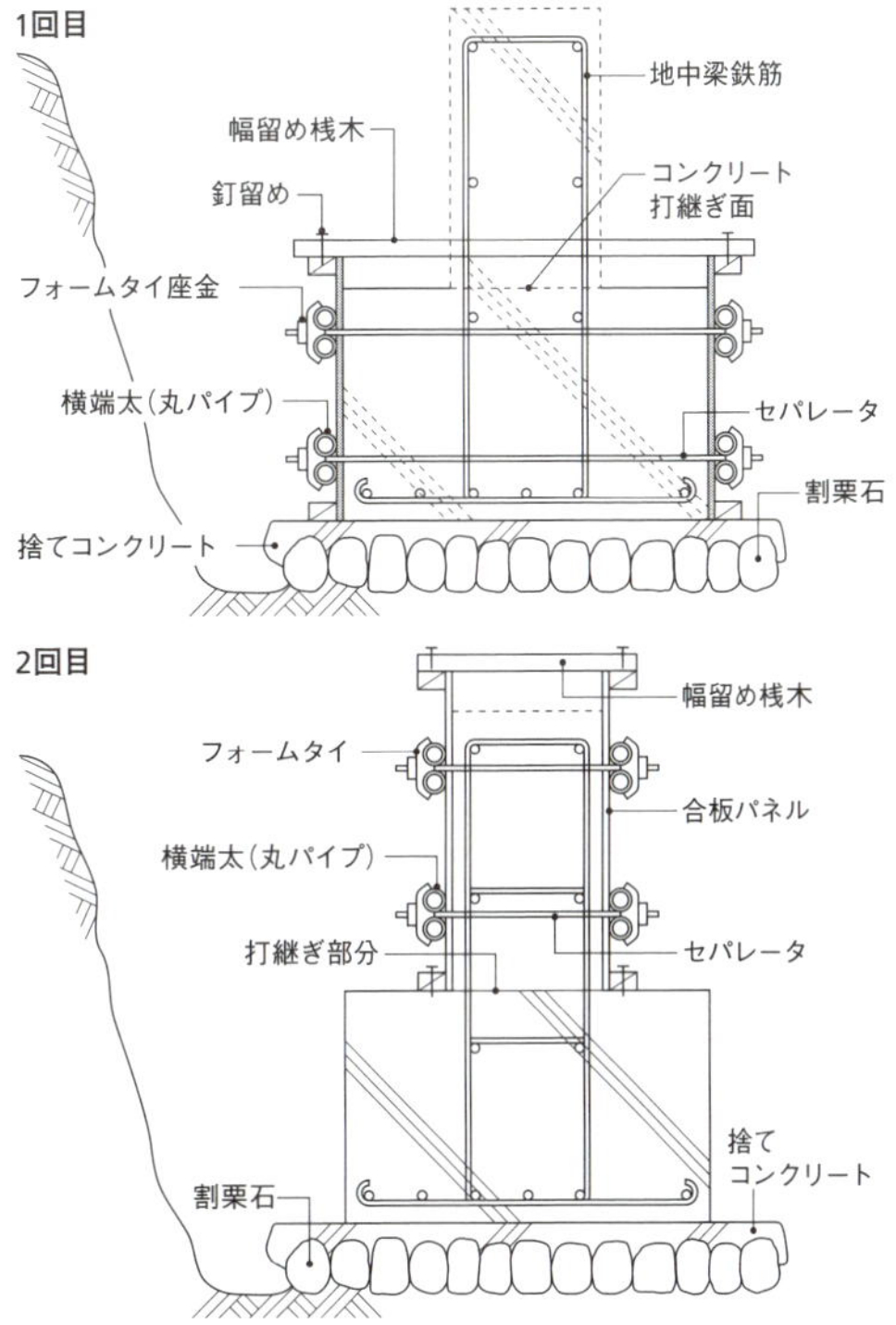

しかし前述したように、鉄筋の是正を行ってから型枠の施工を行うのが基本であり、ベースコンクリートから立上がっている竪筋を修正しようとしても、型枠を建て込んだ後では型枠が移動してしまいやすく、施工精度が悪くなることを理解しておきたい。

また、施工時には、打継ぎ面が汚れやすいので、清掃を特に注意して行わなくてはならない。

出隅・入隅部分の処理

そのほか出隅、入隅部分では主筋の定着が不足する。一般的に図4の矢印で示すようにコンクリートを破壊するほどの力が働くとされるが、筆者の経験ではそれほど大きな破壊力を発生させるものとは感じていない。

ただ、このような場合においては、主筋を基礎幅の中心に施工しておけば問題はない。RCラーメン構造のようなフレームであれば対策が必要であるとされるが、木造建物の基礎では、せいぜい図4に示すように、補強コンクリート程度を打てば十分だろう。［水野政博］

図3 打継ぎ部分にかかる力の流れ

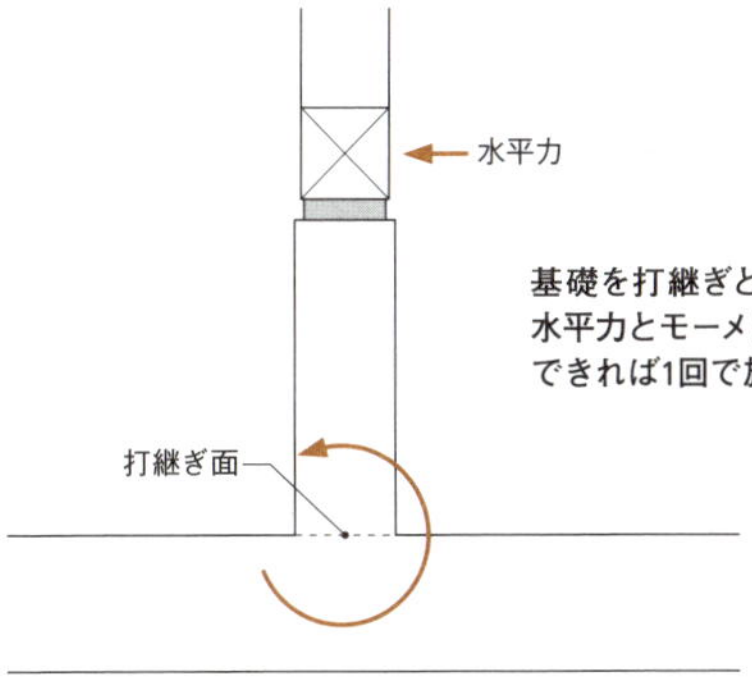

基礎を打継ぎとすると、図のように水平力とモーメントが作用するので、できれば1回で施工したい

図4 入隅部分にかかる力の流れと処理

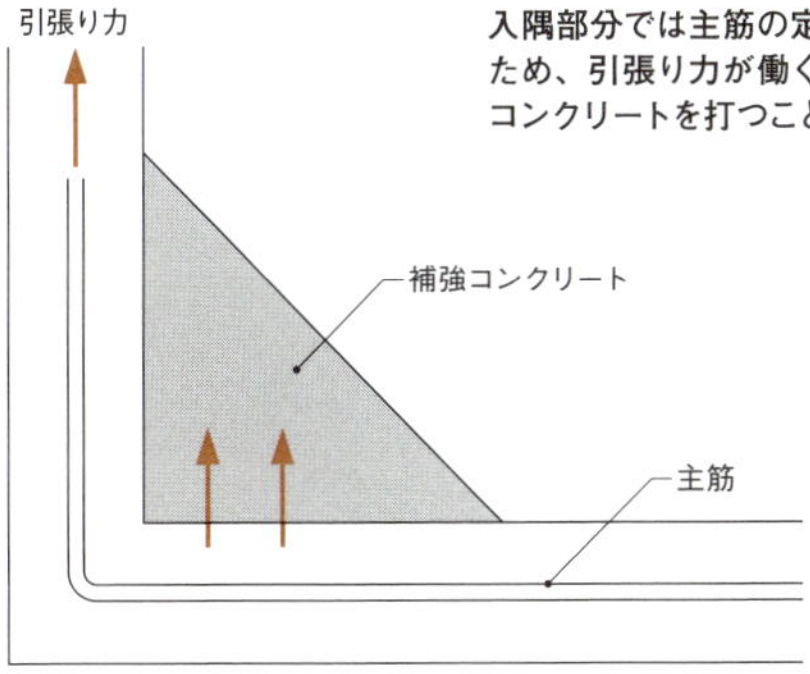

入隅部分では主筋の定着が不足するため、引張り力が働く。よって補強コンクリートを打つことがある

監理③

コンクリート打設と養生監理

コンクリートについては以前、塩分を含んだ欠陥コンクリートの問題などがメディアなどで報道され、一般の人は大きな関心と恐怖感を抱いたが、現場の意識は、ＪＡＳＳ５の改正などがあったものの、ほとんど変化が見られない。設計者としても、「現場で加水してはいけない」程度のことは知っていても、おおむね知識不足である。生コンメーカーが、住宅系の設計者に関心が向いていないせいもあるが、設計者もコンクリート監理に対して怠けている状況があるためだろう。以下に、コンクリートを扱ううえでの必要な知識を紹介する。

コンクリート発注の注意点

図1に、監理者から見たコンクリートの発注手順を示す。

図1①コンクリート配合報告書には主にコンクリートの種類、呼び強度、指定スランプ、空気量、セメント・骨材・混和材料の種類、水セメント比、単位水量、単位セメント量などが記される。呼び強度とは、コンクリートの品質基準強度に温度補正値を加えた強度、またはそれ以上の強度であり、ＪＩＳ規格のなかから選択した数値のことで、発注する強度になる。

近年、その設計強度と実際に使用するコンクリート強度が異なっている場合が多い。ＪＡＳＳ５によれば、実際に使用するコンクリートは設計強度＋3（N／㎟）となっている［**表1**］。このことは監理者は知っているだろうが、施工業者には知らない人も多いようだ。あるいは、コストの関係から、3N／㎟強い強度のコンクリートを使用する必要がないと判断しているのかもしれないが、良質なコンクリートのためには考慮すべき事項である。

次に注意することは単位水量である。これはコンクリートに含まれる水量のことで、水分が少ないほど強度が上がるが、逆に施工性が悪くなる。コンクリート強度が24N／㎟以上のときは、問題が起きることはあまりないが、それ以下の強度でスランプの大きいコンクリートだと、単位水量が185kg／㎥を超えることがある。これを抑えるために、ただ単位水量を下げるためであれば、ＡＥ減水剤を使用するのも1つの方法である。ＡＥ減水剤はコンクリートのなかに細かな気泡を混入させたり、練り混ぜる水量を少なくさせたりする液状の混和剤で、施工性と耐久性を上げる。ＡＥ減水剤のなかには高性能ＡＥ減水剤と呼ばれる性能の高いものがあるが、コストがかかるので採用するかどうかの判断は難しいところである。

コンクリートの発注は、温度補正により強度の変化や、打設する職人さんの人数、また、季節によって発注スランプ値を変えることもあるなど、考慮する点が多い。さまざまなポイントに留意しながら計画を行いたい。

例として、構造体コンクリートの強度監理の材齢を28日とした場合の、打込みから28日までの予想平均気温にもとづいた、強度補正値を**表2**に示す。

生コンメーカーとのつき合い方

図1②（生コンメーカーとの確認作業）では特に注意が必要である。私たち監理者がまじめに業務を遂行しようとすれば、生コンメーカーにとっては自ずと負担になるわけで、現場で急にシビアな監理を行うとトラブルが発生してしまう。したがって、前もってメ

図1 コンクリートの発注手順

①コンクリート配合報告書の提出

コンクリートの種類、呼び強度、指定スランプ、空気量、セメント・骨材・混和材料の種類、水セメント比、単位水量、単位セメント量などを記した配合報告書を生コンメーカーが現場に提出

↓

②生コンメーカーとの確認作業

監理者と生コンメーカーの打ち合わせを行う。具体的には現場受入れ検査（JIS）の方法の再確認を行い、監理内容をメーカー側に説明することで、現場でのミスやトラブルを防ぐ

↓

③コンクリート量に対する配車計画

コンクリート量、打設スピード、生コン工場と現場との距離などを勘案し、適切な配車計画を行う

↓

発注

表1 JASS5によるコンクリート品質基準強度

■コンクリートの耐久性

JASS5では、大規模な補修を不要とすることが予定される期間（計画供用期間）の級を4段階に分けている。計画供用期間の級は特記によるものとし、これらの級の差は、使用するコンクリートの圧縮強度によって実現できるものと考え、コンクリートの耐久設計基準強度の設定によってこの差が指定できるような手法を採用している

計画供用期間の級	計画供用期間※1	供用限界期間※2	耐久設計基準強度
短期	およそ30年	およそ65年	18N／㎟
標準	およそ65年	およそ100年	24N／㎟
長期	およそ100年	およそ200年	30N／㎟
超長期	およそ200年	—	36N／㎟

※1 計画供用期間：構造体の大規模補修を必要としないことが予定できる期間
※2 供用限界期間：継続使用のためには構造体の大規模な修繕が必要になることが予想される期間

■品質基準強度

コンクリートの耐久性を圧縮強度で区分するという手法によれば、構造設計で確保すべき所要の強度（設計基準強度）と、耐久設計で確保すべき所要の耐久性とが、調合強度に一元化できることになる

- 耐久設計で確保すべき所要の強度のことを「耐久設計基準強度（Fd）」と呼ぶ
- 計画調合を定める際には、設計基準強度（Fc）および耐久設計基準強度（Fd）の両者を満足するような強度をとして「品質基準強度（Fq）」を定めている

品質基準強度（Fq）＝「設計基準強度（Fc）＋△F」
「耐久設計基準強度（Fd）＋△F」　いずれか大きな値を採用

しかし現時点では、計画供用期間あるいは耐久設計基準強度（Fd）を特記で定めている事例は少ない。計画供用期間あるいは耐久設計基準強度（Fd）が特記されていない場合、以下のようにしてもよい

Fc＋△F＝Fq

■△F

構造体中で発現している強度と供試体の強度との差を考慮して定めた割増値。特記がなければ下記の値を取るのが標準である

△F＝3N／㎟

- 一方、大阪・兵庫地域の実情を考慮すると、海砂・砕石の使用といった事情や統一配合を採用していることもあって全国的に見てもセメント量の多い調合である。また、打設時期によっては気温補正値の加算もされ、単位セメント量がますます多くなり、コンクリートへの悪影響が考えられる。これらを考慮して、工事管理者と十分協議し△F＝0とする選択も場合によっては可能と考えられる

表2 コンクリート強度の補正値Tの標準値

セメントの種類	コンクリートの打込みから28日までの期間の予想平均気温の範囲（℃）		
早強ポルトランドセメント	15以上	5以上15未満	2以上5未満
普通ポルトランドセメント	16以上	8以上16未満	3以上8未満
フライアッシュセメントB種	16以上	10以上16未満	5以上10未満
高炉セメントB種	17以上	18以上17未満	10以上13未満
コンクリート強度の気温による補正値T（N／㎟）	0	3	6

構造体コンクリートの強度管理の材齢を28日とした場合の、コンクリートの打込みから28日までの予想平均気温によるコンクリート強度の補正値を示している

ーカー側に監理内容を伝えておく必要がある。本来はこのこと自体がおかしいことであるが、そうでないと、最悪の場合、打設途中で生コンの供給を止められてしまうことにもなるため、十分にコミュニケーションをとっておくことが肝要である。

具体的には、現場受入れ検査の方法（JIS規定）の確認をする。受入れ検査については後述するが、数年前検査方法が少し変わったせいもあるのだろうが、生コンメーカー試験室のなかには、JISで規定されている検査方法を正しく理解していない人がときどき見受けられる。スランプ値などは検査員の技術次第でいくらでも値が変わってしまう。ただスランプ値については、慣れてくれば生コン車のシュートを流れるコンクリートを見るだけで、おおよその値が分かるようになる。メーカーに任せきりではなく、監理者として検査員を指導、教育するためにも、理解しておきたい項目である。

図1③は現場監督の技量で決まる。これは、コンクリートの打設スピードを考え現場に納入する生コン車の配車計画を立てることであるが、仮に必要とするコンクリートが生コン車10台分であるとすると、1度にすべてのコンクリートが現場に到着したら、夏季ならば確実に時間オーバーになる。さすがにこれは大げさな話だが、実際の現場ではこれによく似た現象がよく起こるのである。生コンメーカーとの打ち合わせを綿密に行うことが重要だ。

現場受入れ検査の問題点

コンクリートは、受入れ検査を必ず行う。まず、工事開始前に配合報告書によって、そして打設当日には納入される生コンの納入書および、受入れ検査用供試体を採取して確認を行う。し

かし、現場監理に熱心な方は知っていることと思うが、コンクリートの現場受入検査員のほとんどは生コンを供給している生コンメーカーである。現場監督はその検査を見届けているだけである。これでは、第三者検査が基本の現場で、生コンメーカーが自主検査を行っているに過ぎず、よいこととは思えない。しかし、実際の現場で第三者試験を行うことは容易ではない。

そこで、監理者自身が検査を行うことがいちばんよい方法だと考え、筆者はコンクリート現場試験技能者（㈶日本建築総合試験所）の資格を取得し、現場受入れ検査を自ら行っている。受入れ検査には**写真1**に示すような種類の道具を用いている。

ところが、監理者自ら検査を行ったうえでの問題もある。何台も来る生コン車のなかから任意に検査しようとすると、制止されたり、ひどいときは、自社の検査員でないから検査結果がNGでも認めないと言ってのけた生コンメーカーもあった。これが現実であり、厳密な監理を目指すのはなかなか難しい。

アンカーボルトは先付けする

コンクリート工事にはアンカーボルトの固定が絡んでくる。アンカーボルト（ホールダウン金物用のアンカーボルトも含め）の配置は生コン打設前に必ず先付け設置する。

配置方法がいわゆる「田植え形式」（コンクリート打設しながら、あるいは直後に、底面に差金や大引の取付け金物を埋め込んでいくこと）であると、アンカーボルトとコンクリートとの付着の問題も発生するほか、設置忘れや、設置位置のズレが大きな問題となる。型枠に付けた印がコンクリート打設の際に消えてしまい、芯の上に埋め込むことは難しく、施工精度がかなり悪くなる。また、内部に入れず位置の確認がしづらいことから、間仕切部分などはチェックができなかったりする。したがって、所定長さの確保や正確なレベル出しのためにも、打設前の配置が大切だ［**写真2**］。

その際、アンカーセットは鉄筋には結束線で固定させる。鉄筋と溶接して固定する方法は鉄筋材質や溶接方法に制約が生じるし、安易に溶接を行うと溶接された部分が極端に弱くなる。そこで筆者は、職人と一緒にアンカーセットをすることをお勧めしたい。アンカーセットの難しさを体験することで、施工精度が悪いと施工業者に文句を言うだけではなく、アンカーボルトのズレを考慮した設計、施工、工法を考えていくこともできるだろう。

打設時のチェック項目

続いてコンクリート打設である［**写真3～5**］。筆者は常に打設の現場に立ち会うことを心がけている。この

写真1 受入れ検査に用いる道具類

重量、スランプ、水セメント比、塩化物イオンなどを測定する

写真2 アンカーボルトの設置

アンカーボルトは打設前に必ず設置する。そうでないと位置のズレや設置忘れを引き起こす

表3 生コンテストピース採取基準

		打設数量150㎡ごとに1セット(3本)採取			供試体試験機関
(JISによる)プラント側責任	製造管理検査用必須検査(4週強度確認)	プラントが出荷している種類ごとに工場出荷時に1台の生コン車から1セット採取			生コン工場の試験室
(仕様書による)ゼネコン側責任	受入れ検査用必須検査(4週強度確認)	打設現場の生コンが注文通りの生コンであるか確認するために、1台の生コン車から1セット採取			生コン工場の試験室ほか
	構造体検査用	別々の生コン車から1本ずつ採取			
		1回目30㎡ごろ	2回目80㎡ごろ	3回目130㎡ごろ	—
	任意検査(型枠解体確認用)	1本	1本	1本	試験室ほか
	任意検査(1週強度確認用)	1本	1本	1本	
	必須検査(4週強度確認用)	1本	1本	1本	公的試験機関
		1セット	1セット	1セット	

参考文献：『コンクリートの品質・施工管理』（井上書院刊）

際、もちろん、アンカーボルトの配置をチェックしたり、締固めを行うなど、コンクリートの打設状況を監理するためであるが、配筋検査時に指示した内容が是正されているか、鉄筋洗い、打設場所の清掃状態を見るためでもある。

また、コンクリート打設は打設当日の天候によって大きく左右される。一般的には小雨程度であれば、その後の天候も考慮すると判断が困難なところではあるが行われることが多い。その際現場はもちろん、搬入される生コンに雨水が加わったりするため、注意が必要である。水分を多く含んだ骨材が使用されるので、当然スランプ値は大きくなる。そのときは生コンメーカーに水を「絞る（水量を少なくする）」ように指示を行う。また、呼び強度でワンランク上のコンクリートを打設する、天端を高くするなどの処置をとることもある。表面に雨水が溜まるようなときは、ウエスやスポンジで排水をしたり、雨水を流す勾配を設ける場合もある。

豪雨時には当然コンクリート打設は中止される。表面を養生し、コンクリート上に水が溜まらないよう配慮する。

また、打設途中でアクシデントがあれば生コンメーカーと連絡をとり、迅速に対処するのは当然のことである。

コンクリートの養生方法は地域、季節によって異なるが、最低でも4～6日間の期間を取りたい。そうでないと硬化が不十分になり好ましくないため、無理のない行程を組む。

また、特殊な地域を除いてシート養生でよいだろう。筆者は冬季であっても、シート養生を適切に行えば問題はないと考えているが、寒冷地においては特別な配慮が必要である。

テストピースの採取方法

現場では、コンクリートのテストピース採取、テストピースの養生方法、強度試験場所を確認する。これらの内容は打ち合わせの時に決定している事項ではあるが、再度、受入れ検査員と確認したほうがよい。

現場監督はコンクリートのプロではないので監理者の意図が正確に伝わっていない場合が多々あるし、テストピースの数量は、現場の工程などの変更に伴って変える必要がある。

テストピースの採取方法と数量であるが、一般的には、1台の生コン車から6個のテストピース（150㎡未満）が採取される［写真6］。しかし、構造体コンクリートの圧縮強度の検査は、JASS5によれば、打込み工区ごと、かつ150㎡またはその端数ごとに1回行う。そのための供試体は、1バッチまたは1台の運搬車からまとめて3個採取するのではなく、適当な間隔をあけた任意の3バッチまたは3台の運搬車から1個ずつ、合計3個採取するものとする、という原則があり、これが一般的に行われているテストピース

写真3 打設の様子

天候を考慮することが重要である

写真4 コンクリートの流し込み

打設スピードを考えた打設計画を実施する

写真5 打設後の作業

差し筋位置の修正、鉄筋や型枠パイプに付いたコンクリートの清掃などである

写真6 テストピースの採取

打込み工区ごと、かつ150㎡またはその端数ごとに1回行う

図2 テストピースへのコンクリート採取方法（令第74条・平12建告1462号、JASS 5T-603より）

■**採取手順**

①コンクリートミキサー車のシュートからバケツでコンクリートを採取し、ハンドスコップで軽くかき混ぜる
②型枠の半分にコンクリートを入れる（1層目）
③突き棒で均等に8回コンクリートを突き、木槌で型枠の側面を軽く叩く。再び、型枠の縁よりやや上になるくらいの量を型枠に入れる（2層目）
④1層目に突き棒が1〜2cmくらい入るよう、均等に8回コンクリートを突く
⑤突き棒の穴がなくなるように型枠の側面を木槌で軽く叩く
⑥型枠用の蓋をし、保管する

備考

①供試体はJIS A 1132（コンクリートの強度試験用供試体のつくり方）によって作製する
②建築用のコンクリートでは、粗骨材の最大寸法が、25mm以下が一般的なので、供試体は直径10cm、高さ20cmの円柱形が用いられるマスコンクリートなどで用いることのある、最大寸法が40mmの粗骨材の場合は、直径12.5cm、高さ25cmまたは直径15cm、高さ30cmの供試体とする

シリンダー型枠へコンクリートを詰める

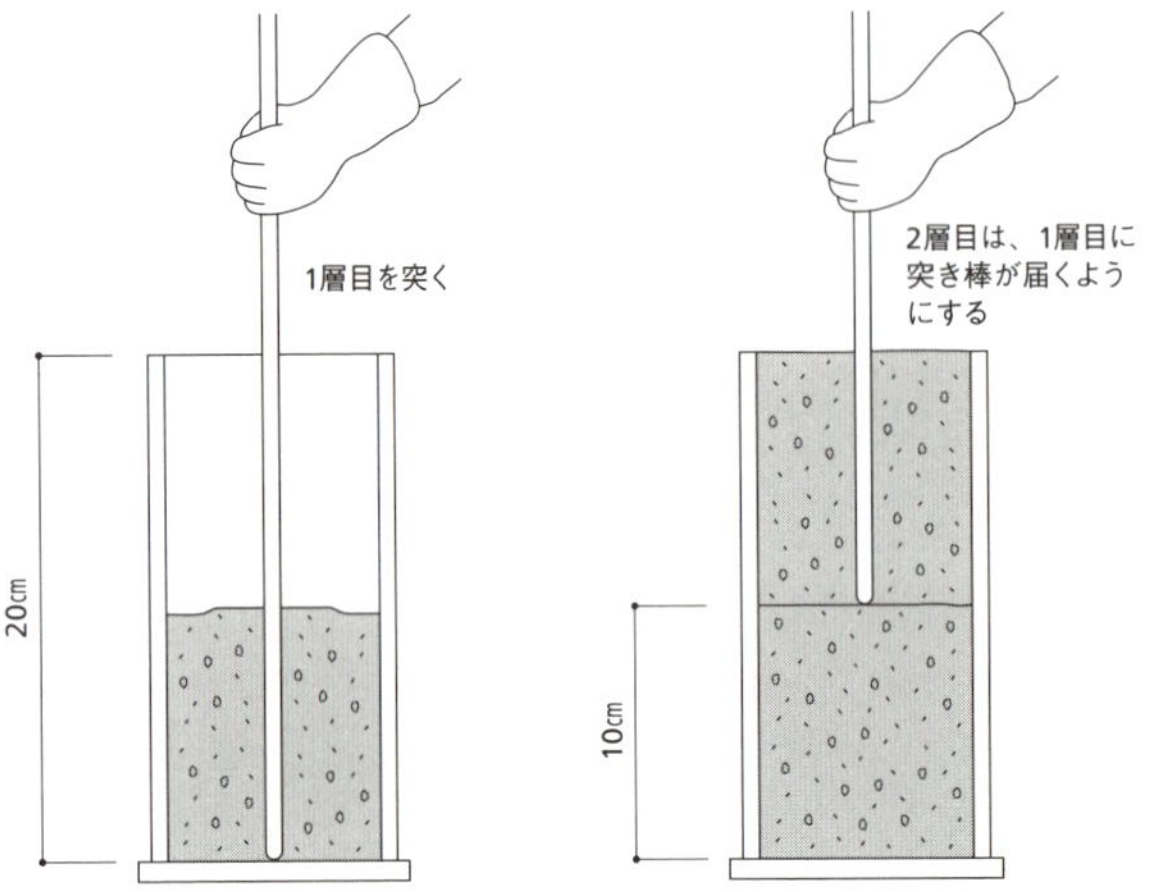

各層とも8回ずつ突き棒で突く
（分離ぎみの場合は4回程度）

符せん（検印）の位置

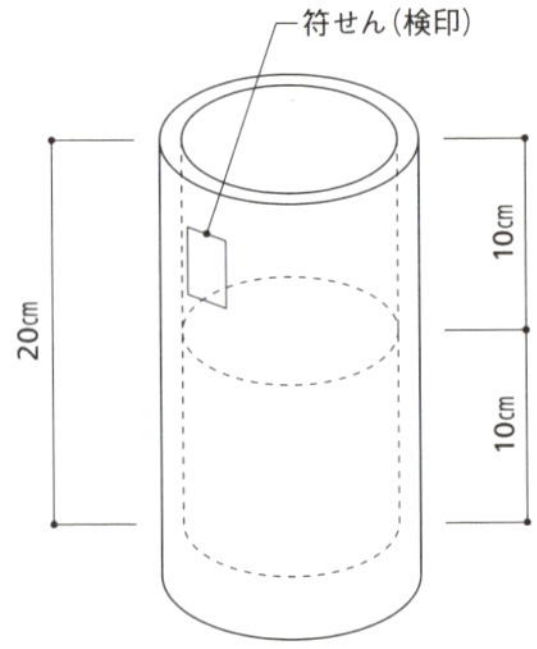

符せんは、障子紙程度の厚さの和紙が適する。大きさは3×2㎝程度がよい。工事名、打設日、打設部位、ロット番号、責任者名などを記入する

採取と大きく違った部分である［160頁表3］。

しかし、筆者の経験では、この原則を行おうとしても施工会社には同意が得られず、やむなく筆者自身で任意のテストピースを採取せざるを得ないケースもある。JISにもとづき採取したつもりでも、クレームがついてその結果を受け入れられなかったりもしたので、このやり方がいつもうまくいくとは限らない。

テストピース6個の内訳は、1週強度試験用の3個と4週強度試験用の3個である。しかし、現場の工程上、どうしても脱型まで定められた日数を待つことができない場合は、コンクリート強度を測定してから脱型することができる。もちろん規定以上の強度がある場合であるが、そのためのテストピースを余分に採取する必要がある。また、木造建物の基礎では、土台の施工がコンクリート打設日から数日経ってから行われる場合があり、アンカーボルトの定着などが不安になるため、常にコンクリート強度を測定し、確認する必要がある。したがって、現場の進行状況を現場監督と話し合い、テストピースの数量を決定するようにしたい。図2にテストピースの採取方法を示す。

現場水中養生と標準水中養生

テストピースの養生方法は、管理材齢が28日以下は水中養生とし、現場水中養生（現場で外気温による水温で行う養生）が標準だが、生コンメーカーと現場が離れている場合、メーカーが標準水中養生（メーカーの水槽で行う養生で、水温は20±3℃）を行ってしまうことがある。完了検査書類で標準水中養生されたコンクリート強度試験結果を提出することになって困った経験のある方もいるかと思うが、標準水中養生だと、コンクリート強度が現場水中養生に比べて高い値になるのは当然のことで、これは現場のコンクリートを監理していることにはならない。

標準水中養生は生コンメーカーの品質管理のための方法で、実際に現場に打設されたコンクリートの品質管理とは意味が異なる。養生方法の異なったコンクリート強度は参考程度にはなるものの、実際の強度とは異なるので、十分に注意したい。

ただし、薄いスラブのようなボリュームの小さいコンクリートは現場空中養生としてもよいだろう。しかし、これも検査機関がどのように扱うか協議が必要となるので留意する。

［水野政博］

Topics

コンクリートの中性化の仕組みと防止法

中性化と基礎の耐久性

　基礎の耐久性の重要な要素の1つは、コンクリートの中性化防止である。コンクリートは通常PH12〜13の強アルカリ性であるが、大気中の二酸化炭素に触れることによってコンクリートの表面から中性化が進行していく。

　鉄筋はアルカリ性のコンクリートのなかでは発錆（酸化）しないが、中性化されたコンクリートのなかでは水に溶け込んだ酸素によって発錆する。発錆によって鉄筋の体積は数倍に膨張し、膨張した鉄筋はコンクリートを壊し、クラックを発生させる。1度クラックが発生すると、コンクリートの劣化が促進され、耐久性が著しく低下する。

　中性化の進行を予測する式としては、浜田式（中性化深さ＝√［経過年数／7.2］）があるが、実際の建築物では整合しないことが多い。工場生産によってスランプ値が低く強度の高いプレキャストコンクリートは、ほとんど中性化しないことがコンクリート系プレハブ住宅メーカーの調査で明らかとなっている。

　また、コンクリートは大気中の二酸化炭素と接して中性化するので、室外側より二酸化炭素濃度の高い（人などがいるため）室内側のほうが中性化は早い。同じ理由で、ストーブやガスレンジの近傍のコンクリートは中性化が早い。

中性化を防ぐ

　中性化を防止する簡便な方法は、基礎の表面にモルタルを塗ることである。モルタルを塗ってコンクリートが大気と直接触れないようにすれば、中性化はかなり防止できる［写真①・②］。中性化を抑制する塗布剤もあるが、一般的には使用されていない。もちろん、中性化の進行を見越して鉄筋のかぶり厚さを十分に確保すれば、錆の発生を防ぐことができる［写真③・④］。

　なお、鉄筋のかぶり厚さは、建築基準法施行令と建築工事標準仕様書ＪＡＳＳ５とでは値が異なっている［164頁表］。ＲＣ造建築物は通常ＪＡＳＳ５に準拠して設計されるが、木造住宅用基礎では通常、建築基準法施行令に準拠して工事が行われている。

中性化とコンクリート強度

　中性化とコンクリート強度との関係については、いまだ不明な部分が多いが、直接的な関係は少ないと言われている。ただし、中性化が極端に進行しているコンクリートは、なんらかの施工ミスが存在すると予測されるので、結果として強度が低下している可能性が高い。

　強度については、捨てコンク

写真　既存学校建築鉄筋コンクリート壁部の中性化試験（外壁モルタル仕上げ、内壁打放し仕上げ）

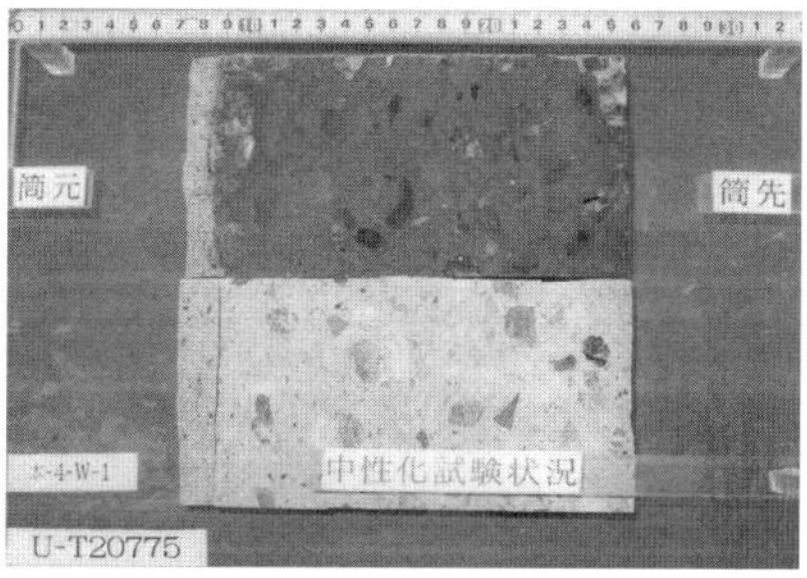

①無筋部分のサンプルB。左側のモルタル部分は全面中性化しているが、コンクリート面は中性化していない。右側はモルタル仕上げがないが、パイプスペースに面しているため、二酸化炭素が少ないのか、コンクリートは中性化していない

②無筋部分のサンプルA。左側のモルタル部分は10mm程度中性化（発色していない部分）しているが、コンクリート面は中性化していない。右側はモルタル仕上げがないために、コンクリートが15mmほど中性化している

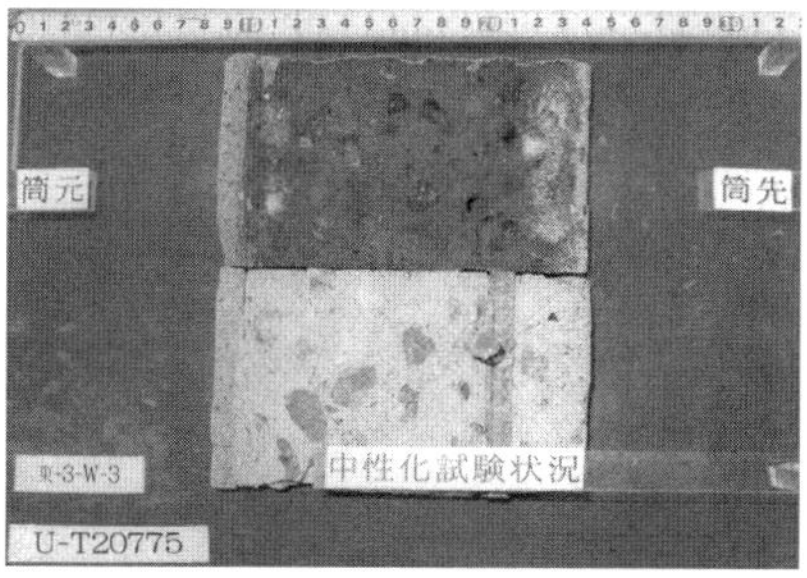

③鉄筋が通っている部分のサンプルA。左側のモルタル部分は全面中性化しているが、コンクリートには達していない。右側はモルタル仕上げがないため、20mm程度コンクリートが中性化している。しかし、鉄筋のかぶり厚さが30mmほど確保されていたため、錆は発生していない

④鉄筋が通っている部分のサンプルB。左側のモルタルの表面は中性化しているが、コンクリートには達していない。右側はモルタル仕上げがないため、コンクリートが40mmほど中性化している。鉄筋のかぶり厚さは20mm程度で周囲のコンクリートは中性化されているが、錆は発生していない。中性化だけでは錆は発生しないようだ

リートを打たず、砕石地業の上に直接生コンクリートを打設すると、生コンクリート内の水分などが地業に流失してしまい、強度が発生しないおそれがあるので注意が必要である[図]。

防湿シートを敷き込めば流失は防げるが、やはり、捨てコンクリートを打設することが望ましい。墨出しやかぶり厚さ確保のスペーサーも設置できる。現場が土で汚れるといった見た目の悪さも解消される。

[佐久間順三]

表 建築基準法施行令とJASS5の鉄筋のかぶり厚さ

準拠規準・部位			建築基準法施行令 第79条 鉄筋のかぶり厚さ	JASS5設計かぶり厚さ 仕上げあり	JASS5設計かぶり厚さ 仕上げなし
土に接しない部分	床スラブ屋根スラブ非耐力壁	屋内	20mm	30mm	30mm
		屋外		30mm	40mm
	柱・梁耐力壁	屋内	30mm	40mm	40mm
		屋外		40mm	50mm
	擁壁		—	50mm	50mm
土に接する部分	柱・梁・床スラブ・壁・布基礎の立上り部分		40mm	—	50mm
	基礎・擁壁		60mm	—	70mm

図 捨てコンクリートの打ち方と問題点

①捨てコンクリートを全面に打設している場合

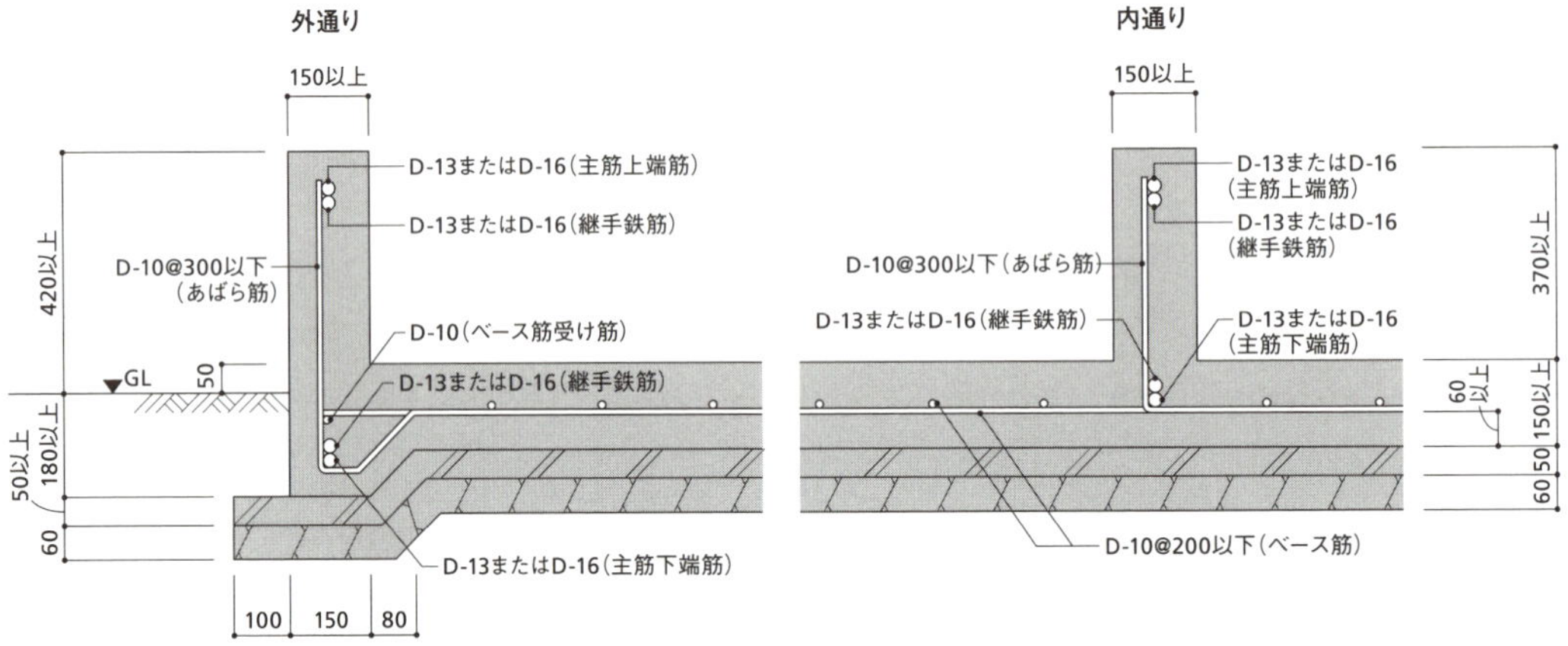

全面に捨てコンクリート（50㎜厚）が打設されているので、生コンクリート内の水分が地業に流出することはない。また、現場が土で汚れる見た目の悪さも解消される

②捨てコンクリートを一部にしか打設していない場合

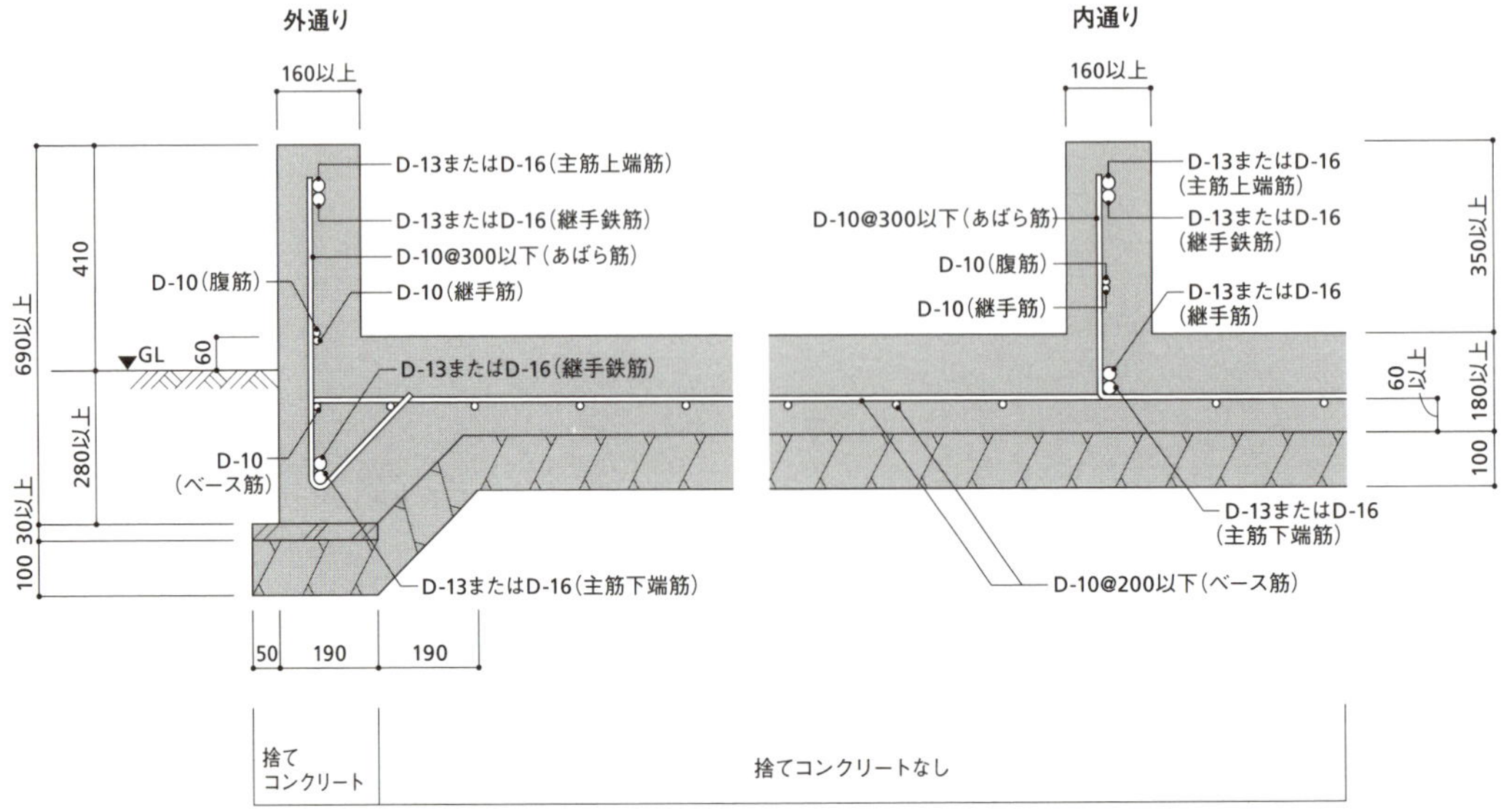

捨てコンクリートを打設していない部分があり、生コンクリートの水分が地業に流出するおそれがある。防湿シートなどを敷き込み、水分流出防止策が必要である。砕石の均しが悪いと、スペーサーが転倒することもある

Topics

コンクリートの技術規定とその動向

法37条の技術的基準の強化

近年コンクリートは、建物の高層化や、高強度鉄筋の使用などに追従して高強度化が進んでいる。建築基準法では、旧37条において、鉄鋼・セメントに対し、日本工業規格（JIS）または、日本農林規格（JAS）に適合するものと規定されていたが、新37条において、木材とコンクリートが追加され、より厳しい監理が必要となってきた［表1］。

特に40N／㎟を超える高強度コンクリートを扱う場合は、国土交通大臣の認定を取得した生コン工場を選択しなければならない。また、構造体コンクリート強度についても、さまざまな管理方法を規定されていて、監理者はかなり高度な技術をもっていないと対応できなくなってしまう。**表2**に国土交通省住宅局建築指導課の運用方針による高強度コンクリートの管理方法を示す。

一般の設計者にとっては40N／㎟を超えるようなコンクリートを使用することはあまりないが、近い将来、時代の流れで、たとえ小規模な建物であっても、自由な空間や有効面積の拡大のため、高強度コンクリートを使用するようにもなるだろう。そこで、こうした動向についても把握する必要があると考える。

セメントの仕様の検討

筆者が、昭和初期に建築されたRC造建物のコンクリートをコア抜きして圧縮強度試験を行ったところ、30N／㎟以上もあった。また、経年数に比べても、中性化は進んでいなかった。

その当時はコンクリートといっても現在のような生コン工場やポンプ車はなく、すべて人間の手で練られ、人力で運んだか、もしくはレッカーのようなもので吊り上げて打設を行ったと考えられ、また、AE減水剤を使用したとも思えない。水セメント比の管理はどのように行ったのか、その品質の高さに驚いた経験がある。

現在使用されているコンクリートはJASS5（建築工事標準仕様書）の規格にもとづいてつくられているが、そうでなかった時代でもしっかりとした指導者や管理者のもとでつくられたコンクリートは十分な品質を保っているといえる。

では技術が進歩した今、なぜ良質なコンクリートが簡単につくれないか。その1つの理由としては、昔のような良質な材料（粗骨材、細骨材）が入手できなくなったことが挙げられるが、それだけでもない。

コンクリートの質を考えるとき、われわれはコンクリート強度ばかりを考えてしまいがちだが、決してそれだけで質は決まらない。その耐久性や、ひび割れに対しても考えるべきである。いくら強度的に問題がなくても、中性化が速かったり、ひび割れが多く発生すれば、当然建物の寿命は短くなる。

良質なコンクリートとは、強度はもちろんのこと、経年変化を発生させにくいコンクリートであるといえる。そこでたとえば、高炉セメントを使用するのも1つの考え方である。しかし、普通ポルトランドセメントに比べ初期強度が低く、型枠の存置期間が長くなる高炉セメントは、現在のように工期短縮が

表1 建築基準法37条の新旧対比

［旧］
第37条
建築物の基礎、主要構造物そのほか安全上、防火または衛生上重要である政令で定める部分に使用する鋼材、セメントそのほかの建築材料の品質は、国土交通大臣の指定する日本工業規格または日本農林規格に適合するものでなければならない

［新］
第37条
建築物の基礎、主要構造部そのほか安全上、防火または衛生上重要である政令で定める部分に使用する木材、鋼材、コンクリートそのほかの建築材料として国土交通大臣が定めるもの（以下この条において「指定建築材料」という）は、次の各号の一に該当するものでなければならない
一　その品質が指定建築材料ごとに国土交通大臣の指定する日本工業規格または日本農林規格に適合するもの
二　前号に掲げるもののほか、指定建築材料ごとに国土交通大臣が定める安全上、防火上または衛生上必要な品質に関する技術的基準に適合するものであることについて国土交通大臣の認定を受けたもの

注：下線は対比部分

表2 高強度コンクリート配合強度の管理方法

(1) 改正建築基準法37条2号により、40N／㎟を超える任意の高強度コンクリートを製造・販売する生コン工場は、製造に関する国土交通大臣の認定を取得しなければならない
(2) 生コンの実質管理は、「標準水中養生強度」によって行う。これは、高強度コンクリートの管理手法JIS A 5308の生コンクリートの「標準水中養生強度」による製造管理、品質保証に準じることを意味する。ただし、品質管理においては高強度コンクリート用の管理手法が必要である
(3) ゼネコンが生コン工場に発注する高強度コンクリートの強度すなわち「発注強度」は、「28日現場水中養生強度」を原則とする
(4) 「発注強度」とは、発注者（ゼネコン）が考える「構造体コンクリート強度」［※1］である
(5) ゼネコンの要求する「構造体コンクリート強度」が材齢28日を超えて材齢91日以内の「コア強度」を基準とする場合でも、ゼネコンから生コン工場への発注は「現場水中養生28日強度」に換算した強度とする［※2］
(6) 生コン工場は、高強度コンクリートの製造にあたって、受注した「現場水中養生28日材齢強度」を「標準水中養生強度」すなわち「呼び強度」に換算し、配合設計を行って生コンクリートを製造・出荷する
(7) この換算において、生コン工場は国土交通大臣の認定取得の根拠となった「現場水中養生28日材齢強度」と「標準水中養生材齢28日強度」の工場固有の換算式を使用する
(8) 現場水中養生に代えて、可変恒温室での温度別水中養生強度を用いてもよい

※1：『JASS5鉄筋コンクリート工事（解説）』（（社）日本建築学会刊）
※2：生コン工場は「標準水中養生強度」と「コア強度」の換算方式を選択せず、「標準水中温度」と「現場水中養生28日強度」の換算方式を選択するのがよい。建築指導課や（財）日本建築センターの見解によれば、「コア強度」は柱や梁などの部位や大きさによって使い分ける必要があり、生コン工場として対応がきわめて煩雑になる。したがって生コン工場の高強度コンクリートの受注は「現場水中養生28日強度」を原則とする

不可欠な現場では採用されにくい。そのほか最近では、低熱ポルトランドセメントも使用されつつあるようだ。

表3に各種セメントの種類と性質を示す。一般的に用いられるポルトランドセメントのほかに、高炉セメント、フライアッシュセメントなどがあり、これらの仕様、コストをよく検討したい。

簡易コンクリートは簡易ではない

木造建物の基礎はJASS5で簡易コンクリートに位置付けされている。名称だけでは簡易なコンクリートのように感じられるものの、JASS5によれば規定される内容のほとんどが一般のコンクリートと同様で、一般のコンクリートと違う部分は、呼び強度が24N／㎟と27N／㎟の2つしかないことぐらいである［**表4**］。

規定される内容は以下のとおりである

①コンクリート受入れ時にスランプ、空気量を試験し、それを満足していることを確認する（圧縮強度も同様）

②打込み前に、せき板と最外側鉄筋との空きを測定し、**表5**に示す数値を超えていることを確認する

③型枠存置中は温度が2℃以上を確保していることを確認し、試験で強度を確認しないで脱型する場合は、少なくとも打込みから脱型までの養生期間が**表6**に示す日数を経過していることを確認する

木造建物の基礎コンクリートは、打設部分は複雑で少量であるし、打設回数が多ければ、そのたびに試験をしなければならず、ボリュームが小さい割に一般コンクリートと同じ管理を行うため、かえって不経済になってしまう。さらに、コンクリート部分が薄く、風害などの影響も受けやすい。

コンクリートの性能を上げただけで高性能の基礎になるとは限らないのである。

混和剤の正しい使用法

複雑な形状をもつ木造建物基礎では、コンクリート打設の際に混和剤を混入していることが多い。コンクリート混和剤には、AE剤、セメント分散剤、凝結遅延剤、発泡剤、防水剤などその種類は非常に多い。しかしながら、本来コンクリートに添加物を混入するには、監理者による的確な判断が必要であるし、われわれも、添加物に対する正確な知識をもたなくてはならない。

混和剤の多くは、施工性をよくするための流動化剤で、その仕組みはセメント分子にイオンを付けて分散効果を狙い、流動性をよくするものである。こうした流動化剤は、添加する量が多すぎるとセメントの硬化が遅くなったり、分離してしまうことがある。その原因は混和剤について調べる余裕がなく、現場での判断となりがちだからだ。できれば、打設計画時にしっかりとした計画を立て、混入させることが望ましい。

そもそも簡易コンクリートは、特記のない場合、コンクリートの軟らかさを表すスランプ値が18㎝となっていて、一般的な基礎形状の場合は流動化剤を使用しなくても十分に施工可能である。生コン会社への発注を間違えたり、納入されたコンクリートのスランプ値が低かったりしたときの処置として使用するのは根本的に間違った使用方法である。

そのほか、最近では耐久性や耐火性の向上を目的としたファイバー系の混和剤も使用されているが、これらを使用する際はメーカーなどに使用方法をよく確認すること。現場での混入は、すべて監理者の責任の範疇であり、安易な混入は避けたい。

［水野政博］

表3 各種セメントの性質と強度

セメントの種類		性質	密度 g/㎤	圧縮強さ（N／㎟） 1日	3日	7日	28日	91日
ポルトランドセメント	普通	一般的なセメント	3.15	—	28.7	43.5	60.8	68.6
	早強	普通セメントより強度発現が早い 低温でも強度を発揮する	3.13	26.8	45.1	54.3	64.3	—
	中庸熱	水和熱が低い 乾燥収縮が少ない	3.22	—	20.0	28.9	50.6	65.8
	低熱	初期強度は小さいが長期強度が大きい 水和熱が小さい 乾燥収縮が小さい	3.22	—	11.6	17.0	40.5	71.8
高炉セメント	A種	普通セメントと同様の性質	—	—	—	—	—	—
	B種	初期強度は小さいが長期強度が大きい 水和熱が小さい 化学抵抗性が大きい アルカリ骨材反応を抑制する	—	—	—	—	—	—
	C種	初期強度は小さいが長期強度が大きい 水和発熱速度はかなり遅い 耐海水性が大きい アルカリ骨材反応を抑制する	3.04	—	19.8	32.5	57.1	74.1
フライアッシュセメント	A種 B種	ワーカビリティがよい 長期強度が大きい 乾燥収縮が小さい 水和熱が小さい アルカリ骨材反応を抑制する	2.97 ［※］	—	23.5	36.4	53.1	69.9

※：データはB種のもの　参考文献：『建築材料用教材』㈳日本建築学会刊

表4 レディーミクストコンクリートの呼び強度

コンクリートの打込みから28日後までの期間の予想平均気温	10℃以上	2℃以上10℃未満
呼び強度（N／㎟）	24	27

スランプは18㎝以下とし、特記による。特記がない場合のスランプは18㎝とする

表5 最小かぶり厚さ

土に接しない部分	30㎜
土に接する部分または布基礎の立上り部分	40㎜
基礎（布基礎の立上り部分を除く）	60㎜

表6 せき板の存置日数

セメントの種類／平均気温	早強ポルトランドセメント	普通ポルトランドセメント 高炉セメントA種 シリカセメントA種 フライアッシュセメントA種	高炉セメントB種 シリカセメントB種 フライアッシュセメントB種
10℃以上	3日以上	6日以上	8日以上
2℃以上10℃未満	7日以上	14日以上	18日以上

監理 ❹

打設後の基礎関連工事の監理ポイント

基礎立上り天端レベルの確認

土台を取り付ける前に基礎立上り部分の天端レベルのチェックを行う。基礎立上り部分の天端レベルが悪いと土台が水平に取り付けられないので、建物全体が傾いてしまう可能性があるからだ。

また、壁、柱は立ち起こしのときに鉛直方向のチェックを行うので問題はないが、床レベルの水平は少々悪くても、そのまま施工されてしまうため注意が必要だ。特に最近は、2階の梁にそのまま床（床下地）を張る剛床が多いので、土台が傾いている状態で床の水平のレベルを保つには非常に手間がかかり、大工には嫌がられる。

基礎立上り部分の天端レベルは誤差を±2㎜ぐらいに納めるようにしたい。もし3㎜以上の誤差があれば、専用工具やセルフレベリング材などを用いて修正する必要がある［図1］。

墨付けの考え方

基礎立上り部分の天端レベルの確認・修正を行ったら、天端に墨を打つ［168頁図2］。このときに建物の配置をもう一度確認するとともに、アンカーボルトのズレを確認する［写真1］。基本的には、建物の配置を優先させて墨を打つのだが、墨とアンカーボルトの位置にズレが多く生じる場合は、アンカーボルトの位置を優先して墨を打つのも手である。ここで注意しなければならないのが、配置が変わると計画変更の手続きや上部建物の変更にもつながるおそれがあるということである。

ケミカルアンカーの活用

アンカーボルトのズレや傾きの調整は必ず土台敷きの前に行う。ただし、アンカーボルトが大きくズレてしまっている場合は、ケミカルアンカー打ちとすることも検討したい。近年では新築工事におけるケミカルアンカーの使用は認められないし、筆者は、樹脂のみの付着力で強度を出すケミカルアンカーを構造体に使用することはあまり気が進まないのであるが、ほかによい方法もないので細心の注意を払って使用するようにしたい。

一般にケミカルアンカーは既設のコンクリートに対して使用されるが、基礎工事のアンカーボルトのズレを修正する場合は土台工事の前に行う必要があるため、コンクリートが水分を多く

図1 立上り天端均しの方法

基礎立上り天端に左官定木をあててモルタルを塗り、木ゴテなどで均す

写真1 アンカーセットと鉄筋の確認

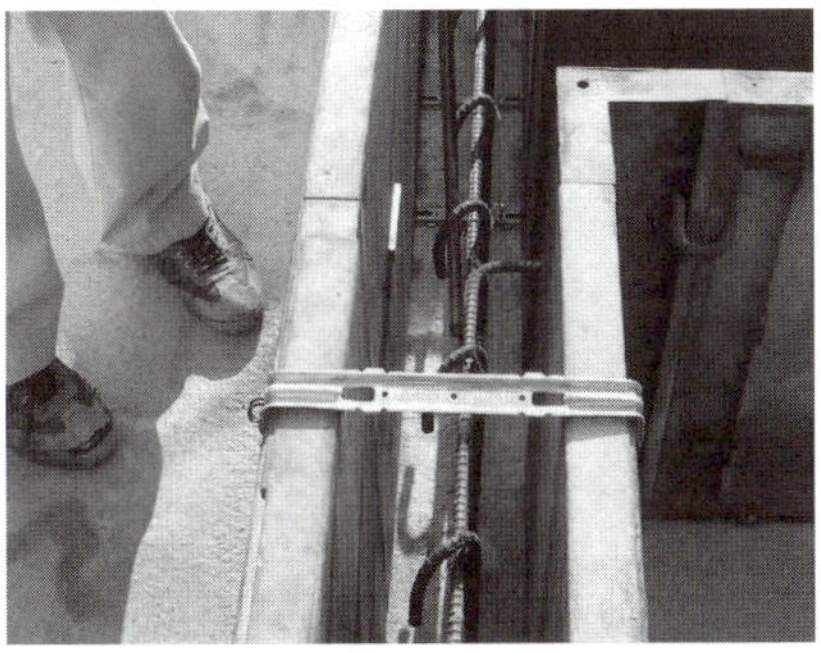

確認はコンクリート打設前に行う

図2 天端の墨打ち

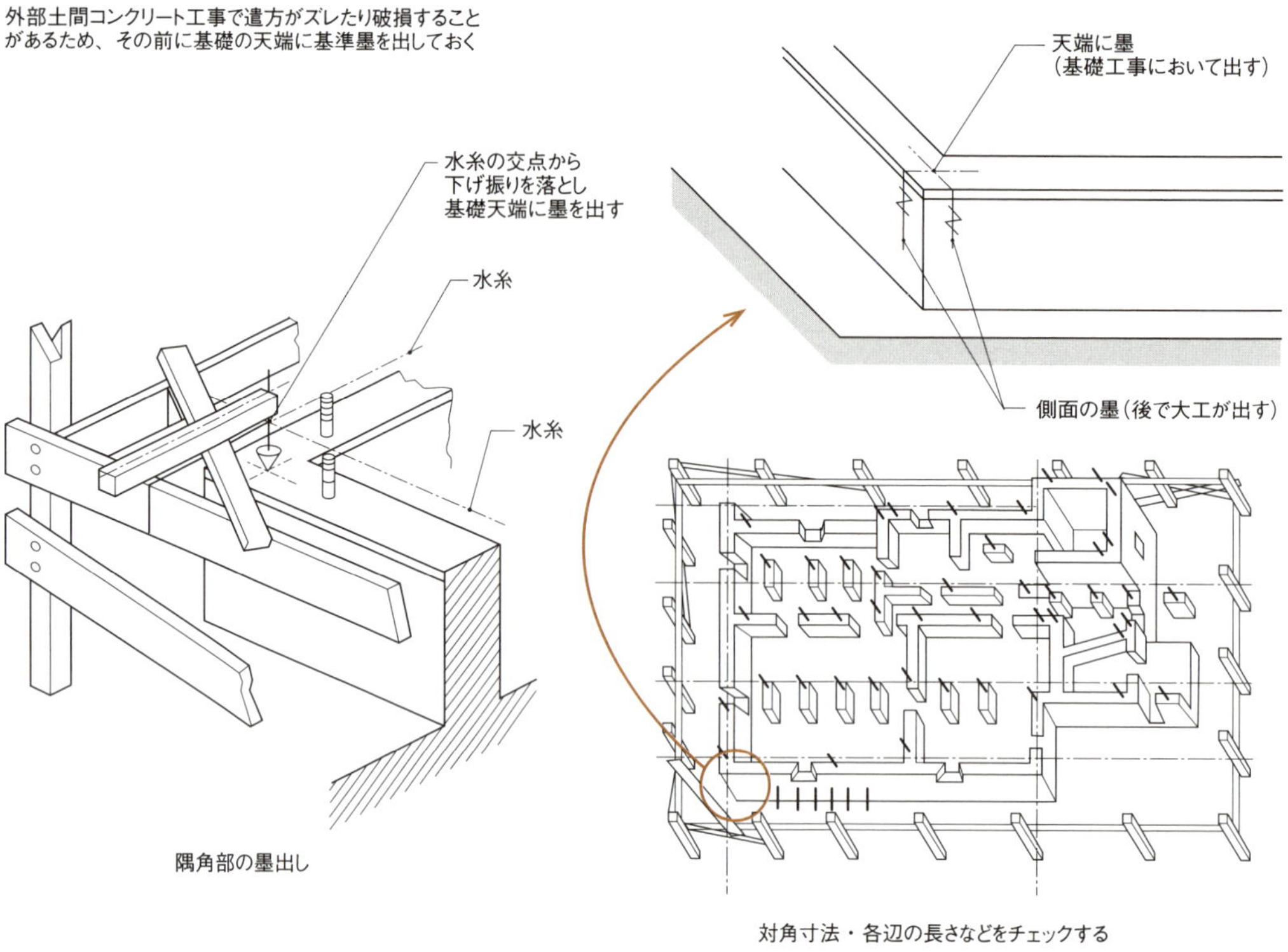

図3 ケミカルアンカーの施工手順例

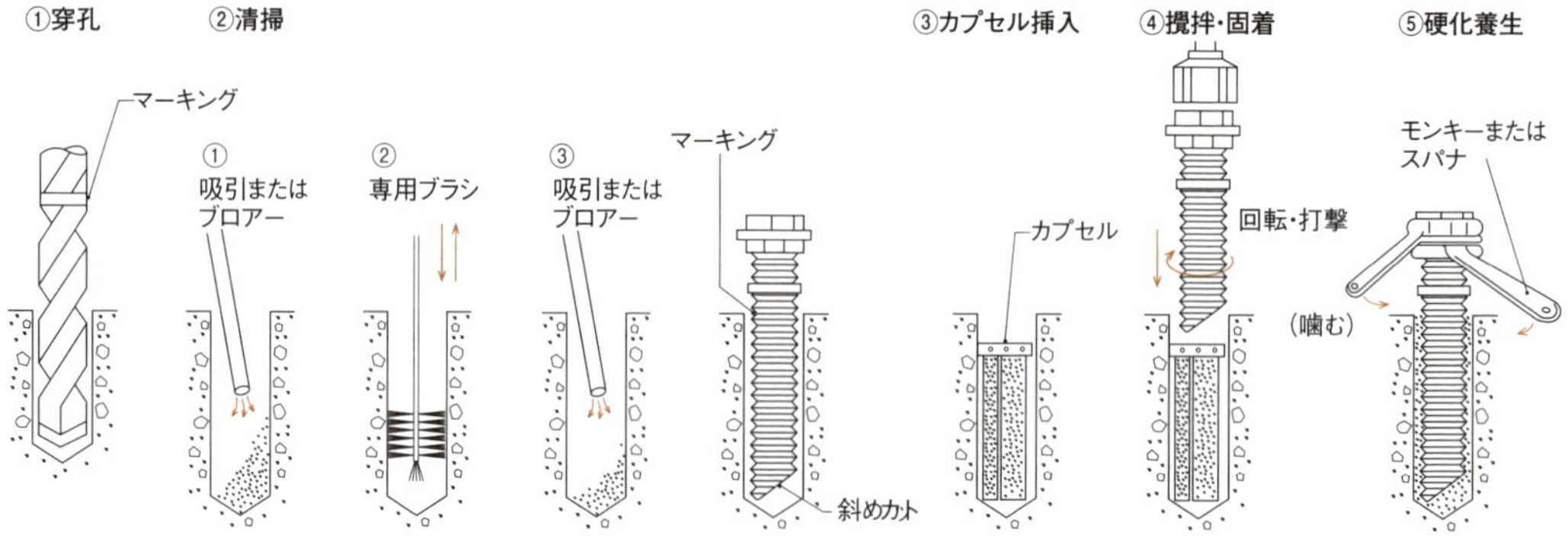

含んでいる場合や、コンクリート強度が満足していない場合が少なくない。この状態でそのままケミカルアンカーを設置すると十分な強度がでない場合もある。上棟までの時間を調整できるのであれば、できるだけコンクリートの水分が少なくなるのを待ってからアンカーを取り付けるようにしたい。工期が厳しい場合は、先の脆弱なコンクリートの条件に対応したケミカルアンカーを選ぶようにしたい。

　ケミカルアンカーを専門に施工している業者であれば、工事に関してはそれほど心配ない［図3］。しかし、木造住宅規模の場合、専門業者ではない職人が施工する場合が多いので注意が必要だ。特に経験不足の職人のなかには、ケミカルアンカーの保存、施工などをメーカーの指示どおりに行わず、自己流で施工しているケースをよく見かける。ケミカルアンカーは現場での樹脂の硬化状況がそのまま性能に直結するため、正しい施工を行うのが必須なのである。筆者も経験したことがあるのだが、正しく施工されていないケミカルアンカーは、手で引っ張ると簡単に抜けてしまう。ケミカルアンカーを採用する場合は、マニュアルを見ながら施工手順などをチェック、指導するとともに、引抜き試験なども必ず行うようにしたい。

基礎パッキンの確認

また、最近は、床下換気孔を設けず、土台と基礎立上りの天端部分に基礎パッキンを設けて、床下換気を行うケースが増えてきている［図4、写真2］。基礎パッキンは、基礎立上り部分を欠損しないで床下換気が行えるので、構造上有利である。また、土台と基礎を分離するので、土台が基礎コンクリートの水分の影響を受けにくく、土台の腐食対策にも適しているようだ。

ただし、換気については、さまざまな意見があるようだ。特に基礎パッキンについては、住宅金融支援機構の仕様書に定められている通気面積が十分に確保されているかどうかについてはかなり疑問視されている。もちろん、建物の形状によって変わってくると思うが、通常基礎パッキンの設置が考えられる柱の下、土台継手の下、アンカーボルトの下などがパッキンで埋められるため、通気面積は必然的に少なくなり、住宅金融公庫に定められている通気面積を確保できるかは疑問である［写真3］。パッキンの部分にも通気する基礎パッキンもあるが、コスト的にやや割高となる［写真4］。

基礎パッキンを使用するときは、換気面積、基礎パッキンの施工位置を必ず確認する。数が多いのでつい見落としがちだが、特に柱の下の基礎パッキンが抜けていると土台に大きな力がかかることになるので、必ず確認する。また、メーカーによっても使用方法が若干異なることがある。メーカーの仕様書を十分に読んでから確認・指導を行ってほしい。

土台とアンカーの考え方

アンカーボルトのズレの確認・修正、基礎パッキンの施工・確認が終わると、土台敷きに取りかかる。

土台を敷き込む前に、必ず土台の下

図4 基礎パッキンの設置個所

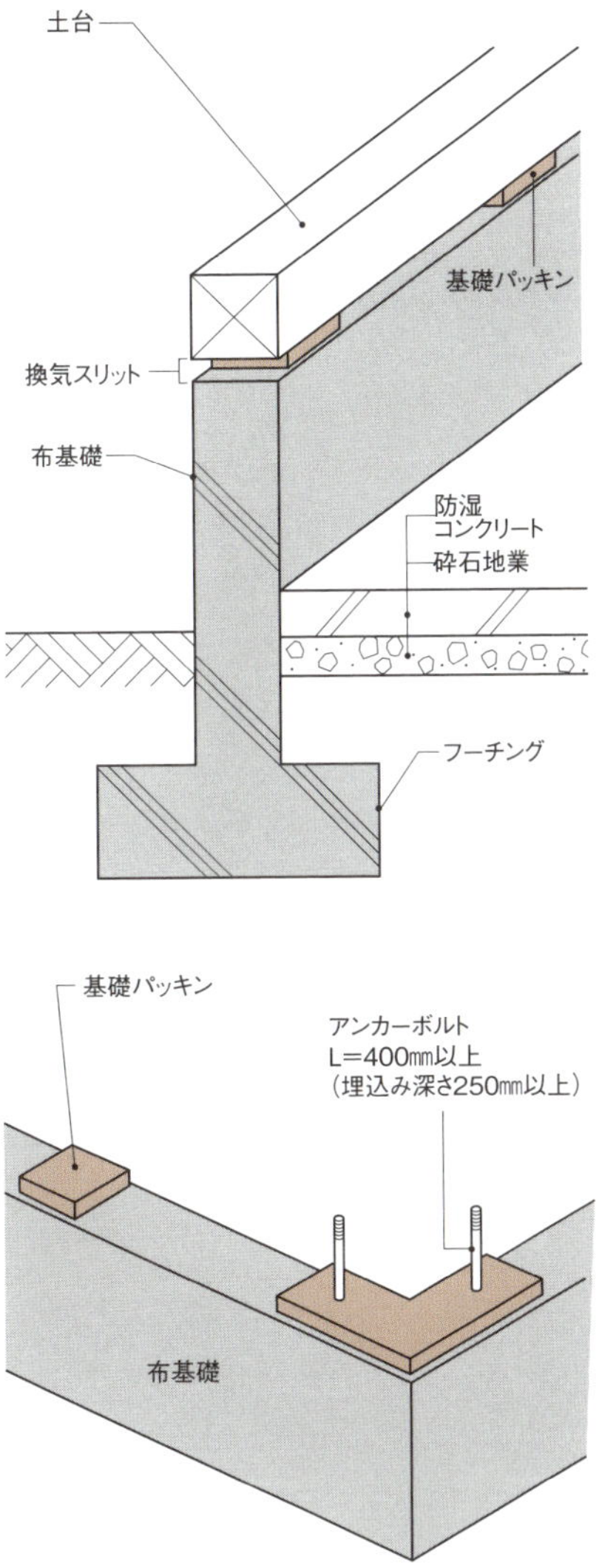

■基礎パッキンの配置位置
①3尺（909㎜）間隔　②出隅・入隅位置
③土台継手位置　④上部柱位置
⑤アンカーボルト位置

写真2 基礎パッキンを設けて床下換気

柱下・アンカーボルト下に施工された基礎パッキン

写真3 ゴム製の基礎パッキン

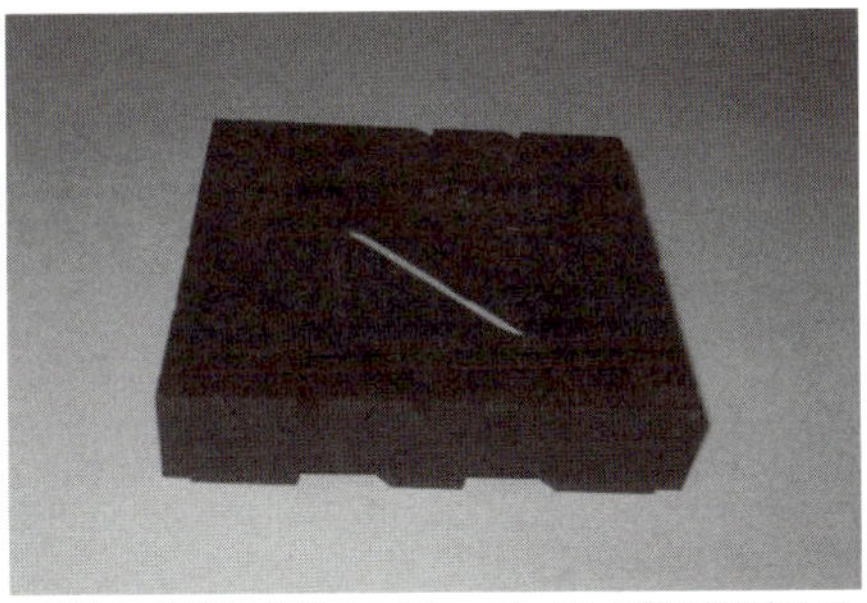

一般的なゴム製の基礎パッキン。パッキンの部分は通気しない

写真4 金属製の基礎パッキン

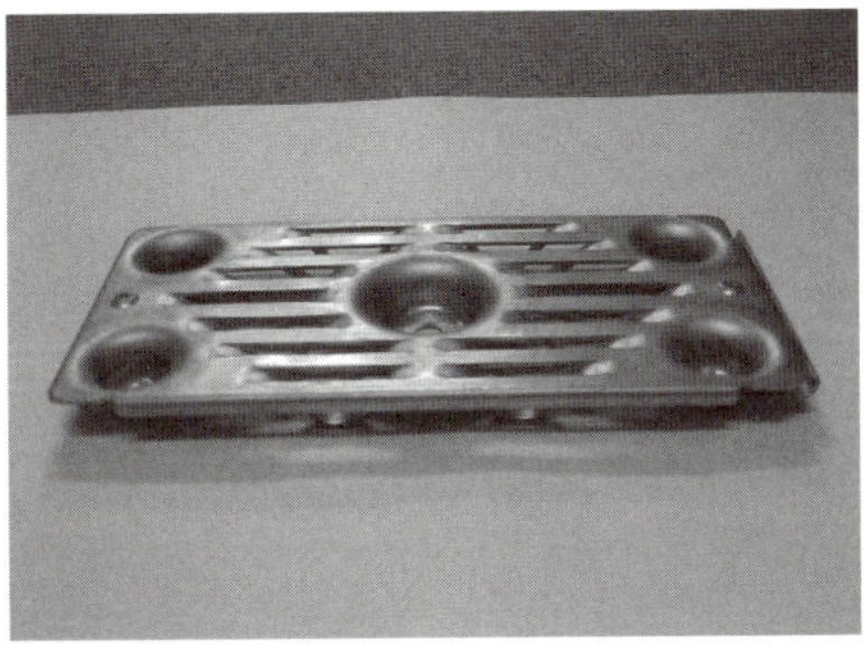

金属製の全通気式基礎パッキン

面（基礎天端と接する部分）に防蟻・防腐処理が行われているかを確認する。土台を敷き込んでしまった後では、防蟻、防腐処理ができなくなるためだ。

また、土台にあけるアンカーボルトの孔は、大工が大きめにあけたがるが、断面欠損を少なくする意味でできるだけ小さくするとよい。特に、ホールダウン金物用のアンカーボルトを基礎コンクリートに埋め込まずに土台下から施工している場合に土台の断面欠損が大きいと、地震時（台風など高い風圧がかかる場合も含む）に土台が許容応力を超えてしまい、破損するおそれがある［図5］。

施工業者などからは、アンカーボルトに緊結する必要がないため、ホールダウン金物が10kN未満のものがよいといわれるが、求められる金物の強度は土台を留めているアンカーボルトの位置や土台の樹種によって異なってくるので、特に構造計算を行わない場合は、基礎コンクリートに埋め込む工法を用いたほうが無難である。もし、土台下からアンカーボルトを施工したい場合は、土台の樹種にもよるが、柱芯から150㎜以内にアンカーボルトを施工するとよいようだ。この考え方は、ホールダウンを使用せず、金物などを1本の柱に複数使用する場合も同じである。ただし、1本の柱に複数の金物を使用して合計の耐力を期待するには、非常に複雑な構造上の検討が必要になるので留意したい。

HD＋アンカーボルトのズレ調整

ホールダウン金物用のアンカーボルトの位置がズレてしまった場合、無理にアンカーボルトを曲げて柱に固定する場合も見かけるが、強度上問題があるのでできるだけ避けるようにしたい。

ズレの調整については、ホールダウン金物の位置調整を目的とした金物が販売されているので、ズレ具合や使用する位置をよく検討して選択するようにしたい［写真5・6］。

また、そのほかの方法として柱とホールダウン金物の隙間に添え木を施工する方法があるが、添え木の厚さや柱と添え木の固定度、ホールダウンと添え木の固定度などをよく検討してから行うことが必須である［図6］。

［水野政博］

図5 基礎に緊結しないホールダウン金物の例

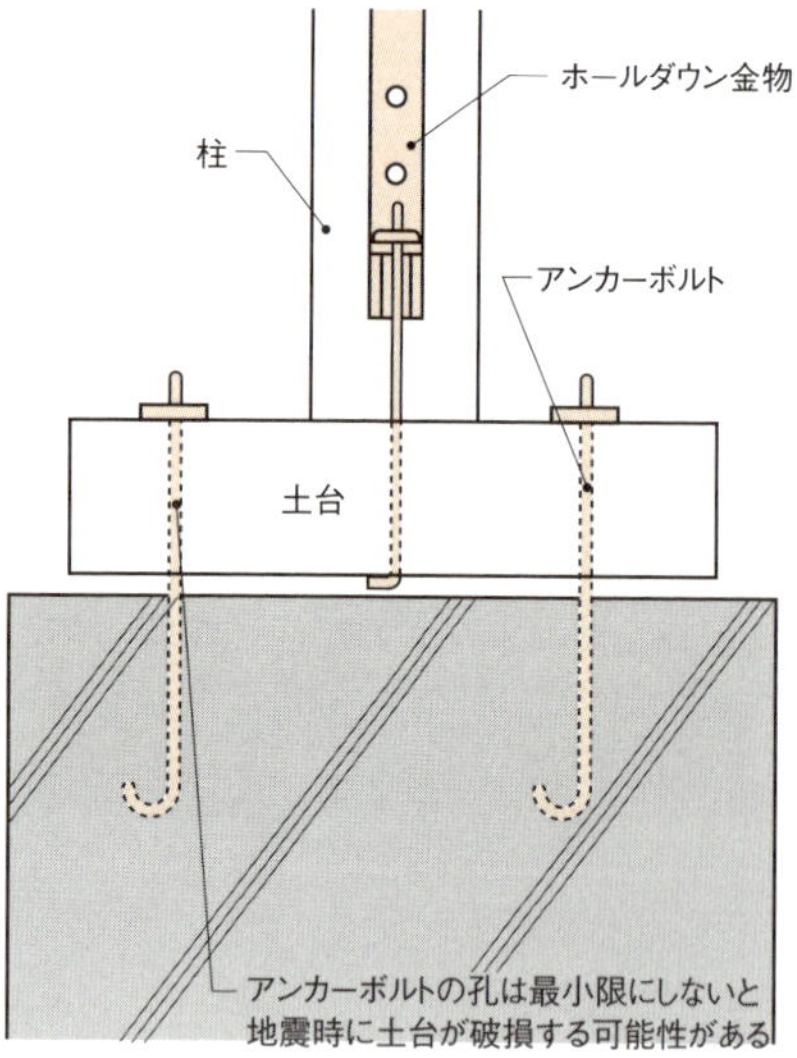

写真5 ホールダウン位置調整金物

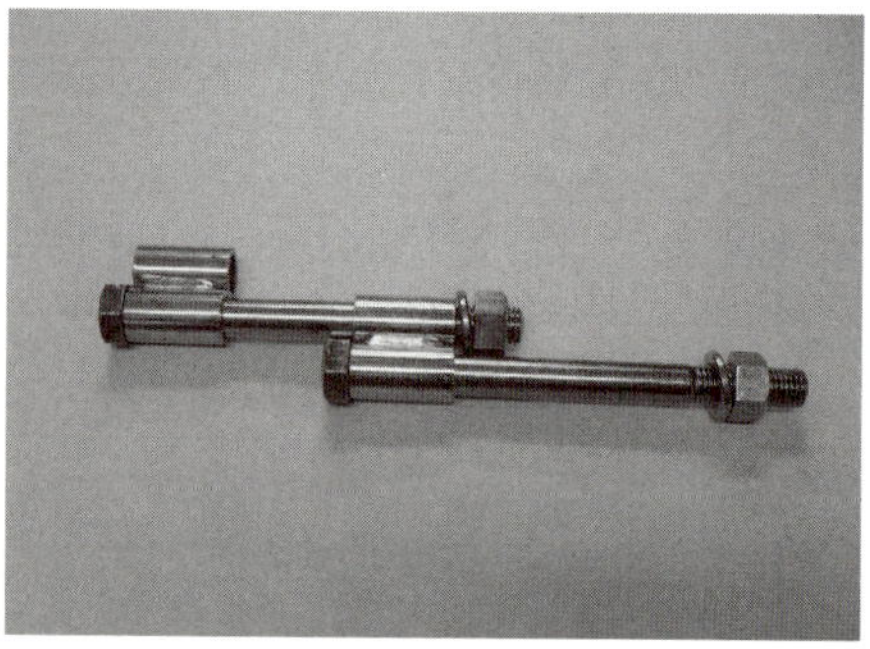
ホールダウン位置調整のための金物

写真6 ホールダウン位置調整金物の施工例

ホールダウン位置調節金物を施工

図6 ホールダウン金物と柱の接合を添え木で逃げる例

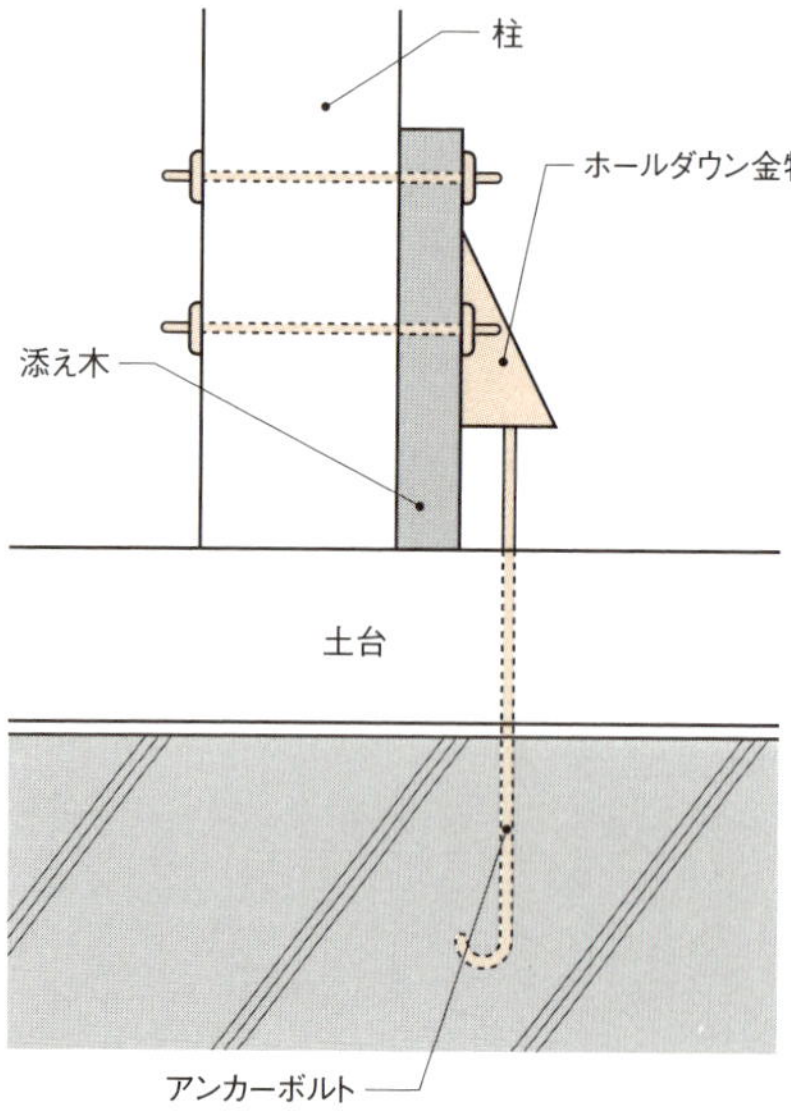

地盤調査・基礎設計に必ず役立つ 最重要キーワード

あ行

か行

佐久間順三 [さくま・じゅんぞう] 設計工房佐久間
1946年香川県生まれ。'69年日本大学理工学部建築学科卒業。'96年設計工房佐久間設立（改称）。2012年より防災科学技術研究所客員研究員、'13年より東京電機大学非常勤講師。「住宅における地震被害軽減方策検討委員会委員」（内閣府、地震・火山対策）などを担当。工学博士

芝 謙一 [しば・けんいち] 住宅保証機構（株）
1972年横浜市生まれ。'95年芝浦工業大学建築工学科卒業。ゼネコンや工務店協同組合（SAREX）を経て、2004年㈶住宅保証機構入社（'12年住宅保証機構の株式会社化）。建築基準適合判定資格者、一級建築士

高田徹 [たかた・とおる] 設計室ソイル
1969年生まれ。金沢大学大学院工学研究科土木建設工学専攻終了。基礎専門工事会社を経て、設計室ソイルに所属。技術士（設計部門：土質および基礎）、工学博士。主に戸建住宅を対象とした地盤調査、地盤補強および沈下修正工法の実務・開発を行っている

髙安正道 [たかやす・まさみち]
1953年生まれ。早稲田大学商学部。地盤調査会社、地盤保証会社を経て、現在、㈱地盤審査補償事業にて第三者審査を担当。NPO住宅地盤品質協会の機関紙「住品協だより」の図書紹介欄を連載中。日経住宅サーチ（住宅ねっと相談室）カウンセラー。著書「住宅現場手帳・地盤診断」、「DVD抗議シリーズ・90分でわかる！住宅の液状化委対策」（いずれも日経BP社）など

中川孝昭 [なかがわ・たかあき] 日事連サービス
1964年早稲田大学第一政治経済学部経済学科卒業後、ノースアメリカ保険会社、コンチネンタル保険会社を経て日事連サービスに所属。建築士事務所のリスクマネジメントに関して多数の講演・執筆活動を行っている

藤井 衛 [ふじい・まもる] 東海大学
1974年東海大学工学部建築学科卒業。'75年同修士課程修了。現東海大学工学部建築学科主任教授、同大学院主任教授を務める。工学博士、一級建築士。そのほかに東京地方裁判所専門委員、民事調停委員、建築学会基礎構造運営委員、日本建築センター基礎評定委員を務める。著書に『ザ・ソイル』、『ザ・ソイルⅡ』（建築技術刊）、『小規模建築物基礎設計指針』（日本建築学会刊）ほか多数

保坂貴司 [ほさか・たかし] 匠建築
1948年東京都生まれ。工学院大学専修学校卒業。'75年匠建築を設立。2014年一般社団法人耐震研究会代表理事

水野政博 [みずの・まさひろ] 水野建設設計
1968年神戸市生まれ。'92年大阪工業大学卒業。設計事務所勤務を経て、'95年水野構造設計設立。'97年水野建設設計設立。構造設計一級建築士。阪神淡路大震災の経験を生かした構造を考える

光永智得美 [みつなが・ちえみ] アーキマークス
1968年東京都生まれ、山口県育ち。三好建築設計事務所／三好昇氏に師事し、2001年神奈川県にてArchi-Marks二級建築士事務所設立。'06年一級建築士資格を取得し、Archi -Marksアーキマークスとして現在に至る。一般社団法人耐震研究会特別会員

デザイン……澤地真由美
イラスト……アラタ・クールハンド
DTP………有朋社

最新版

世界で一番強い地盤・基礎を設計する方法

2014年5月22日　初版第一刷発行

発行者　澤井聖一

発行所　株式会社エクスナレッジ
〒106-0032　東京都港区六本木7-2-26
http://www.xknowledge.co.jp/

問合せ先

編集　TEL 03-3403-1381
FAX 03-3403-1345
info@xknowledge.co.jp

販売　TEL 03-3403-1321
FAX 03-3403-1829